〔法〕沙海昂註
馮承鈞譯

馬可波羅行紀

中華書局

圖書在版編目(CIP)數據

馬可波羅行紀/(法)沙海昂註;馮承鈞譯. -新1版. -北京:中華書局,2003(2021.3重印)
ISBN 978-7-101-04136-1

Ⅰ.馬… Ⅱ.①馬…②沙…③馮… Ⅲ.游記-世界-中世紀 Ⅳ.K919

中國版本圖書館CIP數據核字(2003)第105422號

責任編輯:馬 燕

馬可波羅行紀
〔法〕沙海昂 註
馮承鈞 譯
*
中 華 書 局 出 版 發 行
(北京市豐臺區太平橋西里38號 100073)
http://www.zhbc.com.cn
E-mail:zhbc@zhbc.com.cn
北京市白帆印務有限公司印刷
*
850×1168毫米 1/32 · 29印張 · 678千字
2003年1月新1版 2021年3月北京第6次印刷
印數:8501-9400冊 定價:93.00元

ISBN 978-7-101-04136-1

出版説明

馮承鈞先生譯馬可波羅行紀由中華書局于一九五四年出版，距今已經有五十個年頭了。在半個世紀裏，國内外對于馬可波羅行紀的作者、版本及其在中西文化交流史上的地位等諸方面的研究，已經取得了很大的成績。但是，站在今天的角度來重新審視馮譯本，我們覺得馮氏在底本選擇、文字考訂及版本注釋上所下的功夫，仍舊是目前其他中譯文本所難以做到的。

馮譯本的底本是加入中國國籍的法蘭西人沙海昂（A.J.H.Charigon，1872－1930）注本。這個版本以頗節（Jean Pierre Guillome Pauthier）本爲基礎，并綜合了其他版本的優長。另外，沙海昂在自己作了大量注釋的基礎上還把玉爾（H.Yule）和考狄（H.Cordier）對馬可波羅行紀的注釋摘要附録進來。馮承鈞先生在翻譯時又取它本之長，并綜合了當時最新的研究成果。另外，他還憑藉自己在元史方面的深厚造詣，對沙海昂譯文中的不確之處進行了更正。如：沙海昂沿襲頗節的錯誤，認爲馬可波羅即是元代樞密使副史孛羅，馮承鈞則根據自己的研究證明了馬可波羅與孛羅毫不相涉。較好的底本選擇和譯者的豐厚學識保證了這套書在出版近半個世紀後仍有較高學術價值，這也是我們今天決定重版此書的重要原因。

爲了保持馮承鈞先生譯作的原貌，我們采取了用一九五四年的繁體豎排本影印出版的方式，希望會受到喜歡閲讀繁體字文獻的讀者（尤其是老年朋友）的青睞。爲方便讀者的閲讀，特在書後增附了譯名對照表，對原文中與現今翻譯習慣不同的譯名注出了現在通行的譯名，如物搦齊亞爲威尼斯、吉那哇爲熱那亞、烈繆薩爲雷慕沙等等，由于書中涉及的人名、地名很多，表中難免有缺漏與不當之處，歡迎廣大讀者批評指正。

中華書局編輯部

二〇〇三年十一月

目錄

第二卷

第三卷

日本　越南　東印度　南印度　印度洋沿岸及諸島嶼　東非洲

序

馬可波羅書的中文譯本，我所見的有兩本。初譯本是馬兒斯登（Marsden）本，審其譯文，可以說是一種繙譯匠的事業，而不是一種考據家的成績。後譯本是玉耳戈爾迭（H. Yule-H. Cordier）本，譯文雖然小有舛誤，譯人補註亦頗多附會牽合，然而比較舊譯，可以說是後來居上。惟原書凡四卷，此本僅譯第一卷之強半，迄今尚未續成全帙。

馬可波羅書各種文字的版本，無慮數十種，戈爾迭在他的「馬可波羅紀念書」中業已詳細臚列，大致可以分爲三類：一類原寫本，如頗節本之類是；一類改訂本，如剌木學（Ramusio）本之類是；一類合訂本，如玉耳本之類是。版本既多，各有短長，很難於中加以取捨。不過我以爲能將各重要版本的寫法裒輯校勘，詳加註釋，其餘似可不成問題。

我近來很想縮小研究範圍，專在元史一方面搜集材料，所以大膽地譯了一部多桑書。馬可波羅書也是參證元史的一部重要載籍，舊譯本中既無完本善本，我也想將其轉爲華言。相傳此書是初用法文寫成，而現存之諸法文本所用的文體，幾盡是舊文體，很難暢讀。本書註者沙海昂既將頗節（Pauthier）本轉爲新文體，而出版時又在民國十三年至十七年間，可以說是一部比較新的版本。除開別奈代脫（Benedetto）本晚出（亦在民國十七年出版）沙氏未能參考外，他參考的重要版本爲數不少。這是我繙譯此本的重要理由。

沙海昂原法國籍，清末國籍法頒佈，首先歸化中國，入民國任交通部技正有年，是一鐵道專家，於公餘之暇從事考據。這部註釋可以說是一種好事者（amateur）的成績，也不是一種純粹考據家的作品，所以也免不了若干舛誤。而於材料亦昧於鑑別。可是現在的漢學名家，是決不肯犧牲許多年的光陰，來做這種吃力不討好的事業的。本書敍言開始引證烈繆薩（A. Rémusat）的一段話，就是使人望而却步的一箇大原因。既然不能求各方面的專門家通力合作，一箇人學識無論如何淵博，終歸要出漏洞的。伯希和對於此書雖然頗多指摘，（參看西域南海史地考證譯叢，）

然而要知道，蜀中無大將，廖化作先鋒，況且沙氏的成績不能說毫無優點。他將頗節本革新，使人能通其讀，又將各方面的註釋採摭甚繁，雖然不免有珠玉沙礫雜陳之病，可能輯諸註釋家衆說之長，使後來研究的人檢尋便利，這是他本所未有的。

此書既然有些缺點，所以我的譯本取其所長，棄其所短。好的註釋一概轉錄，牽合附會之文則不惜删削。删削的大致以第五十九章以後爲多。我原來計算第一卷的譯文有十二萬字，後經我删削者有六分之一，但僅限於不得不删的文字。此外祇須其微有裨於考證，雖所引的是辭源之文，仍予採錄。此外我仍用前譯多桑書的譯法，凡地名人名有舊譯者，儘先採用，考訂未審者則錄其對音。

沙氏沿襲頗節的錯誤，仍以馬可波羅是元代樞密副使孛羅，致使華文譯本有以孛羅爲本書標題者。伯希和對此辯之甚詳。我以爲不用多說，僅據元史本紀之文，已足明此種考訂之僞。考元史至元七年以御史中丞孛羅兼大司農卿；至元十二年以大司農御史中丞孛羅爲御史大夫；至元十四年以大司農御史大夫宣慰使兼領侍儀司事孛羅爲樞密副使，記載此孛羅拜官始末甚詳，則不得爲至元九年初至上都之波羅，彰彰明矣。又考程鉅夫雪樓集拂林忠獻王神道碑，及刺失德丁書，至元二十一年偕愛薛奉使至宗王阿魯渾所，後留波斯不歸中國者，應亦爲同一孛羅，亦與此波羅毫不相涉。所以我名其人曰馬可波羅，而不名之曰馬哥孛羅。

現在馬可波羅書的威權，當首數伯希和。戈爾迭從前撰玉耳本補註時，曾大得伯希和之助。沙氏註此本時，可惜有若干篇伯希和的考訂文字未曾見着。讀此書者必須取伯希和諸文參看。第一卷校勘既畢，特誌數語於端。民國二十四年二月二十日馮承鈞命兒子先恕筆受訖。

敍言

「校勘一部馬可波羅(Marco Polo)書，不是一件容易的事業。要作這種事業，必須確知中世紀的地理，東方的歷史，此時代旅行家的行記，當時同現在韃靼人(Tartares)印度人同其他亞細亞民族使用的語言，以及他們的風俗，同世人不大認識的出產。既確知矣，尚須加以適當的批評，細密的鑑別。這些事無論一箇人學識如何博洽，用力如何勤摯，很難兼而有之。」——見烈繆薩(Abel Rémusat)撰「亞洲雜纂新編」第一册三八二頁。

這些話絕對不錯。我們作此事時，業已有這種感想，必須一箇博學的人，才能夠註釋馬可波羅書。這是我們所欠缺的。從前有幾箇朋友勸我們將這部「世界奇異書」刊行一種新版本，我們頗受這種事業的誘惑。可是我們所認識的馬可波羅書，同衆人所認識的一樣。我們曾經讀過，讚賞過，並承認過頗節(G. Pauthier)玉耳(H. Yule)戈爾迭(H. Cordier)同其他學者對於他們所研究的不少問題所刊布的那些博識的註解，我們老實以爲關於這箇旅行家的研究業已詳盡無餘。我們所以要必須嘗試，是因爲這箇物搦齊亞 (Vénitie) 人的行記在義大利文英文德文書中不難用賤價買得一本；乃在法文書中，要覓取一部可讀的馬可波羅書，除開沙爾通 (E. Charton) 的譯文（古今旅行家第二册）外，必須覓求貴價而難得的版本像伯爾日隆 (Bergeron) 版本之類，（十二世紀十三世紀十四世紀十五世紀中的亞洲行記一七三五年海牙 La Haye 本），或是像幾乎不能見的一五五六年的譯本之類。（東印度有名州城的地誌同其居民的風俗法律志，……物搦齊亞貴人馬可波羅撰，）所可惜者，法文書中並無一部適應大衆的讀本，像一九〇七年藍克 (Hans Lemke) 博士採玉耳同頗節的註釋所刊布的德文本之類；所以祇能見着伯爾日隆譯文的那些重刊本，而這種刊本不附註釋，同舊法文的原譯本一樣難讀。如此看來，外國人在他們的譯本中不難讀馬可波羅書，而我們既難讀舊法文本，祇能見着一些引文，而且是些脫漏不完全的引文。

這皆是驅使我們執筆的理由。我們意思僅在翻譯一部業已註釋而易讀的本子，將其文體略爲更新，可是仍將他的朴直而意味深長的文格保存。當然我們選擇的是一八六七年註釋豐瞻的頗節本同時並利用玉耳同戈爾迭最近的註釋。版本之選擇，並無其他理由，因爲縱在今日，如果要指定馬可波羅書的一部善本，雖然我們偏向剌木學（Ramusio）本，仍不免承認一八二四年的巴黎地理學會本具有最初筆錄的風味，較之馬可波羅本人改訂的那些本子，易於了解。復次，剌木學本雖然詳備，（因爲世人擬此本是馬可波羅的最後補訂本）似乎有些後來竄入之文。可是各本皆有他的好處，必須互相參校。我們並不想規仿玉耳的嘗試，將諸本合併爲一本，因爲各本對於一事時常敍述各異。比方第七十三章，有些本子說闊里吉思（George）國王是天德（Tenduc）君主約翰長老（Prêtre-Jean）以後的第六箇君主，有些本子僅說他是約翰長老的曾孫，其說皆有理由，未便取捨也。

我們的工作，一直到行近東突厥斯單（Turkestan）的時候，很順利，可是到了此地，才知道困難；到了中國本部，又見許多遊移不定的名稱之考訂，未免虛構；這些名稱的考訂，不能僅據歐洲人的撰述，必須考證中國的載籍。

幸而現代的中國學者研究到中世紀的情形，注意到中亞細亞的歷史，同蒙古人之侵略，他們曾將馬可波羅書譯釋。這是些新的貢獻，可惜我們不能知道利用。但是我們常在可能限度中引證其考證之文。其中有一人是張君星烺，曾研究過波羅在中國所執的政治任務，其研究成績已刊布於地學雜誌中，他正在預備一部馬可波羅書的刊本，可是不知在何日出版。

波羅此種政治任務，此時未便說明，後在結論中述之，因爲有不少點，學者尚未發表意見，遠東法國學校校長鄂盧梭（L. Aurousseau）君將別有一種研究也。比方讀剌失德丁（Rachid-eddin）的序文，足以使人驚異者，據說剌失德丁修史時，曾得一名Polo（鈞案此誤。以後所言波羅的政治任務並誤。伯希和對此已有糾正，可參觀西域南海史地考證譯叢初編中馬可波羅行紀沙海昂譯註正誤一文。沙海昂後在本書第三冊後亦自糾其誤，並悔誤採中國學者無根附會之說。）者之助，此人來自契丹（Cathay），在本國曾爲大元帥及丞相，「他認識突厥諸部的歷史及起源，尤其是蒙古族的歷史及起源，非他人所可及。」

馬可波羅回西方時，曾止於波斯宮廷，必曾見過剌失德丁。祇取其所記東方韃靼歷史諸章審之，其細節同剌失德丁本人的記載很符，此點毫無疑義。核對年代，好像可以參證波羅曾爲剌失德丁合撰人之說，因爲剌失德丁書成於一三〇七年，乃奉合贊汗（Khan Ghazan）之命而撰，（合贊汗在位始一二九四終一三〇三，又據別一說，始一二九五終一三〇四年，）其撰人初爲醫師也。總之，剌失德丁所誌此波羅丞相之大元帥的官號，恰與元史本紀所載樞密副使的官號相符。元朝祇有皇太子能作樞密使，若是再考此人參與阿合馬案件的情形，頗節所考馬可波羅卽是元史樞密副使孛羅一說，竟可確定。

又若馬可波羅所記忽必烈（Koubilai）討伐蒙古諸叛王，同諸叛王互相爭戰的事蹟，表示他完全知悉他們的爭端，他們的兵額。如果他在軍職中未佔一箇重要位置，他如何能知這些消息？若是說他在預備遠征日本一役裏面未曾畫策，日本人決不能將他視作忽必烈征伐日本計畫的主謀。現在祇說事實，忽必烈遠征失敗預備報復之際，正是馬可波羅被任爲揚州總管繼續在職三年之時。這箇地位本身已很重要，尤其重要者，其駐所就是預備遠征日本的主要根據地。所以一二七七年徙揚州行省於杭州之時，原在揚州設置的一切機關，仍舊構成一種特別行政機關，直隸中央政府。

在這種境況中，以如是重要的地位委任馬可波羅，足證他頗受大汗的寵任。又如他所記遠征日本艦隊的情形，以及他所聞此國的資力，又足證明他注意此國頗爲深切。

這些波羅的政治任務，雖然在馬可筆下泄露若干暗示，可是很保存祕密，如果有日檢尋中國載籍，更有發現，尤足加增我們對於這箇先到中國而將此國完全表示吾人的前輩之敬服。我們所應承認者，所有住在此國的外國人，或者無有一人能在少數篇頁之中，將我們所親見的事實，此國的歷史，其地理，其外交，內地及四裔的一切種族，其政府，其資力，其居民之宗教風俗等等，記載如是詳悉。馬可波羅在建設近代地理方面，已經是他的母國物搦齊亞自豪的人，並是西方的光榮。顧因其曾在中國佔有重要位置，犧牲大好年華，故此人殆漸爲中國所奪去。等待數百年後，他的

名字將與荷馬兒 (Homère) 赫羅多忒 (Hérodote) 孔子諸大有恩於人類之人並垂不朽。

我們很想在一種科學訓練的精神之中，對於中國名稱之羅馬字的譯寫，採用遠東法國學校所用維西葉爾 (A. Vissière) 的譯寫方法。然而我們尙未見根據這種方法所編纂的字典。而且馬可波羅行記中所著錄的地名極多，泰半皆見夏之時 (Richard) 神甫的中國地誌著錄，所以我們對於一切地名，儘先採用此書的寫法。不見於此書的地名，則用德拜思 (Debesse) 神甫漢法字彙簡編的寫法。這兩箇著作家雖然同道，寫法亦有不一致的地方。既然無有一種完善的羅馬字寫法，與其各人用各人的寫法，何不採用一種呢？所以我們頗惜未能遵循遠東法國學校的前例，對於其用羅馬字譯寫的漢字，有不足的不得不加以補充。

尤使這件問題愈趨複雜者：這些地名，不久多爲不適用的地名。自從中華民國建設以來，不僅改府爲道，改州爲縣，而且常將行政區域的名稱變更，如同從前朝代更易之例。然則應將歐洲一切載籍中所用的地名完全拋棄，改用新名歟？此事我們不能爲之，寧可遵守馬可波羅的先例，保存舊名，況且有些舊名尙在流行。

此書關涉問題甚夥，編撰尙未完全告成，我們不宜在一篇敍言中覼縷。我們對於獎勵我們的人，皆表感謝，尤其對於我們東方語言學校的舊師長維西葉爾同戈爾迭二人，表示感謝。我們的註釋成績不甚劣者，並出二師之賜。此國尊師重於他國，成語有云：「請業者均受陶鎔，」吾人之言，亦若是也。

馬可波羅贈謝波哇藩主迪博(Thibaud de Cépoy)鈔本原序

此書是上帝赦宥的(註一)謝波哇藩主迪博騎尉閣下求之馬可波羅閣下而得的鈔本。馬可波羅是物搦齊亞(Venise)城的市民，曾經久居數國，熟知其風俗習慣。彼欲使世人悉知其所見之事，並爲尊重法蘭西國王王子伐羅洼(Valois)伯爵沙兒勒(Charles)殿下起見，以此書贈給謝波哇藩主，(是爲其書撰成以後之第一鈔本)願由此富有經驗的賢明之人攜歸法國，出示各地。(註二)謝波哇藩主迪博閣下既將此本攜歸法國後，其長子若望(Jean)以父歿，承襲爲謝波哇藩主，(註三)遂以此攜歸法國之第一鈔本，呈獻於國人所敬畏的伐羅洼殿下。自是以後，其友人有求者，曾以此本付之傳鈔。(註四)

此本卽是馬可波羅閣下贈與謝波哇藩主之第一鈔本；適在謝波哇藩主奉伐羅洼殿下及其妻皇后陛下之命，爲孔士坦丁堡(Constantinople)帝國各部之總代理人，行抵物搦齊亞之時。(註五)

作於我輩救世主耶穌基督降生後之一千三百零七年之八月。

（註一）觀此語足見這篇序文撰在謝波哇藩主死後，刻在後面所言此藩主子傳鈔的那些原鈔本之卷首。

（註二）此語又足證明馬可波羅從東亞歸來數年後，頗希望其書流傳於法國。所以他最初編纂此書時，不用他母國的語言，而用法國的語言。

（註三）謝波哇（昔 Cépoy，今 Chepoy，屬 Oise 郡 Breteuil 鄉）藩主迪博，是法蘭西國王 Philippe le Bel 的一箇最有名的騎尉。先在一二七五年事此國王，後事 Robert d'Artois，奉命鎮守 St. Omer 堡。一二九六年時，曾隨之赴 Gascogne 抵禦英人。嗣後改事伐羅洼伯沙兒勒，被派到孔士坦丁堡。廸博於一三〇六年九月九日自巴黎首途，路過物搦齊亞城，馬可波羅以其寫本之一鈔本贈之。迪博歿年在一三一一年五月二十二日至一三一二年三月二十二日之間。——見 J. Petit 撰「中世紀」二二四至二三九頁。

（註四）此本顯是根據馬可波羅所贈原鈔本的初次鈔寫本，由是可見呈獻於沙兒勒殿下之本，不是馬可波羅的原鈔本。其原鈔本仍留在迪博長子處，於是才有其他傳鈔本。這些傳鈔本現存者有四本，三本現藏巴黎國民圖書館，一本現藏瑞士 Berne 都城圖書館。一八六五年頗節所據之本，就是後一鈔本，我們所據的，就是頗節的鈔本。不過我們只將其詞句更新而已，至其簡樸文體暨其風味，仍舊保存之。

（註五）伐羅洼伯沙兒勒，是 Philippe le Bel 之弟，曾娶一二六一年被廢的孔士坦丁堡皇帝 Baudoin II 之女爲妻。其妻既然承襲孔士坦丁堡皇后的尊號，沙兒勒欲主張他得之於其妻的權利，所以派遣他一箇親信人謝波哇藩主迪博巡歷東方，研究當地的實在情形，以備不久侵略之需。

馬可波羅行紀

第一卷

馬可波羅自地中海岸赴大汗忽必烈駐夏之上都沿途所經之地及傳聞之地

引言

欲知世界各地之眞相，可取此書讀之；君等將在其中得見所誌大阿美尼亞(Grande Arménie) 波斯 (Perse) 韃靼 (Tartarie) 印度 (Inde) 及其他不少州區之偉大奇蹟；且其敍述秩次井然，明瞭易解：凡此諸事，皆是物搦齊亞賢而貴的市民馬可波羅君所目睹者，間有非彼目睹者，則聞之於確實可信之人。所以吾人之所徵引，所見者著明所見，所聞者著明所聞，庶使本書確實，毫無虛僞。有聆是書或讀是書者，應信其眞。蓋書中所記皆實，緣自上帝創造吾人始祖阿聃 (Adam) 以來，歷代之人探知世界各地及其偉大奇蹟者，無有如馬可波羅君所知之廣也。故彼以爲，若不將其實在見聞之事筆之於書，使他人未嘗聞見者獲知之，其事誠爲不幸。余更有言者，凡此諸事，皆彼居留各國垂二十六年之見聞。迨其禁錮於吉那哇（Gênes）獄中之時，乃求其同獄者皮撒（Pise）城人魯思梯謙（Rusticien）詮次之，時在基督降生後之一二九八年云。（註一）

（註一）馬可波羅書最初編纂之時代及處所，由是可以確定。惟其書所用之語言，在此文中尙懸而未決。第今業已證明其所用之語言，卽是當時歐洲流行最廣之法蘭西語。此小引，卽吾人後此所謂馬可波羅本人的「改訂原文」與最初小引不同。最初小引前有一冒頭，歷稱閱覽此書之諸皇帝國王公爵侯爵伯爵騎尉男爵。此冒頭在其他諸本中多載有之。

第一章　波羅弟兄二人自孔士坦丁堡往遊世界

馬可君之父尼古剌(Nicolas)，同尼古剌之弟瑪竇(Matteo)，自物搦齊亞城負販商貨而至孔士坦丁堡。茲二人乃華胄謹愼而賢明。基督降生後之一二六〇年，(註一)實在博丹(Baudoin)(註二)爲孔士坦丁堡皇帝之時，此兄弟二人商議後，決定赴黑海(註三)營商，於是購買珍寶，自孔士坦丁堡出發，遵海而抵速達克(Soudak)。(註四)

(註一)據後此第九章云，此兩弟兄在一二六九年歸物搦齊亞，見幼年的馬可已有十五歲。由是可知馬可出生於一二五四年。如再據剌木學本，馬可之出生，在此弟兄二人自物搦齊亞出發以後。則可位置其出發時間在一二五三至一二五四年之間。又考後章註三，他們行抵孚勒伽(Volga)河畔之時，應在一二六一年，則若干寫本說他們在一二六〇年從孔士坦丁堡出發，其說或者不誤。一二五四年至一二六〇年之間，他們必在孔士坦丁堡無疑，——玉耳書第一册三頁。

(註二)博丹二世君臨孔士坦丁堡之富浪(Franc)帝國，始一二二八，迄一二六一年。後爲帕烈斡羅格(Michel Paléologue)所廢。此帕烈斡羅格朝後在一四五三年爲突厥朝之摩訶末二世(Mahomet II)所滅。

(註三)法文本名此海曰Mar-maiour曰Mar-maor曰Mar-mors。拉丁文本名此海曰Mare magnum，或曰Mare majus。此言並作「大海」，皆爲古代Pont-Euxin之後稱。然昔亦名之曰Mare Maurum, vz. Nigrum，此言「黑海」。惟此名或適用於今之黑海(Mer Noire)，或適用於今之波羅的海(Baltique)，非專有所指也。阿剌壁(Arabe)史家阿不非荅(Aboulféda)說此名在當時很普通。

(註四)其名亦作速達黑(Soudagh)，城名也，在克里米亞(Crimée)半島之南端，今尙存在。蒙古人侵略半島以前，是爲黑海中希臘商業之一要港。馬可波羅同時人盧布魯克(Rubruquis)曾有記云：「凡由土耳其(Turquie)運往北方諸地之商貨皆集於此，而由斡羅思(Russie)運往土耳其之商貨，亦然。」蒙古人攻取此地以後，曾在克里木(Krim)城廣爲貿易。克里木，即東方人名克里米亞半島之稱。蓋其或以城名名全地，或以全地之名名一城也。——頗節書六頁註二。

此城迄於一二〇四年孔士坦丁堡富浪人之侵略時，臣屬希臘帝國。惟至一二二三年同一二三九年蒙古人兩次侵略以後，終脫離富浪帝國藩屬。約在十三世紀中葉時，物搦齊亞人設一商館於此。一二八七年改商館爲領事館。一三二三年教皇若望二十二世（Jean XXII）曾因基督教徒被逐於速達克城外，改基督教堂爲回教禮拜寺等事，命人訴之於撒萊（Sarai）城月即伯汗（Khan Uzbek）所。十四世紀上半葉時，阿剌壁旅行家伊本拔禿塔（Ibn-Batouta）之行紀，曾隱言其事，並說速達克爲世界四大港之一。一三六五年時，吉那哇人奪據速達克，建設壁壘，其遺跡今尚可見。有若干阿剌壁人所撰之地誌，名阿卓夫（Azof）海曰速達克海。馬可波羅之伯父，亦名馬可波羅，於一二八〇年之遺囑中，曾以速達克城中之房屋一所，贈給方濟各會（Franciscain）教士；惟限以其收益付其尚居此屋之子女。一二六〇年波羅弟兄二人經過此城時，此屋或者業已屬之。——玉耳書第一册四頁，——頗節書六頁註二，——Elis. Reclus「俄屬亞細亞」八四二頁。

第二章 波羅弟兄二人之離速達克

他們到了克里米亞以後，商量不如仍往前進，於是從速達克首途。騎行多日，遂抵一箇韃靼君主駐所。此韃靼君主名稱別兒哥汗(Barka-khan)，其主要汗牙有二，一名撒萊，（註一）一名不里阿耳(Bolghar)。（註二）別兒哥頗喜他們弟兄二人之來，待遇優渥。他們以所齎珍寶悉獻於別兒哥，別兒哥樂受之，頗愛其物，乃償以兩倍以上之價。

他們留居汗牙一年後，別兒哥同東韃靼君主旭烈兀(Houlagou)（註三）之大戰發生。彼此戰鬥很烈，末了西韃靼君主敗衄。雙方死亡之人不少。因有此次戰事，凡經行道路之人皆有被俘之虞。波羅弟兄二人所遵之來途危險尤大，若往前進，倒可安然無事。他們既不能後退，於是前行。

他們從不里阿耳首途，行抵一城，名稱兀迦克(Oukak)（註四）是爲別兒哥所領國土之盡境。他們渡孚勒伽大河，（註五）經行沙漠十有七日，沿途不見城市村莊，

僅見韃靼人的畜皮帳幕同牧於田野之牲畜。（註六）

（註一）撒萊在孚勒伽河之下流處阿思塔剌罕（Astrakhan）之西北。此河東支名阿黑圖巴（Aktouba），與現在的 Enotayevsk 同其緯度，現在僅存廢址，名 Selitrennoyé Gorodok，距阿思塔剌罕之上流一百一十公里。此城乃別兒哥（Bereké）所建。別兒哥者，成吉思汗（Gengis-khan）之孫，而拔都（Batou）之弟也。城在鹽質平原之上，無城牆，同欽察（Kiptchak 斡羅思南部）汗之其他宮殿具有牆壁樓櫓者不同。城大，內有浴場。撒萊（Sarai）蒙古語猶言宮廷。——戈爾迭馬可波羅書補註，第一册五頁註二。

此處所言之別兒哥汗，在一二五七至一二六五年間君臨欽察，是為其族皈依回教者之第一人。十四世紀時，伊本拔禿塔曾言撒萊城城市壯麗，人口繁庶。城甚大，騎行過城需時半日。城中有蒙古人（Mongols），阿蘭人（Alains），乞兒吉思人（Kirghiz），薛兒客速人（Circassiens），斡羅思人（Russes），希臘人（Grecs），尚有回回商人居在他們有牆壁的坊區之內。……撒萊後為一箇拉丁總主教同一箇希臘總主教之駐所。方濟各會（Franciscain）之修道院在城中者不止一處。一三二二年時，教皇若望二十二世設置一主教區於迦發（Kaffa，在克里米亞）指定所轄之地，東盡撒萊，西抵瓦兒納(Varna)。——此城在一三九五至一三九六年間，帖木兒(Tamerlan)二次侵入欽察時被燬。百年後又爲斡羅思人所剷平。——玉耳書第一册五頁。

(註二)不里阿耳「在今迦贊(Kazan)之南一百三十三公里，孛勒伽河在岸，距河六公里。其遺跡尚存，曾經俄國學者數人研究，今迦贊省 Spask 區之 Uspenskoye 村一名 Bolgarskoye(Bolgare)村所在之遺跡是已。」——布來慈奈德(Bretschneider)撰中世紀尋究第二册八二頁。

此大不里阿耳之古都，昔爲歐亞商業之中心。阿剌壁著作家視其幾在北方有人居之地之盡境，曾述其地氣候之寒，夏夜之短，及附近之有古生物牙。其輸出品，陳上述之牙外，尚有皮、蠟、蜜、榛實、革等物。亞洲全部尚名斡羅思之革爲不里阿耳。伊本拔禿塔在其旅行中曾至其地，謂其地距「黑暗地域」有四十日程。馬可波羅在其書卷末已曾言及此黑暗地域。蓋彼之前，九二一年時，報達(Bagdad)宮廷遣使至不里阿耳，有一阿剌壁著作家隨行，曾言見有北極曙光也。——玉耳書第一册六至七頁。

一二二五年蒙古人取此城，一三九五年帖木兒盡燬之。今尚見有城牆、城壕、壁壘、回教禮拜寺塔、宮殿基礎之遺跡，並爲阿剌壁式。考其建築之時，在十世紀至十四世紀之間，尤以十二及十三世紀營建者爲最夥。距今百五十年前，Pallas 所見者不止百數，今日僅存十分之一。農民常在其地拾有陶器貨幣首飾等物。不里阿耳繁盛之時，位在孛勒伽河畔。今河流則在其西六公里。蓋因河流之變遷，徙於不里阿耳之西。今迦贊河流之變遷亦同，根據傳說，其支流迦馬 (Kama) 河亦曾西徙。則不里阿耳城昔在兩河交流之處，亦有其可能。——Elis. Reclus「俄屬亞細亞」七六一頁。

最初居留大不里阿耳之人種，似爲芬種 (Finnois) 斯拉夫種 (Slaves) 突厥種 (Turcs) 之混合種。希臘著作家 Nicéphore Gregoras 云其名蓋出於諸種所處之大河孛勒伽，緣 Volga 者，卽是希臘語 Boulga 之正確讀法也。

撒萊不里阿耳兩城是西韃靼（卽欽察）諸汗之駐所，同中國波斯等地諸汗有一南方駐冬之所及一北方駐夏之所情形相類。

（註三）馬可波羅在其書末重言此次別兒哥同旭烈兀之戰，此二人皆是成吉思汗之孫。多桑 (d'Ohsson)（蒙古史第三册三八〇頁）位置此戰於一二六二年之十一月。波羅弟兄二人之留居別兒哥所既有一年，則其到達之年應在一二六一年中。如此看來，其自孔士坦丁堡出發之時，應位於一二六〇年時。東韃靼乃指波斯，西韃靼乃指欽察或斡羅思南部。馬可波羅書對於西方曾用 Ponent 一字，而其所用鍼位之名，頗與他書不同。

（註四）Oukak 一作 Oukek，別兒哥所屬極西之一城也。阿不菲答謂此城在孛勒伽右岸，處撒萊不里阿耳兩城之中間，距此二城各有十五程，在今 Saratov 之南。今有村名曰 Ouvek，即其故址。蒙古佔據以前無 Oukek 之稱，疑創建於是時。十四世紀時，其地有方濟各派修道院一所。帖木兒侵略時，此城燬於兵燹。十六世紀末年，尚見有石堡城市古墓之遺跡，今則久已消滅矣。——玉耳書第一册九頁。

（註五）馬可波羅書拉丁文本及意大利文本名此河曰 Tigeri，亦作 Tigry，亦作 Tigris。註釋家因此發生誤會久於茲矣。馬兒斯登（Marsden）等疑是注入鹹海（Aral）之錫爾河（Sir daria）。質言之古之藥殺水（Iaxartes），後經頗節證明此名 Tigre 之河，即是流經撒萊城之河，祇能爲孛勒伽河也。其所以使馬兒斯登發生誤會者，乃因剌木學本及若干拉丁文本，以爲 Tigris 河是世上四天堂之一。此語皆不見於法文本，應是竄入之文。至若以 Tigre 之名適用於孛勒伽河者，殆因有若干傳說，以爲孛勒伽河潛行地下，至美索波塔米亞（Mésopotamie）流出地面，爲達曷水

(Tigre)。玉耳引一教會史家 Nicéphore Callistus 之說，謂達曷水自天堂來，流行裏海之下而出爲達曷水。此說與後此（第一百三十七章末註）關於黃河之說相類，其說亦謂黃河發源於葱嶺(Pamirs)爲塔里木(Tarim)河，至蒲昌海(Lob-nor)潛行地下，至甘肅邊境出爲黃河。

(註六)自孛勒伽抵不花剌(Boukhara)，需六十日。此經行沙漠之十七日，僅代表一部份之行程。伊本拔禿塔則云，自撒萊抵不花剌經行五十八日，而在末段經行沙漠之時，則有十八日云。

第三章　波羅弟兄二人經過沙漠而抵不花剌城

他們經過此沙漠以後，抵一城名不花剌(Boukhara)。城大而富庶，在一亦名不花剌(Boukharie)之州中。其王名稱八剌(Borak)。此城是波斯全境最要之城。他們抵此城時，既不能進，又不能退，遂留居此不花剌城三年。(註一)

他們居留此城時，有東韃靼君主旭烈兀遣往朝見世界一切韃靼共主的大汗(註二)之使臣過此。使臣看見此物搦齊亞城的弟兄二人，頗以爲異。因爲他們在此國中，從未見過拉丁人。遂語此二人曰：「君等若信我言，將必享大名而躋高位。」他們答云，願從其言。使臣復曰：「大汗從未見過拉丁人，極願見之。君等如偕我輩往謁大汗，富貴可致。且隨我輩行，沿途亦安寧也。」

(註一)不花剌，名城也。在今阿母河(Amou daria)昔烏滸河(Oxus)之北不遠，是爲不花剌州之都會。有時人稱此州曰俄屬突厥斯單，或「突厥蠻(Turcomans)之地」。

海屯(Haython)亦謂不花剌爲一富庶大城，屬波斯，然自有其語言。(東方史第七章。)范別利

(Vambéry)云，迄於成吉思汗侵略之時，昔人曾視不花剌撒麻耳干(Samarkand)巴里黑(Balk)等城屬於波斯。

八刺是察合台(Djagatai)之曾孫，忽必烈命其襲位爲君主。其國境自巴達哈傷(Badakchan)抵撒麻耳干及不花刺。君臨時，始一二六四迄一二七〇年。波羅弟兄二人既在一二六二年終離孛勒伽河，留居不花刺城，既止於一二六五年，則必親見八刺之卽位。

不花刺一名「貴城，」一名「回教之羅馬，」一名「寺院城。」當時在東方諸城中爲文化之中心。不花刺傳說有云：「大地之上，他處光明自上而下，然在不花刺，則自下而上，摩訶末(Mahomet)昇天時，曾親見之。」雖屢經成吉思汗之殘破，不久卽見恢復。在十四世紀時，尚爲文化之中心，與極西回教國 Séville, Grenade, Cordoue, 三城之境況同。然在今日則衰微矣。一方因教育之守積習，學校僅授成語，學術衰敗。一方因回教信仰僅存外表，處宗教信仰之下，盛行虛僞淫靡之風。——范別利撰「一矯裝教士之中亞行紀，」一五七至一八三頁——Elis. Reclus 俄屬亞細亞五〇六至五一四頁。

(註二)此大汗卽是創設君臨中國八十年的元朝之忽必烈，他是拖雷(Tolei)之子，而成吉思汗之孫。

一二五九年，其兄蒙哥(Mangou)死於合州城下。他襲位爲大汗，並爲契丹(Cathay)或中國北方的君主。

玉耳曾云，聆使者之言使臣似爲大汗使臣之還自旭烈兀所者。據剌失德丁書，旭烈兀歿年，忽必烈之使臣撒里荅(Sartak)自波斯還。則波羅弟兄所見之使臣疑卽其人。因爲他們自不花剌首途時，卽在一二六五年也。此說不誤，後來取宋之伯顏(Bayan)亦與他們同行，蓋伯顏亦在撒里荅隨從之列也。——玉耳書第一册十頁。

馬兒斯登曾言波羅常作富浪人(Francs)，而不作拉丁人(Latins)。但在彼時，歐羅巴人之在亞細亞洲，實以佛郎機(Frangi)之名而顯。

第四章　波羅弟兄二人從使臣言往朝大汗

波羅弟兄二人遂預備行裝，隨從使臣首途。先向北行，繼向東北行，騎行足一年，始抵大汗所。他們在道見過不少奇異事物，茲略。蓋馬可亦曾親見此種事物，後在本書中別有詳細之敍述也。

第五章　波羅弟兄二人抵大汗所

他弟兄二人抵大汗所以後，頗受優禮。大汗頗喜其至，垂詢之事甚夥。先詢諸皇帝如何治理國土，如何斷決獄訟，如何從事戰爭，如何處理庶務。復次詢及諸國王宗王及其他男爵。（註一）

（註一）波羅弟兄離去孔士坦丁堡已有六年，於東羅馬帝國之事變必未獲知之。時物搦齊亞人所擁戴的富浪皇帝博丹已被吉那哇人所擁戴的希臘皇帝帕烈斡羅格所代。當時君臨法國者是聖路易(Saint Louis)君臨英國者是亨利三世(Henri III)，羅馬教皇是格肋孟多四世(Clément IV)。

馬可波羅書中所稱男爵(baron)，蓋指中世紀時之封建諸侯，雖隸諸皇帝國王，然在其自有領地中尚有一種主權。——頗節書十一頁註。

第六章　大汗詢及基督教徒及羅馬教皇

已而大汗詳詢關於教皇教會及羅馬諸事，並及拉丁人之一切風俗。此弟兄二人賢智而博學，皆率直依次對答。蓋彼等熟知韃靼語言也。(註一)

(註一)舊譯韃靼作 Tartare，非是應作 Tatare。頗節諸寫本及與馬可波羅同時的東方著作中，皆作如是寫法。因爲蒙古人之初次侵入歐洲時人畏之甚，致使此 Tartare 寫法流傳，今在法國諸州尙以此名指惡人也。

第七章　大汗命波羅弟兄二人使教皇所

全世界同不少國土的韃靼皇帝忽必烈汗，聆悉波羅弟兄二人所言拉丁人一切事情以後，甚喜。自想命他們爲使臣，遣往教皇所（Apostolle）。（註一）於是力請他們同其男爵一人爲使臣，同奉使往。他們答言願奉大汗之命，如奉本主之命無異。由是大汗命人召其男爵一人名豁哈塔勒（Cogatal）一人來前。命他預備行裝，偕此弟兄二人往使教皇所。豁哈塔勒答言，必竭全力而行主命。

已而大汗命人用韃靼語作書，交此弟兄二人及此男爵，命他們齎呈教皇，並命他們面致其應達之詞。此類書信之內容，大致命教皇遣送熟知我輩基督教律，通曉七種藝術（註二）者百人來。此等人須知辯論，並用推論對於偶像教徒及其他共語之人，明白證明基督教爲最優之教，他教皆爲僞教。如能證明此事，他（指大汗）同其所屬臣民，將爲基督教徒，並爲教會之臣僕。此外並命他們將耶路撒冷（Jérusalem）救世主墓上之燈油攜還。（註三）

大汗命他三箇使臣，韃靼男爵，尼古剌波羅，瑪竇波羅三人，齎呈教皇書的內容如此。

（註一）法文之 Apostolle，拉丁語作 Apostolicus，乃中世紀時法國著作家常稱教皇之稱。

（註二）七藝者，卽中世紀時的博士習知之文法，論理學、修辭學、算數、幾何學、音樂、天文學等七種學術，並非指中國之七藝。況且中國祇有六藝，曰禮樂射御書數。——頗節書十三頁註三。

（註三）此書信極其重要，因爲召來之博士百人如能證明羅馬教爲最優宗教而其他一切宗教爲僞教，忽必烈將偕其人民皈依也。馬可波羅所言忽必烈致教皇的這封書信，久不爲人所識。最近聞由伯希和（Pelliot）在教廷檔案中發現。法國檔庫中亦保存有波斯蒙古汗致法國國王菲力帛（Philippe le Bel）之二書。一封是阿魯渾（Argoun）在一二八九年命 Buscarel 齎呈者。一封是阿魯渾子完者都（Oldjaitou）之致書，所題年月是一三〇五年五月。二書皆是用畏吾兒（Ouigour）文寫蒙古語，烈繆薩（考古研究院紀錄第七及第八册）曾模寫其文。頗節後在其馬可波羅書附錄第五篇及第六篇中，已有所訂正。烈繆薩所譯之第一書，見後文第十七章註一。

一九二二年十月二十五日研究院五院開大會時，伯希和曾報告其發現有十三世紀時之蒙古文件數通，其重要與致菲力帛之二書相等。其中有大汗貴由（Gouyouk）命卜蘭迦兒賓（Jean du Plan Carpin）齎呈教皇意諾增爵四世（Innocent IV）之波斯文答書，又有旭烈兀子波斯汗阿八哈（Abaga）一二六八年致羅馬書。馬可波羅後在本書第十八章中言其齎有忽必烈致教皇，法蘭西國王，英吉利國王，西班牙國王及其他基督教界諸國王書。此種珍貴史料，迄今尙未發現，漢學家衞里（Wylie）曾在英國檔庫檢尋，毫無所得。

可是吾人不應忘者，成吉思汗系諸君主，對於宗教悉皆表示一種寬容，或一種冷淡態度。雖有皈依回教者，鮮用虐待異教方法。其未皈依回教者，得謂無一人不蒙有皈依基督教之謠傳。西方曾視成吉思汗爲一信奉基督教的侵略家。此外對於察合台，旭烈兀，阿八哈，阿魯渾，伯都（Baidou）合贊，撒里荅（Sartak），貴由，蒙哥，忽必烈及其嗣君一二人，皆有皈依基督教之傳說。其中僅有一二人或者稍涉嫌疑，其餘皆無根據也。——玉耳書第一册十四頁註三。

第八章　大汗以金牌賜波羅弟兄二人

大汗畀以使命以後，又賜彼等以金牌。（註一）其上有文曰，使臣三人所過之地，必須供應其所需之物，如馬匹及供保護的人役之類。使臣三人預備一切行裝既畢，遂辭大汗首途。

彼等騎行不知有若干日，韃靼男爵得病不能前進，留止於一城中，病愈甚。波羅弟兄二人乃將他留在此城養病，別之西行。所過之地皆受人敬禮。凡有所需，悉見供應，皆金牌之力也。（註二）

如是騎行多日，抵於阿美尼亞之剌牙思（Layas），（註三）計在途有三年矣。（註四）因爲氣候不時，或遇風雪，或遇暴雨，兼因沿途河水漫溢，所以躭擱如是之久。

（註一）金牌發源於宋蒙古皇帝時代，凡使臣皆持有一種相類牌符，上勒發給牌符的君主之名稱，使命之目的等事，命人服從，違者死罪。惟牌符之種類，以金牌爲最高。

（註二）當時亞洲全境幾盡屬成吉思汗諸孫統治，而奉忽必烈爲共主，所以其使臣在在受人敬重。——

頗節書十五頁註二。

（註三）剌牙思或阿牙思 (Ayas)，爲 Alexandrette 灣西利亞 (Syrie) 海濱之一海港，今日祇存荒村而已。

（註四）前在第五章註一中，曾言波羅弟兄於一二六六年抵大汗所，其歸途既須三年，則其抵剌牙思同阿迦 (Saint Jean d'Acre) 兩城之時，應在一二六九年矣。——並參照後章註二。

大汗接見波羅弟兄之地，應在上都，其遺址現在多倫 (Dolon nor) 西北（參照第十三章註一）。

第九章　波羅弟兄二人之抵阿迦城

他們從刺牙思首途，抵於阿迦（Acre）（註一）時在一二六九年之四月。及至聞教皇已死，（註二）他們遂往見駐在埃及（Egypte）全國之教廷大使梯博（Thibaud de Plaisance）。既見，告以奉使來此之意。大使聞之，既驚且喜，以此事爲基督教界之大福大榮。

於是大使答波羅弟兄曰，君輩既知教皇已死，則應等待後任教皇之卽位，然後履行君輩之使命。

他們見大使所言屬實，遂語之曰，此後迄於教皇卽位以前，我們擬還物搦齊亞，省視家庭。乃自阿迦首途，抵奈格勒朋（Negrepont）。（註三）復由奈格勒朋登舟，而抵物搦齊亞。既抵物搦齊亞，尼古剌君聞其妻死，遺一子，名馬可（Marco），年十五歲。（註四）此人卽是本書所言之馬可波羅。弟兄留居物搦齊亞二年，等待教皇之卽位。

（註一）阿迦卽古之 Ptolémaïs，十字軍在亞細亞沿岸最後僅存之堡壘也。終於一二九一年失陷。

(註二)格肋孟多四世，以一二六八年十一月二十九日卒於 Vicence。按波羅兄弟二人初至阿迦及與梯博（一作 Tedaldo Visconti，卽後來當選爲敎皇之格烈果兒十世 Grégoire X）會晤之年，迪博諸鈔本中有一本作一二六九年，是亦諸校訂人採用之年。較之魯思梯謙所言之年（一二六〇）同迪博其餘八本所記之年（一二五〇同一二六〇）爲可取，然亦不能保其確實不誤。Plaisance 城之長老 M.G. Tononi 曾言諸編年史位置梯博赴聖地之時，在聖路易赴 Tunis（一二七〇年七月二日）之後，又據別一文件，一二六九年十二月二十八日，梯博尙在巴黎。如此看來，波羅等兩次至阿迦之時，應俱在一二七一年中，疑在是年五月九日梯博抵聖地，同是年十一月二十八日新教皇西行之時之間。——Langlois 法國文學史卷首三十五頁馬可波羅條。

(註三)奈格勒朋是希臘 Eubée 島西岸之一城名，其與陸地相隔，僅有一橋之遠。

(註四)地理學會法文本作十二歲，曾經頗節考訂其爲印刷之誤，因原寫本及其他一切舊本皆作十五歲也。剌木學本作十九歲，殆因此本第一章謂波羅弟兄自孔士坦丁堡出發之年是一二五〇年，剌木學遂改作十九歲歟。茲暫以十五歲一說爲是，則馬可波羅應出生於一二五四年。然則應將第一章所誌孔士坦丁堡出發之一二五〇年，改作一二六〇年矣。——頗節書十七頁註五。——

玉耳以爲一二六〇年一說較爲近眞。

諸法文舊本並未言馬可波羅之出生在其父行後。地理學會本僅作「見其妻死，遺一子，名馬可，年十五歲。」但刺木學本則言此子在其父出外時誕生，其他諸本出於Pépin de Bologne本者，所言並同。

第一〇章　波羅弟兄二人攜帶尼古剌子馬可往朝大汗

他們弟兄二人等候許久，教皇尚未選出。於是互相商量，以爲回去復命大汗時，未免太遲。於是他們攜帶馬可，從物搦齊亞出發，逕赴阿迦，見着那箇大使，告以這種情形。並請他允許他們往耶路撒冷去取聖墓燈油，俾能復命於大汗。（註一）

大使許之，他們遂自阿迦赴耶路撒冷，取了聖墓燈油，重還阿迦。復見大使，語之曰：「教皇旣未選出，我們想回到大汗所，因爲我們躭擱時間業已過久了。」大使答曰：「君等旣想歸去，我亦樂從。」於是命人作書致大汗，證明此弟兄二人業已奉命來此。惟無教皇，故其使命未達。

（註一）戈爾迭引斡羅思著作家 Daniel（一一〇六至一一〇七）之「斡羅思人東方行程」云，救世主墳墓中有大燈五盞，日夜常明。——戈爾迭馬可波羅書補註第一册二十頁註。

第一一章　波羅弟兄二人攜帶馬可從阿迦首途

他們弟兄二人得到大使的書信以後，從阿迦首途，擬往復命大汗。行到剌牙思，不久聽說大使梯博業已當選爲教皇，號格烈果兒。(註一) 他們大喜，會大使遣使者至剌牙思告此弟兄二人云，奉教皇命，不必再往前進，可立回阿迦謁見教皇。於是阿美尼亞(註二) 國王以海舶一艘，載此弟兄二人赴阿迦。

(註一)格烈果兒十世於一二七一年九月一日當選爲教皇。緣教廷樞機員 (cardinaux) 對於當選之人意見未能一致，所以前教皇死有二年後任尚未選出。相傳其間有數人以爲大使梯博已死，所以選之爲教皇。當時的選舉會意見既難一致，曾決定組織一六人委員會，付以全權。委員會成立之日，由英國籍樞機員 Jean de Toleto 之提議選出梯博爲教皇。——玉耳書第一册二十一頁註。

(註二)指小阿美尼亞，時此國以昔思 (Sis) 爲都城，而剌牙思即其國之一重要海港。此國王族有名海屯(Haython)者，於一三〇七年在 Poitiers 之一修道院中口授「東方史」，命 Nicolas Falcon

筆記之。此書吾人將數引之。

第一二章　波羅弟兄二人還謁教皇格烈果兒十世

他們到了阿迦以後，卑禮晉謁教皇，教皇以禮待之，並爲祝福。嗣命宣教士二人往謁大汗，履行職務。此二人皆爲當時最有學識之人。一名尼古勒（Nicole de Vicence），一名吉岳木（Guillaume de Tripoli）。教皇付以特許狀，及致大汗書。他們四人接到書狀以後，教皇賜福畢，遂攜帶尼古剌君之子馬可，辭別教皇，從阿迦至剌牙思。

他們到了剌牙思以後，適聞巴比倫（Babylone）算端（soudan, sultan）奔多達里（Bondokdari）（註一）統領回教大兵侵入阿美尼亞，大肆蹂躪，行人大有被殺或被俘之虞。此二宣教士懼甚，不敢前進，乃以所有書狀交給尼古剌瑪竇二君，與之告別，回投聖堂衛護會長（Maitre du Temple）所。（註二）

（註一）「巴比倫」乃當時西方著作家名埃及算端都城開羅（Caire）之稱。埃及之巴比倫已早見古代史地書著錄。羅馬帝 Auguste 時代，已有羅馬軍一隊駐守於此。今日舊開羅城旁有城名 Baboul

者，就是巴比倫古名遺存於今之遺跡。

奔多達里乃一二五九至一二七六年君臨埃及的算端比巴兒思(Bibars)之別號。「考埃及瑪木魯克(Mameluks)朝時代侍臣中有官名奔多達兒(Bondokdar)，其職可當法國昔日之弩士長今(一六九七年)之礮兵大臣。埃及算端比巴兒思原爲奴，後被解放，其舊主任此職，故以此名爲別號。」

「一二六九年時，他想重再攻取阿迦城，然不克，僅躪其地而還，考其用兵之年，皆在一二七一年中。」——D'Herbelot 東方叢書，奔多(Bondok)及比巴兒思條。

比巴兒思在位時所欲履行之兩大政策，即在韃靼人之討伐，及西利亞境內基督教徒之驅逐，所以時常用兵。波羅那箇膽小的同伴吉岳木之遺著，曾說奔多達兒「之用兵不弱於愷撒(Jules César)，殘忍不弱於涅隆(Néron)」。當時正在殘破阿勒波(Alep)、安都(Antioche)兩地，所以道途危險，波羅等不能不由阿美尼亞高原繞道而至額弗剌特(Euphrate)河。

(註二)當時聖堂衞護會會長是 Thomas Bérard(一二五六至一二七三)。然此時代聖堂衞護會士在東方之舉動，世人不甚詳悉，其在小阿美尼亞境內，好像據地不少，聲勢很大。馬克利齊(Makrizi）書引有一事，可以證之。一二八五年，奔多達兒之嗣位算端滿速兒（Mansur）圍攻馬兒迦卜（Markab）城時，曾見阿美尼亞之聖堂衞護會首領來營代表昔思國王（指小阿美尼亞國王）同聖堂衞護會會長乞和。時聖堂衞護會長是 Guillaume de Beaujen（一二七三至一二九一）——戈爾迭馬可波羅書補註第一册二十四頁註四。

第一三章　尼古刺瑪竇馬可三人赴大汗所

他們弟兄二人攜帶馬可首途，騎行久之，經冬及夏，抵大汗所。時大汗所駐之城曰上都，（註一）大而且富。至若他們來往途中所見所聞，後在本書中詳細敍述，茲不贅言。他們歸程已費時三年有半，（註二）因爲氣候不時，同天氣嚴寒，所以躭擱如是之久。大汗聽說他的使臣尼古刺波羅同瑪竇波羅二人歸來，命別的使臣迎之於四十日程之外。他們來去並受沿途敬禮，凡有所需，悉皆供應。

（註一）蒙古朝諸帝駐夏之所，乃由忽必烈建築者。他每年在此駐夏三月，城在蒙古高原之側，灤河或上都河沿岸，距今多倫西北四十公里，今日僅存廢跡。

（註二）波羅弟兄父子三人自阿迦出發之時，最早應在一二七一年九月杪。則其到達上都必在一二七五年夏季。此三年半的時期，亦見巴黎地理學會一八二四年刊行之本著錄，諸註釋家多採用之。

第一四章　尼古剌瑪竇馬可覲見大汗

他們弟兄二人攜帶馬可到此大城以後，遂赴宮廷覲見君主。時其左右侍臣甚衆，他們三人跪見，執禮甚卑。大汗命他們起立，待遇優渥。詢問他們安好，及別後之事。他們答復沿途無恙，於是呈遞其所齎之教皇書狀。大汗甚喜。已而進呈聖墓燈油，大汗亦甚歡欣。及見馬可在側，詢爲何人，其父尼古剌答曰：「是爲我子，汗之臣僕」。大汗曰：「他來甚好。」

此後之事毋庸細說。讀者祇須知道大汗宮中大宴以慶其至，宮中諸人皆禮款之，他們偕諸侍臣留居朝中。

第一五章　大汗遣馬可出使

尼古刺君之子馬可，嗣後熟習韃靼的風俗語言，（註一）以及他們的書法，同他們的戰術，精練至不可思議。他人甚聰明，凡事皆能理會，大汗欲重用之。所以大汗見他學問精進，儀態端方之時，命他奉使至一程途距離有六箇月之地。（註二）

馬可愼重執行他的使命，因爲他從前屢見使臣出使世界各地，歸時僅知報告其奉使之事，大汗常責他們說：「我很喜歡知道各地的人情風俗，乃汝輩皆一無所知。」大汗既喜聞異事，所以馬可在往來途中注意各地之事，以便好歸向大汗言之。

（註一）有作「數種語言」者。按在忽必烈朝中所用之語言，有侵略者之蒙古語，有被侵略者之漢語，復有仕於蒙古朝不少外國人之畏吾兒語，波斯語，甚至有阿剌壁語，別又有西夏語或唐古惕（Tangout）語，凡語言六種。馬可波羅自言能寫四種語言，然未確指爲何種語言。頗節以爲他研究過漢語，玉耳則以爲他不特不會寫漢字，而且不會說漢語，不然，必不致說蘇州訓若「地」，杭州訓若「天」，等類之譌說。（見第一百五十章註四。）此評未免過嚴，他所偏重的，固然不必是漢語，然而不能說他完全不明。因爲他旅行此國很久，且擔任些重要職務，如其曾任揚州總管三年。不能說他對於漢語毫無所知。

他同時的人，波斯汗合贊，據人說，所知道的蒙古語阿剌壁語波斯語較熟悉，客失迷兒（Kachmir）語土番（Tibet）語漢語次之，亦略知富浪語。（中世紀的法蘭西語。）

（註二）波羅在此處所隱喻者，就是在本書第一百十七章及以後諸章所述出使雲南一事。

第一六章　馬可之出使歸來

馬可奉使歸來，謁見大汗，詳細報告其奉使之事。言其如何處理一切，復次詳述其奉使中之見聞。大汗及其左右聞之咸驚異不已，皆說此青年人將必爲博識大才之人。自是以後，人遂稱之曰「馬可波羅閣下」(Messire Marc Pol)，故嗣後在本書中常以此號名之。

其後馬可波羅仕於大汗所垂十七年，（註一）常奉使往來於各地。他人既聰明，又能揣知大汗之一切嗜好。於是他頗習知大汗樂聞之事。每次奉使歸來，報告詳明。所以大汗頗寵愛之。凡有大命，常派之前往遠地，他每次皆能盡職。所以大汗尤寵之，待遇優渥，置之左右，致有侍臣數人頗妬其寵。

馬可波羅閣下因是習知世界各地之事，尤力尤專事訪詢，以備向大汗陳述。

（註一）若定波羅至上都之時在一二七五年夏季，復益以留仕大汗所之十七年，則至一二九二年夏間矣。自他們在中國出發，至他們歸抵物搦齊亞之一二九五年，其間相距尚有三年。

第一七章　尼古刺瑪竇馬可之求大汗放還本國

他們弟兄二人同馬可留在大汗所的時間，前此已經說過。後來他們想歸本國，數請於大汗，並委婉致詞。然大汗愛之切，欲置之左右，不許其歸。

會東韃靼君主阿魯渾（註一）之妃卜魯罕（Bolgana）死，遺命非其族人不得襲其位爲阿魯渾妃。因是阿魯渾遣派貴人曰兀剌台（Oulatai），曰阿卜思哈（Apousca），曰火者（Coja）三人，攜帶侍從甚盛，往大汗所請賜故妃卜魯罕之族女爲阿魯渾妃。

三人至大汗所，陳明來意。大汗待之優渥，召卜魯罕族女名闊闊眞（Cogatra）者來前。此女年十七歲，頗嬌麗，大汗以示三使者，三使者喜願奉之歸國。

會馬可閣下出使自印度還，（註二）以其沿途所聞之事，所經之海，陳述於大汗前。三使者見尼古刺瑪竇馬可皆是拉丁人，而聰明過人，擬攜之同行。緣其計畫擬取海路，恐陸道跋涉非女子所宜。加以此輩拉丁人歷涉印度海諸地，熟悉道路情形，尤願攜之同往。

他們於是請求大汗遣派此三拉丁人同行，蓋彼等將循海道也。大汗寵愛此三拉丁人甚切，前已說過。茲不得已割愛許他們偕使者三人護送賜妃前往。

(註一)阿魯渾之君臨波斯始一二八四迄一二九一年。他是忽必烈之從孫，而波斯侵略者旭烈兀之後人。本書第二章中已著其名。旭烈兀是成吉思汗之孫，而蒙哥及忽必烈之弟。其用蒙古語作書致法蘭西國王菲力帛者，卽是此阿魯渾。其書略曰：「法蘭西國王，汝遣使來言伊勒汗(Ilkhan)進兵埃及之時，吾人將自此起兵與之會合。我聞此言，信天之助，乃約定將在虎兒年冬末月(一二九一年一月)起兵，於春初一月十五日前後(約在二月二十日前後)營於大馬司(Damas)城下。設汝踐約，如期出兵。設吾人賴天之助，奪取耶路撒冷，吾人卽以此地畀汝。第若不以兵來會，將使吾人出兵無益，似乎不合。若彼此兩方有一方不準備與他方合兵，試問此事有何益歟。……牛兒年(一二八九)夏初一月之後半月之第六日寫來。」——烈繆薩譯文。

(註二)觀此文，足知馬可波羅末次出使是往印度。「馬可波羅所稱之印度，並非今日英屬印度，蓋僅指馬來羣島(蘇門荅剌爪哇等島)，或者包括有菲律賓(Philippines)，兼包括有今日越南半島

(Indochine)在內，因爲本書曾言其已至其地也。」——馬兒斯登本馬可波羅書附註。案馬兒斯登本譯自意大利文，出版於一八一八年。

第一八章　波羅弟兄同馬可別大汗西還

大汗見他們弟兄二人同馬可閣下將行，乃召此三人來前，賜以金牌兩面，許其馳驛，受沿途供應。並付以信札，命彼等轉致教皇、法蘭西國王、英吉利國王、西班牙國王，及其他基督教國之國王。復命備船十三艘，每艘具四桅，可張十二帆。關於此類船舶者，後再敘述，因言之甚長也。

船舶預備以後，使者三人，賜妃，波羅弟兄同馬可閣下，遂拜別大汗，攜帶不少隨從，及大汗所賜之兩年糧食，登船出發。航行有三月，抵南方之一島，其名曰爪哇(Java)（註一）島上奇物甚衆，後再詳細言之。已而從此島解維，航行印度海十八月，抵其應至之地，他們所見異物不少，後此言之。

他們到了目的地後，聽說阿魯渾已死。（註二）所以將其護送之妃交於其子合贊。他們入海之時，除水手不計外，共有六百人，幾盡死亡，惟八人得免。此是實情，非驚言也。他們見君臨其國者，是乞合都（Chiato），（註三）乃以護送之妃付之，並完成他們的一切使命。他們弟兄二人同馬可既將大汗護送此妃的使命執行，於是告別，重復首途。（註四）他們臨行前，闊闊眞賜以金牌四面，兩面是鷹牌，一面是虎牌。一面是淨面牌，上有文云，此三使者沿途所過之地，應致敬禮，如我親臨，必須供應馬匹，及一切費用與夫護衛人役。於是他們所過之地，所得供應甚豐，衞騎常有二百。

他們騎行多日，始達特烈比宗德（Trébizonde），已而抵孔士坦丁堡，復由此經奈格勒朋而歸物搦齊亞，時在基督降生後之一二九五年也。

以上皆是引言，以後則爲馬可閣下所見種種事物之記錄。（註五）

（註一）此島第一百六十五章別有說明，此章名此島曰小爪哇，即蘇門荅剌（Sumatra）是已。

（註二）阿魯渾歿於一二九一年三月七日，其弟乞合都爲監國，後在一二九五年四月二十三日被縊殺。波羅等自中國出發以後，以至行抵波斯之時，應位置於此兩時期之間。顧檢後文他們航行及維舟之時，自福建海岸達於波斯，合計有兩年又兩月，由是可見其在中國出發之時，應在一二九二年初。（頗節說。）

（註三）乞合都是阿魯渾弟，其名通寫作 Kaikhatou，馬可波羅將其變爲意大利式，故作 Chiato。阿魯渾，死其子合贊適鎮呼羅珊(Khorassan)，故乞合都監國。

（註四）地理學會所刊行之一八二四年法文本即世人視爲馬可波羅書之最古本在此處有文一段，後來删除。删者應是馬可波羅本人，蓋其文過於譽揚自己，其中涉及蠻子國王（南宋）公主之事。其文如下：

「倘有別事足爲此三使者榮者，因爲瑪竇閣下尼古剌閣下馬可閣下三人地位很高，所以大汗將王妃闊闊眞同蠻子國王的女兒一並託付他們，送到東韃靼君主阿魯渾所。由是他們携帶不少隨從，耗去不少費用，從海上送往。」

「此二貴女年幼而美，對於此護送的三使者，視同父親一樣。送到以後，闊闊眞遂爲現在君臨此國（波斯）的合贊之妃，酬報他們無所不至。三使者別時，闊闊眞戀戀不捨，致爲流涕。」（地理學會本五頁及十六頁。）

（註五）在引言之後，同馬可波羅行紀本文之前，我們對於本書同馬可波羅的本傳，似應補充數語。因爲根據後來所言的情形，馬可波羅口授之語有補充之必要也。

他們離開物搦齊亞，計有二十六年。此二十六年中，幾盡與亞洲人共處。歸國之時，致不爲親戚故舊所認識。其親屬以爲他們久死於外，遂佔居他們的故宅。他們費了若干時間，才能將故宅索還。剌木學（是初譯此書爲意大利文本之一人），曾在序文中說，此三箇物搦齊亞人衣服外貌與韃靼人無異，語言幾不可解。因爲他們幾將本國的語言忘却，談話時口音既異，且摻雜有些外國名詞。

然而不久他們恢復歐洲人的習慣，頗受物搦齊亞社會的歡迎。尤其是城中有人傳說這些奇形異服來自世界極端的人，携回財寶甚多，並說他們衣褶之中縫有寶石不少。賓朋過訪者，他們曾將從亞洲携回而歐洲人所不識的奇珍異物出示。由是世人視之爲富豪，名其居宅曰「百萬家私人之宮」。別號馬可波羅曰「百萬家私的馬可」。

波羅等回到物搦齊亞不久，有一隊吉那哇國的艦隊出現於答勒馬惕（Dalmatie）沿岸，妨害物搦齊亞的商業。當時這兩箇意大利的强國，互嫉其商業之發達，時常衝突，這是世人業已知道的事實。物搦齊亞立時組織一種艦隊，馬可波羅爲愛國心所驅使，亦以己資置一海舶，自己駕駛，加入艦隊之列。

一二九六年時，吉那哇、物搦齊亞兩國的艦隊大戰於剌牙思灣中。（鈞案剌牙思灣中之戰，在一二九四年時馬可波羅尙未歸國。此處所言之戰，殆是一二九八年 Curzola 之戰，伯希和別有考。）物搦齊亞戰船被吉那哇人所毁或捕獲者，有二十五艘。馬可波羅所駕之船，亦在被獲之列。他本人被俘，禁於吉那哇獄中六年。好像未受虐待，因爲他旅行的名聲遠播，不少吉那哇人同外國人亦有所聞，常往獄中訪問他旅行亞洲的異事。因爲亞洲在當時竟可說是歐洲人未識之地。

到了一二九八年時，馬可波羅必是因爲厭於答復，遂將其行紀口授之於皮撒城的一箇文人魯思梯謙，用法蘭西語完全筆錄下來。這就是中世紀的鈔錄人所稱之「世界奇異書」後來各國註釋家所錄者，亦是此本。

馬可的父親與叔父仍留居物搦齊亞城中，滿望波羅遠征歸來，爲之締婚。及見其被擒，乃設法營救，又恐怕他死於獄中後繼無人，於是弟兄商議續娶。尼古剌波羅年雖老，然甚强健，遂決定他續娶一妻。

四年以後，馬可波羅因爲他的行紀遠播，聲名揚溢於全歐，吉那哇人不索贖金，將他釋還。他回到物搦齊亞故宅之時，看見三箇幼弟，因爲其父續娶之妻已生三子也。馬可賢孝，仍與他們同居，不生芥帶。他本人亦娶妻生有二女。他後爲物搦齊亞城大議會的會員，而在一三二四年歿於此城。考他在一三二三年一月九日用拉丁文所作的遺囑，他曾由中國携帶一箇韃靼僕人歸來。遺囑將他解放，並付以微資。歷史中一箇著名的旅行家之終局如此。

現在再說他口授之書，他向同時人的敍述皆節錄於此書之中。我們業經知道此書是用何種語言記錄。當時法蘭西語，就是歐洲的文學用語，凡有學問之人皆解之，並能言之。馬可波羅採用此語之理由或者在此。因爲他想將此書廣爲流傳，並使衆人皆解也。復據巴里（Paulin Paris）可信的論證，尤其是頗節的佳作，法蘭西語本之優於拉丁語意大利語等本其事毫無可疑。

馬可波羅書出版以後，即經幾種語言翻譯，頗爲人所嗜讀。但是很少有人信爲實錄。世人以爲這箇物搦齊亞人，曾仿許多旅行家，將他所見的事物故意誇張粉飾。成見之深及普及，致使馬可波羅的親友亦具有此種見解。所以馬可波羅臨危時，他們爲「解救他的靈魂」起見，曾哀求他否認其書，至少也要將世人所認爲純屬虛構的部份否認。馬可波羅在此臨終之時，曾鄭重聲明他不但沒有言過其實，而且「他所見的異事尚未說到一半」。所以他書中對於長城印刷中國若干學問藝術之進步，總之他認爲他人過於難解的事情皆無說明。恐怕他人不信其言，反疑全書爲僞也。

此時代民衆之懷疑不信，亦無足異。因爲當時僅知韃靼人之破壞同殘忍，將他們看作微具人面的野人一樣。乃在馬可波羅書中，說有一韃靼皇帝具有一箇壯麗的朝廷，許多燦爛的宮殿，還有貴人高官等等，與夫繁殖數百萬人口的大城。當然不足取信於人。祇有詩人同小說家採取大汗同契丹國的事實，來粉飾他們的詩文。當時有人以爲亞洲中央有一大君主名稱曰汗 (Cham)，是一箇基督教徒，及馬可波羅書出，世人益信其眞。已而因聖路易 (Saint Louis) 及其後人同旭烈兀阿魯渾等之締交，暨十字軍等事，廣播此說於歐洲，由是備受折磨的馬可波羅書，遂將此說固定。

但是知識日廣，馬可波羅書所記述的那些國家，不免日漸闡明。較博洽的考據家，曾作進一步的考證，根據馬可波羅書，繪出波斯灣東亞細亞諸國，同非洲東岸的地圖。由是從前對於印度洋誤會甚久的訛說，以及古代載籍中的奇異名稱，遂一掃而空之。自是在一世界地圖上開始得見韃靼、中國、日本、印度海諸島、非洲極端，這些名稱。其後馬可波羅所遵之陸道，因帖木兒之侵入同元朝之滅亡而杜絕。於是有人想循海道自歐洲巡航西方，覓取日本同契丹的海岸。哥倫布 (Christophe Colomb) 冒險航海發現陸地之時，馬可波羅的行紀尚憶而未忘。所以他在今日古巴(Cuba)，昔稱 Hispaniola 島上登陸之時，他自以爲所到之地就是馬可波羅書中的日本國(Zipangu)。

馬可波羅影響之大，不僅限於地理範圍，在當時外交裏面影響或者更爲重要。忽必烈既信任他，他亦忠於所事，所以他居間爲忽必烈同歐洲諸國圖謀一種接近，圖謀一種極有利於全基督教界的聯盟。

韃靼人同回教徒，是當時兩箇極大的强國。雙方皆是侵略者，皆爲基督教界之勁敵。前者在東方使歐洲恐怖，後者雖然勢力已衰，尚統治西班牙、葡萄牙、非洲北部、地中海諸島、西利亞一部，那些富庶的區域。

應使此二强敵互相牽制，這就是當時諸教皇的卓識政策。波羅等始終不忘他們也是基督教徒，所以熱心爲推行這種政策的人員。他們曾告訴忽必烈說西境有一好戰的民族，不予討伐，必將爲患。若與教皇及歐洲諸國王結合，討伐此回教民族，於雙方皆有禆益。波羅弟兄初次奉使回國的目的，即在爲大汗同教廷締結一種條約。此次交涉，同後來與旭烈兀阿魯渾等交涉的結果，則使蒙古人與回教徒發生一種長期戰爭。雙方爭鬥之時，歐洲始能從中取利，將回教徒驅逐於西班牙之南方。

可是波羅等之干涉，不能爲十字軍保有侵略之地，其地終歸敵人所有。顧使此二强敵互爭，而不使之結合，其足爲歐洲諸國解除一種大患，甚至使其不致滅亡，要不能謂非此種干涉之功也。

第一一九章　小阿美尼亞

阿美尼亞確有兩處，一名大阿美尼亞，一名小阿美尼亞。（註一）小阿美尼亞國王善治其國，而臣屬於韃靼。國中有城堡不少，百物豐饒，兼爲大獵禽獸之地。惟地頗不潔，而不適於健康。昔日其國貴人以好勇尙武著名，然在今日，貧賤可憐，勇氣毫無，祇善飲酒。其國海岸有一城，名剌牙思，（註二）商業茂盛，內地所有香料絲綢黃金及其他貨物，皆輻輳於此。物搦齊亞吉那哇與夫其他各國之商人，皆來此售賣其國出產，而購其所需之物。凡商人或他種人之欲赴內地者，皆自此城發足。

（註一）案大阿美尼亞同小阿美尼亞之區別，始於脫烈美（Ptolémée）及其後之諸地理家。中世紀時，小阿美尼亞國境大致包括陶魯思（Taurus）山南迦帕朶思（Cappadoce）同西里西亞（Cilicie）一部份之地，東抵額弗剌特河，南至巴勒司丁（Palestine）。

（註二）剌牙思名見本書第八章著錄，其地低，多沼澤，近西里西亞之質渾（Jihon）河口。自從商業移轉於阿歷山岱特（Alexandrette）海灣對岸之阿歷山岱特港以後，此港遂廢。

第二〇章 突厥蠻州

突厥蠻州(Turcomanie)之人，凡有三種。一種是崇拜摩訶末之突厥蠻，其人粗野，自有其語言。(註一)居於山中及牧場豐富之地。蓋此輩以牧畜爲生，其地產良馬，名曰突兒罕(Turquans)。別二種人是阿美尼亞人及希臘人，與突厥蠻雜居城堡中，爲商賈或工匠。蓋彼等製造世界最精美之毛氈，兼製極美極富之各色絲綢，所製甚多。又製其他布疋亦夥。其要城曰科尼亞(Konieh)，曰西瓦思(Sivas)，曰凱撒里亞(Césarée)，(註二)此外尚有其他城市及主教駐所不少，言之甚長，未便在此處敍述，其人隸屬韃靼，爲其藩臣。

現在既述此州畢，請言大阿美尼亞。

(註一)此小亞細亞之地，可當今之阿那脫里亞(Anatolie)州全境。今日居其地者是突厥農民，雖不甚接待外人，然並非蠻野，如世人之所云也。其地現尚產名馬，大尾羊，與馬可波羅時代相同。輸出甘草，及一種有類橡實，名曰 vallonée 之出產。其人居於村中，環以牆寨，以猛犬守之。據曾與其人同處者言其人亦間有和靄可親者。

(註二)科尼亞是報達鐵路線經過之一要城有支路可通思迷兒納(Smyrne)——西瓦思是聖不萊思(Saint-Blaise)殉難之地城在一富庶山谷中多薔薇其出產由黑海南岸之三遜(Samsoun)港輸出。——凱撒里亞大致處此兩城之中間在昔日迦帕朶思境內諸山之下。

第二二章　大阿美尼亞

大阿美尼亞是一大州，其境始於一城，名曰阿兒贊干(Arzingan)，(註一)世界最良之毛織物出產於此。境內有最美之浴場，同最良之噴泉。居民是阿美尼亞人，臣於韃靼。境內有城堡不少，其最貴重者，首數阿兒贊干。此城有其大主教。其次二城，一名阿兒疾隆(Arziron)，一名阿兒疾利(Arziri)，(註二)其地構成一極大之國。(註三)每屆夏日，東方韃靼全軍駐夏於此，緣境內牧地甚良，可以放牧也。惟冬季酷寒，彼等不居其地，所以一屆冬季，即徙居天煖有良好牧地之所。君輩應知諾亞(Noé)避洪水之大舟，即在此大阿美尼亞境內一高山之上。(註四)其南境迄於東方，與毛夕里(Mossoul)國相接，(註五)毛夕里國居民是雅各派(Jacobites)及景教派(Nestoriens)之基督教徒，後此別有說明。其北境與谷兒只(Géorgie)人相接。此谷兒只人，後章言之。其與谷兒只人接境之處，有一泉噴油甚多，同時竟可盛滿百船。然其油不可食，祇供燃燒，並爲駱駝塗身，診治癬疥之用。人自極遠之地來此以取此

油，蓋其地全境附近之地僅燃此油也。（註六）

茲置大阿美尼亞不言，請言谷兒只。

（註一）阿兒贊干即額兒贊章（Erzendjan），處額弗剌特河上流，額兒哲魯木（Erzeroum）州內。曾爲地震所毀，一七八四年重建。Vincenzo Lazari（馬可波羅行紀二八三頁）云：「馬兒斯登謂阿兒贊干浴場未見東方著作家著錄。然阿美尼亞士人告余云，其境火山地頗有礦泉，此城附近土地饒沃，風景優美。」

（註二）阿兒疾隆，即今之額兒哲魯木，同在額弗剌特河上流，額兒贊章城之上。——阿兒疾利，即今之阿兒吉失（Ardjich），毀於十九世紀中葉，今祇存爲完（Van）湖北岸之一鄉村。

（註三）根據馬可波羅所言之境界，大阿美尼亞西迄陶魯思山，東抵裏海，南至美索波塔米亞，北接谷兒只及高加索（Caucase），止於昔之鐵門，今之打耳班（Derbent）。

（註四）馬可波羅以爲諾亞所乘之舟，尚遺存於一大山之上，固誕妄不經，然亦有證其說者。阿美尼亞史家海屯云：「阿美尼亞有一世界最高之山，俗名阿剌剌惕（Ararat），其巔有諾亞大舟，於洪水之後，初泊於此。此山終年積雪，冬夏常然。從來無人能登此山。遠望山巔，有物黑色，人言即是諾亞大舟。」——海屯東方史第九章。

（註五）毛夕里，古美索波塔米亞境內之一城也。處達曷（Tigre）水右岸，爲景教總主教駐在之所。現尙有景教徒甚夥，其奉雅各派之西利亞人亦衆。——頗節說。

（註六）石油在阿美尼亞全境皆有，然最重要之礦脈，在裏海西岸之巴庫（Bakou）。謂百船可以同時盛油，馬可波羅並未言過其實。蓋巴庫諸油井出產，自一九〇一年以來，每年超過一千萬噸也。

第二二章　谷兒只及其諸王

谷兒只（Géorgie）有一國王，名稱大衞蔑里（David Melic），法蘭西語猶言大衞國王（Roi David）（註一）臣屬韃靼。古昔國王誕生，右臂皆有一鷹痕爲記。國人皆美，（註二）勇敢善射，戰鬥殊烈。信奉希臘派之基督教，蓄短髮如書記生。亞歷山大（Alexandre）西征未能通過之地，即是此州。蓋其道路狹險，一方濱海，一方傍大山，不能通戰騎。其道長逾四里由，（lieue 鈞案每里由約合華里十里）所以少數人守之可禦重兵。亞歷山大曾建一壘，極其堅固，俾此地之人不能來侵，名此壘曰鐵門。亞歷山大之書所言困韃靼人於兩山之間，即此地也。惟其人實非韃靼，乃爲一種名稱庫蠻（Comans）之民族，與夫其他衆多部落。蓋當此時代，尚無韃靼也。（註三）

其地多城堡，產絲甚富，製種種金錦絲綢，極麗。產世界最良之禿鷲，百物豐饒，人民以工商爲業。全州皆山，山道甚狹，憑險以守，所以韃靼從來未能完全臣服此地。（註四）

此地有一修道院，世人名之曰聖烈庸納兒（Saint Léonard）。有一奇蹟，茲爲君等述之。禮拜堂附近山下，有一大湖，全年大小魚皆無。惟至齋節（carême）之第一日，世人取世界最美之魚於此湖中。全齋節內，止於復活節前之土曜日，產魚不絕。至此日後，以至下一齋節，不復有魚。每年如此，誠爲靈異。前此所言濱山之海，名稱岐刺失蘭（Gelachelan）（註五），廣約七百哩（milles），與他海相距有十二日程。額弗剌特大河注入此海。（註六）別有數河亦然。海之周圍皆山，近來不久，有吉那哇商人運船置此海中以供航行。（註七）有絲名曰岐里（ghellé），即從此來。（註八）

既言大阿美尼亞之北境，今請言東境與南境間之其他邊地。

（註一）巴黎地理學會一八二四年刊本謂谷兒只國王始終名稱大衞案 Bagratides 朝之諸王，自稱系出聖經中之大衞國王。此朝建立於紀元後七八六年，迄於一八〇一年併入斡羅思之時，其名大衞之國王凡有九人。——戈爾迭說。

玉耳曾言一八七〇年時，此朝有一後裔在彼得格剌德（Petrograde）服務斡羅思軍隊，號 Bagration 郡王。

（註二）此國婦女之美業經諸旅行家證實。馬可波羅之後，一六一九年時，Pietro Della Valle（行紀第二册三頁）曾云亞細亞婦女以此國爲最麗。迄於近代，土耳其宮廷常選取谷兒只婦女以充後宮。

（註三）馬可波羅此段記載，蓋指高加索山下裏海邊之打耳班（Derbent）關，疑卽拖烈美地誌中之Sarmates諸關，塔西特（Tacite）書中之 Claustra Caspiorum。阿剌壁地理家名之曰衆門之門（Bab-al-abouab），突厥人名之曰鐵門（Demira Capour）。歐洲人常名此處曰打耳班關，緣其地有打耳班寨，故以爲名。打耳班，波斯語猶言關。今屬斡羅思，在巴庫之西北，梯弗利思（Tiflis）之東北，距裏海四公里。

盧不魯克（Rubruquis）在馬可波羅前，曾有著錄。據說翌日至鐵門，此城爲亞歷山大所築。海在城東，山海之間有一小平原，其城卽建於此。西接大山，除此外無他通道。蓋山高無路可通，別一方則爲海水，祇能經過此城。城有鐵門，故以爲名。城廣約半里，由高山之上有一堡壘，其廣約有一擲石之遠。其壁極堅，無壕，而有數塔，以石砌之。韃靼曾墮此塔與壁附近之地。風景極佳，在昔視若一種地上天堂。

據本地之傳說，亞歷山大建築此城，並築大牆，抵於黑海，用以保護波斯，而防粟特人（Scythes）之侵入。此牆延至高加索山南腹，東方人名之曰「亞歷山大之牆」（Sadd-i-Iskandar）。惟近代人則以此牆先由 Antiochus 之一後人所築，後爲 Cosroës Nouchirevan（紀元六世紀時之波斯王在位迄於五七九年）重修。據克剌普羅特（Klaproth）之考訂，Nouchirevan 築打耳班寨，落成於五四二年。然在此前，其父與彼曾在高加索牆上建築樓櫓三百六十所，此牆亘延至於阿蘭（Alains）關。

此種壁壘遺跡延長甚遠，竟有高至一百二十尺者。Moynet 在「世界一週」第一册一二二頁以後曾說自打耳班起，循此牆壁行二十七俄里。「此牆自打耳班直線逕向西，不因高嶺深澗而中斷。間有樓櫓，大小不一。疑是置防戍兵糧之所，戍將居此，戰時於此集軍隊，並與其他各樓通聲息。」

「此牆在打耳班形式皆同，視地之高低而變其高度。在危坡之上，則砌若梯形，以小石合粘土石灰築之。諸樓矗立牆上，所可異者，無橋弧，與埃及三角塔之情形相同。」

Reclus（俄屬亞細亞一六〇頁）云：「如信土人之說，此牆在今日戰略上毫無重要。然沿高加索，自此海達於彼海，樓櫓聳立，此牆在當時至少可以防護東高加索山下之平原也。」——中世紀時歐洲旅行家之首先著錄此牆者，是 Benjamin de Tolède。後經帖木兒之破壞，此牆半毀。玉耳（馬可波羅書第三版第一册第四章五三至五七頁註三）曾旁考載籍，證明此牆卽是昔日峨格（Gog）同馬峨格（Magog）兩部落有名之壁壘。據云：「馬可波羅隱喻之故事，在中世紀時所撰關於亞歷山大之小說中見之。昔亞歷山大驅逐不少食人民族於山中，並禱天祈將此民族困於山內。禱甫畢，諸山移而相接，各山相距僅有數尺之遠。於是亞歷山大鎔鑄鐵門或銅門以錮諸山口，將此二十二部落及其酋長封鎖於其中。此種部落名曰峨特（Goth），馬峨特（Magoth）……。相傳此種部落有日破關而出。Oethicus 之宇宙論（卽世人誤以爲聖熱羅木 St. Jérome 曾經節錄之書，其撰年最晚應在紀元四世紀時）云，突厥人出於峨格馬峨格二種，嗜食人肉穢物，不識酒鹽小麥，將於反基督之日出現於裏海諸關以外之草原，蹂躪各地。則韃靼人之侵入歐洲，世人不免擬爲此種預言之實踐。日耳曼皇帝菲烈德力二世（Frédéric II）致英吉利國王亨利三世（Henri III）書，曾云此輩是背叛摩西（Moise）法律而奉金牛的十部落之後裔，卽是亞歷山大封鎖於裏海山後之民族云云。由此韃靼出於峨格馬峨格二族之說，遂有人將亞歷山大之牆壁與中國長城混而爲一。是以在一三七五年之迦塔朗（Catalane）地圖上，將其徙於亞洲之東北端」——玉耳說。

馬可波羅時代之庫蠻，即今之突厥蠻，西起黑海東抵天山一帶之草原沙漠，皆其居地。

（註四）歷代居住高加索山之居民，始終熱烈保守其獨立。蒙古侵略之地雖廣，尚未能將其完全征服。今日斡羅思人亦感覺有相當抵抗。

（註五）馬可波羅引證本地傳說之湖魚靈異以後，復言上述之海，及其北之鐵門。裏海亦有種種名稱，與他海同。其名視附近之地而異。在巴庫附近，則名巴庫海。在岐蘭（Ghilan）附近，則名岐蘭海。土名岐剌失蘭，猶言岐蘭湖或岐蘭灣也。漢代的中國人因此海在西，故名之曰西海。——頗節說。

（註六）中世紀之地理學家未詳其水道之名稱，皆以地上天堂之四河流位置於此地。所以謂孚勒伽河曰額弗剌特河，曰達曷水。馬可波羅未曾詳考，遂沿其誤。

（註七）關於吉那哇人運船入裏海一節，亦一異聞也。（殆由連接 Don 河孚勒伽河之運河而入）所言此海之廣袤七百哩，以言寬廣，誠不誤。若言周圍則非。至若裏海之種種名稱，在中世紀時甚夥。馬可波羅在後一章中名之曰撒萊（Sarai）海，Vincent de Beauvais 又名之曰 Mare Servanicum。斡朶里克（Odorie）又名之曰巴庫海，亦名之曰巴思渾（Bascon）海。巴思渾蓋爲阿卜思渾（Abseeon）之訛，乃裏海東南角之一島名及一小城名，移以名全海者也。——戈爾迭說。

（註八）岐里絲卽是裏海西南岸岐蘭州中之出產，其色深黃久已著名，尤以意大利語名 seta ghella 而顯。—— Baldelli 說。

第二三章　阿美尼亞東南界之毛夕里國

別一邊界，東南之間，有毛夕里（Mossoul）國。國甚大，人有數種。茲爲說明如下。其一種是崇拜摩訶末之阿剌壁人（Arabes）。其他與之有別，是聶思脫里派（Nestoriens）同雅各派（Jacobites）之基督教徒。他們有一總主教，名曰阿脫里克（Atolie）。（註一）此總主教任命大主教、道院長，以及其他一切司教，遣派至各地，至印度，自報達至於契丹，如同羅馬教皇派遣人員至拉丁諸國者無異。君等應知此地之一切基督教徒爲數甚夥，皆是雅各派同聶思脫里派，與羅馬教皇教會所統治者有別。蓋其對於幾種信條尚在誤解之中也。此地之一切金錦同絲綢名曰毛夕里紗（Musselines）。（註二）有許多名曰毛夕里商（Mossolins）之商人，從此國輸出香料布疋金錦絲綢無算。

尚有別種人名曰曲兒忒人（Kurdes），（註三）居住此國山中，或奉基督教，或奉回教，皆意欲刦掠商人者也。

茲置毛夕里不言，請述報達大城。

（註一）阿脫里克蓋爲迦脫里哥（Katholikos）之阿剌壁語的省寫。迦脫里哥，猶言永遠普及。此總主教原駐謝留西亞（Séleucie），旋駐報達，迄於一二六八年。後徙額兒比勒（Irbil）毛夕里，終駐兀兒米牙（Ourmiah）。聶思脫里派同雅各派時常相混，今聶思脫里派幾盡消滅，惟尚有雅各派總主教二人。一駐報達附近之Zapharan修道院，一駐Etchmiadzin地方。——弋爾迭說。

（註二）此種毛夕里紗，中國人昔已識之。布萊慈奈德（中世紀尋究一二二頁）曾引長春眞人西遊記，說一二二一年丘處機西行時，見「庶人則以白氎斯六尺許盤于其首」，此氎斯必指毛夕里紗無疑。

（註三）曲兒忒人現在土耳其所屬亞細亞境中，爲數尙衆，是爲最好蠢動之人民。土耳其人及波斯人從來未能完全將其征服，時常與之戰爭。

第二四章　報達大城及其陷落

報達(Bagdad)是一大城，世界一切回教徒之哈里發(Caliphe)居焉。同羅馬之為基督教教皇之駐所者無異。有一極大河流通過此城，由此河可至印度海。此海距報達十八日程，所以有極多商人運載貨物往來河上，至一城名曰怯失(Kise)，(註一)由此入印度海。河上報達怯失之間，尚有一大城名曰弼斯囉(Bassora)。(註二)樹林圍繞，出產世上最良之海棗。報達城紡織絲綢金錦，種類甚多，是為納石失(Nasich)，紫錦，同不少別種奇麗織物。此城乃是其地最貴最大之城。(註三)

紀元一二五五年時，東韃靼君主名稱旭烈兀者，是今大汗之弟，曾率大軍進攻報達，奪據之。(註四)是役奇難，蓋報達城中有騎兵十萬，步兵尚未計焉。取此城時，見有哈里發藏寶之一塔，滿藏金銀寶物，任何別地寶藏從無此藏之富。旭烈兀見財寶之多，不勝驚異。命人召哈里發至而語之曰：「哈里發，汝可告我聚積多金之理。欲聚此財何用。汝不知我為汝敵，率大軍而奪汝之遺業歟。曷不散此財以賜戰士武人而保汝身兼保汝城。」

哈里發默然不知所答，於是此君主語之曰：「哈里發，汝旣愛財寶之甚，我欲以此財寶供汝食，俾之屬汝。」語畢，將哈里發閉置於藏寶塔中，禁人給與飲食。復語之曰：「哈里發，汝旣愛之切，今汝可盡量食汝之財寶，任汝所欲，蓋汝不復有他物可食也。」

由是哈里發困頓塔中四日，以至於死。所以爲彼之計，與其如是困頓而死，不如先以財寶散給臣民以防其國也。自是以後，報達及別地不復再有哈里發。（註五）

茲請言上帝在報達城對於基督教徒所爲之一極大靈奇。

（註一）怯失城名，是同名的島上之首府。島在波斯灣口，乃甕蠻（Oman）國之都城也。馬可波羅殆未至其地，得諸耳聞。否則必不致言河流至於怯失。蓋怯失島距阿剌壁河（Chatt-el-Arab）口甚遠。約經波斯灣距離四分之三也。此小島現已荒廢，今名 Kaïs。

（註二）弼斯囉在達曷額弗剌特二水交流處下流八十公里，與海之距離稱是，今尙以兩岸之海棗樹著名。

（註三）報達（Bagdad）在中世紀寫作 Baldac，昔有數種金錦絲綢，名稱曰 baldachini 者，即以地名。法蘭西語之 baldaquins，即由此名轉出，惟其義擴張及於君主之寶蓋，同若干貴人之傘蓋。納石失（鈞案此名見元史輿服志）亦為同出一地之絲錦，視所用金緯或棉緯之多少而異其名。紫錦（cramoisi）乃一種紫色織物，其顏料乃取諸一種臙脂蟲名曰 kermès 者。中世紀時一種布名 quermesis 者亦本於此，然在今日紫色顏料則採自另一種臙脂蟲名曰 cochenille 者也。

（註四）蒙古人之取報達，事在一二五八年二月五日，哈里發之降，事在同月十日。——戈爾迭說。此最後之哈里發名稱牟思塔辛（Mostassim），歷代哈里發所據之寶藏，悉為戰勝者所得。阿美尼亞某史家云，大食朝（Abassides）君臨報達垂五百年，貪黷無厭，吸收世界之財寶甚衆。茲皆吐出，報達城抄掠凡七日，蒙古人載捕獲品四千擔而去。

烈繆薩亞洲雜纂新編第一册一七九頁譯劉郁西使記云：「丁巳歲（一二五七），取報達國。南北二千里，其王曰哈里發。其城有東西城，中有大河。西城無壁壘，東城固之以甓。王師至城下，一交戰，破勝兵四十餘萬。哈里發以舸走，獲焉。其國俗富庶，為西域冠。宮殿皆用沉檀烏木降眞為之。壁皆砌以黑白玉金寶珍貝不可勝計。所產大珠曰太歲彈蘭石瑟瑟，金剛鑽之類，帶有直千金者。」

（註五）當時諸史家，尤其是 de Joinville，所誌大食朝末主之亡，其言皆同。

第二五章　報達之移山靈蹟

報達毛夕里之間有一哈里發，一二二五年前後時駐在報達。深恨基督教徒，日夜思維，如何能使其國之基督教徒改從其教，抑盡殺之。常與其教之長老同謀進行之策。蓋諸人亦皆敵視基督教徒，而世界上之一切回教徒對於基督教徒意見甚深，乃事實也。

有日此哈里發與諸長老在我輩之福音書中發現一文曰，一基督教徒之信心雖如芥子大，而其力可以移山。此誠實事也。此輩見此文之後，遂大歡欣，蓋此爲强迫一切基督教徒改教或盡殺其人之良策。如是哈里發同時召集境內之一切基督教徒，其數甚衆；及諸人至，乃以福音書此段文字命其讀之。讀旣畢，哈里發詢此文是否實言。諸基督教徒答曰盡實。哈里發曰：「汝輩旣以爲實，汝輩人數旣如是之衆，其中當不乏有此少量信心之人，可選此人出，移動汝輩共見之山。（並手指隣近之一山以示諸人。）否則我將盡殺汝輩。欲免死者，必須改從吾人聖教，而成爲回教徒。茲限十日，到期如其事未成，或汝輩盡死，或盡改從回教。」語畢遣之出，俾其思量移山之法。

第二六章　基督教徒聞哈里發之言大懼

基督教徒既聞哈里發之言，大懼。然他們處此情況之中，完全屬望造物之主，盼其解免此種大難。所有賢明之人於是聚議。其中有不少長老主教，然除向衆善所自來之天主，祈發慈悲，拯救彼等，不遭此殘忍哈里發之毒手外，別無他法。

由是男女悉皆祈禱，八日八夜。至第八夜，有一主教，極善良之基督教徒也。見一神靈告語，謂天之聖神命彼令一獨眼靴工祈禱天主。天主悲憫，必因靴工之清德而如其願。

茲請言此靴工爲何種人。君輩應知此人正直純潔，持齋，不犯何種罪惡，逐日必赴禮拜堂聆聽彌撒（messe），並以其工資之一部貢獻天主。至其僅存一眼之緣由，則如下說。某日有一婦人囑彼縫製一靴。此婦腿足皆麗，出其足以量靴之尺寸。靴工心動，已而大悔。其人數聞福音書中之言，外眼有過累及良心，應於犯過之前，立時將眼抉出頭外。於是待此婦去後，取縫靴之錐刺其一眼。由是僅存一眼。

君輩觀此事，足見此人正直淸潔，品行優良。

第二七章　主教見獨眼靴工

前所言之神靈，主教數見之。於是以其事詳告諸基督教徒。諸人乃召此靴工來前，及至，求其祈禱。並言天主曾許，彼所禱者，將如其願。靴工聞言，謝以無此德行，不敢爲之。諸人委婉祈請，靴工始應。

第二八章　靴工之祈禱移山

至限期之末日，一切基督教徒黎明卽起。男女老少十萬餘人，羣赴禮拜堂。聆彌撒畢，進赴此山附近之平原。以十字架前導，大聲歌唱，流涕而行。及至平原，見哈里發率其回教軍隊以待，俟不願改教之時，盡將此輩處死。蓋回教徒決未思及上帝施此恩惠於基督教徒也。基督教徒畏甚，然盼望天主耶穌基督之心未已。

至是，靴工受主教賜福畢，跪於十字架前，引手向天，致此禱詞曰：「萬能的天主，請發神聖慈悲，惠汝人民，俾其不死。俾汝之教理不致摧翻，不致滅削，不致爲人所蔑視。我雖不足爲祈禱請求之人，然汝之權能慈悲並大，當必聆悉汝罪惡充滿的奴僕之祈禱也。」

靴工向施與一切恩惠的天主致禱詞畢，於哈里發一切回教徒及其他諸人衆目共睹之下，忽見此山從地而起，自移向哈里發前此所指之處。哈里發及回教徒見之驚詫，由是回教徒改從基督教者爲數甚衆。甚至哈里發亦奉聖父聖子聖神之名，接受洗禮，成爲基督教徒。然其事祕，外人鮮知，迨至此哈里發死後，人見其項上懸有一小十字架，始獲知之。因是回教徒將他別葬他處，不葬於其他諸哈里發之列。諸基督教徒見此偉大神聖靈蹟，皆大歡喜。歸後作大慶賀，以謝其造物主之恩。（註一）

其事之經過，誠如君等所聞，是爲一種極大靈蹟。回教徒之恨基督教徒，君等勿以爲異，緣彼等所奉者非同一教法也。

我今述報達之事畢，尚可述其事業風俗。然因我所述之大事同靈蹟，已甚冗長，如再增益他事，則君等將有瑣細之譏矣。

所以我今接言帖必力思（Tauris）貴城。

（註一）馬可波羅在本書卷首已言所見者著明所見，所聞者著明所聞。則此故事非其虛構，此類敍述，外表雖注重靈蹟，其實內容不乏史實。羅萊特堂（Maison de Lorette）之第三次遷徙，即在此時代（一二九五年）。案移山之事，相傳爲神通家 Grégoire le Thaumaturge 之一種靈奇。此種故事在回教徒中流傳者亦復不少。據 Khanikoff 之說，回教徒曾言默伽（La Mecque）附近所移之山，數有十餘。——玉耳說。

第二九章　帖必力思城

帖必力思（註一）是一大而名貴之城，位在一名曰伊剌克（Irak）大州之中。其州別有城堡數處，然以帖必力思最爲名貴，故爲君等敍述此城。

帖必力思之人，實以工商爲業。緣其製作種種金絲織物，方法各別，價高而奇麗也。此城位置適宜，印度報達毛夕里格兒墨昔兒（Guermessir）（註二）及其他不少地方之商貨，皆輻輳於此。拉丁商人數人，尤其是吉那哇商人，亦至其城購貨，並經營他種商業。蓋城中尚有寶石不少，商人於此大獲其利。

居民貧苦，雜有種種階級之人。其中有阿美尼亞人，聶思脫里派人，雅各派人，谷兒只人，波斯人，並有性惡而崇拜摩訶末名稱帖兀力思（Taurizi）之土人。城之四圍，繞以可供娛樂之美麗園林，內產數種良果，果大而味美。（註三）

今置帖必力思不言，請言波斯大州。

（註一）帖必力思（Tabriz）俗稱帖兀力思（Tauris），波斯阿哲兒拜章（Azerbeidjan）之都會也。

七九一年時，哈里發訶侖（Haroun-al-Rachid）之妻首建此城。旭烈兀殘破報達以後，帖必力思遂爲小亞細亞商業及政治之中心。昔日印度之出產直接運往地中海者，至是遂繞道黑海，阿美尼亞國亡，歐洲人赴帖必力思之道途遂斷。——戈爾迭說。

馬可波羅時，此城爲波斯諸蒙古汗之駐所，一五三二年時，爲土耳其人所殘破。

（註二）格兒墨昔兒蓋指波斯灣東北沿岸之地，包括忽魯模思（Ormuz）及其他沿岸諸港。——Baldelli Boni 說。

（註三）剌失德丁（Rachid-eddin），波斯之名相兼文豪，本書註中時常徵引者也。曾在帖必力思建一坊郭，即名剌失德坊（Rachidieh），並建有壯麗建物數所以點綴之。

第三〇章 波斯大州

波斯古爲著名強盛大國，今已爲韃靼所破毁。境内有城名曰撒巴（Saba）（註一），昔日崇拜耶穌基督之三王發跡於此。死後葬此城中三墓壯麗，各墓上有一方屋，保存完好。三屋相接，三王遺體尚全，鬚髮仍存。一王名札思帕兒（Jaspar），一王名墨勒覺兒（Melchior），一王名巴勒塔咱兒（Balthazar）。（註二）馬可波羅閣下久詢此三王之事於此城民，無人能以其事告之，僅言昔有三王死葬於此。然在距此三日程之地，獲聞下說。茲請爲君等述之。其地有一堡，名曰哈剌阿塔畢里思丹（Cala Atape-ristan），法蘭西語猶言「拜火之堡」。此名於此堡頗宜，蓋此地之人崇拜火光，茲請爲君等說明其故。（註三）

相傳昔日此國有三王，聞有一預言人降生，偕往頂禮。三王各攜供品，一攜黄金，一攜供香，一攜没藥。欲以此測度此預言人爲天神，爲人王，抑爲醫師。蓋若受金則爲人王，受香則爲天神，受没藥則爲醫師也。

及至此嬰兒誕生之處，三王年最幼者先入謁。見此嬰兒與己年相若，年壯者繼入，亦見嬰兒與己年相若。較長者後入，所見嬰兒年歲亦與己同。三王會聚，共言所見，各言所見不同，遂大驚詫。三王共入，則見嬰兒實在年歲，質言之，誕生後之十三日也。乃共頂禮，獻其金香沒藥，嬰兒盡受之。旋賜三王以封閉之匣一具，諸王遂就歸途。

（註一）撒巴（Saba）城今尚存，名曰撒瓦（Savah），在帖黑蘭（Téhéran）西南八十公里，然僅存廢址。本地故事相傳，此城昔在湖邊，摩訶末誕生之時，湖水忽然乾涸。昔有東方最大圖書館一所，蒙古初次侵入波斯時毀於兵燹。

（註二）馬可波羅所著錄的三慕闍（Mages）之名，即天主教在古時所採用者，然西利亞人、波斯人、希臘人、阿美尼亞人等傳說之名各異。

（註三）波斯現尚有火祆教徒甚夥，法國旅行家Dupré曾言耶思德（Yezd）城所屬境內約有火祆教徒八千。「是為阿剌壁人侵略時代棄其母國出亡在外的波剌斯（Parsis）之遺民……今波斯境內祇有耶思德、起兒漫（Kirman）兩州中有之，其餘則已避往辛頭河（Sind）或胡茶辣（Guzerate）境內。其逃亡於外者之富逸，與留存本國的同教教民之勞苦，適成一反比例。」

其保存古代蘇魯支（Zoroastre）火祆教之教徒，今在孟買（Bombay）尚有不少經商而致大富者。中國通商港中亦見有之。其能力及其知識，足使此輩成爲亞細亞重要商人及銀行家之首領。今亦有研究蘇魯支之古經者。——頗節說。

第三一章　三王之歸

三王騎行數日後，欲啓示嬰兒所給之物。發匣視之，僅石一塊。三王見之驚詫，互詢嬰兒給物之意何居。其意義實如下說。蓋三王獻其供物之時，嬰兒盡取三物，由是足見嬰兒爲天神，爲人王，並爲醫師。以石給之者，乃欲三王之信心堅如此石也。乃三王不解此意，投石井中。石甫下，忽有烈火自天下降此井。

三王見此靈異，既驚且悔，乃知其意既大且善，不應投石井中。乃取此火，奉還其國，置一華美禮拜堂中，繼續焚燒。崇拜如同天神。凡有供物，皆用此火燒熟。設若火息，則往附近信仰同教之他城求火，奉歸其禮拜堂中。此地人民拜火之原因如此。常往十日程途之地以求此火。

此地之人所告馬可波羅閣下之言如此，（註一）力證其事如是經過。其一王是撒巴城人，別一王是阿瓦（Ava）（註二）城人，第三王是今尚崇拜火教之同堡之人。

我輩既述此故事畢，請接言波斯諸州及其特點。

（註一）馬可波羅不負其所述故事之責任，蓋此故事雜有種種傳說，而尤注重火祆教徒之傳說也。玉耳（第一册八二頁）曾將此傳說試爲分解。

（註二）阿瓦村今尙在撒瓦東南二十五公里，是爲最初奉行十葉教（Chiisme）諸城之一城。後遭韃靼殘破。據沙兒丹（Chardin）及其後諸旅行家之言，謂有不少故事，將預言人 Samuel 之墓位置於此兩地之間。「墓上有祠，祠在一壯麗的禮拜堂中。」——沙兒丹撰波斯行紀第二册三九二頁。

第三二章　波斯之八國及其名稱

波斯是一極大之國，境內有八國，茲爲君等盡舉其名如下。

波斯境界開始之第一國名曰可疾云（Casvin）；（註一）第二國稍南，名曰曲兒忒斯單（Curdistan）；（註二）第三國名曰羅耳（Lor）；（註三）第四國名曰薛勒斯單（Cielstan）（註四）第五國名曰伊思塔尼惕（Istanit）；（註五）第六國名曰泄剌失（Serasy）；（註六）第七國名曰孫思哈剌（Sonscara）；（註七）第八國名曰禿訥哈因（Tunocain）；（註八）是爲波斯門戶。自北往南行程皆經諸國，僅有一國在外，此國卽是禿訥哈因，境在「獨樹」（Arbre seul）（註九）附近。

在此波斯國中，頗有不少良馬，中有運赴印度販賣者。蓋其馬價値甚貴，一馬約値「禿兒城的里物」（livres tournois）二百枚。視其優劣，價有貴於此數者，亦有賤於此數者。國亦有驢，是爲世界最美之驢。一頭價値銀馬克（marc）三十，蓋其軀大而健走。其國之人運馬至於怯失及忽魯模思兩城，此兩城在印度海沿岸，（註一〇）有商人在此購馬轉販印度。

此國中有不少殘忍好殺之人，每日必有若干人被殺。若不在東韃靼君主統治之下，商人受害將必甚重。雖有此種統治，尚不免有加害商人之舉。若商人武裝不足，則人盡被殺，物盡被掠。蓋有時商人防備不嚴，悉被殺害也。

（註一）可疾云是當時同名之州之首府，頗繁盛，曾在亦思法杭（Ispahan）以前爲波斯都城。

（註二）曲兒忒斯單今寫作 Kourdistan，波斯西部之一州也，與美索波塔米亞接境。

（註三）羅耳今羅耳斯單（Louristan）是已。此州在曲兒忒斯單之南，居民亦曲兒忒種，說一種曲兒忒方言，與波斯之一切遊牧部落不出於突厥種者情形相類。

（註四）薛勒斯單可當今之黍忒斯單（Choulistan），在亦思法杭之西。馬可波羅殆以伊蘭（Iran）蒙古汗統治之地咸爲波斯，所以起兒漫雖有一王稱藩於蒙古，竟將其地別爲著錄。——Defrémery說。

（註五）伊思塔尼惕，據馬兒斯登之考訂，以當亦思法杭州，剌木學本寫此名作 Spaan，足證剌木學或他人業已早作此種考訂矣。

（註六）泄剌失卽今失剌思（Chiraz），此州可當今之法兒思（Fars），或法兒思斯單（Farsistan）。此城昔日以廣大而建物壯麗著名。

（註七）孫思哈剌卽謝班哈烈（Chébankareh）國，其境始於失剌思諸湖，抵於波斯灣，包有今之羅耳斯單及起兒漫州之一部。

（註八）禿訥哈因可當波斯東境今之呼羅珊（Khorassan）州，蓋卽境內兩大城名呑（Toun, Tun）及哈因（Kaïn）者之合稱，由 Tun-o-Kaïn 變爲 Tunocaïn 者也。——Malte Brun 說。

（註九）馬可波羅後在本書第三十九章末言此樹甚詳。

（註一〇）波斯在古代卽以良馬著名。沙兒丹云：「是爲東方最良之馬，頭小腿細，溫和耐勞，阿剌壁馬較輕捷，尤爲波斯所重。……波斯人亦有韃靼馬匹不少，韃靼馬較低，較粗陋，然更耐勞，善奔馳。波斯馬價甚貴，良馬價值兩千至三千弗郎（francs）。蓋運販土耳其同印度之多，所以使其價值甚貴。」

禿兒城的里物，在馬可波羅時代值十八弗郎有奇，顧當時金價值銀十二倍，與今值銀十六倍者不同。則禿兒城的里物可當今之貨幣二十四弗郎(金弗郎。)每銀馬克等如五十五銀弗郎，比較古今金價三十銀馬克應值今日貨幣二千二百弗郎，(金弗郎。)諸驢之最美者乃由阿剌壁輸入沙兒丹云：「是爲世界最美之驢，毛色光澤頭高足輕，僅用以乘騎裝刷如馬，教之奔馳。」

第三三章　耶思德大城

耶思德是一最良最名貴並且可以注意之城。商業茂盛，居民製作絲織物名曰耶思的（yazdi）。由商人運赴各地販賣謀利，居民崇拜摩訶末。（註一）

若離此城遠行，騎行平原亘七日，僅有三處可以住宿。時常經過美林，其中極易走馬，亦易拳鷹獵取鷓鴣鵪鶉及其他飛鳥。所以商人經行此地者行獵娛樂，其地亦有極美之野驢。（註二）

在平原中行逾七日，抵一最美之國，名曰起兒漫。

（註一）耶思德古城也，位在波斯中心。d'Anville 曾考訂其爲脫烈美地誌中之 Isatichoe。雖爲一國，然馬可波羅不以國名之。昔日因其居民之經營工業，且因其處印度商貨必經之通道，故商業繁盛。今日亦尚重要。

（註二）馬可波羅由耶思德至起兒漫，乃取經行巴夫惕（Baft）之東路。今此路已廢。有一近代旅行家曾言馬可波羅所誌道路情形，經行平原七日，居宿僅有三處等事，確是實情。出產海棗之美林，即在巴夫惕。鷓鴣鵪鶉今尚不少，據聞野驢甚多。——玉耳說。

第三四章　起兒漫國

起兒漫是波斯境內之一國。昔日國王世襲，自經韃靼侵略以後，世襲之制遂廢。韃靼遣其樂意之王治之。（註一）此國出產名曰突厥玉（turquoises）之寶石甚多，（註二）產於山中，採自某種岩石之內。亦有不少鋼及「翁荅尼克」（ondanique）（註三）之礦脈。居民善製騎士軍裝，如馬圈、馬鞍、靴刺、劍、弓、箙等物，手藝甚巧，皆適於用。婦女善於女紅，善爲各色刺繡，繡成鳥、獸、樹、花及其他裝飾，並爲貴人繡帳幕，其妙不可思議，亦繡椅墊、枕、被及其他諸物。（註四）

起兒漫山中有世界最良之鷹，比較遊鷹爲小，胸尾及兩股間並爲紅色，其飛迅捷，捕捉時無有飛鳥能免。（註五）

自此起兒漫城騎行七日，道上城村及美麗居宅不絕。所以旅行甚樂，亦可擕鷹行獵，其愉快不可言狀。在此平原中行過七日，抵一山甚大，登至山巔，則見大坡。下坡須經兩日，沿途見有不少果實。昔日此地居宅不少，今則寂無一宅。然見有人牧其牲

畜。自起兒漫城至此坡，冬季酷寒，幾莫能禦。（註六）

（註一）馬可波羅先以起兒漫之名名全州，後以此名名其首府。然此首府並非今之起兒漫城，當時首府名曰巴兒荅失兒（Bardachir）。——戈爾迭說。

（註二）起兒漫州今產突厥玉，尙富，然最佳者出產於波斯最東之呼羅珊州。因出產地昔屬突厥，故以突厥玉爲名。Langlès 引波斯某著作家之語云，最佳之突厥玉出產於你沙不兒（Nichapour），鑿井採之。不花剌拔汗那（Ferghana）兩地山中亦產此物。惟據同一著作家之說，起兒漫所產者僅爲新玉，尙未成佳品。——頗節說。

（註三）沙兒丹謂其地產鐵甚富，「鋼礦」出產不少，鋼每磅僅値七蘇（sou）。「鋼礦」云者，顯指出產鍊鋼的礦物之礦井。「此鋼含硫黃甚多，置之爐火中爆炸如同炮中火藥。其質硬如鑽石，脆如玻璨，以布浸涼水浸之則硬。波斯人名之曰波狀鋼，用以製造其波紋刃」——馬可波羅所言之鋼礦，殆指起兒漫至失剌思途中帕兒帕（Parpa）鐵礦。今尙名鋼礦，然不復開採。——戈爾迭說。

馬可波羅所言之翁荅尼克，世人從來未能說明爲何物。剌木學常質之於赴物搦齊亞之波斯商人，皆答言此爲一種極希而極名貴之鋼。昔日有得一翁荅尼克製造之鏡或刀者，珍視如同實物。

案中世紀最流行之說，視鋼與鐵之性質不同，遂以爲採自他種礦物。而不知鐵之可以煉鋼。馬可波羅所指之翁苔尼克，必是東方所珍視之鋼之一種。

（註四）刺繡是波斯人一種工於作爲之手藝，馬可波羅所誌關於刺繡之事，後之遊歷波斯者皆證實其說。

（註五）紅胸飛捷之美鷹，現尚有之，然甚稀，每年僅能得二三頭。曾經訓練之鷹，一頭價值三十至五十禿蠻（tuman），約合三百至五百弗郎，幾與一良馬之價相等，英國旅行家 Sykes 少校曾云：「馬可波羅顯是一箇歷練成熟之運動家，緣其所誌此類鷹之事業，已詳盡，使人不能增加一詞也。」

——戈爾迭說。

（註六）起兒漫州北部屬於波斯高原，地勢甚高，其中有甚高山系以間之。西南抵波斯灣。璞鼎查（Pottinger）云，此州天時之異，與其地勢起伏相等。世人視其爲波斯最不適衞生之區。起兒漫雨量甚少，然在冬季，山上積雪甚厚，山高積雪，幾經年不化。——波斯著作家額德里西（Edrisi）名之曰「寒山」，其重要近年始知之。一八六二年時，哈尼科夫（Khanikoff）曾指明其始於卑路支斯單（Beloutchistan），止於柯傷（Kachan）城，在亦思法杭、帖黑蘭之間。）最近 St. John 少校曾言山峯壯麗，有高五千公尺者，但在今日地圖上未經繪出。——玉耳說。

第三五章　哈馬底城及其殘破

騎行整二日，到一大平原，首見一城，名曰哈馬底（Camadi）。（註一）昔甚壯麗，自經韃靼數次殘破以後，今日已非昔比。此平原位在一極熱地帶之中，首至之州，名曰別斡巴兒勒（Beobarles），（註二）此地出產海棗天堂果，及其他寒帶所無之種種果實。平原之中有一種鳥，名曰黑鷓鴣（francolins），與別地所產者異，蓋其羽毛黑白錯雜，而喙爪皆朱色也，（註三）獸類亦異，請先言牛。牛身大，色白如雪，蹄小而扁平，地熱使然。角短而巨，其端不銳，兩肩之中有圓峯，高有兩帕麥（palmes），世界悅目之獸，無過於此。載物之時，跪地受之，與駱駝同，載物訖，則起立，雖重亦然，蓋其力甚強也，又有羊，高如驢，尾大而寬，有重三十磅者，身美肥，肉味佳。（註四）

此平原中有城村數處，環以土築高牆，可禦盜賊。其地盜賊甚夥，名曰哈剌兀納（Caraonas），緣彼等之母是印度人，父是韃靼人，故以此爲名。（註五）君等應知此輩哈剌兀納欲出抄掠之時，則念呪語，天忽陰暗，對面幾不見人，陰暗亘七日。（註六）此輩熟悉地形，陰暗之中可以並騎而馳。聚衆有時至萬人左右。由是所到之處，盡據城村以外之地，盡俘男女牲畜，殺其老弱，賣其壯丁婦女於他國，無能免者。所以大爲其地患，使之幾成荒原。

此輩惡人之王，名曰那古荅兒（Nogodar）。（註七）察合台汗者，大汗之弟，亦那古荅兒之從父也。那古荅兒曾率所部萬騎，往投察合台汗廷。當其留居汗廷之時，曾經謀叛。會其從父遠在大阿美尼亞境內，他率凶勇之士騎無數，進躪巴達哈傷（Badakchan），復躪名曰帕篩底兒（Pachai-Dir）之別州，又躪名曰阿里斡剌客失木兒（Ariora-Kechemour）（註八）之別州。顧道路險狹，喪失士騎不少。他佔領上述諸州以後，侵入印度，至一名曰荅里瓦兒（Dalivar）（註九）之州之盡境。據此城，復據其國。時此國之王名稱阿思丁莎勒檀（Asedin Soldan），（註一〇）一富強之君主也。那古荅兒率軍據其國後，遂無足畏者，乃與附近之一切韃靼相爭戰。

我既述此種惡人及其歷史畢，尚有爲君等告者。馬可波羅閣下在陰暗之中，曾爲若輩所擒。賴天之佑，得脫走，入一名哥那撒勒迷（Conosalmi）之村中，然同伴盡

沒，僅有七人獲免。(註一一)

既述此事畢，請進而別言他事。

(註一)哈馬底之方位，前人已多有討論。一八四八年時，V. Lazari 曾云：「自起兒漫都會，達於波斯灣一帶之地，吾人知之未審，所以不能考訂馬可波羅書哈馬底城之位置。當時既已殘破，現今必不復存在矣。」——自是以後，有英國旅行家 Smith. 少校同 Houtum-Schindler 將軍二人，欲闡明此問題，曾將昔之哈馬底位置於只魯夫惕 (Djirouft) 平原之中，Kérimabad 城附近。蓋其地尚有一古城廢址也。其古名已遺，土人在其土語中名之曰 Decius 城。大雨之後，鄉民常在其地掘取刻石戒指，金銀貨幣等物。其地距忽魯謨思或班荅兒阿拔思 (Bandar-Abbas) 東北直線約一百五十公里。——玉耳說。

(註二)別斡巴兒勒 (Beobarles)，在他本中作留斡巴兒勒 (Reobarles)，今尚名魯巴兒 (Roudbar)。有川流一道或數道通過其境內。只魯夫惕及魯巴兒等平原，氣候極熱，所產海棗、落花生、天堂果，甚多。別斡巴兒勒可當今之魯巴兒。——戈爾迭說。

(註三)天堂果(pommes de paradis)乃枸櫞(citron)之一種。黑鷓鴣學名 tetrao francolinus，埃及

印度並產此物，其味甚佳。——Ths. Wright 說。

（註四）此種駝牛今在印度蘇剌侘 (Surat) 城及孟買沿岸其他諸地見之，似爲土產，通常用以駕車。Buffon 曾以 Zebu 異名名之，殆得之於市集之商人者。此牛在此亞洲地方遠古時代已早有之。蓋曾見古貨幣及古雕刻上雕鑄其形也。

短角肩有駝峯之白牛今在起兒漫班荅兒阿拔思兩城之間極爲罕見，然在墨克蘭 (Mekran) 卑路支斯單兩地尚見有之。土人用以負載其跪地載物，如同駱駝。——Hout. Schindler 說。

大尾羊亞洲非洲古代已有此物。Hérodote, Ctésias, Elian 諸氏之書並見著錄。Hérodote 書（第三卷一一三章）謂他地所無之羊而爲本地所獨有者其類有二，一種尾長至少有三肘。（或一公尺有半，）一種尾大若任其曳於地則傷爛。其牧人作一小車繫於其後，以載其尾。——沙兒丹云「此種可憫動物之尾上狹而下寬，垂之甚重，不能曳而行，故在若干地方牧人作一兩輪車以承之。」

璞鼎查在一八一〇年曾遊起兒漫州，其述此地之羊及羊毛有云：「其供給製造最美披肩的原料之羊，身小而腿短。世人（如沙兒丹等）誤以人拾其脫毛，其實不然。人剪其毛與他羊同。我曾參觀起兒漫諸大工廠，見此羊毛之纖細柔和，非任何棉花所可及。我曾購買若干披肩，甚美麗光華，後以示之印度商人，其估價竟逾購價五倍。土人剪取羊毛以後，洗數次，然後浸入水中數星期。其水似用種種樹皮樹葉製成。由是羊毛軟和可織。織者皆婦女。」頗節引璞鼎查書。

（註五）哈剌兀納在紀元初間已為一種大月氏（Indo-Scythe）部落之稱，此部落散居大夏（Bactriane）以迄辛頭河（Indus）口一帶。其酋長或國王別號哈剌兀納（Karauniens），已見不少金幣銅幣著錄。中國載籍已言紀元前二十六年迄紀元後二百二十二年間，月氏佔據辛頭河及其附近之地。馬可波羅殆以蒙古語哈剌（kara）猶言黑，因誤會哈剌兀納之意歟。案雜種人名阿兒渾（Arghoun），馬可波羅書第七十三章亦曾用此名也。

（註六）盜賊念呪使天地黑暗一說，流傳頗久，至前一世紀始得其解。此種陰霾，蓋由一種乾雲所致，雲中並無灰塵。有時開始降雨數點，其作用，晴雨計並不感覺有之。「雲起時，無風，無塵，覺有濕氣遍佈，不幸雲未散時，未以液體測量計量之。」——St. John 少校說。

辛頭（Sind）呼羅珊兩地常見此種現象，天地完全黑暗。一七六二年時，辛頭契吒（Katch）兩地軍隊戰爭時，相類之雲忽起，天地黑暗亘六時。兩軍殊死戰，雲散以後，互見損傷之多，兩軍皆倉皇退走。一八四四年時，世人尚未忘此奇戰也。——玉耳說。

（註七）此那古荅兒曾率其所部偕初次侵入印度的蒙古人侵入五河（Pandjab）。嗣後蒙古人侵入底里（Delhi）境內數次，迨至帖木兒（一三九四年），終爲印度之主。帖木兒之子孫君臨呼羅珊百餘年而八別兒（Baber）則君臨印度（一四九五），其後末一底里王在一八五八年時被英人流謫於宴都蠻（Andaman）島，帖木兒朝始亡。

（註八）巴達哈傷尚爲阿富汗之一州名，在今阿母河（古烏滸水）左岸，距河源不遠。帕篩底兒乃大雪山（Hindou-kouch）與哈不勒（Kaboul）河中間之地。——頗節說。阿里斡刺客失木兒，即今哈里補兒（Haripur）城，在辛頭河左岸，客失迷兒（Kachmir）邊境附近。

（註九）荅里瓦兒，顯是今之刺火兒（Lahore），昔日亞歷山大及其後之帖木兒納的兒沙（Nadir-chah）等皆由此侵入印度也。——頗節玉耳說。

（註一〇）阿思丁莎勒檀，必指靄牙思丁（Ghaiassuddin Balban）無疑。一二六六至一二八六年間底里之莎勒檀也。其人威服印度已久，曾於一二三六年自立於五河。——哈尼科夫說。

（註一一）一切註釋馬可波羅書者，皆證明馬可波羅並未張大其詞。蓋在今日，藏於諸山附近巢穴之盜賊，亦伏於險要，乘陰霾而刦行旅也。（馬兒斯登說。）——璞鼎查亦云，行旅或商人非有護衞者，不敢往來道路。一七二一年時，曾有盜賊四千騎抄掠班荅兒阿拔思城。一八五〇年時，此種盜賊為患各地，曾進至亦思法杭城下。（玉耳說。）——現代之旅行家曾將哥那撒勒迷村之所在考出。

第三六章　又下坡至忽魯模思城

此平原向南延展，足有五日程。已而又見一坡，長二十哩，道路不靖，盜賊惡人充斥。抵此坡下，又見一平原，甚麗，名曰福魯模思（Formose）平原。（註一）廣二日程，內有美麗川流。出產海棗及其他果物不少，並有種種美鳥無數，皆爲吾輩國中所未見者。騎行二日，抵於大洋，海邊有一城，名曰忽魯模思（Ormus）。城有港，商人以海船運載香料、寶石、皮毛、絲綢、金錦、與夫象牙、暨其他貨物數種，自印度來此，售於他商，轉販世界各地。此城商業極其繁盛，蓋爲國之都城。所屬城村不少，國王名稱魯墨耽阿合馬（Ruomedam Ahomet）。陽光甚烈，天時酷熱。（註二）城在陸上，外國商人歿於此者，國王盡取其資財。（註三）

此地用香料釀海棗酒，甚佳。初飲此酒者，必暴泄，然再飲之，則頗有益，使人體胖。其地之人惟於有病時食肉與麵包，無病食之則致疾。其習食之物，乃爲海棗、鹹魚、枸櫞、玉葱。其人欲保健康，所以用玉葱代肉。其船舶極劣，常見沉沒，蓋國無鐵釘，用線縫繫船舶所致。取「印度胡桃」（椰子）樹皮擣之成線，如同馬鬣，卽以此線縫船，海水浸之不爛。然不能禦風暴。船上有一桅、一帆、一舵，無甲板。裝貨時，則以皮革覆之，復以販售印度之馬置於革上。旣無鐵作釘，乃以木釘釘其船。用上述之線縫繫船板，所以乘此船者危險堪虞，沉沒之數甚多。蓋在此印度海中有時風暴極大也。（註四）

其人色黑，崇拜摩訶末。其地天時酷熱，居民不居城中而居城外園林。園林之間，水泉不少。雖然如是，若無下述之法，仍不能抵禦此熱。

夏季數有熱風，自沙漠來至平原。其熱度之大，不知防禦者遭之必死。所以居民一覺熱風之至，卽入水中，僅露其首，俟風過再出。（註五）

每年十一月播種小麥大麥及其他諸麥，次年三月收穫。除海棗延存至五月外，別無青色植物，蓋因熱大，植物俱乾也。

船雖不堅，然有時不致破損者，蓋有魚油塗之。居民有死者，則持大服，蓋悲泣亘四年也。在此期內，親友隣人會聚，舉行喪禮，大號大哭，至少每日一次。

茲置此地不言，至關於印度者，後再述之。今往北行，從別一道復至起兒漫城，蓋赴別地者，不能不經過起兒漫也。

君等應知忽魯模思國王魯墨耽阿合馬是起兒漫國王之藩臣。

從忽魯模思還起兒漫之途中，路見天然浴泉不少。地爲平原，城市甚衆，果實亦多，其價甚賤。麵包甚苦，非習食者不能食，緣其水甚苦也。上述之浴泉可治癬疥及其他數種疾病。

茲請在本書言北行所過諸地。

（註一）福魯模思（Formose），殆爲忽魯模思（Ormuz）傳寫之誤，此寫 h 作 f 之例，他處亦有之，如寫 Mahomet 作 Mafomet，又西班牙本寫 Formasa 作 Hermosa 之例皆是已。——玉耳說。

昔日 Néarque 率亞歷山大之艦隊避風於阿納迷思（Anamis）河，或舊忽魯模思河口 Harmozeia 沿岸之時，Arrien 曾云其地風景甚佳，產種種果物，獨無橄欖。水手疲乏者曾登陸息於此地。船行過阿納迷思河口，經一小荒島，名曰 Organa。第一日抵一大島，內有民居，其島名曰 Oaracta。此二島今大島名 Brakht，小島名 Djeroun，重復荒寂。昔日富麗之城亘三百年者，今日僅存荊棘而已。東方有諺語云：「地球如是環，忽魯模思則是寶石」，可以覘其盛矣。

馬可波羅所到之舊忽魯模思，不久爲韃靼所殘破，其居民皆徙於隣近之 Djeroun 島。島在舊城西，一三二一年時，斡朶里克（Odoric de Pordenone）曾在此島見其新城，距舊城約五哩。新忽魯模思建設於一三〇二年時，在波羅歸國數年之後。其島雖無飲水，而土含鹽硫，然不久其名望超過舊城。一五〇七年葡萄牙人 Albuquerque 據之。不久成爲大商場，波斯及一切西方諸國咸在此島轉運印度貨物，曾以富庶著名於東方。一六二二年，沙阿拔思（Chah-Abbas）得英國人助，復奪之於葡萄牙人之手，墮平其房屋，其商業遂移於臨近海岸。班荅兒阿拔思城自是興焉。然由好望角之發現，印度既有新道可通，波斯灣之商業遂一蹶而不振。一七六五年 Nieburh 遊歷此地之時，曾見昔日新忽魯模思城所在之 Djeroun 島，已成私人產業，不復爲世所重矣。其地在馬可波羅以後，似已有變遷。蓋其所言班荅兒阿拔思與起兒漫諸山間之平原，幾不復含有鹽質，氣候極不適衞生，僅產劣等海棗，居民甚稀。——璞鼎查說。

（註二）所有經行其地之人，皆言忽魯模思奇熱無比。沙兒丹之「班荅兒阿拔思行記」云：「哈剌蠻地（Caramanie）之居民，在此季皆避嚴暑而入海棗林中。我在一六七七年八月杪，亦感此熱。雖夜行，其熱仍不可耐。常轉回馬首，以巾覆面避之。蓋熱氣之烈，猶如火燄，竟有一次下馬伏地云。」

同一旅行家記述之文，可以解說馬可波羅所言起兒漫呪術家之所謂神術。此種呪術家實爲善測天然現象之人，知利用此現象以刦行旅，別無他能也。沙兒丹云：「此地夏季有二異事，其一事則田野皆焦，如同火焚一般。其一事則早晚地熱所發揚之霧氣佈滿地面，五十步外毫無所見，如同見有海湖一般。」——頗節說。

（註三）是爲歐洲流行已久的沒收外人貲財權。然此忽魯模思小國君主，尙有別一權，名曰先御權，亦名君主權者。某旅行家云：「此君臨忽魯模思之小王，對於臣民多不正當之要求，就中若民娶妻者，第一夜必以妻獻其君主。」——頗節說。

魯墨耽阿合馬君臨舊忽魯模思，適在波羅等經過之時。至十三世紀，旭烈兀及諸後王在波斯建立蒙古朝以後，曾遣軍往討忽魯模思，迫其國王逃 Djeroun 島，强之稱臣納貢。至是魯墨耽阿合馬建築新忽魯模思城，君臨至於一三〇二年。——Ths. Wright 說。

（註四）此種船舶，太古之時已見有之。斡朶里克云：「此國所用之船，純以繩線縫合，我曾登此種船舶，未見有鐵一片。」

塗船之油，乃鯨油。九世紀時之阿剌壁旅行家曾言波斯灣之漁人取鯨脂熬油，合他物以塗船，塡其空隙。——Reinaud說。

其船舶以椰子樹製造，聞全以樹材爲之，以樹幹作船身，以樹皮樹葉作帆，作繩，以椰子作載貨。其最可注意者，船板皆用此種繩子縫合，塗以石灰，緣其地無松脂，亦無鐵，所以其船不能抵抗海險。——沙兒丹說。

（註五）此種沉水避熱之俗，Della Valle亦誌有之。當新忽魯模思城被波斯人攻陷以後，此旅行家曾入城遊覽。其在一六二三年一月十八日致書中有云：「忽魯模思，世人視爲世界最熱之地……人言每年某時，居民若不沉於水中，必死。各家皆以物盛水，預備沉伏之用。雖最嚴肅之人亦然。」今在辛頭、墨克蘭兩地中，酷熱時尙用此法。

自從馬可波羅時代以後，波斯灣之熱未減。沙兒丹誌此熱風（simoun）云：「六月十五至八月十五之間，爲灣中最熱之時，熱風即起，風聲甚大，紅如火燄，人觸之者，窒息而死，日間尤甚。其最可異者，死者面貌顏色如常，儼如睡臥一般。然如有執其體之一部者，骨肉隨手而脫，如同鎔解。」

第三七章　經行一疲勞而荒寂之道途

離此起兒漫城以後，必須經行至少七日程之困難路途。（註一）前三日路上無水，雖有若無，蓋所見之水味苦色綠，奇鹹不可飲。飲此水一滴者，在道必洞泄十次。其水道所含鹽質類皆如此。行人既不敢飲，亦不敢食。蓋食者常致泄痢也。所以行人必先預齎飲水，以供三日之需。然牲畜渴甚，不得不飲此鹹水，故偶有泄痢而致斃者。三日之中，不見民居，盡是沙漠乾旱，亦無野獸痕跡，蓋其不能在其中求食也。（註二）

經行此三日沙漠以後，（見一清流，流行地下，沿流地面有穴可以見之。水量甚大，行人困於沙漠者，必息於此飲水，並以飲其牲畜。）（註三）

於是又入別一沙漠，亘四日程。景況與前一沙漠完全相同。惟有野雁，斯爲異耳。踰此四日程之沙漠，遂出起兒漫國界而至一城，名曰忽必南（Cobinam）。（註四）

（註一）馬可波羅所遵之途，大致是從起兒漫城北行向 Tebbes 或 Tour 一道。惟此道僅有一百五十公里，他行程有七日之久，殆是避 Chabis（在起兒漫東）北方之山，繞道東行。——戈爾迭說。

（註二）此沙漠即今日地圖上之魯惕（Lout）沙漠。哈尼科夫云「所記甚確。蓋在此魯惕沙漠中，僅有一小溪名曰鹹河（Shor-roud）者有水，鹹苦色綠，馬可波羅自起兒漫至此所循之途甚明。」此大沙漠始於帖黑蘭稍東，抵於英屬印度邊境，長有一千一百公里。——戈爾迭說。

（註三）此括弧中之文，頗節本中原無，玉耳上校以爲出於剌木學手筆。此段文字不可少，脫無之，馬可波羅分別三日沙漠同四日沙漠之理，洵不可解矣。此伏流地下之水道，殆爲波斯現尚常見之水渠。水道多長，有長六十公里者，必爲古代灌溉制設之遺跡。Polybe 已有著錄，據云「地上無水跡，然地下有水渠甚多，惟識者始知利用。……」昔日波斯人君臨亞洲之時，對於導引泉水灌溉無水之地者，許其五代人保有其地之使用收益權。陶魯思（Taurus）有水泉甚夥。昔日私人曾建暗渠引水而至遠地，今人尚利賴之。然已不知此水之來源，亦不明此種暗渠之原起矣。——玉耳說。

（註四）忽必南，諸寫本多作 Cobinam，業經阿博特（Abbott）同玉耳考訂爲今之 Kou-Benan。是亦爲起兒漫州之一行政區域。其地山岳起伏，出產葡萄桃子石榴胡桃甜瓜等果。——阿博特說。玉耳以爲此地不復有城可當大城之稱。斯文赫定（Sven Hedin）亦云：「忽必南（Kubenân）

不是大城,僅爲一繞以桑樹及園圃之鄉村而已。」——戈爾迭撰東方史地雜編第二册四三頁。

第三八章　忽必南城及其出品

忽必南是一大城，居民崇拜摩訶末。出產鐵、鋼、翁荅尼克，（註一）甚夥，而製造鋼鏡極巨麗。其地製造眼藥，(toutie)（註二）治眼疾之良藥也。並作礦滓(espodie)（註三），其法如下。掘地爲長坑，置火竈於其中，上置鐵格，坑中上升之煙與液，粘於格上，是爲眼藥。火鎔餘物則成爲滓。

玆置此城不言，請接言前途之地。

（註一）翁荅尼克解見本書第三十四章註三。

（註二）是爲礦質眼藥，用酸化亞鉛製之，最良眼藥也。此酸則取於本地鎔解硫化亞鉛之竈爐的煙突中。——Hout. Schindler說。

（註三）觀馬可波羅所言之滓，蓋爲礦滓。至其所用之espodie一字，實爲骨骸或植物燃燒之滓之概稱也。

第三九章　亘延八日程之沙漠

離此忽必南城以後，見一沙漠，亘延八日。完全乾旱，絕無果木。水亦苦惡，行人必須攜帶飲食。牲畜渴甚，不得不飲此惡水。八日後，行抵一州，名曰禿訥哈因（Tunocain）（註一）境內有環以城牆之城村不少，是爲北方波斯之邊界。其地有一極大平原，吾人名曰「枯樹」（Arbre see）之「太陽樹」（Arbre Sol）在焉。（註二）茲請言其狀，樹高大，樹皮一部份綠色，一部份白色。出產子囊，如同栗樹，惟子囊中空。樹色黃如黃楊，甚堅。除一面六哩外生有樹木外，周圍百哩之地別無其他樹木。土人言亞歷山大進攻大留士（Darius），卽戰於此。（註三）城村百物豐饒，緣其地氣候適宜，不甚熱，亦不甚寒。居民盡奉摩訶末之教，形貌甚美，女子尤其美甚。

離開此地以後，吾人將言一名稱木剌夷（Mulette）之地，卽「山老」習與其哈昔新（Hasisins）居留之所也。

（註一）禿訥哈因（Tunocain），蓋爲吞（Toun）與哈因（Kain）兩要城之合稱，本書第三十二章註八業已說明此二城舊隸忽希斯單（Kouhistan），今隸呼羅珊州，東方常以城名名全州，此其例也。一二七二年馬可波羅經行魯惕沙漠此一部份之地，後來未經他人探測。惟馬可波羅自忽必南至相距二百四十公里之塔拔思（Tabbas），沿途絕無居民，可無疑也。此地今名吞塔拔思（Tun-o-Tabbas）。蓋哈因城已別有所屬也。——戈爾迭說。

（註二）諸本著錄此枯樹之名各有不同，地理學會一八二四年本作基督教徒名曰枯樹之「獨樹。」其他諸本作「枯樹，」「太陽樹，」「獨樹，」而剌木學本則作 L'albero del Sole。玉耳業經說明應讀作 Arbre Sol，（即在頗節所刊布之鈔本中亦然）解作太陽樹（arbre du soleil），其所根據者爲下兩點。

（一）案 Sol 一字訓作太陽，不僅在拉丁文中爲然，即在物搦齊亞普羅宛撒耳（Provençal）兩地方言中亦作是解。

（二）中世紀之法蘭西語表示屬格無用介詞 de 之必要，如馬可波羅書前文有「阿魯渾子合贊，」後文有「道長聖多瑪斯（St. Thomas）遺體，」Joinville 書有「摩訶末誡」等例，皆不作「之子」「之遺體」「之誡，」可以證已。

馬兒斯登之釋枯樹，以爲此樹之子囊似內有子可食，其實僅含有一乾而無味之小實而已。此「太陽樹」即東方之篠懸木（platane），而名赤納兒（tchinar）者是已。呼羅珊境內常見有之。惟 Della Valle 曾名帖黑蘭城曰「篠懸木城」（la citta dei platani）。

綜觀馬可波羅書前後之文，似指一地有一特別可以注意之篠懸木者。法國旅行家 G. Capus 曾言在火者干（Khodjakent）見有一極大篠懸木之枯幹。其根幹週圍有四十八公尺，蟲蛀之空幹對徑長九公尺。有達失干（Tachkent）城之旅行人十餘宴飲於其中，尙覺寬闊有餘。——戈爾迭說。

馬可波羅所言者，雖爲波斯東方之地，然此枯樹所在應向北求之。蓋其涉及有亞歷山大大留士二人最後之戰地也。

（註三）波斯王大留士在曲兒忒斯單境內達曷水附近 Arbelles 地方戰敗之後，自 Ecbatane（Hamadan）走裏海諸山峽，入 Comisène（Koumis）州中。時此州之都會是 Hecatompylos。其爲部衆所殺，即在此城附近。亞歷山大率軍追逐時，乃取捷道經過一完全無水之沙漠。則大留士之死，似在今日裏海東南角今阿思特剌巴的（Astrabad）州中擔寒(Damgham) 博思覃(Bostam)

兩城之間。其地有關於亞歷山大之傳說不少。——馬兒斯登說。

馬其頓(Macédoine)王亞歷山大同枯樹曾構成中世紀小說之一種最流行的幹題。巴里(Paulins Paris)曾採錄國民圖書館藏一鈔本所言亞歷山大遊「危險谷」之傳說。據云亞歷山大在此谷中，見有異物不少。中有一物，名曰「室女樹。」距此樹頗遠，有別一樹，名曰「枯樹。」此枯樹曾告亞歷山大，預言其將死於巴比倫(Babylone)。其言曰：「亞歷山大，汝將爲衆人之王，然從此汝將永不復睹馬其頓矣。」

巴黎有一街名枯樹街，然不知此名何所本。

第四〇章 山老

木剌夷 (Mulette) (註一) 是山老昔日習居之地，法蘭西語猶言地神。茲請將馬可波羅閣下所聞此地數人所述其地之歷史，爲君等述之。此老在其本地語言中，名稱曰阿剌丁 (Ala-eddin)。(註二) 他在兩山之間，山谷之內，建一大園。美麗無比。中有世界之一切果物。又有世人從來未見之壯麗宮殿，以金爲飾，鑲嵌百物。有管流通酒、乳、蜜、水。世界最美婦女充滿其中，善知樂、舞、歌唱，見之者莫不眩迷。山老使其黨視此爲天堂，所以布置一如摩訶末所言之天堂。內有美園、酒、乳、蜜、水，與夫美女充滿其中。凡服從山老者得享其樂，所以諸人皆信其爲天堂。

祇有欲爲其哈昔新 (Hasisins) (註三) 者，始能入是園，他人皆不能入。園口有一堡，其堅固之極，全世界人皆難奪據。人入此園者，須經此堡。山老宮內蓄有本地十二歲之幼童，皆自願爲武士，山老授以摩訶末所言上述天堂之說。諸童信之，一如回教徒之信彼。已而使此輩十人，或六人，或四人，同入此園。其入園之法如下。先以一種飲料飲之，飲後醉臥，使人舁置園中，及其醒時，則已在園中矣。

（註一）木剌夷原寫作 Mulette，似爲阿剌壁語 Mulhed 之對音，此言外道是已。是爲回教正宗教徒對於亦思馬因派（Ismaéliens）教徒之稱。此派教徒在東方史中以狂信而著名，否認可蘭（Coran）經中之若干教義，顧在亞洲語言中，同一名稱兼指教徒與其所居之地。是以木剌夷同時兼爲地名。

（註二）據馬可波羅之文，似亦思馬因派教徒僅有首領一人。殆因此派教徒流言其教長等若上帝，應盲從其命令，信其長生不死，致有如是訛傳。其實山老不祇一人，其定都於阿剌模忒（Alamout 此言鷲巢）者凡數主。此阿剌模忒堡曾經旭烈兀攻下，墮其一部。亦思馬因派之創設人名稱哈散撒巴（Hassan Sabbah），曾使其徒信其具有神權，而爲地上之上帝代理人。建都於阿剌模忒，後死此堡中，年三十四歲。他生前未出堡一次，終身在此堡中寫讀其教義，治理其所建之國。阿剌丁君臨其國在一二二〇至一二五五年間，（哈散撒巴建國時在一〇九〇年）爲其幸臣某所刺殺。其子魯兀乃丁（Rokneddin）繼立甫即位，即被旭烈兀圍攻。在位不及一年，權勢甚微。

則以山老歷史告馬可波羅者，僅言阿剌丁，不足異也。

撒西（Sacy）解說波斯西利亞兩地亦思馬因教主名稱山老之說云。阿剌模忒處諸山之中，故其王號灑克阿只巴勒（Scheik Adjebal），此言山王也。顧灑克一字既訓爲王，亦訓爲老，由是十字軍之歐洲史家及馬可波羅皆誤稱其人爲「山老。」

（註三）亦思馬因教徒之名哈昔新者，蓋因其吸食苧葉所製名曰哈石失（haschich）之麻醉劑也。今日東方全境尚識此物，由哈石失所發生之麻醉狀態，與中國之鴉片所發生者無異。嗜此物者，突厥語名之曰哈失新（Haschichin），或哈撒新（Haschachin）。所以十字軍史家之名亦思馬因教徒，或曰 Assissini，或名 Assassini。此法蘭西語 Assassin 一名之由來。至其何以取得今義（刺客，謀殺犯，）觀下文馬可波羅之言自明。

第四一章　山老訓練哈昔新之法

彼等在園中醒時，見此美境，眞以爲處天堂中。婦女日日供其娛樂，此輩青年適意之極，願終於是不復出矣。

山老有一宮廷，彼常紿其左右樸質之人，使之信其爲一大預言人，此輩竟信之。若彼欲遣其哈昔新赴某地，則以上述之飲料，飲現居園中之若干人，乘其醉臥，命人舁來宮中，此輩醒後，見已身不在天堂，而在宮內，驚詫失意。山老命之來前，此輩乃跪伏於其所信爲眞正預言人之前。山老詢其何自來。答曰，來自天堂。天堂之狀，誠如摩訶末教法所言。（註一）由是未見天堂之人聞其語者，急欲一往見之。

若彼欲刺殺某大貴人，則語此輩曰：「往殺某人，歸後，將命我之天神導汝輩至天堂。脫死於彼，則將命我之天神領汝輩重還天堂中。」

其誑之之法如是。此輩望歸天堂之切，雖冒萬死，必奉行其命。山老用此法命此輩殺其所欲殺之人。諸國君主畏甚，乃納幣以求和好。（註二）

（註一）可蘭經蓋爲回教徒之惟一法律，同時爲其福音書及其法典。

（註二）馬可波羅之說雖富於小說興味，然當時東方流行之說洵如是也。斡朶里克及阿剌壁諸著作家所誌甚詳。中國載籍雖較簡略，所誌亦同。茲錄劉郁西使記之文如下：

「其國兵皆刺客。俗見男子勇壯者，以利誘之，令手刃父兄，然後充兵。醉酒扶入窟室，娛以音樂美女，縱其欲數日，復置故處。旣醒，問其所見。教之能爲刺客，死則享福如此。因授以經咒日誦，蓋使蠱其心志，死無悔也。潛令使未服之國，必刺其主而後已。」——烈繆薩亞洲雜纂新編第一册一七八頁。

第四二章　山老之滅

基督教誕生後一二五二年，東韃靼君主旭烈兀聞此老之大惡，欲滅之。乃選一將，命率一大軍進圍此堡。堡甚堅，圍之三年而不能克。設若彼等有糧可食，彼等殆永不能克之。（註一）然三年之後，糧食欠缺，遂盡作俘虜。山老及其部衆並被屠殺。嗣後不復有其他山老，蓋其惡貫已盈矣。

（註一）此語之結構，吾人仍保存其舊式。其例足證中世紀時吾人語言中語法結構之欠缺。語中前一「彼等」，乃指被圍者。後一「彼等」，應指圍攻者。如斯曖昧不明之例，今在吾人談話中尚時常有之。

阿剌模忒在額勒不兒思（Elbourz）山系之一絕頂上，額勒不兒思者，帖黑蘭西北之山系，與裏海沿岸平行，一二五一年，蒙古諸王開大會，推舉成吉思汗孫蒙哥爲大汗，同時並命蒙哥二弟忽必烈進兵中國，旭烈兀西征波斯。

第四三章　撒普兒干

離此堡(註一)後，騎行所過，或是美麗平原，或是饒沃流域。中有極美之草原，良好之牧場，果實不少，百物豐富，軍隊頗願留駐於此。其地亘延六日程，頗有繞以牆垣之城村。居民崇拜摩訶末。有時見有沙漠地帶，長約六十哩，或不及六十哩，其中點水毫無，行人必須載水而行。

騎行六日後，抵一城，名曰撒普兒干(Sapourgan)。百物皆富，尤出世界最良之甜瓜。(註二)居民切瓜作條，在太陽下曝乾，既乾食之，其甜如蜜。全境售此以作商貨。其地頗有獵獸飛禽。

今對此城不復有可言者，請言別一名曰巴里黑(Balkh)之城。

(註一)諸註釋家對於此堡，解說尚未能一致。頗節云：「馬可波羅從忽必南首途後，似應主張其未至阿思特剌巴的境內之擔寒，蓋此城遠距一百五十里，由須行八日也。必曾至里程不及其半之禿訥哈因及撒普兒干道上。忽希斯單此部份之地，亦思馬因教徒建有城堡甚多，馬可波羅得聞山老之事，似在此也。」

玉耳云：「我以其所循之路途，或經過你沙不兒（Nichapour）同麥失黑的（Mechhed），抑爲也里（Hérat）一道。所可異者，其行記中未曾著錄此類有名大城，殆是筆受者未解其語，抑是行記中有闕文歟。此六日行程所經過之地，我以爲應在撒卜咱瓦兒（Sebzevar）至麥失黑的城外沙漠開始之地之間。可以一八四五年法國旅行家費利耶（Ferrier）之行程參證也。」費利耶位置撒普兒干於巴里黑城之西約一百公里。城中居民有一萬二千人，無壁壘，然有內堡長官居其中。此城爲烏滸水南突厥斯單境內之一美城，蓋其土地肥沃，氣候溫和，人民勇敢也。

（註二）撒普兒干之甜瓜，今尚運售隣國，且有遠達印度及中國者。亦切瓜條曝乾，其法與十三世紀時同。曾嘗之者以爲乾果之佳品無逾此者。

第四四章 巴里黑城

巴里黑是一名貴大城，昔日尤形重要。（註一）然歷經韃靼人及他種人之殘破，昔之美麗宮殿以及大理石之房屋，已不復存。（註二）據城人云，亞歷山大取大留士女爲妻，卽在此城。（註三）居民崇拜摩訶末。（註四）東韃靼君主所轄之地止於此城。是爲波斯與東境及東北境分界之處。

茲置此地不言，請言別一名曰哈納（Khana）之地。（註五）

離開上述之城後，向東方與東北方之間騎行十二日，不見人煙。蓋居民因避兵與匪之害，皆移居山寨也。其地有鷙與獵獸不少，獅子亦衆。（註六）行人不能在此處得食，須齎此十二日內必須之物而行。

（註一）巴里黑是阿富汗斯單北部之一城名，處阿母河南約六十公里。此河古希臘人名之曰烏滸（Oxus），蒙古人名之曰質渾（Djihoun）。昔日此城是大夏（Bactriane）之希臘王都，頗著名於當時。曾以世界最古之城自負。亞洲人名之曰「諸城之母」，相傳爲西魯思（Cyrus）所建。

上引之旅行家費利耶曾在其中發現方磚上有楔形文字。據云：「磚大，火燒而成，面寬廣約一公尺，厚八公分。散處內堡附近。其上既有楔形文，其源來必較今城更古。殆爲古城之遺物，而經成吉思汗復用以建築堡壘者。……約在二十年前，（一八二五年前後，）城中尚有整齊房屋不少。惟因春雨之後，有若干房屋倒塌，發現牆中藏有數甕，其中滿盛金錢。自是以後，巴里黑之居民遂自將餘存之房屋折毀而求伏藏。」——費利耶說。

巴里黑城舊牆中發現之金錢，疑是大夏國王之古幣。後之經行阿富汗斯單境內者，亦有相類發現。於是紀元前二五五至一二〇年間大夏之諸希臘王名，幾盡可以考證而出。——頗節說。

（註二）巴里黑城先經諸哈里發之殘破，一二二一年時，終爲成吉思汗所毀。成吉思汗怒其居民援助他人抗拒，及臣民奉厚幣請降時，不受其降。城開，大兵既入，命居民盡出城，以備檢括戶口。遂將青年男婦別置一處爲奴婢，盡屠餘衆。蒙古兵縱掠後，舉火焚其房屋，墮平其壁壘。

（註三）此種關於亞歷山大與大留士女結婚之說，在巴里黑及其境內頗爲流行。惟據 Plutarque 之說，亞歷山大在大夏國中所娶者是美女 Roxane，而非大留士女。故事流傳，殆以亞歷山大自印度還至 Persépolis 娶大留士女 Statira 之事，混而爲一歟。但馬兒斯登以爲東方人對於此事之傳說，較之希臘史家之記載爲可信云。

（註四）昔日佛教流行大夏之前，自古以來即奉火祆教，（蘇魯支教。）此火祆教雖經其他代與之教仇視，佛教攻之於前，回教攻之於後，今日波斯尚有拜火之徒不少也。（參看本書第三十章註三。）

（註五）此名在他本中作朶干納（Dogana），雖有若干註釋家試爲考訂，然玉耳則以爲頗難得一結論。

（註六）此處所言者確爲獸王獅子，而非後文與虎相混言之獅子。質渾河畔此地帶中，獅子甚衆。一二五六年一月，旭烈兀從船橋渡此河後，曾命人在質渾河左岸林中獵獅。惟馬聞獅吼，不敢進，乃以酒醉駱駝代之，得獅十頭。——多桑（d'Ohsson）說。

第四五章　鹽山

此十二日行畢後，抵一堡，名曰塔亦寒（Taican）。（註一）有一大市場，出售小麥。其地風景甚美。南方諸山甚高，皆由鹽構成。全境周圍三十餘日程地方之人，皆來此取鹽。是為世界最佳之鹽，其質硬，須用大鐵鋤始能取之。其量之多，可供全世界人之需，至於世界末日。（註二）

從此城行，仍向東及東北間騎行三日，經過甚美之地。廣有果實，民居不少，葡萄及其他賤價之物甚多。居民悍惡而好殺人，嗜飲酒，善飲，飲輒致醉。其酒煑飲。頭纏一繩，長有十掌，繞於頭上。善獵，能取野獸無算。僅以獵獸之皮製衣作靴，各知製皮以作衣靴。

騎行此三日後，至一城，名曰訖瑟摩（Casem）。（註三）其他具有牆垣之城村，盡在山中。有一河流，尚大，流經此城。其地出產豪猪不少，其軀甚大。獵人攜犬往獵時，數豪相聚互守，以脊刺刺犬，使之數處負有重傷。

此訖瑟摩城管理一州，亦名訖瑟摩，居民自有其語言。（註四）農民偕其牲畜居於山中，在地下掘室，頗巨麗，掘窖甚深，以居。掘之甚易，蓋山爲土質也。（註五）

經過此訖瑟摩城以後，騎行三日，不見人煙，不得飲食，所以行人必須攜帶所需之物。行三日畢，至一州，名曰巴達哈傷，茲請爲君等述其沿革。

（註一）哈亦寒即今地圖上之塔里寒（Talikhan），在昏都思（Koundouz）州境，處烏滸水之一支流上。近代有旅行家數人曾遊其地，其繁盛已不及馬可波羅之時矣。

（註二）據沙兒丹之說，波斯之最普及者莫過於鹽，鹽有兩種，曰地鹽，曰岩鹽，有長逾十里由之平原，鹽鹵遍地。麥狄（Médie）亦思法杭境內，轉運鹽塊有如大石，其質甚堅，致有若干地方用以建築貧民房屋，其用如石。Chodzko 且云，有若干礦山得謂其爲一大鹽岩，僅覆以微薄粘土，外層採鹽之法極其單簡，工人僅用鐵鋤鑿取鹽塊，其色絕白。岩鹽礦在烏滸水上流諸州中甚多，尤以在塔里寒附近爲甚。馬可波羅所指南方諸山，蓋指大雪山（Hindou-kouch）也。

（註三）訖瑟摩，原寫作 Casem，曾經 d'Anville 考訂爲 Keechem，復經漢學家識爲玄奘西域記中之訖粟瑟摩，亦玉耳所寫之 Kishm 是已。是爲巴達哈傷境內最熱之地。今城不甚重要，位置在昏都思赴塔里寒商道之稍南。

（註四）訖瑟摩及巴達哈傷境內之特別方言，應是紀元初佔據此地一帶的月氏之古語，即今人常名爲畏吾兒語，或東突厥語者是已。今之月即別（Usbeks）人，亦爲此古代粟特（Scythe）之後裔。中國載籍名此種古粟特曰吐火羅，此吐火羅斯單（Tokharistan）名稱之起源也。自經阿剌壁突厥蒙古諸部侵略中亞以後，此國之居民被驅逐至於鄰境。今已與鄰境土著相混雜，所以今在巴達哈傷及阿富汗斯單境內，所操之尋常語言，蓋爲一種變相的波斯語。

（註五）是卽中國人所稱之黃土（loess），中國西方諸省有之。觀此文可見帕米爾（Pamirs）之西亦有此種黃土。

第四六章　巴達哈傷州

巴達哈傷（Badakchan）（註一）一州之地，人民崇拜摩訶末，自有其語言，是爲一大國。君位世襲，王族皆是亞歷山大與波斯大國君主大留士女之後裔。回教語言名如是諸王曰竹勒哈兒年（Zulcarniens），法蘭西語猶言亞歷山大。蓋因追憶亞歷山大大王而有斯稱也。（註二）

此州出產巴剌思紅寶石（rabis balais），此寶石甚美而價甚貴。採之於若干山岩中，掘大隧以採之，與採銀礦之法同。僅在一名尸棄尼蠻（Syguiman）之山中發現此物。國王祇許官採，他人不得至此山採發。否則殺其人而沒其資財。任何人不許將此物運往國外，所採寶石盡屬國王，或以之貢於他國，或以之贈與他國國王。所以此紅寶石甚稀，而其價値甚貴。蓋若任人採取，則此寶石將充滿於世界，不足重矣。採取之少，防守之嚴，其故在此。（註三）

同一境內別有一山，出產瑟瑟（azur，lapis-lazuli），（註四）其瑩澤爲世界最。產於礦脈中，與銀礦同。他山復有銀礦不少，所以此州最富。然其氣候亦最寒。兼產良馬，善於奔馳，蹄下不釘蹄鐵，而能馳騁山中及崎嶇之地。此地諸山又出產大鷹(faucon sacre)，同郎奈鷹 (faucon lanier)，獵獸飛禽爲數亦夥。又產良好小麥，及無殼大麥，出產芝蔴油胡桃不少，惟無橄欖油。(註五)

國中有狹隘甚多，難攻而易守。建城村於高山上，形式險要。居民善射，善獵。布價甚貴，多衣獸皮。但貴婦人及貴人則衣布，以棉布作褲，需布有至百尋者。如是表示其腰寬大，男子頗樂衣此也。(註六)

述此國之事既畢，茲請言南方相距此地十日程之諸國。

(註一)巴達哈傷州處烏滸河上流左岸與大雪山之間，在阿富汗斯單之東北端。今都會名費咱巴的(Faizabad)，在烏滸河左岸支流 Kokcha 水之右岸。英國旅行家吳德 (Wood) 在一八三八年經行塔里寒費咱巴的兩城中間之地，所見人煙之稀，與馬可波羅所言自訖瑟摩達巴達哈傷一帶之情狀相同。——玉耳說。

(註二)其自承爲亞歷山大之後人者，不僅巴達哈傷之酋長爲然，馬可波羅言之於先，有不少人言之於後。然僅證明此種人民尚能憶及古希臘人之大夏國而已。竹兒哈年（Zurcanien），猶言「雙角」，而非亞歷山大。馬可波羅殆有誤解。東方人以此別號加諸亞歷山大，必因其肖像之上繪有二角，代表東方及西方。蓋角者，代表威權也。

（註三）馬可波羅名此紅寶石為巴剌思者，蓋譯本地通稱巴剌黑失（balakch）之對音也。此為紅寶石之一種，較之緬甸紅寶石，雖為下品，然在中世紀時，其價甚貴。——尸棄尼蠻，即今之Shignan，在烏滸河右岸。——戈爾迭說。

（註四）巴達哈傷之瑟瑟礦同紅寶石礦頗著名於當時，今僅出產劣質寶石而已。觀上文，具見馬可波羅曾親至此地，其在一二七二至一二七五年間赴忽必烈宮廷之時，必循波羅弟兄所經之舊道。此弟兄二人既以販賣寶石為業，必亦曾訪過巴達哈傷之紅寶石礦及瑟瑟礦。剌木學本謂馬可波羅曾在此國得疾，一年未痊，登山呼吸空氣以後，始愈。——頗節說。

（註五）前註所言剌木學本之文，即在此段之下，茲轉載於左：

「諸山之中有野生綿羊無數。每羣有數百頭，（四百五百，甚至有六百頭，）人雖常取之，其數從不因之而減。」

「諸山甚高，自山下行至山頂，須自早行至晚始達。抵山頂後，見一平原甚廣，草木甚茂。岩穴中流出清泉，下瀉爲溪，中有魚，食之味頗鮮美。此種高山之上，空氣清潔，凡城市山谷平原之居民，每感有熱疾或其他疾病時，即赴山中居二三日，其疾自愈。馬可閣下言曾自爲試驗，緣其在此地得疾，一年未愈，人勸其往住山中，疾忽頓愈。」

上述之文，並非過言，所指者似爲 Shewa 高原。原在費咱巴的城西約四十公里內，有一大湖，名曰 Sar-i-kol。本地之人及外來之人皆盛稱巴達哈傷山谷、溪泉、風景、花果、鶯鳥，及遍飾紅花(crocus)水仙(narcisses)松雪草(perce-neige)的草原之美。——吳德說。

(註六)在其他馬可波羅書諸本中，此段僅涉及婦女。此種異服今在巴達哈傷不復可見，惟在五河(Pandjab)境內尚見有之。此地婦女褲裙之廣，誠如馬可波羅之言。又如阿富汗境內婦女所着之褲，亦大逾昔日歐洲婦女所着之寬裙(crinoline)。

第四七章　帕篩州

巴達哈傷南方相距十日程之地，有一州，名稱帕篩（Pashai）。（註一）居民自有其語言，崇拜偶像。面褐色，頗知魔術。男子耳帶金銀環，以珍珠寶石飾之。其人頗狡猾，其風習則有節制，食肉米，氣候甚熱。

茲不再言此州，請言其東相距七日程之客失迷兒（Kachmir）州。

（註一）帕篩，即本書第三十五章業已著錄之帕篩底兒。馬可波羅所聞此地之事不多，所以記述甚簡。其地可當今日大雪山中之迦非兒斯單（Kafiristan）。帕篩一地今尚存在。鄂本篤（Bénédict de Goez）及其伴侶從印度赴中國時，於一六〇三年曾經此地。然據中國巡歷聖地之佛教僧人玄奘法顯所留存之行記，此地在昔更爲著名。玄奘云：「人性怯懦，俗情譎詭，好學而不切，禁呪爲藝業。多衣白氎，少有餘服。語言雖異，大同印度。」

此國蓋即中國旅行家之烏仗那（Oddiyana）也。地當大雪山南，自赤塔剌勒（Tchitral）河抵於辛頭河之諸山地。法顯視其爲印度極北之地。當時居民之衣服飲食，尙與恆河以內居民之衣服飲食相同。剌麻教之一大宗徒及禁呪大師 Padma Sambhava，即誕生於此。今日西藏人尚視其地爲禁呪發源之地。

其地居民名稱迦非兒(Kafirs)，此言異教徒，故其地有迦非兒斯單之稱。Elphinstone 云：「其地男女耳頸帶環，手帶鐲，常以銅錫製之，有時用銀。」迦非兒爲保其獨立，常整武備，殺其敵人毫無憐憫之心。其禮服上用裝飾表示其殺人之數。馬可波羅既言其人食肉，則與印度人異矣。亦食乳酪蜂蜜，亦有果實葡萄，釀葡萄作白色紅色黑色之酒。

此地之人頗愛其自由，故從來未受侵略。敵來攻時，此輩殊死戰。然亦頗視布施及接待旅人爲美德。馬可波羅謂其風習有節，殆指此也。

迦非兒似與印度及其鄰近之居民有別。諸旅行家之經行其地者，以其容貌端正，智識發展，謂其屬於高加索種。此輩亦自承爲佛郎機(Franqui)人，質言之歐羅巴人也。其人藍眼，黑髮，面色黯淡，果如馬可波羅所言之褐色也。

第四八章 客失迷兒州

客失迷兒亦是一州，居民是偶像教徒，自有其語言。（註一）熟知禁呪，其奇不可思議。緣彼等能使其偶像發言，能用巫術變更天時，使之黑暗。其事之奇，非親睹者無人能信其有此事。此地乃是偶像教發生之源。

仍向此方向陸續前行，則可抵於印度海。

其人色褐而體瘦，其婦女雖褐色而貌甚美。其食物爲肉、乳及米。氣候温和，不甚熱，亦不甚寒。有環以牆垣之城村不少，亦有林木，曠野，及天然險隘。居民不畏外侵，自主其國，自有國王治理。其俗有隱士居住隱所，節其飲食，持身極嚴，不犯其法所禁之一切過失。所以其門弟子視之如同聖人。此國之人享年甚高，國內有寺院不少，（註二）從吾輩地域輸入之珊瑚，售價之貴，過於他國。（註三）

茲置此地及其附屬地帶不言，蓋若更從（同一方向）前行，則將進入印度。顧關於印度之事，吾人在歸途述之。由是吾人重回巴達哈傷。（註四）否則將不能繼續吾人之旅行矣。

（註一）梵語名此國曰迦濕彌羅（Kaśmira），近代經行此著名地方之歐洲人首先著錄其名者，疑是普蘭迦兒賓（Plan Carpin）。他寫此名作 Casmir。馬可波羅書之諸拉丁文本則作 Chesimur。——馬可波羅名客失迷兒人曰偶像教徒，殆以其人尙奉佛教，蓋其從不謂回教徒曰偶像教徒也。

其今昔語言本於梵語，近類摩訶刺佗（Mahrates）語。

（註二）玉耳云：「馬可波羅在此章所言十三世紀末年客失迷兒之佛教，恐有言過其實之處，殆其說多聞之於蒙古土番之佛教徒，致有此誤歟。」

Vinc. Lazari 以爲馬可波羅未曾經行客失迷兒，所記者蓋爲傳聞之詞。否則對於此地風景之美，土地之饒，決不默而不言也。

奧凌匝卜（Aureng-Zeb）之醫師，法國人伯兒涅（Bernier），在一六六三年曾居客失迷兒三月。記載有云：「客失迷兒人以體美著名，其體貌之優，與歐洲人相類，其婦女尤美。」伯兒涅曾在一山中見「一老隱士自只罕吉兒（Jehangir）在位時代以來，卽居於此。世人不知其信奉何教。

相傳其善爲靈異，能使雷鳴，能使風雹雨雪發生。其貌微獰猛，鬚白而長，傲然求佈施於行人。在一大石上置土鉢，許行人飲鉢中之水，然不許行人停留，不許行人喧嘩。我曾入其洞中，施以半盧比(roupie)。彼曾告我云此處設有人喧嘩，可致風暴。奧凌匝卜曾從我言，沙只罕(Chah-Jehan)亦然，故皆相安無事。然只罕吉兒曾揶揄我說，命鼓角齊鳴，幾致喪命云」——伯兒涅說。

繼此隱者而居此洞之別一隱者，一七一三年時，Desideri 曾見之。一八三七年時，Vigne 又曾見有別一隱者。——玉耳說。

佛教之流行客失迷兒，爲佛教史中之一大事。蓋此地自經佛教輸入以後，成爲佛教聖地，有一新派即濫觴於此。客失迷兒在佛教流傳於印度境外之過程中，影響甚大。佛教從客失迷兒輸入加補爾 (Kaboul) 同建達哈兒 (Kandahar) 兩地，復進入大夏境中。又如土番之佛教，雖亦來自印度，然與客失迷兒亦頗有關係。七世紀上半葉玄奘經行迦濕彌羅國時，曾言其國有伽藍百餘所，生徒五千餘人。十一世紀末年時，雖有一王保護佛教，然而已成變例矣。馬可波羅所記，勿寧謂爲健佗羅 (Gandhara) 國之事。顧劉郁西使記記旭烈兀所降西域三十國中之乞石迷國，亦言此國佛法頗盛。據云：「有佛國名乞石迷者，在印度西北。蓋傳釋伽氏衣鉢者。其人儀狀甚古，如世所謂達摩像。不茹葷酒，日啖粳一合，所談皆佛法禪定至暮方語。」——烈繆薩說。

波斯某著作家云此國最受人尊敬之人名曰仙人（Richis）。此輩雖不受遺教之拘束，實爲眞正崇拜天主之人。不蔑視其他宗派而對於諸派亦毫無所求。在道旁種植果樹，以供行人解渴之用。不食肉，不近女色，此輩在客失迷兒州中爲數約有二千。

有若干馬可波羅書本在此節後，附加一關於佛教徒之文如下：

「彼等不殺生物，避免流血。若欲食肉，則求與彼等同居一地之回教徒屠宰。」蓋佛教徒十誡中之第一誡，即在勿殺生也。固不禁食獸肉，然命人節食。相傳釋迦牟尼最後得疾，因有一金匠獻猪肉一盤，食之而疾加劇。土番地方視屠戶之業爲可恥。凡販售羊或其他畜類者，必要求一種保障，担保諸畜不受屠宰。英人初佔緬甸時，欲食牛，牛主不給以牛，惟以外國人可以槍殺之畜示之。

（註三）珊瑚尙爲雪山（Himalaya）一帶極貴重之飾品。（Tavernier）曾云其時印度蒙古帝國轄境以北之居民，及阿三（Assam）土番等地之山民，購入珊瑚不少。

（註四）馬可波羅經行客失迷兒之後，復還東向中國經行中亞全境之通道。其不欲敍述印度者，蓋因其欲首先敍述其所經行亞洲大陸諸地迨至後來行抵錫蘭(Ceylan)時，始言印度。（第一百四十八章。）

此外他並曾言無別道可循，當時情形實在如此。欲赴契丹者，固能取道大土番，路程較近，特其必須經過蒙古人統治之地。否則大汗給與其父叔之驛符，（見第八章，）將無所用之也。

伯兒涅曾誌印度赴中國經行客失迷兒之道途甚詳，茲轉錄如下：

（一）大土番道——伯兒涅撰此行記之時，在一六六三年。據云「前此不及二十年時，每年有商隊從客失迷兒出發，經行大土番諸山，進入韃靼境內。雖然道路崎嶇，須從繩橋渡急流，越三月可以行抵契丹。此種商隊運載麝香、中國木料、大黃等物而還。經過大土番時，亦運載本地出產之麝香、水晶及不少極細之羊毛。惟自大土番國王遏絕其道，不許客失迷兒之人入境以後，於是商隊改從恆河沿岸之華氏城(Patna)出發，改行南道，徑向剌撒(Lhassa)國。」

（二）可失合兒(Kachgarie)道——「關於此道者，曾聞本地商人云，彼等知奧凌匝卜應居客失迷兒若干時，乃販奴婢於其地售賣。此輩謂可失合兒(Kachgar)國在客失迷兒之東，稍偏北。最捷之道固為大土番道，然其道已遏絕。行人勢須取道小土番。行十二日，抵小土番都城伊思迦兒朶（Iskardo）。又行十七日，逾小土番邊境之大森林。又行十五日，至可失合兒城，可失合兒國之故都也。今日都城名鴨兒看（Yarkend）。此輩並云，自可失合兒城至中國，行程不過兩月。每年有商隊運載上述之商貨而還。經行月卽別之地（烏滸水上流）而至波斯。別有商隊從契丹經行華氏城而抵印度斯單。又云，從可失合兒至中國，必須經行距離忽炭（Khotan）八日程之一城。是爲可失合兒國極邊之城。從客失迷兒至可失合兒之道途艱難，中有一地，無論何時，須經行冰上，其廣約一里由之四分之一。」——伯兒涅說。

第四九章　巴達哈傷大河

從巴達哈傷首途，騎行十二日，向東及東北溯一河流而上。此河流所經之地，隸屬巴達哈傷君主之弟。境內有環以牆垣之城村，及散佈各處之房屋不少。居民信奉摩訶末，勇於戰鬥。行此十二日畢，抵一大州，寬廣皆有三日程，其名曰哇罕(Wakhan)。(註一) 居民信奉摩訶末，自有其語言，善戰鬥，有一君主名曰那奈(none)，法蘭西語猶言伯爵也。其人稱藩於巴達哈傷君主。(註二)

境內頗有種種野獸。離此小國以後，向東北騎行三日，所過之地皆在山中。登之極高，致使人視其爲世界最高之地。(註三) 既至其巔，見一高原，中有一河。(註四) 風景甚美，世界最良之牧場也。瘦馬牧於是，十日可肥。其中饒有種種水禽，同野生綿羊。羊軀甚大，角長有六掌。牧人削此角作食盤，且有用作羊羣夜宿之藩籬者。此高原名稱帕米爾 (Pamir)，(註五) 騎行其上亘十二日，不見草木人煙，僅見荒原，所以行人必須攜帶其所需之物。

其地甚高而且甚寒，行人不見飛鳥。寒冷既劇，燃火無光。所感之熱不及他處，烤煮食物亦不易熟。（註六）

今請言東方及東北方更遠之地。繼續山行亘四十日，見有溪澗甚多，亦有不少沙漠。沿途不見人煙草木，所以行人必須攜帶其所需之物。

此地名曰博洛爾（Belor）（註七）居民居住高山之上，信奉偶像，風俗蠻野，僅以獵獸為生，衣獸皮，誠惡種也。（註八）

今請離去此地，接言可失合兒州。

（註一）有若干註釋家以為馬可波羅所循之途，即是 Marin de Tyr 同 Ptolémée 二人所誌昔日商隊所取之道。此道由哇罕北部通行帕米爾，蓋大夏通中國西部（Sérique）之路。沿途經過之驛站，常見著錄者曰 Vallis Comedarum，曰 Turris lapides，曰 Statio Mercatorum。此最後一站，可當今日中國蒲犂（Sarikol）縣治塔什霍爾罕（Tachkourgan），然我不採此說。馬可波羅雖從哇罕至可失合兒，所循之途似經 Taghdoum-Bach Pamir 同塔什霍爾罕兩地。

近代 Burnes 吳德等旅行家曾遊此地。吳德云：「哇罕酋長自稱為亞歷山大之後裔，然託始於亞歷山大者，不僅有哇罕酋長，此外巴達哈傷答兒哇思(Darvaz)赤塔剌勒(Tchitral)等國之酋長亦然。」參照本書第四十六章註二。

（註二）馬可波羅離巴達哈傷上溯之河流，必是烏滸水上流土名般札(Panja)河者是已。蓋從巴達哈傷達此河者，必須先循此河左岸支流 Vardoj 行，逾伊塞迦審(Ishkashm)。關顧馬可波羅之敍述過於簡單，不能保其必是。

哇罕人是回教徒，與十葉派(Chiisme)人共處則奉十葉教，與孫那派(Sunnisme)人共處則信孫那教，故在本國內爲十葉教徒，在月即別部落之中則爲孫那教徒。——吳德說。

（註三）本章在地理方面，爲馬可波羅書全書最有興趣之一章。蓋其言及當時人所不明，而經現代科學解釋之現象甚明也。馬可波羅謂其地爲世界最高之地，亦無足異。緣本地方言名帕米爾曰「世界之巔」，法蘭西語有時亦稱其舊名曰「世界之頂」。中國旅行家宋雲慧生等在五一八年經行此葱嶺高原時，曾云：「世人云是天地之中。」六四四年玄奘從印度東還時，「踰山越谷，經危履險，行七百餘里，至波謎羅(Pamir)川。東西千餘里，南北百餘里，狹隘之處不踰十里。據兩雪山間，故寒風淒勁，春夏飛雪，晝夜飄風。地鹹鹵，多礫石，播植不滋，草木稀少，遂致空荒，絕無人止。波謎羅川中有大龍池，東西三百餘里，南北五十餘里，據大葱嶺內，當贍部州中，其地最高也。水乃澄淸皎鏡，莫測其深。……潛居則鮫螭魚龍……，浮游乃鴛鴦鴻雁……。池西派一大流，西至達摩悉鐵帝國東界，與縛芻（Oxus）河合而西流。故此已右水皆西流。池東派一大流，東北至佉沙（Kachgar）國西界，與徙多（Sita）河合而東流，故此已左水皆東流。」——大唐西域記。

（註四）玄奘所言之大池，在今地圖上作昔兒庫勒（Sir-i-kol），東突厥語猶言葱湖，漢名葱嶺，殆本於是。

馬可波羅所謂高原上之河流，實是一偃月形之湖，東西長約二十二公里，南北廣約一千五百公尺，幾常年冰凍。

湖三面所傍之山，高出海面四千八百公尺，高出湖面約五百尺（pieds）。獨有南面諸山高出海面五千八百公尺，常年積雪，是爲湖水不竭之源。其經緯度在巴黎東北緯三十七度二十七分，東經七十一度二十分。其拔海高度用沸水溫度量之，得四千七百六十四公尺。冰下水之溫度等若零度。——吳德說。

葱湖周圍之山嶺，爲亞洲數條大河發源之地，東流有葉爾羌（Yarkend）河，中亞之一大水也。北流有霍罕（Kokan）河，一名錫兒河（Syr daria）即古之藥殺（Jaxarte）水。西入鹹海（Aral），南流則有烏滸水之兩源。

吳德云，其地境況一如嚴冬。眼觀之處，在在大雪鋪地。舉首望天，則盡呈陰暗之色。人在雲中而不見雲。湖面毫無聲息，無生獸亦無飛鳥，雖人聲亦足娛耳。然在此嚴寒之季，無人敢至此冰雪之區。四圍荒寂，致使人心慘惻。夏季風景則不如是。六月杪間湖周圍山雪既溶，遂成宜於畜牧之所。附近之部落常利用之，相傳帕米爾原上之草甚肥，一疲瘦之馬放牧於此，不及二十日，可使豐肥。

（註五）馬可波羅謂行人不見飛鳥，足證其經行帕米爾時必在春前。吾人前在註二引西域記之文，所言風景與此大異，足證彼此經行之時不同。吳德在一八三八年冬季曾至此地，聞人言夏間湖面饒有水鳥。馬可波羅之後，鄂本篤（Bénédict de Goez）於一六〇三年秋間經行帕米爾，曾云其地酷寒，呼吸困難。

吳德並在此處證明馬可波羅敍述之實：「河水既凍，循河而行，見有獸角散佈各處，蓋爲乞兒吉思（Kirhgiz）獵人之所遺也。諸角中有奇長者，是爲帕米爾高原中一種動物之角，其類在山羊與綿羊之間。角端冒出雪外，常可指導路程。常見有角佈成半圓形，鄉導識其爲乞兒吉思人夏帳之舊跡。」

此獸名 Ovis Poli，是爲一種野生綿羊，頷下有鬚，有兩大角作螺旋形，長有一公尺四十公分，分量甚重，蒙古之羊名 Argali 者，即此類也。天山中此類羊羣甚衆，頗難以槍獵取，狼豹賴此爲食。——吳德首先記載乞兒吉思人用此羊角以作馬蹄之蹄鐵。

（註六）此種物理的觀測，在馬可波羅以前，尚未有人爲之，其後經索徐爾 (de Saussure) 洪博特 (de Humboldt) 等學者證其不誤，其燃燒之不烈，蓋爲空氣稀薄之結果，馬可波羅時代無此名詞，而且他本人亦非物理學者，所以祇能謂其原因即在拔海度之高，故云其地高而寒。六百年後洪博特責其不善觀測敍述，蓋未諒其時代也。況在近代 Huc 同 Gabet 二傳教師經行西藏(Tibet)東北諸山中時，感覺痛苦，以爲山中毒氣而土人稱爲瘴氣者所致。據云：「燃火不易者，蓋有炭酸所致。獸糞燃之無光而煙甚濃，若欲知此氣從何處來，頗難言也。」此二傳教師殊不知其「山岳病」實僅因空氣之稀薄，質言之，由於氣壓之小也。

（註七）博洛爾之名甚古，七世紀時，玄奘有鉢露羅之譯名。玄奘以前之中國旅行家有鉢盧勒波路等稱。從前其境界無定，蓋亦塔剌勒有時亦被稱爲博洛爾。其常名博洛爾之地，似爲帕米爾南境，鴨兒看西南境，巴達哈傷東境之諸高山。此地久爲中國藩屬，每年貢獻刀斧玉石。

（註八）時雖逾六百年，此蠻國居民之習俗似尚未變。冒險家吳德之記述，與馬可波羅書大致相同。據云，乞兒吉思之居地在帕米爾高原，與西藏相接，北連和罕，東隣中國領地，西方爲烏滸水同錫爾河灌漑之區。其人常與中國人西藏人爭戰，嗜偷竊，以刦掠怯懦無信仰而著名。常竊取葉兒羌商隊之物，所以中國人頗嫌惡此族，視此族中人人皆是罪人，見卽殺之。乞兒吉思人偷盜之習甚深，不僅竊他人，而且竊其同部之物。部中人有被竊者，又轉竊他人之物以爲報復。其酋長鮮有能管理者。——吳德說。

第五〇章　可失合兒國

可失合兒（Kachgar）昔是一國，今日隸屬大汗。居民信奉摩訶末。境內有環以牆垣之城村不少，然最大而最麗者，卽是可失合兒本城。此國亦在東方及東北方之間，居民爲工匠商賈。有甚美之園林，有葡萄園，有大產業，出產棉花甚饒。有不少商人由此地出發，經行世界貿易商貨。居民甚吝嗇窘苦，飲食甚劣。此地有不少聶思脫里派之基督教徒，有其本教教堂。國人自有其語言，地廣五日程。（註一）

茲置此地不言，請言撒麻耳干（Samarkand）。

（註一）可失合兒是中國新疆西端之名城，印度與韃靼地方暨中國貨物往來輻輳之所。城在天山南麓。中國人所稱天山南路之上，有河流數條從諸山流下，灌溉平原。所以可失合兒此部較之南方及東南方之沙磧流沙之地豐饒。

此地昔日歐洲人名之曰小不花剌，與天山葱嶺以西之大不花剌相對言。彼此兩地在紀元前屢經中國遣軍征服，嗣後爲成吉思汗所據。成吉思汗死後，以此地畀其子察合台。其最後君主，是在一八六五至一八七七年間君臨其地之牙古柏（Yakoub），曾謀脫中國藩屬而自立，爲左宗棠所討平。

第五一章　撒麻耳干大城

撒麻耳干（Samarkand）（註一）是一名貴大城。居民是基督教徒同回教徒，臣屬大汗之侄海都（Kaidou）。（註二）然大汗與其侄交惡。城在西北方，茲請爲君等敍述此城之一大靈蹟。

距今未久，大汗之族兄察合台（Djagatai），（註三）（君臨此地及其他諸地者）皈依基督教。國內基督教徒見其主奉行其教，因之大歡。遂在此城建一大禮拜堂，奉祀聖若望巴迪思忒（Saint Jean Baptiste），即以此聖名名其禮拜堂。有一美石原屬回教徒，建堂人取之以承堂中上承堂頂之柱。會察合台死，諸回教徒頗欲將現在基督教禮拜堂中之柱石索還。遂互議曰，用善言抑用武力收回此石，此其時矣。緣彼等人數十倍於基督教徒，其力足以爲此也。乃羣赴基督教徒之禮拜堂前，語基督教徒，言欲必得其石。基督教徒答言，石固屬彼等，然願以金易之。回教徒言，世上無論何物不足以易，由是彼此爭持甚烈。其主聞聲，詢得其故，乃命基督教徒能用金償則償之，否則退還此石，限期三日執行。

回教徒無論如何不願以石易金，彼等並知此石若去，禮拜堂必陷。由是基督教徒怒極不知所爲，遂禱告耶穌基督，求其庇佑，俾主持聖者若望巴迪思忒之名不在本堂毀墜。限期既屆，某日黎明，忽見其石移出柱下。時柱離地高有三掌，懸空不墜，與有基礎時同。回教徒雖得其石，然皆喪氣而去。是爲此大靈蹟之經過。其柱現仍懸空如故，以迄天主不欲之時。

（註一）撒麻耳干，一古城也，希臘史家名之曰 Marakanda。亞歷山大在宴中手刃 Clitus，即在於此。回教徒侵略之初，爲亞洲名城之一，今日尚爲回教徒之一聖地。帖木兒曾定都於此，其墓今尚可見。嗣後衰微；至斡羅思人侵略以後，尤在裏海鐵道建築以後，始漸恢復其重要。

馬可波羅之父叔前赴大汗廷而久居不花剌時，或者曾至撒麻耳干城。然馬可波羅本人從未親至其地，既無事可述，遂插入此城之一大靈蹟以實其書。

案靈異爲人生之一需要，撒麻耳干懸柱之故事，不僅在歐洲中世紀之著述中見之，中國著述亦見著錄。道院長 Palladius 曾譯十四世紀新疆之一漢文碑文，其中亦言撒麻耳干有一禮拜堂，四大木柱承之，柱高四丈，一柱空懸，下距地面尺餘。——戈爾迭說。

(註二)海都是窩闊台（Ogotai）之孫，而貴由（Gouyouk）之侄。貴由死後，大汗位移屬拖雷（Tolei）後裔，海都不服，與之爭位，共忽必烈爭戰垂三十年。一二七二年初馬可波羅偕其父叔經過河中（Transoxiane）時，海都即在君臨撒麻耳干，後此本書中數言此人。

(註三)察合台是大汗忽必烈之伯父，而非族兄。蓋察合台是成吉思汗之子，而忽必烈是成吉思汗之孫也。成吉思汗及其後人對於基督教徒固表示優待，盧不魯克同海屯固言成吉思汗孫蒙哥汗曾經受洗，然察合台之爲基督教徒，無明證也。——馬兒斯登註三〇三。

第五二章　鴨兒看州

鴨兒看（Yarkend）（註一）乃是一州，廣五日程。居民遵守摩訶末教法，然亦有聶思脫里派（Nestoriens）同雅各派（Jacobites）之基督教徒。並屬大汗之侄，卽前此所言之同一君主是已。（註二）居民百物豐饒，然無足言者，所以置之。請言別一名曰忽炭（Khotan）之州。

（註一）斯文赫定（Sven Hedin）言葉爾羌（Yarkend）之居民患癭者四分之三，緣居民用大塘盛水，以供諸用，並飲此水。水既不潔，故患此疾。此城常爲一重要之城。夏之時（Richard）神甫謂其居民尚有六萬。考中國載籍，此地在紀元初三百年間爲莎車國，後隸于闐（Khotan）。又考波斯載籍，十世紀末年，可失合兒之一突厥算端（sultan）以其氣候水土之佳，定都於此，建立宮室溝渠。葡萄牙耶穌會士鄂本篤神甫在一六〇三年經行此地時，記述有云：「此地是一名城，商人商貨皆輻輳於此。商隊之自迦補爾（Kaboul）來者，止於此城，復組商隊，進向契丹……其貿易之物價值貴重者，僅有碧玉（Jaspe）。玉有兩種，一種較貴，產於和闐（Khotan）河中，採之之法，幾與採珠人沒水求珠之法相同別一種品質較劣出於山中。」——金尼各（Trigault）說。

此物卽中國之玉石，Timkowski 謂採於河中塊大者對徑約有一尺，小者僅二寸。其重量有至十二磅者。其色不同，有白如雪者，有綠如翡翠者，有黃如蠟者，有紅如銀朱者，有黑如墨者，若羊脂朱斑，或碧如波薐，而金片透露者爲尤貴。

葉爾羌南百餘公里，有山曰密爾岱，人呼玉山。徧山皆玉，五色不同。然石夾玉、玉夾石，欲求純玉無瑕者，則在絕高峻峯之上，人不能到。——鈞案此條原出西域水道記。

昔日葉爾羌城貢玉於北京，每年四千至六千公斤。其習見之母岩爲縞瑪瑙（onyx），在礦物學中列入無礬土之角閃石類，而常名之曰硬玉（néphrite），西伯利亞亦見有之。

（註二）馬可波羅時代，海都領地東抵葉爾羌。忽必烈之帝國，則西起和闐，東盡黃海。

第五三章　忽炭州

忽炭（Khotan）一州處東方及東北方之間，廣八日程。臣屬大汗，居民崇拜摩訶末。（註一）境內有環以牆垣之城村不少。然最名貴者是忽炭城，國之都也。故其國亦名忽炭。百物豐饒，產棉甚富。居民植有葡萄園及林園，而不尚武。（註二）茲從此地發足，請言別一名曰培因（Pein）之州。

（註一）忽炭之佛教政府約在九八〇至九九〇年間爲博格剌汗（Bogra-khan）所滅。十三世紀時，復爲乃蠻（Naiman）部長屈出律汗（Koutchlou-khan）暫時恢復。屈出律來自伊犁河畔，滅博格剌汗所建之回教國家，（一二九九年）已而自又爲成吉思汗所滅。忽炭境內所發現基督教之唯一遺物，乃是格奈納兒（Grenard）攜還之銅十字架一具。——戈爾迭說。

（註二）忽炭國在紀元前已爲中國人所識。烈繆薩曾裒譯中國載籍刊行「忽炭史」。據云，于闐（忽炭）在古代爲一大國。唐時併有隣近諸國之地。斥地南至崑崙，北抵天山。國城東有白玉河，西有綠玉河，次西有烏玉河，皆發源於崑崙。

中國之佛教巡禮人曾經行于闐四〇二年之法顯，六四四年之玄奘，並撰有行記傳世。法顯佛國記云：「其城西七八里有僧伽藍名王新寺，作來八十年，經三王方成。可高二十五丈，彫文刻鏤，金銀覆上，衆寶合成。塔後作佛堂，莊嚴妙好，梁柱戶扇窗牖皆以金薄。別作僧房，亦嚴麗整飾，非言可盡。」

頗節引波斯某著作家所記忽炭荒廢事云：「昔日從忽炭至契丹者，十四日可至。道上城村相望，行人無須伴侶，抑附商隊而行。今日則畏喀爾木（Kalmaks）人，放棄此道，改行之道約須百日程。」案上文所言放棄之道，乃漢之南道。然波羅弟兄曾循此道而至甘肅，至須百日程之長道，乃是貢道，循和闐河北行，逾塔里木（Tarim）河而至今之天山南路。

古于闐城之遺跡，距今日五十年前，曾偶在岳愓汗（Yotkhan）地方發現。掘出古陶器刻石貨幣不少，上勒有世人不識之佉盧（Kharosthi）文字。昔日法顯玄奘所誌之佛教遺跡，今皆爲回教賢聖之墳墓所據，變爲回教徒巡禮之所。一八九一年時，杜特雷（Dutreuil de Rhins）格奈納兒二人曾在玄奘所記之一窟中發現一篇用樺皮寫佉盧文之寫本。

此亞洲古蹟在昔日名曰岳愓汗，與中國人所稱之于闐讀音相近。八世紀初年，回教徒侵入時，古蹟因之荒廢。斯文赫定於一八九六年二次經行「沙海」(Takla-makan)大沙漠時，曾見此種埋藏沙中之故蹟。中有佛像，有世人未識文字之寫本，與夫民居之遺跡。古岳愓汗之居民曾奉佛教，屬阿利安(Aryen)族，疑從印度徙此。蓋自二十世紀初年以來，中亞之發現不少，證明古有一種印度文化，自忽炭渡沙海蔓延至於吐魯番(Tourfan)也。

斯坦因(Aurel Stein)云：「馬可波羅所記忽炭之事，上連中國之古記載，下接近代旅行家之行記。所記雖簡，然皆確實非虛。即關於人民之性格者亦然，世之經行和闐，抑習知此地之事者，莫不驚其古今性格之完全相類，和闐今仍維持其工業重要，蓋由其居民之技術能力及其世傳紀律，故仍有出產不少也。」

馬可波羅在一二七二年初東行，經過忽炭時，其地居民繁庶，如記所言。再就其所記，其經行忽炭以東培因、車爾成(Tchertchen)、羅布泊(Lop)渡沙漠而至沙州之行程考之，似非當時商隊遵循之道途。既言居民臣屬大汗，乃據其旅行以後之事而言。蓋其事在忽必烈汗在位之末年，而其經行諸地之時，則在一二七二年也。時察合台汗國之君主是阿魯忽，忽炭乃其屬地。阿魯忽初附海都，至一二八二年始降。一二八五年，大汗始在忽炭設宣慰使，置戍兵，至其鄰城鴨兒看，則仍屬海都也。

和闐卽于闐。回人呼漢人爲赫探，漢任尙都護西域，嘗遣其人衆於此。和闐回子皆其遺種，故回子呼之爲赫探城。和闐，赫探之對音也。

其名視時代語言而異，北狄曰於遁，諸胡曰豁旦，唐書有瞿薩旦那、渙那、屈丹、豁旦、諸名，元秘史曰兀丹，元史曰斡端，曰忽炭，西遊錄曰五端。據歐洲學者之考訂，瞿薩旦那本梵音，隋時佛教盛行，由是有此梵名，屈丹殆爲其省譯，阿剌壁人則仍保存豁旦名稱。——以上並見新疆建置志第四卷十六至十七頁。

宋南渡後役屬西遼，遼亡，屬乃蠻。一二一四年成吉思汗取其地，後以封察合台孫阿魯忽。阿魯忽附海都，海都敗，阿魯忽降。（一二八三年）。一二八五年正月，立羅不、怯台、闍鄽、斡端等驛。

徐松引元史此文，列此四驛於今和闐境內，羅不必是和闐東六七十里之洛浦縣治，卽斯坦因地圖之Lop-bazar。怯台疑是玉隴哈什（Yuroun-kach），闍鄽疑是圖什罕里克，斡端卽和闐縣治額里齊。——參看西域水道記一卷二七頁。

其足以證明此種假說者，蓋玉隴哈什（假定是怯台）卽在和闐六城之中，其餘五城名列如下。

(一)額里齊，舊作伊立齊，即今和闐縣治也。

(二)哈喇哈什（Karakach），在和闐西，回語哈喇黑色，哈什玉也，城在哈喇哈什河旁。

(三)齊爾拉（Chira），城在齊爾拉河旁，回語引水入境也。舊對音作齊喇，又作策勒，作努喇，今作車呼，唐之坎城也。

(四)塔克努喇，唐之𤙖城也。

(五)克勒底雅，舊對音作克里雅（Keriya）。回語意其來而未定之詞。漢爲扜彌國地，又名寧彌，東漢又名拘彌，十世紀石晉時，高居誨行記名曰安軍州，亦唐之蘭城也。——參看新疆建置志四卷十七至二十四頁。——西域水道記一卷二十七頁。——斯坦因和闐沙中廢蹟二九四頁。

此種考訂，於研究後此諸章所言馬可波羅之行程有知悉之必要，蓋可與中國載籍對照也。

第五四章　培因州（播仙）

培因（Pein）州，廣五日程，處東方及東北方之間。（註一）居民崇拜摩訶末，臣屬大汗。境內有環以牆垣之城村不少。最名貴者是培因城，國之都也，有河流經行城下。河中產碧玉（jaspe）及玉髓（chalcédoine）甚豐。（註二）（鈞案後文有註三，而本文於此處作註三而無註二，比對附註，此處實是註二，則此下應有脫文。）

君等應知前述自可失合兒迄於此地之諸州，與夫行將說明前途之諸州，並屬大突厥。（註四）

（註一）此培因城久經近代諸註釋家爭持未决。斯坦因同玉耳皆以爲馬可波羅從忽炭至羅布淖爾（Lob-nor），蓋取最短一道。此道已在前章註二中言及，亦即玄奘東還所取之路途。而培因城即玄奘所言于闐（忽炭）東三百三十里之媲摩城。烈繆薩在其和闐史中位置媲摩之距離亦同，且言城在河畔，其河東流入流沙。

杜特雷同格奈納兒曾取道漠南自和闐（忽炭）至車爾成。一八九三年五月四日從和闐首途，歷經克里雅（Keriya）尼雅（Niya）等城，不逕向車爾成行，而取 Altyn tagh 山麓之 Kara Say 一道。其道雖較遠三日，然氣候較良，兼可取得肉乳大麥等食物。已而循車爾成河行，抵車爾成城。其行記中未曾著錄有媲摩或培因之名，則其祇能爲克里雅城矣。蓋在和闐及羅布淖爾之間，實僅有此一城也。英國旅行家 Forsyth, Huntington 等亦持玄奘之媲摩即馬可波羅之培因一說。迨至斯坦因，乃以爲在策勒（Tchira）河頭之兀宗塔迪（Uzun tati）廢址發現其地，顧馬可波羅之里程與玄奘之里程雖有不符。然斯坦因仍取玉耳之考訂，以爲玄奘之媲摩，即是馬可波羅之培因。

馬可波羅之行程自西徂東，所經諸站，祇能爲忽炭至培因，培因至車爾成，車爾成至羅不（Lop）等站之間。則其培因城應在忽炭東八日程，羅不西十日程之地求之。

馬可波羅所循之道途，必是玄奘東還之道途。（見後）案玄奘西域記曰：「王城東三百餘里，大荒澤中，數十頃地，絕無蘗草，其土赤黑，聞諸耆舊曰，敗軍之地也。……戰地東行三十餘里，至媲摩城。……媲摩川東（即策勒河東）入沙磧，行二百餘里，至尼壤城。（今尼雅城），周三四里，在大澤中。澤地熱濕，難以履涉，蘊草荒茂，無復途徑，唯趣城路，僅得通行，故往來者莫不由此城焉。而瞿薩旦那（忽炭）以爲東境之關防也。」——大唐西域記卷十二。

何以玄奘不言克里雅河殆以其流入此「大荒澤中」，而今克里雅城亦在其內歟。西域圖志名此澤曰葉什勒庫勒淖爾。——西域圖志卷二十八。

玄奘之尼壤城不在今克里雅及尼雅所在之地，疑在前一城之東北，後一城之西北。顧玄奘著錄忽炭精絕且末鄯善諸國之名，皆用梵名，此尼壤一名應亦本於梵語，亦是漢之扜彌汙彌拘彌寧彌，唐之蘭城也。

玄奘所載之里程，得以「輿地之里」計之，然亦不盡確實可靠。不如仿馬可波羅之例，以百里當一日程，較爲愼重。茲將此二旅行家所供給之材料綜列爲表於下。觀此表，可見馬可波羅從忽炭至培因需八日，而玄奘則需九日以上。六四四年玄奘經行其地之時，路絕人煙者，殆因經過兵燹所致。蓋六三六年時，李靖討吐谷渾曾進兵至且末以西也。玄奘記中未言播仙，蓋此鎭尚未存在。所循之道，必近南方諸山。至若馬可波羅所循之道，疑在其北。此道闢於唐人，斯坦因曾在沿路見有堡壘不少。所以馬可波羅亦未言及媲摩克里雅尼雅及其他有名諸地。

自忽炭赴羅布淖爾所經諸地	玄奘里程	本書日程	合爲公里數
自忽炭至尼壤	五三〇		二三五
自忽炭至培因		八日	
自尼壤至都貨邏故國（漢之精絕，斯坦因之安德烈，本書之培因）。	四〇〇		一七八
自覩貨邏至古且末城（卽車爾成）	六〇〇	五日	二六六
自且末至納縛波（卽漢之鄯善，本書之羅不）。	一〇〇〇	五日	四四四

馬可波羅所誌之培因（Pein），要爲一州名而在忽炭車爾成兩地之間距忽炭八日程，距車爾成五日程。考漢以來之載籍，在此兩距離點中僅著錄有扜彌精絕二國。東漢時扜彌併入于闐。玄奘曾明言尼壤爲瞿薩旦那東境之關防，則祇有精絕可當玄奘之覩貨邏，與馬可波羅之培因矣。惟是可能參證馬可波羅之路程者，不僅玄奘之路程而已，尙有唐代興復之沙漠南方一道，（此

道路程見後。）道中有一要鎮，曰播仙，地在精絕境內，而在當時則已併入且末。至若播仙一名緣何變爲 Pein 或 Peim，將俟博洽者之考訂。茲僅言馬兒斯登所採之意大利文鈔本寫此名作 Poin 同 Poim，則與播仙之對音尤近矣。

此唐代道路，即是漢之南道，中國著作家言及西域者，常據漢代載籍。據云，敦煌西北爲鄯善，當漢衝，出西域者胥由於此。自鄯善而西，由且末精絕扜彌以至于闐，又西北而去莎車（葉爾羌），所謂傍南山波河行，此南道也。——鈞案此條出漢西域圖考卷一。

漢書言自沙州至于闐，尚有別一道，在此南道之南，兩道相距百里至三百里不等。發自「陽關，不經鄯善，西自婼羌小宛戎盧以至渠勒。又南道之南，所謂僻南不當孔道者也。」——鈞案此條亦出漢西域圖考卷一，原註誤以其出於漢書。

漢西域圖考卷一謂婼羌小宛戎盧渠勒四國今皆淪爲戈壁。——今和闐境內有一驛名渠勒驛，則此僻南道必不全在南山之中。常循其山麓行，漢唐之南道常在此道之北，應距南山甚遠。此種地域之中，城市河流遷徙無常，道途當亦隨之而異。淪沒之城市舊名，難免不爲新城所沿用。則名雖同而地不必同矣。某註釋家云：「漢代之要城，在西域記中已爲無人煙之地，今日情形亦復如是唐代一切商業中心，今皆淪入沙漠，昔之川流變爲今之淖爾，今之淖爾僅有十餘，餘皆淪於流沙。」

其路程與馬可波羅所言之路程尤爲接近者，卽是新唐書地理志中所載之一段。沙畹（E. Chavannes）曾在遠東法國學校校刊一九〇三年刊三九一頁中節譯其文，茲再錄其文如下。其爲馬可波羅經行之路程，可無疑也：

「于闐東三百九十里，有建德力河（克里雅河）。東七百里有精絕國。……又于闐東三百里有坎城鎮，東六百里有蘭城鎮。……于闐東距且末鎮千六百里。」

「又一路自沙州壽昌縣西十里至陽關故城。又西至蒲昌海（羅布淖爾）南岸千里。自蒲昌海南岸西經七屯城，漢伊脩城也。又西八十里至石城鎮，漢樓蘭國也，亦名鄯善。在蒲昌海南，（質言之西南）三百里，康艷典爲鎮使以通西域者。又西二百里至新城，亦謂之弩支城，艷典所築。又西經特勒井，渡且末河（車爾成河），五百里至播仙鎮，故且末城也。高宗上元（六七四至六七六）中更名。又西經悉利支井、祆井、勿遮水，五百里至于闐東蘭城守捉。又西經移杜堡、彭懷堡、坎城守捉，三百里至于闐。——新唐書地理志卷四三下。

上引之文，前一段著錄有且末鎮，在于闐東千六百里。後一段則言有一「播仙鎮故且末城也」，然在于闐東千一百里。（播仙蘭城五百里，蘭城于闐六百里，共一千一百里），則此兩鎮非一地，蓋相差有五百里，恰合馬可波羅從培因至車爾成之五日程。亦近玄奘從覩貨邏至折摩馱那之六百里。

其難點蓋在「故且末城也」五字。精絕國在東漢末併入且末，其要城固在且末境內，然不得謂卽且末城。吾人以爲唐書此處有衍文，蓋故且末城祇能當唐之且末鎮，後之車爾成。且末常在東，位在且末河上，此且末河必爲今之車爾成河無疑。則播仙鎮應在其西五百里求之。否則必不先著錄且末鎮名，後著錄播仙鎮名也。吾人以爲原文殆指宋雲行記（五一八至五二二年）所著錄于闐東八百七十八里之末城，則「故且末城也」應是「故末城也」之誤。

唐書之文不能確實無誤。沙畹曾摘其誤祆井爲袄井，誤坎城作次城等類舛誤，可以證之。殆因末城與且末城之易於混淆，故高宗改其名曰播仙。斯坦因曾訪安德烈之廢址，謂此站存在之時不久。蓋其僅見一古壘民居遺跡，此外別無重要遺物。九三九年高居誨使于闐，經行同一道途時，名且末河曰陷河，未言播仙，而逕至紺州。此紺州卽漢之扜彌，亦卽克里雅故城。由是觀之，此播仙鎮名僅一見於唐書之理，不難得其解也。

馬可波羅仍用舊名者，其故在此。蓋數百年後沿用舊名之事，古代與今代，中國與歐洲，悉見有之。

馬可波羅聞其地土人所保存唐代之名稱，因著錄之。此例不少見也。如蘇州為唐代名稱，宋名平江，然在此書中仍名蘇州，南京是明代名稱，明亡後應名江寧，乃猶名南京，皆其例已。

斯坦因業經說明尼雅車爾成兩地中間之唯一適中驛站，祇有安德烈一地。「觀其壁壘之跡，以及其中不少具有臨時性質而建築形式相同之房屋，足證其所用之墾殖制度，與諸小窩集（oasis）之未預先計畫者不同也」——六四五年玄奘自尼雅赴車爾成，十日之間，未見人煙，其事固異，然曾在今日距尼雅四日程，距車爾成六日程之安德烈地方，發現中亞史中著名的覩貨邏（Tukhara）故國。據云「國久空曠，城皆荒蕪」，則其為古有居民之地，復經後人所據，至是又荒，明矣。後人在此廢址之內發現之佉盧文書，必為紀元二世紀或三世紀時之物，則在玄奘於縛芻河上所見之月支昔據堵里木河流域以後矣。——斯坦因撰契丹沙中廢蹟第一冊三〇六及三一二頁。

唐初南道重開，其事無疑。然至唐代中葉，迄於西遼之時復閉。元興，此道重開，當然對於驛站採用唐代舊名，惟並置封國爲異耳。既置封國，中央之權力日見減削。所以元史地理志僅著錄其地名而已。中國舊名遂爲土人名稱所代。蒙古人自以彼等之讀法讀之，由是其名遂完全不可識矣。——參考西域圖志卷三。

元亡以後，中國與此種藩國之關係，當然日見減少，道途不復有人保護，行人漸稀。播仙鎮遠處沙漠，當然爲首先放棄之一城鎮。雖與中國隔絕不常通，唐代名稱雖不復見於中國載籍，然其舊名仍在本地保存，容有其事也。

(註二)本章所誌之碧玉同玉髓，似爲五十二章註中所言玉之一種，碧玉古希臘人業知有之，蓋爲綠色玉髓之一種，在礦物學中，玉爲一種無礬土之硅酸鹽 (silicate sans alumine)，玉髓爲純粹硅石，因金鏽而有種種顏色者也。

(註三)此段(鈞案原文闕)所言者，蓋爲中亞不少城市現在尚流行之臨時婚姻風習。Burnes 云：「若一不花剌商人往蒞葉爾羌者，輒在其居留時間娶一本城婦女，商人離此城時，則與其婦離婚，(儼同一種貿易)。」在可失合兒城亦有此俗。幼婦常與行人婚配，無論其留居之久暫也。哈尼科夫曾言麥失赫的 (Mechhed) 城中有不少幼婦與人婚配，其時間有僅一月者，有僅一星期者，甚至祇有二十四小時者，在本地視之皆爲合法。

戈爾迭引洪廷吞（E. Huntington）主張培因（或媲摩）卽克里雅一說，而反對斯坦因之客南（Kenan）考訂。據云：「馬可波羅同玄奘所言培因城之事，完全與我行記之文相合。此文寫成已久，關於馬可波羅所記臨時婚姻之說，我在行記中業已著錄有云，其地之婦女以嬌麗著名，行人之暫留克里雅者，輒爲所惑，棄其家室而在此地重訂婚姻。」

「玄奘謂媲摩西三十里大荒澤中，數十頃地，絕無蘖草，其土赤黑，耆舊曰，昔者敗軍之地也。——距今克里雅西十五公里之一窩集，我曾見有若干地畝，每年淹沒。其色深紅，蓋因一種高二三寸之小植物所致。此外在他處未見相類植物，玄奘謂其土赤黑，殆指此歟。」

「復次馬可波羅言在培因州河中見有玉石，亦與克里雅之情形相符。至在策勒河及處客南附近其他河中，則否。」——洪廷吞撰「亞細亞之脈」。

（註四）「大突厥」，應指當時操東突厥語之地，卽亞洲地圖上統名曰突厥斯單者也。大突厥一名之本身，僅指突厥人發源之地，質言之，先徙花剌子模（Kharezm），繼徙小亞細細以前之突厥人居地。猶之世人稱徙居禿納（Danube）河以前之不里阿耳（Bulgarie）及匈牙利（Hongrie）

爲大不里阿耳大匈牙利也。中國載籍謂突厥始居天山東南，常奪據天山以南諸地。斥地漠南，東至甘肅，西迄于闐。

第五五章 車爾成州

車爾成（Ciarcian, Tchertchen）（註一）是大突厥之一州，處東方及東北方間。居民崇拜摩訶末。有環以牆垣之城村不少。國之都城亦名車爾成，境內河流中有碧玉及玉髓，取以販售契丹，可獲大利。（註二）全州之地滿佈沙礫，自培因達此之道途亦然。所以水多苦惡，然有數處有甘水可飲。軍隊通過其境時，居民挈其妻兒牲畜逃往沙漠中。彼等習知有水可以生存之處。行後風掩其跡，追者莫知其逃亡之所。

自車爾成首途後，（註三）在沙漠中騎行五日，僅見苦水。然更往前行，有一地有甘水可飲。

此地既無他事足述，吾人仍往前行，請述一名曰羅不（Lop）之州。行上述之五日畢，抵一城，名曰羅不。此城在入廣大沙漠之處。所以行人於入沙漠之前，必在此城停息。

（註一）馬可波羅所言之車爾成城，應在今城之西，微在赴克里雅道途之南。現已發現房屋廢基。此城建設不能在七世紀之前，蓋未經玄奘著錄也。至其毀滅，則在十六世紀之前。——格奈納兒說。

則此廢址應爲唐之且末鎮矣。(參看前章)，惟據水經注，車爾成之古城位在且末河(車爾成河)東，玄奘名此城曰折摩馱那。

格奈納兒言曾考查車爾成故城舊跡，見有一廢渠遺址，與夫埋藏沙中之民居。其牆用大磚建築，今尙完好如故。除此類磚外，不復見有他物。蓋經其地人民發掘久矣。又見數穴，亦無所發現。土人迷信，謂爲大風暴所開。繼在 Yantak Koudouk, Tatrang, Ouadjchari 等處，見有相類廢址。後一地在車爾成東北五日程，殆爲馬可波羅所言之羅不歟。

Tatrang 應是特底朗，一作塔提朗，Ouadjchari 應是凹石硤。案凹石硤爲于闐縣(Keriya)及婼羌縣(Tcharkalyk)分界之處，不應爲馬可波羅之羅不也。——斯坦因說。

格奈納兒所言之廢渠，曾經斯坦因探測三公里之遠。據云：「車爾成河之水，尙不難重行導入此渠。不幸土地侵蝕已甚，昔日覆地之黃土，皆已無存，僅存細沙而已。顧河之下流有良田數千頃，可以耕種。此古渠勢難興復。……其地侵蝕之力似乎甚大，蓋在此類廢址中，常見有不少中國古幣，而在此處則不見有一完好者，僅有若干殘片，覩其輪廓，始知爲貨幣而已。」——前引斯坦因書第一册三二五頁。

Palladius謂馬可波羅之車爾成，在吐魯番西千里哈剌沙爾（Karachar）境内山中，可當今之扯力昌云云。考訂完全錯誤。——戈爾迭說。

斯坦因以爲據馬可波羅之叙述，車爾成以西道上尚未絶人煙。此事至少在十三世紀時如此。所言居民逃避沙漠一事，顯指南山諸河流之經尼雅赴車爾成道上而入沙漠者。其河口草原足供沿途散處之居民避難之所，今昔皆然也。——斯坦因說。

剌木學本於此處記述較詳，其文如下：

「設有一韃靼軍經過此地，脫爲敵軍，則盡奪居民之物；脫爲友軍，則盡取其牲畜宰食之。所以居民一聞軍隊經過，即挈其妻兒牲畜逃入沙中。距離二日程有水草可能生活之處。居民每年刈穀，不藏於其居所，而藏於沙漠之洞窟中，僅逐月取所需之食而歸。藏穀之處，惟彼等自知之。蓋其所過之地，風吹流沙，其跡遽滅，他人不能覓其逃亡之所也。」——剌木學本馬可波羅書第一卷第三十四章。

(註二)碧玉或玉石，本書第五十二章註一業已著錄，敦煌通西域有二關，其一名玉門，殆因此而得名。歐洲著作家名漢之南道曰「玉道」。中國載籍云：「玉門故址在今之雙塔堡亂山子。由堡西望，南山兩塔，北山一墩台望之如邊門大敞。疏勒河西流貫其中。亂山子卡房左近白石巉巖，細膩如玉山上砂石皆白，視之如鹽灘。漢置關於此，玉門之名想即由此而起。」——新疆圖志道路志卷二。

（註三）d'Anville 謂馬可波羅之 Ciarcian，可當今之車爾成，固未詳其何所本，然中國之諸考證家皆宗是說。據云車爾成一作卡爾羌，一作卡墻，在地圖上作車爾成，位置於車爾成河或卡墻河畔。此諸譯名皆且末城或且末鎮對音之轉也。由是觀之，Ciarcian、車爾成、且末城，蓋爲一地矣。可參看丁謙之馬可波羅行記考證，新疆圖志建置志四。

案其地爲漢之且末國王治所，法顯西行時，未經此城，徑赴傿彝。北魏宋雲西行時經三城，曰左末，（即且末），曰末城，（即播仙，亦即精絕古都），曰捍麼，（即扜彌，亦即古克里雅城，舊在今城之北河右岸。）大唐西域記名其城曰折摩馱那。

「水經注云，南河又東逕且末國北，又東右會阿耨達大水，曰且末河。今戈壁中祇有音德爾圖河一水，水小而伏，不足以當之，而克勒底雅河，酈注亦未及。竊疑此只一水，漢時則東北流，在且末東入南河，迨後風沙淪沒，源改而西，故在扜彌北入大河也。酈注引西域記云，阿耨達山西北有大水北流注牢蘭（羅布淖爾）海，阿耨達山卽岡底斯山，源出其西北，則當卽此一水矣」——漢西域圖考一卷二五至二六頁。

案右說應誤，蓋阿耨達水既爲且末河，則不得爲克里雅河。至若音德爾圖河，亦卽安德烈河，今名阿氏爾干河。此河斯坦因已有詳細說明，見所撰契丹沙中廢蹟。

斯坦因曾云車爾成河下流大有變遷。據中國載籍，昔日流經河流之東北，在塔里木河未成注濱河時，質言之，在南河北河匯流處之上流注入塔里木河中。「水經注云：南河東爲注濱河，又東逕鄯善國北，治伊循城，漢樓蘭故地也（其時且末水至且末東合南河，與今異）。又云：其水東注澤，澤在樓蘭國北扜泥城」——漢西域圖考一卷三頁。

據近代之考證，謂卡墻河有三源。「滙爲卡墻河。又北流經卡墻西，折而東流，給阿雅奇莊東北，麥奈莊南。又東經古且末國南。又東經塔提朗雅沙拉克狄敏克海之南。又東流經布和拉克東南，折而東北流，經恰盤卡底塔底克（斯坦因之Chingelik）西北。塔底克東有界牌，爲于闐婼羌交界處。又東北流入婼羌境，經卡墻西。又東流經沙山戈壁之南。又東經婼羌縣北，羅布莊南。（距縣治九十二里。）又東經羅布驛南，又東經七克里克莊東南，入於羅布淖爾。羅布驛北距破城驛九十里。又北距托和奔驛六十里，又北距葉爾羌河尾九十里。卡墻河在和闐河之東，與南河同入羅布淖爾。和闐河滙於南河。與水經酈註悉合。西人遊歷者亦謂此河爲且末河。于闐鄉土志云：此河自發源至卡墻，約一千三百餘里。由卡墻入羅布淖爾約千有餘里。雖不通舟楫，夏漲而冬不枯竭。李氏恢垣西域圖考疑且末河即克里雅，不知克里雅之水並不入大河。且漢書載且末拘彌明係兩國，李氏以克里雅城當拘彌，又疑克里雅河爲且末河，未免自相矛盾。」——新疆圖志水道志一，二二三至二五頁。

「隋末磧路復閉。唐初玄奘歸自天竺，太宗遣敦煌人迎于流沙，鄯善人迎于且末。（貞觀十三年咄陸建南庭，鄯善且末皆受節度，是二國尚存。）而貢道不通。焉耆突騎支請開磧道，爲高昌所伐。至康艷典爲鎮使，乃置城鎮。」——漢西域圖考一卷三頁。

此道甫開，歷時不久，前已言之。（見本書第五十四章），八世紀中葉復閉。九六四年繼業偕沙門三百人入天竺求經時，未遵此道。其由沙州赴于闐，取道伊吳（哈密）高昌（吐魯番）焉耆（哈剌沙爾），是亦波斯某著作家所言百日程之長道也。（見本書第五十三章），——參看 Huber 譯繼業行記。見遠東法國學校校刊第二册二五六至二五九頁。

第五六章 羅不城

羅不（Lop）（註一）是一大城，在名曰羅不沙漠之邊境，處東方及東北方間。此城臣屬大汗，居民崇拜摩訶末。前此已言凡行人渡此沙漠者，必息於此城一星期，以解人畜之渴。已而預備一月之糧秣，出此城後，進入沙漠。（註二）

此沙漠甚長，騎行垂一年，尚不能自此端達彼端。狹窄之處，須時一月，方能渡過。沿途盡是沙山沙谷，無食可覓。然若騎行一日一夜，則見有甘水，足供五十人或百人曁其牲畜之飲。甘水爲數雖不多，然全沙漠中可見此類之水。質言之，渡沙漠之時，至少有二十八處得此甘水，然其量甚寡。別有四處，其水苦惡。

沙漠中無食可覓，故禽獸絕跡。然有一奇事，請爲君等述之。行人夜中騎行渡沙漠時，設有一人或因寢息，或因他故落後，迨至重行，欲覓其同伴時，則聞鬼語，類其同伴之聲。有時鬼呼其名，數次使其失道。由是喪命者爲數已多。甚至日間亦聞鬼言，有時聞樂聲，其中鼓聲尤顯。（註三）渡漠情形困難如此。（註四）

茲置此羅不大沙漠不言，請言出漠後所見之諸州。

（註一）羅布淖爾——塔里木河下流因有變遷，羅布淖爾遂徙盆地。Prejvalsky, Kozlov 斯文赫定諸探考家已有證明。諸人就地考察，其說必然可靠。至若彼等對於中國地理學者所言古羅布淖爾之位置而提出之爭議，祇須鈎稽中國載籍，則不難解決之矣。中國載籍對於羅布淖爾之狀況，固不乏記述之文，然據吾人所知，尚無專書。所以散見諸書之名，約有十餘，第所指者，祇此一湖也。斯坦因與中國著作家之意見一致，咸以爲今阿不旦 (Abdal) 哈剌噶順 (Karakochoun) 哈剌布朗 (Karabouran) 等湖沼，實爲古羅布淖爾之遺跡。

史記索隱（大宛傳）引山海經郭注云：「河出崑崙，……東注泑澤。……泑澤即鹽澤也，亦名蒲昌海。」

史記大宛傳云：「于寘之西，則水皆西流，注西海。其東，水東流，注鹽澤。……而樓蘭姑師邑有城郭，臨鹽澤。」

漢書西域傳云：「于闐在南山下，其河北流，與葱嶺河合，東注蒲昌海，蒲昌海一名鹽澤者也。去玉門陽關三百餘里。」中國考據家以爲此三百餘里即千三百餘里之誤。

水經注云：「河水又東注于泑澤，卽經所謂蒲昌海也。水積鄯善之東北，龍城之西南。龍城故姜賴之虛，胡之大國也。蒲昌海溢，盪覆其國。城基尙存，而至大。晨發西門，暮達東門。澮其崖岸，餘溜風吹，稍成龍形，西面向海，因名龍城。地廣千里，皆爲鹽而剛堅也。行人所逕，畜產皆布氈臥之。掘發其下，有大鹽方如巨枕，以次相累類霧起雲浮，寡見星日。少禽，多鬼怪。西接鄯善，東連三沙，爲海之北隘矣。故蒲昌亦有鹽澤之稱也。……東去玉門陽關千三百里，廣輪四百里。其水澄渟，冬夏不減。其中洄湍電轉，爲隱淪之脈，當其澴流之上，飛禽奮翮于霄中者，無不墜於淵波矣。卽河水之所潛而出于積石也。」——水經注卷二。

史記正義（大宛傳）引括地志云：「蒲昌海，一名泑澤，一名鹽澤，一名輔日海，亦名牢蘭，亦名臨海，在沙州西南。」

觀上引諸文，足證羅布淖爾名稱之多，而近代之羅布泊洛普池等名稱尙未計焉。

西域水道記（二卷二五至二七頁）云：「河源紀略云，羅布淖爾爲西域巨澤。其地在西域近東偏北，全受西偏衆山水，共六大支，緜地五千里，經流四千五百里。其餘沙磧限隔，潛伏不見者無算。以上勢揆之，迴環紆折，無不趨歸淖爾。淖爾東西二百餘里，南北百餘里，冬夏不盈不縮，極四十度三十分至四十五分西二十八度十分至二十九度十分。其受水之口今惟一處。水經注以爲南北二河各自注澤。……乾隆二十三年（一七五八），阿果毅公劉沙拉斯瑪呼斯，追禽巴雅爾，道經淖爾。奏言臣於二月初九日至羅布淖爾，地甚寬廣，林木深密。有回人頭目哈什哈等投見，據稱伊等現有六百餘人，以漁獵爲生。四十年前大兵平定吐魯番時，將軍曾經招撫，賞給緞布茶葉。撤兵之後，爲準噶爾所據。近聞大兵平定準噶爾，前年進貢仙鶴。臣等詢問羅布淖爾通達何處。哈什哈告稱，此水甚大，周行須兩月餘。準噶爾之葉爾羌喀什噶爾等處六十餘河皆滙於此。臣等沿途登高瞭望，不見崖岸。今大兵兩路進勦，恐將來有逋逃賊衆，隨查明戶口，歸併額敏和卓管轄。二十六年（一七六一）參贊舒文襄公以羅布淖爾凡兩部落，一爲喀喇庫勒，一爲哈喇和卓，而哈喇和卓又區爲五。……其人不食五穀，以魚爲糧，織野麻爲衣，取雁毳爲裘，藉水禽翼爲臥具。言語與諸回不通。（註引西陲紀略云，澤中有山，回民居之，捕魚採蒲黃而食，人多壽百歲以外。）今其族凡二百八戶，男女千二百六十餘口。……每歲吐魯番郡王遣屬受其貢，路由吐魯番城南三十里哈喇二工屯田而南。又西南五百餘里經庫穆什大澤東。又南出山。（註云自吐魯番至出山處，凡六日行。）山陽平沙無人。又三日至小淖爾（案此小淖爾應是孔雀海，亦名浣溪海，受寬車河水，其面積時有變遷，惟據後引之文則以其爲海都河之下流。）北岸，舉火爲候。淖爾中回人以木筏來迎。小淖爾寬數里達其南岸沙地曠遠海氣鬱蒸，胡桐叢生，結成林箐，即羅布淖爾北岸也。」

新疆圖志道路志二（四頁）註云：浣溪河「即海都河下游。水寬多蘆，行者至此舉火，南岸土回見煙來迎。刳胡桐樹爲槎，廣一二尺聯數槎以渡，呼曰卡盆。循浣溪河北岸正西行，荒磧無人。」

又云：（八頁）「五十里營盤海子，（註云，周約三十餘里。）海西十里有廢壘。西南平沙寬廣相傳此處本在澤中，爲浣溪河淤沙所壅。疑古時此海與蒲昌海合也。）西南四十里浣溪河，渡河東南行四百三十里羅布村。（原註，以上二道見侍行記。）」

此文所言海西十里之廢壘，即是斯文赫定所發現及斯坦因所探考之遺跡，其名曰「古營盤。」

斯文赫定離庫爾勒（Kourla）後，經行庫魯克塔克（Kurugh-tagh）山與寬車河（Kontche-daria）左岸之間。Prejvalsky 所循之路途則異，蓋其循塔里木河下流左岸，與寬車河右岸行。既未見有湖沼，亦未見有古代湖沼之遺跡也。

斯文赫定所發現之孔雀海，較之西域水道記所記者，業已大爲減縮，分爲小湖四所。顧地方傳說必有根據，似有一未識之時代，北河及寬車河之水大部東流。蓋傳說曾云，此海爲寬車河淤沙所堙也。由是觀之，似可結論如下：

（一）中國著作家以爲史前之羅布泊是一獨湖，面積甚大，北岸抵於斯文赫定所發現之營盤廢壘。

（二）史中之羅布泊，其水澄渟，常在湖盆之南端，未曾遷徙，除沿塔里木河之地取水灌漑之外，其面積無大變更。

（三）其在湖盆北端接受寬車河水，面積同地位時有變更之湖，在昔名曰蒲昌海，而今則名孔雀海，其面積則大爲縮小云。

中國載籍從未記錄有横貫羅布泊之道途，祇知有沿湖東西兩岸往北行之道途。則波羅等祇能由南行，而未經近代不在交叉路上之羅布莊或羅布驛矣。至其所言羅不州之都會羅不成，似祇能爲唐代之石城，而凹石硤（Ouadjchari）則爲唐代之新城。蓋石城爲鎮使康豔典所築，唐亡以後必爲元代所修復，似即今之婼羌縣治卡克里克（Tcharkalyk）。格奈納兒同斯坦因先後已有考證矣。

（註二）羅不城，——戈爾迭引 Forsyth 之說云：「中國載籍曾著錄有羅布泊之存在，第未言有一同名之城。但在中世紀迄於最近時代，此城實已存在，不無證據可憑也。考米兒咱海答兒（Mirza Haidar）書，謂此平原之中昔有大城數所，僅有兩城名延存於後世。其餘則皆湮沒沙中，無跡可尋矣。」——玉耳本一九四頁註一。

茲二城中之 Kank 城，必是高居誨行記中之紺州。至若 Lop，中國載籍或不常以羅不名。顧其常以國名名其國都，則此城應是古之樓蘭鄯善，唐之納縛波，元之羅不，清光緒以後之婼羌矣。據格奈納兒之考訂，此城應是近代之卡克里克。蓋此城聚處和闐可失哈兒烏魯木齊（Ouroumtsi）沙州拉薩（Lhassa）等城通道之交叉點上，雖在磽确地帶之中，猶保存有相對之重要也。

斯坦因參證此說云：「有不少理由使我深信卡克里克在昔日爲羅布淖爾全境最重要之中心，與今日情形等。其賴以生存之河流，蓋爲車爾成以東發源於崑崙山最大之河流。流經平原時，航行之易，較之塔里木河下流爲優。……玄奘所誌車爾成東北千餘里之納縛波故國，或樓蘭地，世人且不能將其位置於他所。中國載籍所載自漢迄唐關於樓蘭鄯善諸文，舉不勝舉。考其方位，皆足證明樓蘭或鄯善之中心爲今之卡克里克也。」——上引之斯坦因書第一册三四三頁。

樓蘭鄯善之名時常互稱，然非指一地。鄯善之稱始於漢元鳳年間（前八〇至七四。）「元鳳四年（前七七），霍光白遣平樂監傅介子往刺其王……更立王弟尉屠耆在漢者……更名其國爲鄯善。」當國名變更之時，漢遣將吏屯田於伊循城。此城常名新城，與名曰東故城之舊都扜泥城相對言。——漢書西域傳補注十三至十四頁。

「斯文赫定在彼信爲古羅布泊之廢跡中，發現漢文簡書若干。據其考證，以爲此類廢城卽是紀元前中國史書中有名之樓蘭或鄯善城。然經沙畹糾駁，謂此地不得爲樓蘭本國。案羅布淖爾古名樓蘭海者，亦名牢蘭海。又案羅布泊南之新城，與玄奘之納縛波，不能謂無關係。蓋納縛爲梵語nava之對音，猶言新也。復次玄奘之納縛波（Navapa），同馬可波羅之Lob或Lop，得爲一種音轉。樓蘭與牢蘭，納縛波與羅不，是否有其關係。一種土名在何種限度中有此變化？納縛波是否爲近代羅不名稱同古代樓蘭或牢蘭名稱之梵語化？抑中世紀時之羅不出於玄奘納縛波？是皆今日可以提出之問題，而待將來之解決者也。」——伯希和說，見遠東法國學校校刊第六册三七一頁。

斯坦因（上引書第一册四四九頁）對於此細密的論證未作答復。僅云：「就密遠（Miran）地方發現之西藏文文件所著錄之不少地名審之，其收獲之富，可期以待也。茲僅就其中著錄之一二名稱言之，有 Cher-chen 者，應是近車爾成名最古之著錄。（車爾成卽昔之且末城，已見本書第五十五章註三）又有那不（Nob）者，顯然上承玄奘之納縛波，下接馬可波羅之羅不。昔日西藏人既名密遠為大那不，則其小那不應是卡克里克。此種判別，恰與漢書扜泥伊循之判別相合，而此二城殆為今之密遠卡克里克矣。」

中國載籍似位置扜泥於今阿不旦（Abdal）北數里。至若伊循，則皆位置於羅布泊之南岸，新疆圖志以為在羅布驛附近。然無論如何，納縛波那不羅不皆為同名異稱，毫無可疑也。

案羅布之地隋時名曰勒木丕，西域圖志（十四卷七頁）謂卽唐之蒲昌縣治，然吾人未敢必隋時之勒木丕（卽唐時之蒲昌）卽馬可波羅之羅不。蓋勒木丕在今都納里附近，在闢展西南二百八十五里，在羅布泊東北四百里也。

今之闢展，乾隆時設鄯善縣治，曾誤以其地為鄯善故國。漢西域圖考（二卷五頁）已駁其說云：「乾隆準部之平，諸臣擬漢諸國，以闢展當鄯善。蓋以今之南路當昔之南路，地多戈壁，險亦相符。夫當之可也，直以闢展為鄯善，相去千餘里，亦既傎矣」，斯坦因離密遠以後，曾尋求馬可波羅之行程至於沙州。據云：「吐番（即西藏）勢力在此廣大山地之北消滅以後，密遠必促然失其重要。蓋處畏吾兒（Ouigour）時代，最初回教徒時代，及蒙古時代，商貨之由和闐古道及其他南方諸城運赴敦煌及中國內地者，寧逕赴卡克里克也。由是可解馬可波羅未言密遠之理。」——前引斯坦因書第一册四五一頁。

（註三）羅不沙漠——此處所言之奇異現象，未經昔人解說，蓋爲沙中蜃氣，復益以民衆之臆想，致使千百年來之旅行家眩惑於腦中也。法顯曾云：「沙河中多有惡鬼熱風，遇則皆死，無一全者。上無飛鳥，下無走獸，遍望極目，欲求度處，則莫知所擬，唯以死人枯骨爲標幟耳。」——佛國記。

漢書西域傳補注（卷上十五頁）引魏書云：「且末西北方流沙數百里，夏日有熱風，爲行旅之患。風之所至，唯老駝豫知之，即鳴而聚立，埋其口鼻於沙中。人每以爲候，亦即將氈擁蔽鼻口。其風迅駛，斯須過盡，若不防者，必至危斃，是即通精絕之路也。」

西域水道記（三卷二十三頁）云：「史記正義引裴矩西域記云，鹽澤四面危，道路不可準記。行人惟以人畜骸骨及駝馬糞爲標驗。以其道路惡，人畜即不約行。曾有人於磧內時聞人喚聲，不見形，亦有歌哭聲，數失人，瞬息之間不知所在。由此數有死亡，蓋魑魅罔兩也。斯鬼魅磧所由命名歟。」

右引中國載籍所著錄之沙漠，常指敦煌闢展間曰流沙曰鹽磧曰噶順之地。顧適於此者亦適於彼。玄奘往還時皆見有相類現象。此種現象不僅新疆有之，他處亦然。Pline l'Ancien 亦曾言有人在非洲沙漠中見鬼魅出沒。近代之旅行家亦謂在澳洲及阿富汗之沙漠中聞鼓聲及其他樂器聲。其實乃爲風過或商隊過沙磧移動之聲，抑因沙漠中之氣候日升夜降，反響及於遠處，別無他故也。

（註四）馬可波羅經行沙漠之路程——馬可波羅雖未言所取何道，然在羅不敦煌僅有兩道，卽漢之南道北道是已。

漢南道久湮沒。一八七七年劉錦棠曾專遣員弁裹糧探路，循漢故道，各有圖記。終以沙水沮洳，深陷馬足，難於通行，此道竟淪廢矣。——新疆圖志道路志一，四頁。

茲取新疆圖志道路志三，（八至十三頁）所載之兩道審之，輔以斯坦因著錄之地名，俾世之考訂馬可波羅行程者有所取捨焉。（以下括弧中皆錄原註。）

北道出敦煌西門，渡黨河，西北行戈壁。七十里鹻泉。五十里大泉。四十里大方盤城。（廢垣無人，漢玉門關故地也），四十里小方盤城。（廢垣高丈餘長四五十丈無居民），三十里西湖。（一名後坑，在邊墻遺址及烽墩數十晉法顯佛國記，敦煌有塞東西八十里，十六國春秋，李暠修敦煌舊塞），七十里清水溝。（以上六站有水草，惜多鹹），折西北七十里蘆草溝。（水鹹，北有小山，西爲大沙漠，杳無人跡，迷人如醉，卽漢之白龍堆沙也），西行六十里五顆樹（Besh-toghrak）。（有胡桐五，掘地得泉，砌堆立桿，書五顆樹新泉子，卽以爲地名），西南行，（過小土岡），六十里新開泉。西行七十里甜水泉（Kosh-kuduk）。六十里沙溝（Kum-kuduk）。（掘井得鹹水，南望沙漠無際，北百里外有小山，如弦月，長數百里，敦煌縣界止此），西南行八十里星子山。（皆鹻灘，有土阜數十，遠望若星，有柴草，無水），八十里土山臺。（潮鹻戈壁，途中獸跡縱橫，有土堆如頹廢城郭，漢樓蘭國東境也，西南有山，有柴草，無水，掘井鹹），西北七十里野牲泉。（沙鹻，有紅柳蘆草，泉味苦，野牲多飲於此，南有山），西九十里鹹水泉。（途中有土墩，形如墻，高數尺，或一丈，均已生鹻，鹹泉在沙坡下，坡旁可挖窖洞），九十里蛇山。（先行四十里，路北坡下有水，苦濁，南皆沙漠，東西北皆鹻灘。又五十里，路南有坡可挖洞，下有鹹水，紅柳，柴草，南有山如蛇。）九十里土梁子。（先行沙地三十里，又鹻灘四十里，又鹽地二十里，路南有坡，下有柴草鹹水，北望皆沙漠），七十里沙堆。八十里黑泥海子(Karakochoun nor)。(先西行三十里，過沙阜。又西北二十里鹻灘，有廢屋基。導者云，咸豐時此地亦爲水，回民漁於此。今淤於鹻地。又西南三十里黑泥海子，卽羅布淖爾東南隅也，水畔沮洳，人馬難近，水鹹有蘆草。)四十里蘆花海子。(沿途鹻塊堅如石，駝蹄流血，以上二十站無人，皆堆石立桿題字。按水經注，蒲昌海水積鄯善之東北，地廣千里，皆爲鹽而剛堅，故有鹽澤之稱。東去玉門陽關一千三百里，廣袤三百里。今據劉清和云，羅布淖爾水漲時，東西長八九十里，南北寬二三里，或一二里及數十丈不等。)九十里阿不旦。(回民十餘戶，以捕魚遊牧爲生。以上一千四百里，路平可通車。正北三日行有古城，疑是樓蘭故都扜泥城。水經注龍城，故姜賴之虛，蒲昌海溢湯覆其國。)西北四次渡河，(塔里木河下流)，六站，(皆有回民)，共五百十五里都納里。(唐西州蒲昌縣境也)，東北九十里浣溪河。(開都河自博斯騰淖爾溢出之下流東注者也)，又七站，(戈壁無人)，五百七十里阿節克，九十里魯克沁。西北一百里吐魯番。(安西，出玉門至此三千有三十五里，漢車師前庭也。由此隨北山波河西行，與今驛路合。)案前道沙溝以西，非斯坦因所循之道。偏南別有一道，卽斯坦因之所經也。此道亦經新疆圖志道路志三(七頁)著錄。自卡克里克行六十里至羊打石卡，九十里鐵列苦里，九十里密遠莊(Miran)。

五里破城子。（遺址周里餘，疑即漢鄯善國之伊循城。）三十五里鹻水溝（Sadik）。五十里墩拉口（Donglik）。一百二十里窮得力克（Chindailik）一百一十里拉烏斯（Lowaza）。五十里火石鐮子（Koshe-Liangza）。接甘肅敦煌西南支路。（商賈至于闐亦有由此往來者。）

南道自敦煌至和闐路線過長，未能遍舉站名，茲僅列羅布淖爾以東諸要站而已。

敦煌西南一百四十里出陽關。一百四十里胡盧斯台。（有通大方盤城路），一百八十里野馬泉。一百四十里龍尾溝。（敦煌界止此），四百〇六里紅柳溝卡。（卡東南二百十五里葛斯池，爲赴青海要道。按以上所經，道北皆漢樓蘭國地，道南皆漢婼羌國境。）三百四十里密阮。（即密遠。至此有古城，周三里。北距羅布淖一百里，疑即漢鄯善國之伊循城。）西行一百里卡克里克。（古城周十五里。新唐地志：七屯城西八十里石城鎮，漢樓蘭國亦名鄯善。西域記：折摩馱那國即沮末城，東北千餘里至納縛波國，即樓蘭也。唐以後淪入沙漠，近百年來始漸開闢。今有回民百餘戶。又按今呼羅布乃納縛波之合音也。）二百里凹石峽。（有古城，周三里，蓋唐之弩支城也），四百里卡牆。（車爾成），卡牆以西有二路。偏南者傍山多險。偏北者在磧中較平。

第五七章　唐古忒州

在此沙漠中行三十日畢，抵一城，名曰沙州。（註一）此城隸屬大汗。全州名唐古忒。（Tangout），（註二）居民多是偶像教徒，然亦稍有聶思脫里派之基督教徒若干，並有回教徒。其偶像教徒自有其語言。城在東方及東北方間。居民恃土產之麥爲食。境內有廟寺不少，其中滿佈種種偶像，居民虔誠大禮供奉。例如凡有子女者，爲偶像畜養一羊。年終或偶像節慶之日，蓄羊者挈其子女攜羊至偶像前禮拜。拜後，烤煮羊肉使熟，復禮奉之於偶像前陳之。禮拜祈禱，求神降福於其子女。據云，偶像食肉。供奉既畢，取肉還家，延親屬共食。食後謹藏餘骨於匣中。

君等應知世界之一切偶像教徒皆有焚尸之俗。焚前，死者之親屬在喪柩經過之道中，建一木屋，覆以金錦綢絹。柩過此屋時，屋中人呈獻酒肉及其他食物於尸前，蓋以死者在彼世享受如同生時。迨至焚尸之所，親屬等先行預備紙紮之人馬駱駝錢幣，與尸共焚。據云，死者在彼世因此得有奴婢牲畜錢財等若所焚之數。柩行時，鳴一切樂器。

其焚尸也，必須請星者選擇吉日。未至其日，停尸於家，有時停至六月之久。

其停尸也，方法如下。先製一匣，匣壁厚有一掌，接合甚密。施以繪畫。置樟腦香料不少於匣中，以避臭氣。旋以美麗布帛覆於尸上。停喪之時，每日必陳食於柩前桌上，使死者之魂飮食。陳食之時，與常人食時相等。其尤怪者，卜人有時謂不宜從門出喪，必須破牆而出。此地之一切偶像教徒焚尸之法，皆如是也。(註三)

茲置此事不言，請言此沙漠西北極端之別一城。

(註一)沙州在此沙漠之東界，六二二年唐代始置沙州。前此則爲漢代以來之戍所，名曰敦煌，與今名同。

此城爲和闐可失合兒準噶爾等道發足之所，故始終皆甚重要。其通道除前述羅布淖爾南漢之兩道外，別有一道巡通靑海(Koukou-nor)。又有一道西北通吐魯番。更有一道通哈密，乾隆時往來最頻，名曰西道，與安西州通哈密之東道並行。——參看西域圖志九卷五頁。

「一八二〇年時，曾謀通沙州和闐之古道，遣十人自和闐探道至於沙州。經行沙漠月餘，不見人煙道途，然到處皆有水草。——沙州有鳴沙山，馬可波羅未曾言及。——馬可波羅時代（一二九二年），忽必烈恐諸叛王之來侵，曾徙沙州居民於內地。一三〇三年，其嗣帝置戍兵萬人於沙州。其後不久，設穀倉以供沙州至準噶爾一帶屯戍之食。乾隆時大殖民於敦煌，一八三〇年人民有十萬。」—— Palladius 撰馬可波羅書疏證五頁。

今日敦煌爲中亞之一良好窩集，位在南山下。黨河經過其境。拔海高度一千一百一十公尺。轄地約有二百五十方公里。中國人民比較尙密。近年因斯坦因伯希和二人在千佛洞發現古藏寫本及技術作品，其名大顯於世。

（註二）唐古忒一作唐古惕，亦作唐古特。此族建立之國名曰西夏，處黃河之西，故亦名河西。立國始九八二年，迄一二二七年，爲成吉思汗所滅。其都城在今之寧夏。馬可波羅後在本書第七十二章將別有說明。

（註三）馬可波羅在本章所記者，多與中國之風俗相符。至焚尸之風，現已完全消滅。馬可波羅抵肅州，初入中國，見有焚尸之事，故後此常言之。此俗後在雲南似尙存在。衞匡國 (Martini) 神甫已有記錄。見 Thévenot 輯種種奇異行記，第三册一九五頁。

第五八章　哈密州

哈密（Camul）州昔是一國，境內有環以牆垣之城村不少，然其要城即是哈密。（註一）此州處兩沙漠間，一面是羅不大沙漠，別一面是一廣三日程之小沙漠。居民皆是偶像教徒，自有其語言。土產果實不少，居民恃以為生。其人愛娛樂，祇知彈唱歌舞。設有一外人寄宿其家，主人甚喜，即命其妻厚為款待，自己避往他所，至外人去後始歸。外人寄宿者，既有主人妻作伴，居留久暫惟意所欲，主人不以為恥，反以為榮。婦女類皆美麗，全州之中皆使其夫作龜（cornards），其事非僞也。（註二）

蒙哥汗在位轄有此州之時，聞此風習，命人禁絕，犯者嚴懲。居民奉命憂甚，共醵重幣以獻，請許保其祖宗遺風。且謂賴有此俗，偶像降福，否則彼等不能生存。蒙哥汗乃曰：「汝等既欲恥辱，保之可也。」於是放任如故，至今尚保存此惡俗也。（註三）

茲置哈密不言，請言西北方與北方間之別一州。此州隸於大汗，名曰許許塔剌（Chiuchiutala）。

(註一)哈密，漢名也，乃蒙古語 Khamil 之對音，突厥語曰合木爾，即馬可波羅 Camul 之對音也。漢時中國人建此城。最初居民來自羅布淖爾之鄯善，初名伊吾，隸於蠕蠕。隋取其地，自是以後始終隸屬中國。五代時名胡盧磧。

此窩集雖不在波羅等赴契丹之通道上，馬可似曾親至其地，觀後章所言石綿一事，可以證之。彼云親見此種石綿，顧欲赴烏魯木齊巴爾庫勒 (Barkoul) 兩地中間採取石綿之所，必須經過哈密。波羅等赴其地時，似在本書第六十一章所言停留甘州之一年中矣。

哈密之西，赴吐魯番途中，爲西域兩道分道之所。一道沿天山南麓行，抵於可失合兒，曰天山南路。別一道較爲重要，曰天山北路，經行烏魯木齊抵於伊犂之豐富牧場。其地蓋爲中國易與歐洲交通之唯一門戶。昔日東方民族之侵略或遷徙西方者，皆聚集於此。匈奴漢人突厥回紇(畏吾兒)蒙古皆曾由此經過。其地橫斷兩沙漠間，爲將來黃河通額爾齊斯 (Irtich) 河鐵道必經之路。兩千年前已屬中國，則其必欲保守此地，其故不難知也。

哈密因此地勢之關係，尙保存其重要，尤以在軍事方面爲重。窩集之地寬廣，雖不逾二十公里，然水草豐美，墾殖灌溉適宜，出產大麥燕麥小麥粟米，尤以所產之瓜著名於中國，昔日曾貢於京師。

（註二）頗節本作「所以全州之人蒙其妻之辱（honni），誠如君等之所聞。」地理學會法文本 honni 作 aimi，必是傳寫之誤。拉丁文本作 bezzi，意大利文本作 bozzi，案 bozzi 一字，非意大利語，亦非下拉丁語，蓋爲新創之字以譯 honni 一字者。緣意大利字書訓 bozzi 字之意作龜（cornards）也。

至若此種蒙恥而必欲保存之風俗，確非馬可波羅之妄言，蓋其在一百十六章中亦著錄土番東邊居民有此風也。距馬可波羅百年前，有洪皓者使女眞被留歸撰松漠紀聞，亦言畏吾兒人有此風俗。此外古代蘇格蘭（Ecosse）人風俗並同。今日僅在堪察加（Kamtchatka）附近及其隣近有一號稱文明豪俠之民族中，尚見有此風習，蓋用此法以改良其種族也。——參看上引 Palladius 書六頁。

（註三）Elphinstone 曾言迦補爾（Caboul）北方山中有 Hazareh 民族者，出於蒙古之部落也，亦有此俗。蒙哥汗欲禁絕之，全部人懇求勿禁，蓋此爲其祖宗遺風，賴有此風而神靈降福也。Pétis de la Croix 撰成吉思汗史，曾引東方著述中所保存此汗之法典條文云：「第十八條，法律禁止通姦，許將犯姦者當場殺之。土番東部居民以其國獻妻侍友之風盛行，數請勿禁此汗許之。顧不欲此風爲其他臣民所染，遂同時謂具此惡俗者爲賤民。」——頗節本一五八頁註三。

第五九章　欣斤塔剌思州

欣斤塔剌思（Chingintalas）（註一）州，亦在沙漠邊地，處西北方與北方間，廣十六日程。隸屬大汗。境內有環以牆垣之城村不少。居民有三種，曰偶像教徒，曰回教徒，曰若干聶思脫里派之基督教徒。此州北邊有一山，內藏良鋼與翁荅里克（ondanique）之礦脈。（註二）君等應知此山並有一種礦脈，其礦可製火鼠（salamandre）。（註三）須知此火鼠非獸，如我輩國人之所云，實爲採自地中之物。其法如下。

由其性質此物非獸無疑，蓋凡動物皆爲四元素所結合，不能禦火也。馬可波羅有一突厥伴侶名稱蘇兒非哈兒（Surficar），廣有學識，爲大汗盡職於此地者三年。採取火鼠以獻大汗。據稱，掘此山中得此礦脈。取此物碎之，其中有絲，如同毛線。曝之使乾，既乾，置之鐵臼中。已而洗之，盡去其土，僅餘類似羊毛之線，織之爲布。布成，色不甚白。置於火中煉之。取出毛白如雪。每次布污，即置火中使其色白。

上所言關於火鼠之事皆實，土人之言亦復如此。其言有異者，則妄言也。君等應知大汗曾將一極美之火浣布獻之羅馬教皇，以供包裹耶穌基督聖骸之用。

茲置此州不言，請言東北方與東方間之其他諸地。

（註一）諸本著錄此州之名各異，有作 Cincitalas, Chinghintalas, Chinchitalas 等寫法者。有析其字為二，作 Chingin talas（Berne 城寫本）Chinghin talas（Cigogna 藏書中之寫本）等寫法者。寫法既異，方位不明，且不見他書著錄，考訂其地頗不易也。

東方學家討論此名已久，其說非一。De Guignes（匈奴全史第一冊卷首十二頁）假定 Chingin-talas 為鄯善。據云：「中國載籍謂此國名曰樓蘭，一名鄯善。在哈密之南，古為小國，都扜泥城，在羅布淖爾附近。全境皆沙磧，鮮沃土。人民一千五百戶，尋牧地以飼其驢馬駱駝，取食於隣國，風俗與國境東南土番民族同……我以為馬可波羅所言大沙漠附近有聶思脫里教徒回教徒偶像教徒之 Chin-chin-talas 州，應位置於此」。此種解說似基於 Chen-chen 同 Chinchin 兩名音讀之相近。顧據本書第五十五及第五十六兩章所誌，鄯善位置在羅布泊南，而馬可波羅所言之 Chingintalas，乃在哈密之北，而不在其南也。但馬兒斯登仍採此說，並以韃靼蒙古語釋 tala 之義曰平原，talai 或 dalai 之義曰海，曰大湖，（見原註三四一），則 tala 為通名矣。Klaproth,

Vambéry, Palladius 等並以此說爲然。顧據中國著作家之說，tala 具有二義。西域水道記一卷二一頁烏沙克塔勒軍臺下註云，回語烏沙克小也，塔勒，柳樹也，其義一。又同書二卷二八頁鄂敦塔拉下註云，蒙古語塔拉平甸也。其義二。Palladius 以爲馬可波羅位置此州於一沙漠南，假定其在沙州安西州中間道上，疑是赤斤之地。「案赤斤湖名，今有一硤尙與此湖同名。明代於嘉峪關外置赤斤衞。嗣後明代載籍皆有赤斤蒙古一條。則馬可波羅所言之地或是赤斤。惟其距離不合，蓋赤斤距肅州二百五六十里，而馬可波羅則謂有十日程。則欲解釋其紛歧之理，爲說有三。一說欣斤塔剌思非赤斤，一說馬可波羅記憶錯誤，一說所誌日程有誤。余以後二說爲然，緣相類難題數見於馬可波羅書也。」——前引 Palladius 書七至八頁。

案唐置安西都護府於西域，宋改鎭西都護府。西域安西鎭西新疆皆爲同名異稱，鎭西今尙爲新疆之一縣名，縣在哈密西北三百里，即巴爾庫勒 (Barkoul) 是已。昔日 Bürck, Murray 等註釋家亦曾注意到此鎭西之名。惟 Neumann 則以乾隆三十八年（一七七三）始設鎭西府於巴爾庫勒，不得上溯至於馬可波羅時也。

馬可波羅似曾親莅此州。吾人所譯頗節本中固無明文，然地理學會本第六十章五八頁云：「我有一同伴名蘇兒非哈兒（Zurficar），博有學識之突厥人也。曾居此州三年，爲大汗採取此火鼠及翁荅里克暨鋼。蓋大汗遣官治理一地及採取火鼠，其期常爲三年。此同伴曾告我採取之法，而我曾親見之。」細讀此文，可作下列諸解。

(一)此州之方位在哈密之北與西北，諸本中哈密條後皆有此著錄。玉耳以其對沙州而言，誤也。考其方位，應在巴兒庫勒湖附近，博克達山（Bogda-ola）一帶。元史曾著錄此山出產火絨也。

(二)此州北邊與一沙漠連界，此文僅拉丁本中有之，即 Müller 本，亦即馬兒斯登翻譯此章所用之本是已。其他諸本語皆含糊不明。

(三)至其廣袤，最古法文本僅云廣十六日程。其他較近本如 Müller 本之類，乃云長十六日程，則指東西向而言矣。然未有一本言此距離之起點始於哈密或始於沙州。由是觀之，此州東西長有四五百公里矣。

(四)吾人不能思及今之哈剌沙爾，古之焉耆。剌木學本第六十章（此本第六十二章）曾云：「以上著錄之州城，若沙州，哈密，欣石塔剌思（Chinchitalas），肅州，甘州，亦集乃（Etsina）者，並屬唐古忒大州。」顧唐古忒境界未至天山之南，而哈剌沙爾北無沙漠，亦不與哈密接界也。

（五）馬可波羅所言者，亦不得爲科布多或準噶爾，蓋此地在當時爲忽必烈同海都阿里不哥（Arikbouga）等諸宗王相爭之戰場，馬可波羅往來皆未經其地也。

準是以觀，欣斤塔剌思似是今之巴兒庫勒，（鈞案此後沙海昂假定此州名是柔然鐵勒兩名之合稱，於是歷引史傳以證其說，似乎過於鑿空，今刪。）

（註二）翁荅里克已見本書第三十四章及第三十八章著錄。

（註三）火鼠（salamandre）即古希臘人之石綿（amiante）或石絨（asbeste）。此處所言採取之法，頗與古籍所誌相符。今日出產最多之地在歐洲、西伯利亞、山東等處。古時多取之於印度，用之作燈心，因其不消耗，故有 asbestos 之名。並用以作要人焚化時裹尸之布。中世紀時人以此礦質出產於蠑螈（salamandre）之身，致有火鼠之謠，馬可波羅故闢之爲妄言也。

中國人之識石綿久矣，其名曰火浣布。「遇火不燃之布也。其說不一，列子，火浣之布浣之必投於火。布則火色，垢則布色。出火而振之，皓然疑乎雪。抱朴子，海中蕭丘有自生火，常以春起秋滅。木爲火所焚而不糜。取此木葉績爲布。其木皮赤，剝以灰煮治以爲布，但麤不及葉，俱可以火浣。按漢書作火毳，西南夷以爲貢品。十洲記謂爲火鼠之毛所織。庶物異名疏引元史，別怯赤山出石絨，織爲布，火不能然。謂此布卽石絨所織。野客叢書謂又有以木皮織成者，莫能指實矣」——見辭源巳集一七五頁。

右引元史之文，見本紀卷六至元四年（一二六七）十月下云，「辛酉，制國用司言別怯赤山石絨織爲布，火不能然，詔採之。」此別怯赤山新元史謂卽博克達山，姑無論其說審否，馬可波羅所言之山，要必爲烏魯木齊東方之火山區域。「烏魯木齊東西之山最高峯，相距約有二百五十公里，東方高峯名曰博克達，西方高峯名曰哈敦博克達(Hatun-Bokta)。彼此似皆屬火山系，而博克達山則代表吐魯番古國境內之天山。」——見 A. de Humboldt 撰中亞細亞第二册三五六頁。

此山見於中國載籍之文，首有王延德行記云：「北廷北山中出硇砂，山中嘗有烟氣涌起，無雲霧，至夕光燄若炬火，照見禽鼠皆赤。采者著木底鞵取之，皮者卽焦。下有穴生青泥，出穴外卽變爲砂石，土人取以治皮」。——宋史卷四九〇。

中國載籍亦名博克達山曰靈山，二十一史約編後編（七三頁）引陳誠使西域記，述此山所產石絨事云：「永樂中，員外陳誠使至其國。誠言城西北百里有靈山，最大，土人言此十萬羅漢涅槃處也。近山有高臺，臺旁有僧寺，寺下皆石泉林木。從此入山，行二十里至一峽。峽南有小土屋，屋南登山坡，坡有石屋。屋中小佛像五。前有池，池東有山，石青黑，遠望紛如毛髮。土人言此十萬羅漢洗頭髮處也。循峽東南行六七里，登高崖。崖下小山纍纍，峯巒秀麗，羅列成行。峯下白石成堆，似玉，輕脆，不可握。堆中有若人骨狀者，甚堅如石。文縷明析，顏色光潤。土人言此十萬羅漢靈骨也。又東下石崖，崖下石笋如人手足。稍南至山坡，坡石瑩潔如玉。土人言此辟支佛涅槃處也。周行羣山，約二十餘里，悉五色砂石，光焰灼人。四面峻壑窮崖，天巧奇絕，草木不生，鳥獸鮮少云。」

張君星烺以所檢出之輟耕錄一條見示。其文曰：「回紇野馬川有木曰鎖鎖，燒之，其火經年不滅，且不作灰。彼處婦女取根製帽，入火不焚，如火鼠布云。」張君云此條所誌之物，與馬可波羅所記同，祇能爲石絨也。如能發現野馬川在何地，則不難考訂馬可波羅所言之州之方位云。

第六〇章　肅州

從前述之州首途，（註一）在東北方及東方間騎行十日。道中毫無民居，雖有亦等若無有，所以在本書中無足記者。

行此十日畢，抵一別州，名曰肅州（Suctur）。境內有環以牆垣之城村不少，而其要城即名肅州。（註二）居民是基督教徒或偶像教徒，並臣屬大汗。

前此所言之三州，並屬一大州，即唐古忒也。（註三）

如是諸州之山中並產大黃，甚富，商人來此購買，販售世界。居民恃土產果實爲活。（註四）

茲置此事不言，請言別一城，其城名曰甘州。

（註一）馬可波羅於夾述哈密巴爾庫勒兩地以後，在其行記中接述東方及東北方之地，則此章之方向乃繼沙州而言也。

（註二）馬可波羅寫此州名作 Suctur，其爲今之肅州無疑。一六〇七年時葡萄牙耶穌會士鄂本篤

(Goës)喜聞其已達印度傳教會同中國傳教會接境而病歿之處，即此地也。

馬端臨云：「肅州舊月支地，後匈奴居焉。漢武開之，置酒泉郡。（城下有泉，其味如酒），後漢晉皆因之。西涼武昭王李暠遷都於此。後魏亦為酒泉郡。隋初郡廢，置肅州。煬帝初州廢，以其地入張掖郡。唐復置肅州，或為酒泉郡，屬隴右道。廣德（六六三）後沒吐番。大中五年（八五二）收復。」——文獻通考三二二卷四四頁。

肅州為邊境之一商站，古今皆為一富庶要城。馬可波羅未詳述者，殆因此城自經一二二六年蒙古人殘破以後，尚未恢復也。先是成吉思汗自西域還，怒唐古忒王不以兵助，遂躪沙州寧夏中間之地。怒肅州城民拒守，破其城，盡殺男婦老少。——參看 Palladius 書八至九頁。

肅州西三十四公里有嘉峪關，此關建於洪武（一三六八至一三九九）初年，馬可波羅時尚未存在。一四二〇年沙哈魯（Chah-Rock）使臣始傳播此「契丹關口」之名於西方。關南十六里白大河畔，為世人習指為長城之終點。然至斯坦因考察以後，始證明其為後日之建築。原來漢之長城延至安西沙州，其西且有烽燧延至塔里木河下流右岸。

（註三）海都補傳云：「海都，太宗（Ogodai）合失子。太祖（成吉思汗）征西夏，合失生。（太祖凡五征西夏，不知何役，當在是前。）西夏爲河西地，蒙古稱河西音似合失，轉音爲合申，名以合失，志武功也。合失嗜酒早卒，太宗痛之，自此蒙古人諱言河西，惟稱唐古忒。」——元史譯文證補十五卷一頁。

此唐古忒地昔日領地周圍有二萬餘里，有州郡四十四。（見宋史四八六卷二二頁）南界大通河，東有長城，以北河套之地，北至陰山。剌失德丁所誌境界與此相符，亦云其境南起巴顏哈剌(Bayan-khara)山，北抵天山，西盡沙漠。

唐古忒數因成吉思汗之進攻而得名。茲錄元史本紀卷一誌成吉思汗諸役之文於下：

（一）王罕敗後，（事見本書第六十七章），其子鮮昆逃河西亦集乃之地。乙丑（一二〇五），帝征西夏，拔力吉里寨，經落思城，大掠人民及其橐駞而還。

（二）丁卯（一二〇七）再征西夏，克兀剌海城。

（三）己巳（一二〇九），帝入河西，克兀剌海城，敗夏師，進薄其都城中興府，（今寧夏。）

（四）戊寅（一二一八），伐西夏，圍其王城，夏主出走西涼。

（五）一二二六至一二二七年諸役，後此別有說明。茲僅言成吉思汗自陰山之北進兵，墜馬受傷，已而破靈州，遣軍攻中興府，自率師徇下黃河南岸諸地。一二二七年駐夏於六盤山，已而在受西夏主降時卒於靈州。

（註四）刺木學本所述較詳，其文如下：「商人取此道時，祇能用習於此地山道之牲畜。蓋道有毒草，外來牲畜食之者脫蹄。本地之牲畜則不食此草。肅州居民恃耕地牧畜爲生，不爲貿易。其州頗適衞生，居民面褐色。」

關於此地所產之大黃，諸書不乏記錄，Du Halde 書（第一册二五頁）云：「自涼州迄於肅州及西寧山中，出產大黃甚饒，用駱駝載往他所。」

又據肅州志，山丹縣所產大黃質最良，兼治人畜之疾，可免夏疫。

Palladius書（九頁）云：「外來牲畜在肅州山中傷蹄者，非因毒草，蓋由山地崎嶇所致。九八一年高居晦使于闐記云，自甘州西始涉磧，磧無水，載水以行。甘州人教晉使者作馬蹄木澁。木澁四竅，馬蹄亦鑿四竅而綴之。駝蹄則包以氂皮乃可行。西北五百里至肅州云云。肅州養畜之法，肅州志記載甚詳。」

第六一章 甘州城

甘州(Campicion)(註一)是一大城，即在唐古忒境內，蓋為唐古忒全州之都會，故其城最大而最尊。居民是偶像教徒，回教徒，及基督教徒。基督教徒在此城中有壯麗教堂三所。偶像教徒依俗有廟宇甚多，內奉偶像不少。最大者高有十步。餘像較小，有木雕者，有泥塑者，有石刻者。製作皆佳，外傅以金。諸像周圍有數像極大，其勢似向諸像作禮。(註二)

關於偶像教徒者，前此尚未盡言，茲請為君等述之。

其遵守偶像教徒之僧人生活較之他人正直。彼等禁止淫佚，然不視之為大罪，但對於犯男色者罰以死罪。彼等有一教會日曆，與我輩同。每月有五日謹守齋戒，不殺生，不食肉，節食甚於他日。

其地之人娶妻致有三十，否則視其資力，娶妻之數惟意所欲。然第一妻之地位為最尊。諸妻中有不善者得出之，別娶一人。男子得娶從姊妹，或其父已納之婦女為妻，然從不娶其生母。總之，其人生活如同禽獸。

瑪竇閣下及馬可波羅曾奉命留居此城垂一年。(註三)

茲置此事不言，請言北方諸州，蓋吾人將從此方向繼續旅行六十日也。

(註一)諸本著錄甘州之名稱各異，有 Campicion, Campicui, Cancipu, Campion 等寫法，紛歧之理頗難解說也。玉耳云：「所有解說皆成無用。Quatremère 曾根據 Abdurrazzak 之波斯文寫法，作 Kamtcheou。然 Erdmann 又從刺失德丁之寫法作 Chamidschu。質言之作 Kamiju 或 Kamichu，與 Pegolotti 書所著錄之 Camexu, i.e. Camechu 發音合，則馬可波羅之寫法似衍 p 字，與古寫 dampnum, contempnere, hympnus, tirampnus, 中之衍文同矣……然在事實上，Marignolli 寫馬可波羅書之行在 (Quinsai) 亦作 Campsay 也。」——玉耳本第一册二二〇至二二一頁。

(註二)馬可波羅經行甘州之際，適當其昔日繁盛之時，與一四二〇年沙哈魯使臣所記之情形絕對相符。茲錄此行記之文於下，以資參證。

「由肅州至甘州。甘州較之肅州尤大。中有九站，每站奉邊境長官命供應行人馬驢四百五十匹，車五六十輛。……各站以一鵝、一鷄、米、麵、蜜酒、蒜、醋浸葱、萊蔬等物，供行人之食。每至一城，長官宴使臣於官署。……甘州城中有一大寺，廣長皆有五百公尺。中有一臥像，身長五十步，足長九步，足上周圍，有二十五公尺。像後頭上，置有其他偶像，各高一公尺上下不等。雜有剌麻像，高與人身同，諸像製作甚佳，與生人無異。壁上亦置有其他偶像。此大臥像一手置頭下，一手撫腿。像上傅金，人名之曰釋迦牟尼佛。居民結羣赴此寺中禮拜此像。……城中別有一寺，亦頗受人尊敬。內有一塔，回教徒名之曰地球塔。八方形，有十五層。每層內有房屋門戶，施以油漆。中有寶座一，王坐其上，僕婢從者侍立左右。塔高二十公尺，周圍十二公尺，全以木料建築，外貼以金，全塔儼若金製。塔下有地窖。塔中有一鐵柱，下承鐵座，上接塔頂。此塔製作之工，可爲世界之木工鐵工畫師取法也。」

——頗節本一六六至一六八頁引 Quatremère 譯文。

馬可波羅所見內有臥像之寺，顯是臥佛寺，一一〇三年西夏皇后某建，以藏三身佛像者也。後在其地發現佛像云。—— Palladius 書十頁。

馬可波羅之前，盧不魯克曾言有一聶思脫里派教徒至自契丹，據說此國有一造像甚高，遠距兩日程之地可以望見。今日可見之大像，在大同西北之雲岡。康熙帝曾命人量之，高有七十公尺，已見張誠（Gerbillon）行記著錄。（Du Halde 引），——Rockhill 又著錄有別二大像，一在陝西邠州附近窟中，一在寧夏城南七十公里。此外尚有別一大像，在徐州府南門外一公里之窟中，係坐像，高十五公尺。

馬可波羅及沙哈魯使臣所言之佛寺，今已無存，而甘州舊城亦廢。舊城距今城有二十里，在黑河對岸長城脚下。緣何徙於今址，其故未詳。今在沙中尚可見舊城之跡，然從來無人發掘。

馬可波羅謂有壯麗之基督教堂三所，三百年後耶穌會士初至中國時，此種教堂已不復存在。蓋易代以後，已非昔比，非馬可波羅叙述之不實也。茲引 Geil 之說以證之。「一三五五年時，有聖旨云，甘州基督教堂中藏有忽必烈汗母莎兒合黑塔泥（Sorhahtani）遺體，應請爲之祝福。」

——見 E. Geil 撰「中國長城」第一十四章。

（註三）馬可波羅最初口授本經地理學會刊布者，謂其隨父叔因勿庸叙述之事停留甘州一年。但在其改訂之本中，則謂偕其叔奉命出使其地，然則非因私事矣。頗節（一六八頁）曾言其事重要，並爲種種解說。余以爲其與圍攻襄陽之事似不無關係。蓋其在本書第五十九章中言曾至畏吾兒之地，是亦蒙古人冶金之所。又在第一百四十五章中言同其父叔參加襄陽之圍，復次馬可謂見大汗之時，僅在一二七五年也。

案西域人獻新礮以攻襄陽，於一二七二年終至軍中。一二七三年正月破襄陽，時將礮軍者卽是畏吾兒人阿里海牙。其人與波羅等似不無關係。波羅等第一次之還歐洲，明是往使教皇所，其實疑是因圍攻襄陽事歸求礮手歟。

一二七三年取襄陽以爲根據地。一二七四年阿里海牙奏請乘勝順流長驅以取宋。則波羅等逗留甘州之一年中，似在一二七四至一二七五年中。由是其行記中不明之點，如馬可之至畏吾兒地，波羅等參加襄陽之圍，大汗使臣迎彼等於四十日程外，晚在一二七五年夏始抵上都，（見前第十三章）等事，不難得其解矣。——參看新元史一六〇卷阿里海牙傳。——宋君榮（Gaubil）成吉思汗史一五五頁。

第六二章　亦集乃城

從此甘州城首途，若騎行十六日，可抵一城，名曰亦集乃(Edzina)。(註一)城在北方沙漠邊界，屬唐古忒州。居民是偶像教徒，頗有駱駝牲畜，恃農業牧畜爲生。蓋其人不爲商賈也。其地產鷹甚衆。行人宜在此城預備四十日糧，蓋離此亦集乃城後，北行卽入沙漠。行四十日，冬季酷寒，路絕人煙，亦無草木，惟在夏季始見有人。其中亦見野獸，緣有若干處所有小松林也。行此四十日沙漠畢，抵一北方之州，請爲君等言之。

(註一)馬可波羅之 Edzina，應是元代之亦集乃。根據此文，應在黑河盡處尋之。此河今日蒙古人尙名之曰額濟納噶勒(Edzin-gol)。其左岸支流白大河與此河匯流後，注入噶順淖爾(Gochioun nor)同索噶克淖爾(Sogok nor)二湖。此二湖原有一渠相連，今已淤塞。古代原是一湖，名曰居延海，後分爲二。案居延海名見漢書，「在額濟納旗東北境，分東西二泊，東曰朔博泊，西曰朔博克泊。水經注，居延海形如月生五日，蓋古本一湖，其後中段淤塞，遂成二泊耳。漢武帝使伏波將軍路博德築遮虜障於居延城，(在泊之西南)，亦曰居延塞。——辭源寅集一二〇頁。

元史卷六十地理志云：「亦集乃路在甘州北一千五百里，城東北有大澤，西北俱接沙磧，乃漢之西海郡居延故城。夏國嘗立威福軍，元太祖二十一年（一二二七）內附。至元二十三年（一二八六）立總管府。同年以新軍二百人鑿合卽渠於亦集乃地，計屯田九十餘頃。」

Palladius云：「忽必烈防諸宗王，置戍於此湖附近，築城於湖南岸，亦集乃之名始此。西夏國之史籍從未著錄此名。此城遺址今尙可見，規模甚大，有若干建築且甚壯麗。馬可波羅時，有道由亦集乃直達哈剌和林（Karakoroum），今尙可見古道之跡，然已無人重循此道。馬可波羅足跡從來未至哈剌和林，殆以其爲蒙古諸汗之古都，而亦集乃城有道可以直達，故附帶言及歟。」——Palladius書十頁。

斯坦因云：「額濟納噶勒北流，兩岸耕地雖不常有出產，然常爲重要之地，蓋爲北方蒙古人與甘肅諸城往來必經之途也。古之樓蘭湖（羅布淖爾）口情形亦與此相類，中國人賴之發展其勢力於中亞。因此余曾追隨歐洲第一探考家Kozloff上校（一九〇八至一九〇九年間）之後，往訪哈剌和屯（Khara-khoto，此言黑城），余以爲必是馬可波羅之亦集乃城無疑。觀其所言之方位，及在沙漠邊界之位置，祇有此哈剌和屯城可以當之。嗣經考古學之發現，完全證明此說。

此城於成吉思汗初次（疑在一二二六年頃）侵略甘肅時，已遭殘破。然在馬可波羅經行時，及其後百年間，尚有民居，似爲屯田之所已久。今在其東方及東北方尚見有重要遺跡。然其城市在西夏時，質言之自十一世紀迄於蒙古侵略之時，則甚發達也。此時以後，因土番勢力之侵入，建有塔寺佛像，今在城中及其附近尚存遺跡不少。Kozloff 上校即在其一寺中發現不少佛教經文畫像。第若在同一處所及其他處所作有統系之發掘，必更有不少考古學之寶藏可以發現。據考察之結果，此城之廢，蓋因水源斷絕灌溉缺乏之所致云。」——玉耳戈爾迭本第三册五三至五五頁引斯坦因說。

第六三章 哈剌和林城

哈剌和林（Karakorum）（註一）城延袤三哩，是爲昔日韃靼人離其本地以後所據之第一城。茲請爲君等詳述韃靼人發展其勢力之經過。

昔日韃靼人確居北方，距主兒扯（Ciorcia）（註二）人之地不遠。其地是大平原，無城無堡。然有良好牧地，巨大河流，多數水道。地廣而風景美麗，且無君長，然每年納貢賦於一大君。其方言名之曰王罕（Wang-khan）法蘭西語猶言長老約翰（Prêtre-Jean）也。（註三）世傳權力甚大之長老約翰，卽指此人，所納之貢賦，每牲畜十頭繳納一頭，此外他物亦十分取一。

迨其人繁殖旣衆，長老約翰恐其爲患，欲以之散處數地，於是命其臣一人執行。韃靼人聞之憂甚，遂羣聚不散，自此地出發，渡一沙漠，徙於其北別一地方，地遠不受長老約翰之害，由是離叛，不復獻納貢賦有若干時。

（註一）哈剌和林處斡兒寒（Orkhon）河之上流，微在烏里雅蘇台赴庫倫通道之南，賽音諾顏部內。哈剌(kara)猶言黑庫倫(kouren)猶言營帳,因以得名。(丁謙說)然元史地理志(卷五十八)則云,以西有哈剌和林河,因以名城也。

丘處機述張家口至庫倫中間之路程有云,四旁遠有人煙,皆黑車白帳,隨水草放牧,哈剌和林之稱殆本此歟。——長春眞人西遊記。

案其地先爲克烈(Kerait)部長脫忽魯勒王罕(Togroul Wang-khan)所居,此人卽馬可波羅所稱之長老約翰也。一二二五年成吉思汗分封諸子,以此地畀幼子拖雷。太宗窩闊台首先定都於此。一二三五年城和林,作萬安宮。一二三七年治迦堅茶寒殿,在和林北七十餘里。一二三八年營圖蘇胡迎駕殿,去和林城三十餘里。貴由蒙哥兩汗皆都和林。一二六〇年,世祖忽必烈遷都於大都,(今北京)一二八三年,令西京宣慰司送牛一千赴和林屯田。一二八五年併和林屯田入五條河。一二九三年令戍和林漢軍四百留百人,餘令耕屯杭海。一二九五年,於六衞漢軍內撥一千人赴稱海屯田。北方立站帖里干木憐納憐等一百一十九處。先是遷都後,和林止設宣慰司。一二九〇年立和林等處都元帥府。一三〇七年立和林等處行中書省。一三一二年改嶺北等處行中書省。改和林路爲和寧路。——元史卷五十八地理志。

歐洲旅行家之首先著錄哈刺和林者，乃是普蘭迦兒賓（Plan Carpin 一二四六）。然其足跡未至哈刺和林，僅至窩闊台駐夏之月兒滅怯土（Ormektua），地距哈刺和林有半日程也。盧不魯克（一二五六）則爲親見哈刺和林城者，所撰之行記有云：「除汗所居之宮廷外，此城不及法國聖登尼（Saint Denis）城遠甚。聖登尼之修道院且大逾蒙哥之宮殿十倍。城內有兩大街，一名回回街，市集所在，宮廷駐此城時，外國商賈數人及各地之使臣概集於此。一名契丹（漢人）街，一切工匠所居。除此兩街之外，尚有其他衙署汗之書記居焉。有各國之偶像祠宇十二所，回教禮拜寺二所，基督教堂一所，城周圍環以土牆，闢四門。東門售粟及種種穀食，然其數不多。西門售綿羊及山羊，南門售牛及車，北門售馬。哈刺和林城牆附近有一大宮，磚牆環之。蒙哥汗每年在此宮內大宴兩次，大宴時以衣物厚賜諸臣。宮旁有庫數所，藏貯糧食財帛。」——盧不魯克行記 Bergeron 譯本第四十四章二〇七頁。

考據之家討論哈刺和林之方位已久，宋君榮（Gaubil）首據中國天文學者之記載定其經緯。（巴黎線北緯四十四度二十一分東經一百零三度四十分。）烈繆薩誤將哈刺和林同哈刺巴勒哈遜（Kara balgassoun）混而爲一，遂斷宋君榮之說有誤，以爲城在斡兒寒河左岸，處斡兒寒禿剌（Tola）二水滙流處之上流四五日程。則所指者是哈剌巴勒哈遜矣。其處固有廢城一所，然爲回紇之古都。而哈剌和林則在斡兒寒右岸，額爾德尼昭（Erdenitsao）所在之處也。——玉耳戈爾迭本二二八頁。——中世紀尋究第一册一二四頁註——斡兒寒河碑文。

（註二）馬可波羅寫主兒扯之名作 Ciorcia，亦作 Chorcha。此兩種寫法可當東方著述家之 Churche，同中國史書中之女眞。案女眞在中國古史中名肅愼，原居黑龍江下流，尤在烏蘇里江同松花江一帶，北宋時建金國。清人之在關東者自稱珠申，卽女眞之音轉，後改稱滿洲。故清人與金人同部族云。——辭源丑集二五三頁，——中世紀尋究第一册二二四頁。

案剌木學本於主兒扯後著錄有巴兒忽（Bargou）。其文曰：「韃靼人居住北方，近主兒扯同巴兒忽之地。其地多有大平原。」（四十二章十三頁）此巴兒忽之名，見本書第七十章，地在貝加爾湖之東，乃蒙古族之策源地，則成吉思汗叛王罕徙居之地。在今俄國境內貝加爾湖東，巴兒忽眞（Bargouzine）流域矣。

（註三）十二世紀中葉迄十三世紀之末，歐洲盛傳亞洲有一基督教君主，極富强，管轄之地無限。嗣後忘之，遂以長老約翰之稱屬他人。然馬可波羅之長老約翰王罕，實有其人也。盧不魯克所誌較馬可波羅爲詳，曾分長老約翰與王罕（寫作 Oung-khan）爲二人。一名國王約翰，先指娶哈剌契丹 (Karakitai) 末主女之乃蠻王子。一指克烈蔑兒乞 (Merkites) 兩部之王，據云：「克烈蔑兒乞兩部之人信奉聶思脫里派之基督教，然其王棄基督教而奉偶像。距其牧地十日或十五日程之遠，有蒙古人牧於其中。其人甚貧而無君長，除巫術外無他宗教。蒙古人之外，別有一貧窮部落，名喚韃靼。國王約翰死無後嗣，其弟王罕自號爲汗，放牧於境外蒙古之地。時蒙古部落中有一鐵工，名稱成吉思，常掠王罕之牧畜。牧人歸訴其主，王罕以兵攻入蒙古部內。成吉思走入韃靼境中，王罕抄掠蒙古韃靼兩部退軍而去。於是成吉思語其部人曰，我輩無君長，所以受鄰人侵掠。蒙古人遂奉成吉思爲首領。成吉思潛聚兵襲王罕，破之。王罕走契丹，成吉思娉王罕女，以賜其一子。今汗蒙哥即此女之所出也……蒙古人初居之地名斡難怯綠連 (Onan Kerulé, Onon Kéroulen)，哈剌和林爲其最初侵掠之地，故建都焉。每開推舉大汗之會議，咸在此處。」——盧不魯克行紀第十九章七十頁。

盧不魯克之王罕，顯是馬可波羅之王罕，亦是元秘史之王罕。惟馬可波羅混長老約翰與王罕爲一人耳。中國史書王罕亦作王汗。Joinville 所記，與馬可波羅所記幾盡相同，可參看地理學會刊行之「行記與紀錄」第四册。

第六四章　成吉思之爲韃靼第一汗

基督誕生後一一八七年時，（註一）韃靼人（註二）推選一大勇大智大有手腕之人爲王，其名曰成吉思汗。散處諸地之韃靼人，聞其當選，悉皆歸心，奉之爲主。而彼亦能善治其部。

韃靼歸之甚衆，成吉思見部衆已多，乃大積戈矛及其他兵器，率之侵略此地帶內八州之地。佔據其地以後，不擾居民，亦不損其財物，僅留部將數人統率一部份之部衆鎭守，盡驅餘衆侵略他州。於是得地甚衆。侵地內之居民，見其能爲之免戰士之擾，而毫未受害，於是皆樂而歸順，爲之效忠。

迨至其聚集其地全境之人時，遂欲進而侵略世界一大部份之地。基督誕生後一二〇〇年，遣使往長老約翰所，言欲娶其女爲妻。長老約翰聞言恚甚，語使者曰：「汝主緣何如此無禮，敢求娶吾女爲妻。彼應知彼爲我之奴僕。可歸告汝主，我寧焚殺吾女，而不畀之爲妻。論理我當處汝主死，以爲叛逆不忠者戒。」（註三）語畢，立命使者行不許再至其前。

使者聞言，疾馳歸報，盡述長老約翰之詞，一無所隱。

（註一）馬可波羅著錄此一一八七年，殆是得諸耳聞者，其說較爲可信。所指之年，應是帖木眞（成吉思汗）戰勝泰赤烏（Tadjoutes）部後，諸隣部奉戴爲汗之年。逾十年，一一九七年時，又助金破塔塔兒（Tatares）部，殺其部長。金賞其功，授以札兀惕忽里之號。

成吉思汗誕生之年，不見於馬可波羅書，僅刺木學本作一一六二年，是即中國載籍著錄之年。波斯著作家則作一一五五年。要以後一說較爲可信。蓋此年即成吉思汗父也速該（Yésougai）破塔塔兒部，獲其部長帖木眞之年也。元史（卷一）本紀云：「烈祖（也速該）征塔塔兒部，獲其部長帖木眞。宣懿太后月倫適生帝，手握凝血，如赤石。烈祖異之，因以所獲帖木眞名之，志武功也。」新元史（卷二）本紀作乙亥（一一五五），是也。

（註二）案韃靼之名，並非此種部落當時之稱。馬可波羅名之曰韃靼，而不名之曰蒙古（Mongol）者，蓋求歐洲讀者之易解也。至若蒙古之稱，當時亦見著錄。盧不魯克寫作 Moal，即此名也。此名始於唐代，舊唐書北狄傳作蒙兀室韋，（新唐書作蒙瓦室韋）「其北大山之北，有大室韋部落。其部落傍望建河居。其河源出突厥西北界俱輪泊。屈曲東流，經西室韋界。又東經大室韋界。又東經蒙兀室韋之北，落俎室韋之南。又東流與那河忽汗河合。又東經南黑水靺鞨之北，北黑水靺鞨之南，東流注於海。」

望建河卽黑龍江，此部唐後徙怯綠連河斡難河。——宋史名盲骨子。松漠紀聞云：「盲骨子，其人長七尺，捕生麋鹿食之。金人嘗獲數輩至燕。其目能視數十里，秋毫皆見。蓋不食煙火，故眼明。與金人隔一江，常渡江之南爲寇。禦之則返，無如之何。」

洪鈞云：「自契丹國志有正北至蒙古里國之文，嗣後邱長春西遊記孟珙蒙達備錄皆以蒙古定稱。遼史無蒙古而有梅古悉，疑卽孟珙之所謂蒙古斯。」——元史譯文證補卷二十七下。

（註三）馬可波羅所誌蒙古與克烈部衝突之原因，非信史也。玉耳云「馬可波羅所言長老約翰爲蒙古人主君之事，毫無顯證可憑，惟其强大則爲事實。蓋刺失德丁曾以 Padchah 之號名之也。成吉思父也速該與之交最厚，曾助之復國。後王罕又失國，復求助於成吉思，其事在一一九六年。自是以後數年之間，二人曾合兵討滅別部。已而王罕子欲謀害帖木眞。一二〇二至一二〇三年間，雙方戰爭遂啟，其結果詳後此諸章。」——玉耳本第一册二三七頁。

蒙古人昔無文字，未留存有史書，所以故事小說留傳成吉思幼年之奇蹟不少。據說帖木眞九歲時，（一作十三歲）與德薛禪之女不兒帖訂婚。也速該留子於德薛禪所，自還其部，路過塔塔兒部。塔塔兒部人憶舊怨，留也速該食，下藥毒之，也速該到家即死。自也速該死後，迄於帖木眞之結婚，不知相隔有若干時。後帖木眞與弟別勒古台沿怯綠連河尋到德薛禪家，德薛禪大喜，以女妻之，送女回帖木眞所。

後帖木眞得孛斡兒出作伴，自桑古兒河邊到怯綠連河源頭不兒吉之地。孛兒帖以貂裘一件奉上翁姑，帖木眞即以此貂裘獻王罕。王罕喜曰：「你離了的百姓，我與你收拾。漫散了的百姓，我與你完聚。我心下好生記着。」——元秘史卷二。

一日淸晨，蔑兒乞人來襲，帖木眞一家皆逃往不兒罕山。惟孛兒帖無馬，藏於黑車中。行時，路遇軍隊，虜別勒古台之母至。問車中何物，駕車之老婦人答言羊毛。軍人驗看，見孛兒帖，亦虜之而去。

——元秘史卷二。

帖木眞遂赴禿剌河之黑林，見王罕，言妻子被三種蔑兒乞人所虜，請汗父援救。王罕云：「去年你與我將貂鼠襖子來時，我曾說離散了的百姓，我與你收聚。我心上常記着有來。如今我依着那言語，將蔑兒乞每滅着。你的妻孛兒帖還救與你。你可教札木合兄弟知道，他在豁兒豁納主不兒地面裏住，有我這裏起二萬軍馬做右手，教札木合起二萬軍馬做左手。相約會的日子，教札木合定奪來。」——元秘史卷三。

蔑兒乞人聞訊，連夜沿薛涼格（Selenga）河逃走。帖木眞在難民中得孛兒帖。當夜使人告王罕札木合言尋人已得，可就此處下營。——元秘史卷三。

嗣後王罕與成吉思結好甚久。後因王罕子桑昆之疑忌，關係始漸破裂。雙方共破乃蠻以後，王罕曾說：「也速該安答曾一次將我已輸了的百姓救與了，今他兒子帖木眞又將我輸了的百姓救與了。他父子兩箇爲誰這般辛苦來。我如今也老了，後來這百姓教誰管。我的弟每都無德行，止有一子桑昆，亦如無有。可教帖木眞做桑昆的兄，使我有二子，豈得不安。遂於土兀剌（即禿剌）的黑林行，會着成吉思，結做父子。」——元秘史卷五。

成吉思汗欲與王罕親上加親，求桑昆之妹爲長子拙赤（Djoutche）妻，而以己女妻桑昆子。桑昆傲甚，答言：「俺的女子到他家呵，專一門後向北立地。他的女子到俺家呵，正面向南坐。麼道下覷着，不曾許親。」——元秘史卷五。

然則成吉思汗非欲自娶王罕女爲妻矣。其後成吉思戰勝克烈部人，得王罕侄女二人。一自納之。一賜幼子拖雷，卽蒙哥忽必烈之母莎兒合黑塔泥是已。（見六十一章註一）

尙有一種傳說，謂成吉思曾以長老約翰之頭爲飲器，亦誤。案王罕同桑昆逃入乃蠻，被乃蠻人豁里速別赤所殺。「乃蠻皇帝塔陽的母古兒別速說，王罕是在前的老皇帝，取他頭來看，認得果然是呵，祭祀他。遂差人往豁里速別赤處割將頭來，認得是王罕。於是動着樂器祭祀他。祭時，王罕頭笑了，塔陽見笑，以爲不祥，就踏踐碎了。」——見元秘史卷七。

第六五章　成吉思集軍進攻長老約翰

成吉思聞聽長老約翰辱己之言，心腹澎脹，憤懣幾至於裂，蓋其人意氣甚高也。已而厲聲呼曰，不報此從來未受之大辱，枉爲部主。呼聲甚高，左右盡聞。

於是集其一切軍隊，一切臣民，大爲前此未聞未見之戰備。遣人往告長老約翰善治防守。長老約翰聞成吉思汗率大軍來攻之確訊，以爲戲言。倘謂成吉思非戰士，有何能爲。但亦召集一切臣民，徵發一切兵力，大籌戰備。俾成吉思汗至，得俘而殺之。其所集軍隊內有種種外國之人，其數之衆，得謂爲世界最大不可思議之舉。

彼此如此備戰，所以我言之甚長。成吉思汗率其全軍至一美麗而甚大之平原，其名曰天德（Tenduc），隸屬長老約翰，（註一）結營於此，其人之衆，雖成吉思汗本人亦不知其數。及聞長老約翰將至，心中大歡。蓋此地廣大，適於戰爭，所以極願其來，乃留此以待。

暫置成吉思汗及其軍隊不言，請言長老約翰及其軍隊。

（註一）馬可波羅對此天德平原，與後來第七十三章所言屬於長老約翰後裔之天德州，未予判別，後一天德在河套之北。

馬可波羅僅述成吉思與長老約翰決戰於此。顧考宋君榮馮秉正（De Mailla）夏眞特（Hyacinthe）諸人之著述，根據中國載籍，謂此戰在禿剌怯綠連兩河之間，似在北緯四十八度二十分之地。然則如何調和此二說歟。案元秘史關於成吉思汗之記載爲較可信者，茲節引其文如下以徵之。

成吉思聽說王罕來襲，就那夜對附近可倚附的伴當每說知，將家內物件棄了，遂往躲於卯溫都兒山陰處去。行時，教者勒篾做後哨，哨望着。至明日午後，於合剌合勒只惕額勒惕地面歇息中間。有阿勒赤歹放馬的赤吉歹等來報，自卯溫都兒山前望見忽剌安不剌合惕地面塵起，敵人來到也。成吉思上馬行了。……成吉思汗命主兒扯歹做先鋒。主兒扯歹不及回話，忽亦勒荅兒說，我做先鋒，久後將我孤兒擡舉。說罷進戰，被敵人刺下馬，主兒扯歹衝去，將敵敗了。敵護衛軍衝來，主兒扯歹又勝了。於是王罕子桑昆也衝來，主兒扯歹將桑昆的腮射中倒了。成吉思汗旣勝了王罕，見日已晚，收了軍，將傷了的忽亦勒荅兒回來。那夜起着，離了厮殺處宿下了。次日天明點視軍馬，少斡闊台孛羅忽勒孛斡兒出三人。成吉思說，斡闊台與中倚仗的孛羅忽勒孛斡兒出一同死生，必不肯相離。那夜成吉思又恐敵來追襲，整治着軍馬准備廝殺有來。及日明看見自後有一人來到時，是孛斡兒出。……再少頃，又有一人來。近看時，人下又有兩脚垂着。及到來時，斡闊台孛羅忽勒疊騎着一箇馬，孛羅忽勒口上帶着血。因斡闊台項上中箭，孛羅忽勒將凝住的血咂去。成吉思見了，眼淚留着，心裏艱難了，便用火將斡闊台箭瘡烙了，就與些止渴的物教喫。孛羅忽勒說敵人的塵土高起着，看着往卯溫都兒山前忽刺安不兒合惕地面去了。於是成吉思整治軍馬，逆着浯泐灰濕魯格泐只惕名字的水，入荅闌捏木兒格思地面去了。……成吉思順着合泐合河（Khalkha-gol）動時，點視軍馬有二千六百。（一說作四千六百）。成吉思領一千三百，依着河西邊起了。諸將領一千三百，河東邊起了。就打圍着做行糧。……至合勒合河流入捕魚兒（Bouir）海子處，使人召翁吉刺部來降。成吉思汗因他降了，諸般不曾動着他的。成吉思既收了翁吉刺，就起着去統格黎小河東邊下了。差人往王罕處說，俺在統格黎小河東邊下了，草也好，馬也肥，……成吉思隨即起去，至巴泐渚納（Baltchouna）海子行住了。……他有弟合撒兒（Casar）將他妻並三子撇在王罕處，罄身領幾箇伴當走出來尋成吉思。尋至合刺溫山，緣嶺行不見，乏了糧食，喫生牛皮筋行至巴泐渚納海子尋見兒成吉思。成吉思喜歡了，商量着差沼列歹種的人合里兀苔兒兀良合歹種的人察兀兒罕二人做合撒兒的使臣去對王罕說，我兄的形影望不着，踏着道路也尋不見，叫他呵他又不聽得。夜間看星枕土着睡，我的妻子見在皇帝父親處有，若差一箇可倚仗的人來呵，我往父親行去。成吉思又對使臣說，您去，俺便起身。您回來時，只於客魯漣（即怯綠連）河的阿兒合勒苟吉地面行來約會者。隨即教主兒扯歹阿兒孩兩箇做頭哨，去客魯漣河的阿兒合勒苟吉地面下了。合里兀苔兒察忽兒罕二人到王罕處，將說去的言語說了。時王罕正立起金撒帳做筵會，聽得合里兀苔兒說罷，王罕說果那般呵，教合撒兒來。就差中倚仗人亦禿兒堅同合里兀苔兒等去。將及到原約會處，亦禿兒堅望見下營的形影甚多，便回走了。合里兀苔兒馬快，趕上不敢拿，前面橫當着。察忽兒罕馬鈍，耳後箭射到處，將亦禿兒堅騎的馬臀尖射坐了，那裏將亦禿兒堅拿住。將至太祖處，送與合撒兒教殺了。合里兀苔兒等對太祖說，王罕不提防，見今起著金撒帳做筵會，俺好日夜兼行去掩襲他。太祖說是，遂教主兒扯歹阿兒孩兩箇做頭哨，日夜兼行，到者折額兒溫都兒山的折兒合不赤孩地面的口子行，將王罕圍了，厮殺了三晝夜。至第三日，不能抵當，方纔投降。不知王罕父子從何處已走出去了。——以上並節錄元秘史卷六。

觀上文可見馬可波羅所言之兩天德蓋指一地，惟其義猶言「長老約翰之地」而已。餘詳後文第七十三章。（鈞案長老約翰故事流傳已久。先以屬克烈部人，後以屬汪古部人。汪古地在天德，故馬可波羅誤以克烈部地亦在天德也。）

第六六章　長老約翰進擊成吉思

史載長老約翰聞成吉思及其軍來攻之時，卽率其衆出發，兼程進至此天德平原，結營距成吉思營二十哩。彼此兩軍休息二日，以養士氣，俾能劇戰。

兩軍在此天德平原結營之情形，如上所述。一日，成吉思汗召基督教及回教之星者來前，命卜戰之勝敗，勝者爲本軍，抑爲長老約翰軍。回教星者卜之，不能言其實。基督教星者則明示其吉凶，命人持一杖至，中劈之爲兩半，分置二處，不許人觸之。名此一半杖曰成吉思汗，彼一半杖曰長老約翰。謂令可注目視之，將見勝利誰屬。脫有半杖自就彼半杖而覆於其上者，則爲勝軍。

成吉思汗答言極願視此，命立爲之。由是基督教之星者口誦聖詩集中之詩一篇，作其法術，於衆目睽視之下，忽見名成吉思汗之半杖，未經何人手觸，自就名長老約翰之半杖而覆於其上。成吉思汗見之大喜，顧後來戰事果如基督教徒所卜。由是厚禮基督教徒，視其爲能言眞理之人。（註一）

（註一）占卜之事古昔有之，無論何時何地常見有人爲此。凡大侵略家常用占卜以決吉凶。亞歷山大遠征或作戰以前，必先詢隨軍之卜人，以決吉凶。成吉思汗亦然。

據 Hérodote 之說，杖卜之事昔粟特（Scythes）人阿蘭人已早有之。又據 Tacite 之說，日耳曼人亦曾用之。盧不魯克似曾見有相類占卜之法，與馬可波羅所言者同。據云曾見兩杖相接，二人執之，有聶思脫里派教師口誦詩歌，以爲占卜。彼因此曾詆此派教師不宜揚宗教而使用巫術。

Thévenot（一六二九）曾著錄有突厥人口誦可蘭經用箭占卜之事。摩訶末雖禁止占卜，回教經典雖視卜人之預言爲一種外道行爲，然在回教徒中仍不免有卜者也。

馬可波羅所記之事，其重要點則在此時代成吉思汗與長老約翰之營中皆有聶思脫里派之基督教徒也。

第六七章　成吉思汗與長老約翰之戰

兩軍休息二日後，遂進戰，戰甚劇烈，是爲世人從來未見之大戰。雙方死亡甚夥，最後成吉思汗勝敵，長老約翰歿於陣中。（註一）是日以後，成吉思汗逐漸侵略其全土。此戰以後，成吉思汗君臨者六年。在此時間之中，侵略州郡城堡爲數甚衆。至第六年終，進圍一名哈剌圖（Calatuy）要塞（註二）之時，膝上中流矢死。（註三）世人惜之，因其爲人勇智也。

韃靼人有其第一君長名曰成吉思汗之事實，暨其戰勝長老約翰之情形，既已備述於前。茲請言嗣後君臨之人，與夫韃靼人之風習。

（註一）據中國史籍，長老約翰在此戰中未死，僅其子負傷，本人逃入乃蠻，爲人所殺。據多桑書所本阿剌壁及波斯史家之言，殺者獻首於乃蠻部長塔陽汗。塔陽汗怒甚，乃以銀嵌其首藏之。

（註二）其實長老約翰死後，成吉思在世之時約有二十四年，死於一二二七年八月十八日第五次用兵唐古忒之役。蒙古史家撒難薛禪（Sanang Setsen）之蒙古源流，謂唐古忒美后 Kourbeldjin

Goa khatoun 曾被成吉思汗俘置帳中，因受辱，謀害成吉思未成，而自投黃河 (Karamouren) 死。自是以後，藏古人遂名黃河曰合敦噶勒 (Khatoun-gol)，此言王后河也。惟據元史譯文證補（卷一下）云：「蒙古源流謂納西夏之后致病，眞是無稽讕語。」則中國史家不承認有是說矣。又據元秘史，西夏所獻公主名察合。

至若馬可波羅所著錄之哈剌圖，（鈞案此名與元史哈老徒之對音相近，）考訂諸說鮮有可採者。有謂此地指一二五九年成吉思汗孫蒙哥汗身死之合州，然與對音未合，Aboulfara 固明言蒙哥汗中流矢死，然他書有謂其死於痢疾，有謂其死於他疾，海屯則謂其溺斃。關於蒙哥汗之死因既已紛歧如此，則馬可波羅記述五十年前成吉思之死事，未可責其舛誤也。又據剌木學本此 Calatuy 寫作 Thaigin。

（註三）元史（卷一）記成吉思汗之死事云，二十二年丁亥（一二二七）春，帝留兵攻夏王城，自率師渡河，攻積石州。二月破臨洮府。三月破洮河、西寧二州。夏四月，帝次龍德，拔德順等州。閏五月，避暑六盤山。六月，夏王李晛降，帝次清水縣西江。秋七月壬午，不豫，己丑，崩於薩里川哈老徒之行宮。

第六八章　成吉思汗後之嗣君及韃靼人之風習

君等須知此第一君主成吉思汗之後，首先繼承大位者是貴由汗（Cuy-khan）。第三君主是拔都汗（Batuy-khan）。第四君主是阿剌忽汗（Alacou-khan）。第五君主是蒙哥汗（Mangou-khan）。第六君主是忽必烈汗（Koubilai-khan），（註一）卽現時（一二九八）在位之君主也。其權較强於前此之五君，蓋合此五人之權，尚不足與之抗衡。更有進者，雖將全世界之基督教同回教帝王聯合其力及其事業亦不及此忽必烈汗之大。此汗爲世界一切韃靼之君主，統治東方西方之韃靼。（註二）緣韃靼皆是其臣民。此大權我將在本書中爲君等切實言之。

君等並應知一切大汗及彼等第一君主之一切後裔，皆應葬於一名阿勒台（Altai）之山中。（註三）無論君主死於何地，皆須運葬於其中，雖地遠在百日程外，亦須運其遺骸葬於此山。

尚有一不可思議之事，須爲君等述者。運載遺體歸葬之時，運載遺體之人在道見人輒殺。殺時語之云：「往事汝主於彼世。」蓋彼等確信凡被殺者皆往事其主於彼世對於馬匹亦然，蓋君主死時，彼等殺其所乘良馬，俾其在彼世乘騎。蒙哥汗死時，在道殺所見之人二萬有餘，其事非虛也。(註四)

吾人既開始敍述韃靼，請再續言他事。韃靼冬居平原，氣候溫和而水草豐肥足以畜牧之地。夏居冷地，地在山中或山谷之內，有水林牧場之處。其房屋用竿結成，上覆以繩，其形圓，行時攜帶與俱，交結其竿，使其房屋輕便，易於攜帶。每次編結其屋之時，門皆向南。彼等有車，上覆黑氈，甚密，雨水不透。駕以牛駝，載妻兒於其中。(註五)婦女爲其夫作一切應作之事，如買賣及家務之事皆屬之。蓋男子僅爲打獵，練鷹，作適於貴人之一切武事也。

彼等以肉乳獵物爲食，凡肉皆食，馬、犬、鼠、田鼠(pharaons)(註六)之肉，皆所不棄，蓋其平原窟中有鼠甚衆也。彼等飲馬乳。韃靼人無論如何不私他人之妻，蓋其視此事爲惡行也。婦女對其夫馴良忠順，爲其分內應爲諸事。(註七)

婚姻之法如下。各人之力如足贍養，可娶妻至於百數。然視第一妻爲最馴良。贈聘金於其妻或妻之父母待等所生之子，較他人爲衆，蓋其妻多如上所述也。韃靼可娶其從兄妹，父死可娶其父之妻，惟不娶生母耳。娶者爲長子，他子則否，兄弟死亦娶兄弟之妻。（註八）婚時大行婚禮。

（註一）此處所誌蒙古最初之諸君主名，顯有脫誤之處，其中竟完全脫漏窩闊台一名。刺木學本則云：「成吉思汗後第二帝名眞汗（Cyn-Can），第三帝名巴丁汗（Bathyn-Can），第四帝名額速汗（Esu-Can），第五帝名蒙哥汗（Mongu-khan），第六帝名……，」皆與元史世系不合。茲據元史表列如下：

成吉思汗 一一五五—一二二七
- 朮赤 歿於一二二五 —— 拔都、別兒哥 —— 西韃靼帝國
- 察合台 —— 君臨烏滸河東之地
- 窩闊台 一二二九—一二四一 —— 貴由 一二四六—一二四八
- 拖雷 歿於一二三二
  - 蒙哥 一二五一—一二五九
  - 忽必烈 一二三〇—一二九四
  - 旭烈兀 —— 東韃靼帝國

阿里不哥
其他諸子

成吉思汗四子，長子朮赤（Djoutche）死於成吉思汗在生時。遺二子，長子拔都（Batou），承襲兀剌勒（Oural）董（Don）孚勒伽（Volga）諸流域之地，曾侵略斡羅思波蘭匈牙利諸國，歐洲爲之震慴。雖爲長系之長子，然未爲大汗，而歿於一二五六年。以國授其弟別兒哥（Barka），即馬可波羅所謂西方韃靼是已。

察合台（Djagatai）封地在烏滸（Oxus）河東，可當今之俄屬突厥斯單，今尚名月即伯(Usbek)韃靼之地。察合台歿於一二四〇年，亦未爲大汗。

窩闊台（Ogodai），成吉思汗之第三子也，在父生前已被指定繼承汗位，而爲諸系之長。其領地包有蒙古契丹，契丹者，蒙古所領中國北部之地是已。窩闊台歿於一二四一年，皇后攝政四年。子貴由（Gouyouk）繼立，在位不久，而歿於一二四八年。

成吉思汗第四子拖雷，歿於一二三二年。當其兄窩闊台在位時，遺四子，皆留名於史籍。曰蒙哥(Mangou)，曰忽必烈（Koubilai），曰旭烈兀（Houlagou），曰阿里不哥（Arikbouga）。一二五一年，蒙哥得拔都之助，繼貴由爲大汗。

蒙哥初即位，即令其弟旭烈兀率大軍侵略呼羅珊(Khorassan)，波斯(Perse)迦勒都(Chaldée)西利亞(Syrie)諸地，建立東韃靼朝，或波斯蒙古朝。一二五九年，蒙哥用兵四川，歿於合州城下。蒙哥死，忽必烈自立爲大汗，其弟阿里不哥亦自立於和林。自一二六八年以後，忽必烈開始侵略南宋，或蠻子國，而建立元朝。後歿於一二九四年初，年八十歲，是爲第五大汗。

（註二）東韃靼即佔據波斯之韃靼，西韃靼即佔據孚勒伽一帶之韃靼。迄於十三世紀末年，成吉思汗後裔皆奉君臨中國之一系爲主君，受其册封印信。觀阿魯渾同完者都致法蘭西國王 Philippe le Bel 國書中蓋用之中國印章，可以證已。——頗節書一八五頁。

（註三）案阿勒台山名現尙適用，而爲西伯利亞南方山系之總名，西迄額爾齊斯河源，東盡黑龍江之山，皆得以此名名之。然成吉思之葬地僅在此山系之東端，質言之，斡難怯綠連禿剌三河之源，今庫倫東北之肯特(Kenté)山是已。

多桑書云：「成吉思汗一日行獵於其地，息於一大孤樹下，沉思久之，起而言曰，死後願葬於此。至是諸王遵其遺命，葬於樹下。周圍不久遂成森林，原來孤樹不復可以辨識。其後裔數人亦葬同一林中命兀良哈(Ourianguites)部千人守之，免其軍役，供諸王像於此，焚香不絕。」——頗節本一八六頁引多桑書。

據 Palladius 之考訂，元代載籍未言成吉思汗及其後裔確葬何所，元史僅言葬於大都北之起輦谷。此起輦與蒙古西部古匈奴之祁連山毫無關係，應在其東尋之。當忽必烈討叛王那顏(Nayan)(見本書七十六至八十章)進次達里泊(Tal nor)之時，聞諸叛王久據諸汗陵寢，甚憂之，則陵寢應在其西不遠。一四一〇年永樂北征時有人作行紀，謂未至瀘渚河(怯綠連)一程有半之地，見一大山，下有小山，殆是元代君主葬所。由是可以假定起輦谷在怯綠連河附近，而起輦得為怯綠連之省譯也。又案輟耕錄及元史並言蒙古諸汗葬後，以馬踐踏使如平地，不使人知其葬所。葉奇草木子亦云，葬畢以萬騎蹴之使平，殺駱駝子於其上，以千騎守之。來歲春草既生，則移帳散去，彌望平衍，人莫知也。欲祭時，則以所殺駱駝之母為導，視其躑躅悲鳴之處，則知葬所矣。故易世之久，子孫亦不能識也。—— Palladius 書十一至十三頁。

同書又引 Golovkin 之說云，蒙古人相傳古昔諸汗葬所在塔思山(Tas-ola)附近，此山亦距怯綠連河不遠。每年陰曆七月七日，蒙古人必來此跪謁成吉思汗之陵。斡羅思人 Galsan Gomboeff）譯蒙古文金史（Altan Tobchi）謂其地名乃蠻察罕格兒（Naiman tsagan gher），此言「八白帳」，乃合諸汗陵寢之總數而言，有時省稱之曰「白帳」，則專指成吉思汗陵寢。別又有一蒙古傳說，謂成吉思汗葬地在今鄂爾多斯（Ordos）之地，西方諸旅行家亦曾著錄其說。然其說可疑，要以肯特山一說爲是。中國學者張慰西屠敬二人已有討論，應以屠氏之說爲長。可參考地學叢書乙編成吉思汗陵寢辨證書。

（註四）刺失德丁云，衞送成吉思汗遺骸者在道見人則殺，以貴族美女四十人並良馬殉葬。Pétis de la Croix 則否認此說云，韃靼人同蒙古人運柩殺人，似非習俗，蓋史家未曾著錄也。縱有其事，亦非法律所定之文，惟在成吉思汗後諸帝葬時，衞騎在道殺人並用馬殉葬，容有其事耳。——頗節書一八八頁引。

用生人殉葬之風，乃東亞人通行之風俗，殉者常爲死者妻妾僕婢。惟在中國，妻妾有子女者從不殉葬。此風自一六四六年以後，始見消滅。十七世紀末年，清康熙帝禁止强迫殉葬，然自願者倘有之，滿洲雖有此禁令，仍保其强迫殉葬之風。妾婦拒不從者，則以弓弦縊殺之。東胡（Toungouses）等部落，凡殉葬者常用縊殺之法。惟考史籍，蒙古人似無此俗，殆因其他部落有此俗，故擬蒙古人亦然歟。——Palladius 書十三頁。

（註五）此種民族經馬可波羅概稱爲韃靼者，在 Hérodote 書中，則概稱曰粟特（Scythes）。據云：「其人無城堡，行時攜其家屋與俱，人皆習騎射，不事農業，惟事畜牧。其車爲其惟一居屋，然則其常勝之理可知矣。」——Hérodote 書第四卷第四十六章。

馬可波羅所言之俗，後之著述所誌盡符。多桑曾輯阿剌壁及波斯記載之文如下云：

「蒙古人結枝爲垣，其形圓，高與人齊。承以椽，其端以木環結之。外覆以氈，用馬尾繩繫之，門亦用氈，戶永向南。頂開天窗以通氣吐炊煙。竈在中央，全家皆寓此居宅之內。其家畜爲駱駝牛羊山羊，尤多馬，供給其所需。全部財產皆在於是。嗜食馬肉。……然任何獸肉皆食，雖病斃者亦然。嗜飲馬乳所釀之湩，名曰忽迷思（Koumiss）。其家畜且供給其一切需要，衣此種家畜之皮革，用其毛與尾製氈與繩，用其筋作線與弓弦，用其骨作鏃，其乾糞則爲沙漠地方所用之燃料，以牛馬之革製囊，以一種名曰 argali 之羊角作飲器。此種遊牧民族因其家畜之需食，常爲不斷之遷徙。一旦其地牧草已罄，則卸其帳，共什物器具，以及最幼之兒童，載之畜背，往求新牧地。每部落各有其特別標誌，印於家畜毛上。各部落各有其地段，有界限之。在此段內，隨季候而遷徙。春季居山，冬近則歸平原」——頗節本一八九至一九〇頁引多桑書。

（註六）案埃及有鼠名 pharaon，有以爲即阿剌壁及非洲北方繁殖之 gerboise 者，要非旱獺（marmotte），蓋旱獺在盧不魯克書名曰 sogur，近代突厥語名曰 sour，今俄羅斯語名曰 suslik 也。Palladius 引秘史鼠名有二，一名 tarbagat，一名 kuchugur。——玉耳本第一册二五六頁。

（註七）普蘭迦兒賓亦云：「其婦甚貞潔，無言其惡者。此輩不出醜語，雖在遊戲時亦然。」

（註八）「娶妻之數，視其力能贍養，惟意所欲。（成吉思汗有妻妾五百人。）欲娶妻者，以約定家畜之數若干獻於女之父母。各妻各有其居帳，爲子者應贍養其父之諸寡婦，且得娶父之寡婦爲妻，惟不娶其生母耳。兄弟亦得娶其寡嫂娣爲妻。婦女頗辛勤，助其夫牧養家畜、製氈、御車、載駝，敢於乘馬，與男子同。男子不出獵捕之時，則多消磨其光陰於懶惰之中。世人責其人類多狡詐貪婪汚穢，而沈湎於酒，蓋其視酒醉非惡德也。」——頗節本第一册一九〇頁引多桑書。

蒙古之多妻制今尚存在，然不及馬可波羅時代之盛。今之不里牙惕（Bouriates）人似爲保存蒙古風習最完備之部落，亦多妻制，娶妻之數惟意所欲云。

第六九章　韃靼人之神道

君等須知其信仰如下所云：彼等有神，名稱納赤該(Nacigay)，（註一）謂是地神，而保佑其子女牲畜田麥者，大受禮敬。各置一神於家，用氈同布製作神像，並製神妻神子之像，位神妻於神左，神子之像全與神同。食時取肥肉塗神及神妻神子之口，已而取肉羹散之家門外，謂神及神之家屬由是得食。

韃靼人飲馬乳，其色類白葡萄酒，而其味佳，其名曰忽迷思(Koumiss)。（註二）衣金錦及絲絹，其裏用貂鼠銀鼠灰鼠狐之皮製之。其甲胄皆美而價甚巨。（註三）其兵器有弓箭劍骨朵，然常用弓，緣其人善射，世無與比。背負熟皮甲，堅甚。其人爲良武士，勇於戰鬥，（註四）能爲他人所不能爲。數作一月行，不攜糧秣，祇飲馬乳，祇食以弓獵得之獸肉。馬牧於原，蓋其性馴良，無需以大麥燕麥草料供其食也。此種韃靼人能耐勞苦，食少而能侵略國土，世人無能及之。是以今日爲世界一大部份之主人，其軍隊編制甚善，說如下方。

君等應知韃靼君主之作戰，若率萬騎，則命一人長十人，一人長百人，一人掌千人，一人長萬人，俾其本人祇將十人，而彼十人亦各將十人，以次類推。將士服從統率極易。此外彼等名十萬人爲一禿黑(tuc)，萬人爲一土綿(toman)千人〔爲一敏黑〕(ming)百人〔爲一忽思〕(guz)十人〔爲一溫〕(on)。行軍時常有二百騎前行，距大軍二日程巡邏。後隊及兩翼亦有邏者。四面皆有防守，不易爲敵所襲。遠征時，不負甲胄，僅各攜二皮囊，以置所飲之乳。一煮肉之土釜，一避雨之小帳，設須急行，則急馳十日，不攜糧，不舉火，而吸馬血，破馬脈，以口吸之，及飽則裹其創。

彼等亦有乾乳如餅，攜之與俱，欲食時，則置之水中溶而飲之。(註五)

其作戰勝敵之法如下：此輩不以退走爲恥，蓋退走時回首發矢射敵，射極準，敵人大受傷。馬受訓練，往回疾馳，惟意所欲，雖犬亦不能如其迅捷，則其退走戰亦不弱於相接戰。蓋退走時向追者發矢甚多，追者自以爲勝，不虞及此也。及見敵騎死傷，則皆回騎，大呼進擊破敵。蓋彼等極驍勇耐勞，敵人見其奔逃而自以爲獲勝時，實不自知爲敗亡之徵，而韃靼將乘勢回擊也。其用此法取勝之例不少。(註六)

前所言者，乃眞正韃靼之生活及風習，然今日則甚衰微矣。蓋其居留契丹者染有偶像教之積習，自棄其信仰，而居留東方者則採用回教徒之風習也。（註七）

其治理獄訟之法如下。有竊一微物者，杖七下，或十七，或二十七，或三十七，或四十七，而止於一百零七。視其罪大小而異，有時被杖至死者。設有盜馬一騎或其他重要物品者，則爲死罪，處以腰斬之刑。然應附帶言及者，其罪可以買贖，償竊物之九倍則免。（註八）各君主或他人之畜養牲畜，如馬牛駱駝及其他大牲者，在畜身上作一記號，任其牧於野中，不用人看守。各主之畜混牧一處，賴有記號，可以辨識，牧後各歸其主。小牲畜則命牧人守之，其軀大而且肥。

彼等尙有另一風習，設有女未嫁而死，而他人亦有子未娶而死者，兩家父母大行婚儀，舉行冥婚。婚約立後焚之，謂其子女在彼世獲知其已婚配。已而兩家父母互稱姻戚，與子女在生時婚姻者無別。彼此互贈禮物，寫於紙上焚之，（註九）謂死者在彼世獲有諸物。

韃靼人之風習既已敍述於前，至若君臨一切韃靼的大汗及其宮廷之事，將在本書中隨時言之，蓋其事亦奇也。茲請接述前文初入平原時之事蹟。

（註一）最初記錄蒙古人之風習者，乃是教皇因諾曾四世（Innocent IV）之使臣普蘭迦兒賓，亦言其有一神名稱伊脫伽（Itoga）或伊綽伽（Icoga），似即馬可波羅書中之納迪該（Natigay）或納赤該（Nacigay），彼此傳寫必有一誤。據云：「彼等信仰一神，是爲一切有形無形之物之創造者，對於人類行爲施以賞罰。然彼等對之不用禱讚，惟用氈作偶像，上類人形，面下類乳房，置於門中，信其能保護牲畜繁殖。又以絲絹製像，禮奉尤甚。……每飲食時，先以飲食祀此偶像。」

多桑亦言彼等承認有一主宰，與天合名之曰騰格里（Tengri），並崇拜日月山河五行之屬。出帳南向對日跪拜，奠酒於地，以酹天體五形。以木或氈製偶像，懸於帳壁，對之禮拜。食時先以食獻，以肉或乳塗其口。此外迷信甚多。以爲死亡即由此世渡彼世，其生活與此世同。災禍乃因惡鬼之爲厲，或以供品，或求巫師禱之。此種巫師蓋爲其幼稚宗教之教師，兼幻人卜人星者醫師於一身。此輩自以各有其親狎之神靈，告以過去現在未來之秘密。人生大事皆詢巫師，信之甚切。設其預言不實，則謂有使其術無效之原因，人亦信之。——頗節書一九一頁引。

剌木學本記述較爲完備，首云：「其教信有一最高天神之存在，逐日焚香祀之，求其保佑。」此天神顯是蒙古人之騰格里，而習名之曰德烈（Dere此言最高）及蒙哥（Munke此言長生）者也。珊蠻教（Chamanisme）之天的觀念，與中國人之天的觀念必具有關係無疑。惟祀天之法有異耳。——Palladius書十四頁。

馬可波羅對於當時輸入蒙古不久之佛教無一言及之，惟在此後言及居留契丹者染有偶像教之積習質言之，改從佛教也。但蒙古人自被逐出中國（一三六八至一三六九）以後，其佛教信仰已衰。珊蠻教之存在則抵於一五七七年，至是剌麻教（Lamaisme）與。據撒難薛禪之蒙古源流，此佛教之復興，爲蒙古史中之一大事。其祖父鄂爾多斯汗呼圖克台薛禪（Koutouktai Setsen），蓋爲此種運動之一要人云。

（註二）忽迷思（koumiss）爲蒙古人及亞洲遊牧習用之飲料。製造之法如下：用馬革製一有管之器，洗淨，盛新鮮馬乳於其中，微摻酸牛乳，俟其發酵，以杖大攪之，使發酵中止。凡來訪之賓客，入帳時必攪數下，如是製作之馬湩，三四日後可飲。

忽迷思可以久存，相傳其性滋補，且謂其能治瘵疾，其味不盡爲人所喜。盧不魯克曾言其味剌舌，與新釀之葡萄酒無異，飲之者似飲杏仁漿，有時使人醉，尤能使人多便溺。

韃靼人亦製哈剌忽迷思(kara koumiss)，質言之，黑色馬湩。此種馬乳不凝結，蓋凡牲畜未妊孕者，其乳不凝結。而黑色馬湩即取未孕之牝馬製之，攪乳使重物下沈，如葡萄酒滓之沈下。所餘之純乳，其色類白葡萄酒，飲者待其清飲之，其味甚佳，而性亦滋補。

韃靼人取牛乳先製酪，已而留餘乳使酸，煑之使其凝結，復於日中曝之，遂硬如鐵滓，然後以囊盛之，以備冬日缺乳時之用。欲飲時，置凝結之酸乳於囊中，澆以熱水，攪之使溶，然後飲之。蓋彼等常不飲清水，而以此代鮮乳也。——盧不魯克行紀第七章。

(註三)甲冑蓋包括騎士及乘騎之一切甲冑鞍韂而言，故在此處用舊寫之 harnois 一字。

(註四)多桑書云：「此種遊牧生活，頗宜於從事軍役。此輩之嗅覺聽覺視覺並極銳敏，與野獸同能。終年野居，幼稚時即習騎射。在嚴烈氣候之下習於勞苦，此蓋生而作戰者也。其馬體小，外觀雖不美，然便於馳騁，能耐勞，不畏氣候不適，馴從騎者之意。騎者發箭時，得不持韁而馭之。戰時各人攜馬數匹，蓋此種民族惟習騎戰也。服革甲以防身，以弓為其主要武器，遠見其敵即發箭射之。其回走時反首發矢，務求避免白刃相接。出兵常在秋季，蓋在斯時馬力較健。結圓營於敵人附近，統將居中人各攜一小帳，一革囊盛乳，一鍋，隨身行李皆備於是。用兵時隨帶其一部份家畜以供食糧。其渡河，以其攜帶之物置於革囊之中，繫囊馬尾，人坐囊上而渡。」——頗節書一九二頁引。

（註五）可參照本章註二，至其吸飲馬血之習慣，普蘭迦兒賓及其他旅行家之行紀亦見著錄。

至若蒙古軍隊之官名，頗節玉耳已有詳細註釋，據稱其出於蒙古語或突厥語。傳鈔馬可波羅書者有誤，禿黑蓋爲纛之對音，乃統將之標誌。土綿，蒙古語猶言萬也。

元史卷九八兵志云：「國初典兵之官，視兵數多寡爲爵秩崇卑，長萬夫者爲萬戶，千夫者爲千戶，百夫者爲百戶。世祖時，……萬戶之下置總管，千戶之下置總把，百戶之下置彈壓。……萬戶千戶百戶分上中下。萬戶佩金虎符，符趺爲伏虎形，首爲明珠，而有三珠二珠一珠之別，千戶金符，百戶銀符。萬戶千戶死陣者，子孫襲爵，死病則降一等。」

剌木學本之文則云：「韃靼君主之進兵，攜十萬騎與俱。其分配之法如下。選一人爲十人長，一人爲百人長，一人爲千人長，一人爲萬人長。十十人長隸於一百人長，十百人長隸於一千人長，十千人長隸於一萬人長。由是各人與各長祇同十人有其關係。賴有此種組織，此十萬人之君主如欲遣軍遠征，則命萬人長供給千人。萬人長統千人長，千人長統百人長，百人長統十人長。由是十人長對於百人長供給其人數，百人長對於千人長，千人長對於萬人長，亦然。此外每百人名曰一禿黑，十百人爲一土綿」末二語有誤，所以馬可波羅後來改正其文如本文。

（註六）則其人作戰之法與安息人（Parthes）同矣。海屯（Haython）亦云：「彼等逃時，仍聚而不散，追者常受其回擊。蓋韃靼人逃時，回首發矢以傷追者，行列既密，追者常不能殲其半數。」普蘭迦兒賓所誌亦同。——參看玉耳本第一册二六五至二六六頁。

（註七）蒙古人之縱橫於歐亞，並不同回教徒之宣傳其宗教。其目的僅在爲生存而鬥爭，其所信奉之偶像教不能有回教徒之熱烈，所以常願採用被侵略的民族之宗教及風習。而在中國成爲佛教徒，在波斯則成爲回教徒也。

此處之契丹（Cathay），在剌木學本中作 Ouchacha，而在第三十五章中則作 Ouchak。此二名顯指孚勒伽江上之 Oukak。至若中國北部之 Ouchak，必是 Ouchacha 之省寫，殆爲 Chataja 傳寫之誤，亦指契丹也。

（註八）Pétis de la Croix 之成吉思汗史云：其時（十七世紀末年）尚存有一成吉思汗法令（Yasa Genghizcani），據突厥波斯著作家之記錄，凡二十二條，絕對與馬可波羅書所記相符。伯希和云，杖數多從七者，蓋爲天地皇帝各免一杖也。——戈爾迭本第三册六十頁。

（註九）此風蓋出於韃靼，而非出於中國。據 Pétis de la Croix 所引波斯某著作家之說，此風乃由成吉思汗所提倡，用以密結其臣民之友誼者。見一二〇五年頒佈之法令第十九條。今日（十七世紀末年）韃靼人尙適用之。——參看戈爾迭本第三册六十頁。

第七〇章　哈剌和林平原及韃靼人之種種風習

若從哈剌和林同前文所述韃靼諸主埋葬遺骸之阿勒台山首途，北行四十日，抵一高原，名曰巴兒忽(Bargou)平原。（註一）居民名稱蔑克里惕(Mékrites)，是爲一種蠻野部族，恃其牲畜爲活。風習與韃靼人同，隸屬大汗。其人無麥無酒，夏日獵取鳥獸甚夥，然冬日嚴寒則無所得。

又從此大平原騎行四十日，抵於海洋。其處有山，山中有隼(faucon pélerin)作巢。此外山中無男無女，無鳥無獸，僅有一種飛鳥名曰巴兒格兒剌黑(barguerlac)。（註二）供隼之食。此鳥大如鷓鴣，爪如鸚鵡，尾如燕，飛甚捷。蓋因嚴寒，故無動物居處其間。大汗欲得此作巢之隼時，則遣人取之。此海諸島亦產海青(gerfaut)。地在極北之處，中午可見北極之星。（註三）海青甚多，君主欲得之者，可以取之不盡。君等切勿以爲取得海青之基督教徒以海青貢獻大汗，其實乃貢獻東方君主者也。

此北方諸州迄於地盡大海之處，既已備述於前，茲將言往謁大汗沿途所經之其他諸州。所以吾人重返本書業已敍述之甘州。

（註一）諸本所錄路程之長短不一，頗節本謂自哈剌和林附近達於巴兒忽平原有四十日程，自此平原達於海洋又四十日程。地學會本僅言經行巴兒忽平原有四十日，至哈剌和林與至平原間之距離，毫無著錄。剌木學本則謂約須六十日（南北行）抵於巴兒忽平原，逾此須四十日抵於海洋，其文如下：

「自離哈剌和林同前此所言韃靼諸帝埋葬遺骸之阿勒台山以後，北行抵於一地名曰巴兒忽平原，其距離足有六十日程。居民名稱蔑克里惕，爲人蠻野，恃獸肉爲食。諸獸之中有一種獸形如鹿者，居其大半。此獸且供乘騎。其人兼食飛鳥，蓋自此平原達於海洋，湖沼之中有飛鳥甚衆也。諸鳥在夏日大半時間常處水中，及舊羽脫後，體裸不能飛時，土人取之甚易。其人亦食魚。——若再騎行四十日，則見海洋，海岸附近有一山，鵰隼在其中作巢。山中無人，亦無鳥獸，僅有一種名曰巴兒格兒剌黑之鳥……」——剌木學本第一卷四十九章十五頁。

此地在蒙文本成吉思汗傳中亦名巴兒忽及巴兒忽眞。據頗節玉耳等之考訂，其地在貝加爾湖附近。蓋據成吉思汗傳所載蔑兒乞人（Merkites）居巴兒忽地之事以爲證。成吉思汗戰勝蔑兒乞時蔑兒乞人遁入巴兒忽眞之隘也。惟據成吉思汗傳，林木中百姓內有巴兒忽人，則居巴兒忽地者，應是此部，而非蔑兒乞也。——參看 Palladius 書十六頁。

元朝祕史卷十云：「兔兒年（一二〇七），成吉思命拙赤領右手軍去征林木中百姓，令不合引路。斡亦剌（Ouirat）種的忽都合別乞比萬斡亦剌種先來歸附，就引拙赤去征萬斡亦剌，入至失黑失惕地面。斡亦剌剌巴思諸種都投降了，至萬乞兒吉思（Kirghiz）種處，其官人等也歸附了，將白海青白騸馬黑貂鼠來拜見拙赤。自失必兒等種以南林木中百姓，拙赤都收捕了，遂領着乞兒吉思萬戶千戶並林木中百姓的官人，將着海青騸馬貂鼠等物回來拜見成吉思。」

乞兒吉思，即元史之吉利吉思，元史卷六十三地理志云：「吉利吉思者，初以漢地女四十人與烏斯之男結婚，取此義以名其地。南去大都萬有餘里。相傳乃滿（Naiman）部始居此。及元朝，析其民爲九千戶。其境長一千四百里，廣半之。謙河（yenissei）經其中西北流。……俗與諸國異。其語言則畏吾兒同。廬帳而居，隨水草畜牧，頗知田作。遇雪則跨木馬逐獵。土產名馬白黑海東青。昂可剌（Angara）者，因水爲名，附庸於吉利吉思。去大都二萬五千餘里。其語言與吉利吉思特異。晝長夜短，日沒時炙羊肋熟，東方已曙矣。卽唐史所載骨利斡國也。」——並參觀文獻通考卷三三四七拔悉彌傳。

由前引諸文，似不足證明馬可波羅所言者專指蔑兒乞部。玉耳曾云：「在此處如在其他根據傳聞敘述之處，所言之一切細節，並不必適應於某一部落。……斯蓋以遠地部落之情形屬之於蔑兒乞部，其實所言者為東胡（Tongouses）人之風習，似即剌失德丁所誌巴兒忽眞境外之林木中的兀良哈（Ouriangoutes）。彼亦言此部有馴鹿（renne），有樺皮帳，及用橇獵於雪上之風習也。」——玉耳本第一册二七一頁。

然則馬可波羅所言者為何海洋歟？應從剌木學本作北冰洋岸歟，似不然也。蓋其所言者應是當時已知之北方諸島，顧在當時除黑龍江口薩哈連（Saghalin）等島以外，不復知有他島。自貝加爾湖以北行四十日程，則抵於北冰洋，乃為當時人未詳之地。考諸本之記錄，固多言巴兒忽地長四十日程。然 Bergeron 本獨作「離此地後，東向稍微偏北行四十日，則抵海洋。……此北地中有若干島嶼，列於其北，致使北極星……」等語。吾人常以為 Bergeron 本即一六七一年 Muller 刊本所據之同一鈔本，亦一五五六年譯為法文之本。然此兩本皆無 Bergeron 著錄之方向，不知其何所據。雖然，吾人終疑馬可波羅所言之地在黑龍江口。然則其所言之蔑克里惕，非蔑兒乞惕，殆爲昔之靺鞨。黑龍江北有北黑水靺鞨部，並在忽必烈時內附也。——參看文獻通考卷三四七流鬼傳。

（註二）此鳥卽Pallas行紀（第四册五四至五五頁）所言之tetras paradoxa，而經後人追憶此旅行家而定名爲Syrrhaptes Pallasii者也。鳥羣有時飛至中國北部，Rockhill曾名之曰沙雞。

（註三）本文應作下解：「此地北處甚遠，致有時在正午完全可見北極之星。」蓋在此種北冰洋之地中午爲半夜也。然在其他諸本，若地學會本剌木學本諸本之中，則明言人在其地則見北極星在南云。

第七一章　額里湫國

從前此已言之甘州首途，騎行五日，夜間多聞鬼聲。行此五日畢，東向有國，名曰額里湫（Erginul）。（註一）臣屬大汗，隸唐古忒州。時此州內有數國，居民是聶思脫里派之基督教徒，或偶像教徒，或崇拜摩訶末之教徒。

此國之中，多有城市，其要城名曰涼州。從此城向東南行，可至契丹之地，在此方道上，見有一城名稱申州（Singuy）。所轄城村甚夥，亦屬唐古忒，隸於大汗。（註二）居民是偶像教徒同回教徒，然亦有基督教徒。地產野牛，身大如象，其形甚美，蓋牛毛被覆全身，僅露其脊，毛長四掌，呈黑白色，其美竟至不可思議。牛幼時即畜養之，所以爲數頗衆。用以負載，並命作其他諸事，且用以耕種，緣其力大，耕地倍於他畜也。（註三）

此地有世界最良之麝香，請言其出產之法如下：此地有一種野獸，形如羚羊，蹄尾類羚羊，毛類鹿而較粗，頭無角，口有四牙，上下各二，長三指，薄而不厚，上牙下垂，下牙上峙。獸形甚美。取麝之法如下：捕得此獸以後，割其臍下之血袋。袋處皮肉之間，連

皮割下，其中之血卽是麝香。其味甚濃，此地所產此獸無算。（註四）

居民是商賈工匠，出產小麥甚饒。地廣二十六日程。中產野雞，大倍吾人之雉，尾長十掌。（註五）別有其他種種禽鳥，羽毛具有各色，其形甚麗。信仰偶像之人，體肥，鼻小，頭髮黑色，微有鬚而無髯。女子除頭髮外，遍身無毛，色白而美。居民淫佚，娶妻甚多，蓋其教與其俗皆無此禁。女雖微賤，第若美麗，國之大貴人不惜與之爲婚，並贈女之父母以多金。

茲從此地前行，請言東方之別一州。

（註一）馬可波羅夾叙蒙古沙漠高原以後，回至第六十一章所言之甘州，東行至額里湫國，此國名似以剌木學本之 Erginul 之寫法爲較善，故從之。（鈞案應從地學會本作 Ergyul）諸註釋家大致皆考訂其地爲今之涼州府。元史卷六十地理志云：「永昌路，唐涼州，宋初爲西涼府，景德（一〇〇四至一〇〇七）中陷入西夏，元初仍爲西涼府。至元十五年（一二七八）以永昌王宮殿所在，立永昌路，降西涼府爲州隸焉。」

（註二）申州在剌木學本中州名與都會名並作 Singuy，惟 Muller 之拉丁文本同一五五六年之法文譯本則謂 Singuy 是 Cerguth 國之都城。此外 Singuy 在其他諸本中又作 Fingui, Tinguis, Sigui, Cingui 等寫法,未知孰是。其地無考。

(註三)此即背上有峯之西藏犛牛 (yack),昔日僅據馬可波羅書得識此物已久。馬可波羅謂其身大如象,此喻未免過度。Prejvalski 曾在青海南部獵得二十餘頭,其身高五尺,長一丈一尺,尾長三尺。

(註四)剌木學本於此段後云:「其肉可食,味甚佳。馬可閣下曾將此獸之頭足攜回物搦齊亞。」剌木學並言獵人於新月昇時往獵此獸,是亦其排泄麝香之時也。

馬可波羅所誌,除四牙外皆實。麝香鹿僅上腮有犬牙,薄而銳。中國人食此獸肉,與蒙古人及西伯利亞之俄羅斯人同。惟牡獸之肉常有麝味。

(註五)中國到處皆產野雞,尤以中部南部諸省出產最衆,種類甚夥。馬可波羅所言之野雞,名稱 Phasianus veneratus,僅在甘肅及揚子江南北兩岸有之。

第七二章　額里哈牙國

如從涼州首途東進，騎行八日至一州，名曰額里哈牙（Egrigaia）。（註一）隸屬唐古忒，境內有城堡不少，主要之城名哈剌善（Calachan）。（註二）居民是偶像教徒，然有聶思脫里派之基督教堂三所。其人臣屬大汗。城中製造駝毛氈不少，是爲世界最麗之氈，亦有白氈爲世界最良之氈，蓋以白駱駝毛製之也。所製甚多，商人以之運售契丹及世界各地。（註三）

今從此州東行，將言一名天德（Tenduc）之州，由是進入昔屬長老約翰之地。

（註一）此處敍述之文頗含混不明，初視之不知所言者爲一都會抑兩都會也。據 Palladius 之說，本章中所言者蓋爲二城。前一城名額里哈牙，爲本州之都會，與州名同。後一城名哈剌善，乃西夏之故都，本章僅夾敍其名而已。後此所言蓋爲額里哈牙之事也。

玉耳（第一册二八二頁）歷引東方著作所誌此城之名，有 Arbaca (Pétis de la Croix)，Eyircai (Klaproth)，Uiraca (d'Ohssen) Artacki，Artaekin (Erdmann) 等寫法，以爲

皆是同名異寫，其說誠是。然謂是馮秉正之兀剌孩，則誤矣。蓋兀剌孩爲西夏之一堡塞，在賀蘭山（阿剌善）中一險要之處。一二〇八年成吉思汗曾駐此五月也。中國人有誤以此地爲靈州者，亦誤。案靈州在元秘史中作朶兒蔑該，而夏王城質言之今之寧夏，則作額里合牙也。

（註二）考成吉思汗圍攻之西夏諸城中有夏州，在今榆林府西，疑卽此哈剌善，亦漢名之黑水城也。但據 Palladius 之說，距寧夏六十里賀蘭山下，有賀蘭山離宮，元昊所建，西夏書事作哈剌沙兒，殆爲此阿剌善。元秘史賀蘭山作阿剌篩，亦與此對音相合云—— Palladius 書十九至二十頁。

（註三）玉耳謂在不里牙惕（Bouriates）同恰克圖（Kiakhta）之華人處，常見有白駝，其白如雪。

第七三章　天德州及長老約翰之後裔

天德（Tenduc）是向東之一州，境內有環以牆垣之城村不少，（註一）主要之城名曰天德。隸屬大汗，與長老約翰之一切後裔隸屬大汗者同。此州國王出於長老約翰之血統，名稱闊里吉思（George），受地於大汗，然所受者非長老約翰舊據之全土，僅其一部份而已。然我應爲君等言者，此長老約翰族之國王皆尙主，或娶大汗之女，或娶皇族公主爲妻。

此州有石可製瑠璃（azur），其質極細，所產不少。州人並用駝毛製氈甚多，各色皆有。並恃畜牧務農爲生，亦微作工商。治此州者是基督教徒，然亦有偶像教徒及回教徒不少。此種持有治權之基督教徒，構成一種階級，名曰阿兒渾（Argon），猶言伽思木勒（Gasmoul）也。其人較之其他異教之人形貌爲美，知識爲優，因是有權，而善爲商賈。（註二）

君等應知昔日長老約翰統治韃靼時，卽定都於此天德城中。今其後裔尙居於

是，蓋前此已言此闊里吉思國王出其血統，其實爲長老約翰以後之第六君主也。（註三）

此地即吾人所稱峨格（Gog）同馬峨格（Magog）之地。（註四）其人則自稱曰汪格（Ung）同木豁勒（Mugul）。蓋在此州中原有二種人，先韃靼人居住其地，汪格人是土著，木豁勒人則爲韃靼，所以韃靼人常自稱曰木豁勒，而不名曰韃靼。

由此州東向騎行七日，則抵契丹（Cathay）之地。此七日中見有城堡不少，居民崇拜摩訶末，然亦有偶像教徒及聶思脫里派之基督教徒。以商工爲業，製造金錦，其名曰納石失（nasich）毛里新（molisins）納克（naques）。並織其他種種綢絹，蓋如我國之有種種絲織毛織等物，此輩亦有金錦同種種綢絹也。

其人皆屬大汗，其地有一城名曰申達州（Suydatuy, Syndatny）。（註五）居民多以製造君主臣下之武裝爲業。此州有一山，中有銀礦甚佳，採量不少，其名曰伊的非兒（ydifir）。居民多遊獵養鳥。

茲從此州首途，遠行三日。三日後，至一城，名曰察罕腦兒（Tchagan-nor）。（註六）

中有大宫一所，属於大汗。周围有湖川甚多，内有天鹅，故大汗极愿居此。其地亦有种种禽鸟不少周围平原颇有白鹤鹧鸪野鸡等禽，所以君主极愿居此以求畋猎之乐，在此驯养鹰隼海靑，是即其乐为之艺也。

此地有鹤五种，一种躯甚大，身黑如乌。第二种全白，其翼甚美，其圆眼上呈金色，此鹤为诸类中之最大者。第三种与我辈地方所产者同。第四种较小，耳旁有长羽甚美，下垂作红黑色。第五种甚大，全身灰色，头呈红黑色。此城附近有一山谷，君主建数小屋於其中，畜养鹧鸪无数，命数人守之，大汗至时，取之惟意所欲。

兹吾人更向北方及东北方远行三日。

（註一）Palladius 云「马可波罗未言其自宁夏渡鄂尔多斯抵於天德边境之情形。案宁夏以东之要道，经行神木县者，为程九百七十五里。若绕经榆林，则有一千一百三十五里。是为由陕西经行山西北部之大道。最短之道止於库库和屯（Koukou-hoton），是即世人拟为马可波罗之天德城，在黄河支流胡坦和硕汇流处渡河。」

「胡坦和硕为昔日天德军之西界，亦为今日库库和屯之界。又案自保德州经行大同府而至宣化府（波羅時名宣德州）之里程，同胡坦和碩經行庫庫和屯及大同而至宣化府之里程，大致相等，皆爲九百五十里。則無論馬可波羅於此兩道所循何道，其結果皆同。其七日行程所見諸城，既云屬於天德，則應位置於長城以內。設其自天德城首途以後，未經大同逕向上都，則不能下蒙古高原而至宣德州，然後重返故道也。由是觀之，波羅自黃河沿岸行抵申達州之路程，要在長城以內。至若居住天德的部落之强盛情形，蓋據史載當時之傳說言之。」

案天德顯是昔之天德軍，而經中國地理學者考訂爲現代之庫庫和屯者也。天德軍名，經遼金迄於忽必烈時尚存。一二六七年名曰豐州，屬大同府。天德軍之轄境，微大於今之土默特(Toumet)旗，今旗地南北三百七十里，東西四百里，而庫庫和屯自十六世紀以來，即在此旗轄境以內也。」

—— Palladius 書二十至二十一頁。

右引之文既云胡坦和碩至宣化府有九百五十里，然則不止七日行程，本書之申達州，不得爲宣化府矣。Palladius 必欲波羅經行長城之內，致有此誤。本書既云天德爲昔日長老約翰統治之地，而歐洲人所稱峨格同馬峨格之地，其地饒有牧場，居民多遊獵養鳥，此種情形既不適於大同，亦不適於羊河同桑乾河流域也。則波羅東行之道，應是後來 Huc 同 A. David 二神甫西行之道，況大同不在天德境內，而在金時爲五京之一，名曰西京，宣化府居西京（大同）中京（今北京）之間，不得位置於馬可波羅所言之天德境內也。

至若天德城之所在，Palladius 曾歷引中國載籍之文，謂卽後之庫庫和屯，亦明代以來之歸化城。Rockhill 同 Bonin 謂在托克托（Tokto）一說，史無明證，蓋此地爲唐代三受降城最東之一城，不得爲天德軍也。

（註二）頗節首引 Du Cange 之說，以爲中世紀時伽思木勒之義，訓作父爲法蘭西人母爲希臘人之雜種。「殆由馬可波羅或其父聞之於孔士坦丁堡者，與阿兒渾之訓義恰合，蓋阿兒渾爲一種聶思脫里派之基督教徒，而生於長老約翰之蒙古部族者也，則亦西利亞人與韃靼人之雜種矣。故馬可波羅以伽思木勒（Gasmoul）或巴思木勒（Basmoul）一名當之。」——頗節書第一册二一六頁。

玉耳根據波羅極明瞭之定義，以爲阿兒渾一名僅指雜種而言。惟是中世紀時，稱東方基督教徒曰 Arkaion，亦卽剌失德丁著錄蒙古人所用之 Arkaoun，皆中國載籍「也里可溫」之對稱也。此名與阿兒渾似不無關係，關於也里可溫者，陳垣撰有元也里可溫考，歷引東西載籍之記錄甚詳，可以參看。

（註三）蒙古之有基督教徒，其證甚夥。就中若刺失德丁書謂不僅王罕是基督教徒，其統轄之克烈部亦奉同一教義。同一史家並謂貴由汗有兩大臣亦是基督教徒，曾召聚西利亞小亞細亞斡羅思之不少教師在朝。貴由汗母亦奉基督教，旭烈兀妃亦然。旭烈兀曾爲之在波斯重建一切教堂，而蒙哥忽必烈之母亦爲基督教徒，前已言之也。

中國第一任大主教孟帖戈爾文（Jean de Montcorvin）之至大都，在一二九三或一二九四年，適在馬可波羅等回歸歐洲之時。其在一三〇五年一月八日之信札中敍述此國王闊里吉思之事甚詳。據云：「此地有一國王名稱闊里吉思，乃名稱長老約翰的大國王之後裔，而爲聶思脫里派之基督教徒。我初至之第一年，待我甚厚，我曾導之歸向正教。舉行彌撒時，彼衣王服來臨，所以聶思脫里派教徒詆之爲外道。彼曾導其大多數人民信仰正教，建築一壯麗教堂。六年前此闊里吉思國王死，遺一子甚幼，今年甫九歲。然此闊里吉思國王之兄弟等仍奉聶思脫里派之謬說，國王死後，復導其民還向異端。顧我獨在大汗所，不能遠離，蓋此教堂距離有二十日程也。……設有同伴二三人相助，大汗必定願受洗禮。」

「至若所循之路程，則有一較短而較安全之道路，通行契丹皇帝所屬北韃靼之地使臣（西方使臣）行五六月可至。至若海道較遠而較危險，須兩年始達。顧因戰爭，陸道不靖已久。我未接羅馬消息，已有十二年矣。」

「我曾熟習韃靼之語言文字，曾將新約書譯爲韃靼語言，並用韃靼文字寫聖歌集，且以語言文字公然宣傳基督法律。闊里吉思國王之子名朮安（Jean），與我同名。惟願天主之助使之追隨其父之跡。據我之所聞見此世君主土地之廣，人民之衆，財富之多，殆無有逾於大汗者也。」——參看樊國棟（A. Favier）撰北京志，一一八至一一九頁。——A. van den wyngaert 撰孟帖戈爾文傳，四九至五二頁。

上引之文，完全證明馬可波羅之說，距離大都二十日程之地，可以今之綏遠古之天德當之。波羅及孟帖戈爾文皆誤以闊里吉思國王是長老約翰之後裔，殆合王罕汪古二名爲一，蓋闊里吉思國王爲汪古部人也。

Palladius云：「天德軍北以陰山爲界，其北則屬沙陀突厥。契丹侵略中國北部以後，並將此種突厥征服。金興，而汪古部出，（一作雍古，即剌失德丁書之 Ongot，秘史之翁古惕），統此諸部。汪古部者，亦沙陀突厥也分二部，一爲陰山汪古，一爲臨洮汪古。金徙臨洮汪古於遼東，陰山汪古則爲金守北方邊牆。成吉思汗強盛之時汪古部長名稱阿剌忽思，遼東系汪古部之首領則名把造馬野禮屬。（此人有一子名稱錫禮吉思 Sergis，錫禮吉思子名月合乃，月合乃之曾孫名馬祖常，元史有傳。）已而阿剌忽思叛金而從成吉思汗，爲其部人所殺。成吉思汗以女妻阿剌忽思子，生子三人。長名君不花，妻貴由汗女，次子名愛不花，妻忽必烈汗女，生子名闊里吉思，（即波羅同孟帖戈爾文之闊里吉思國王。）先後娶皇女二人爲妻。一二九八年，闊里吉思討海都，被擒死。一三一〇年其子朮安襲爵。由是觀之，汪古部諸王皆是蒙古汗婿，世有高唐王號，其封地疑是古之天德軍地。顧王罕汪古二名前一音之相近，遂使波羅誤將異部異人混而爲一，竟將久死之長老約翰（死於一二〇三年）以屬汪古。此處之闊里吉思國王，確爲高唐王闊里吉思無疑。此名爲一基督教名，亦有旁證。蓋元史及鎮江志中亦有名闊里吉思者也。」——Palladius 書二二二至二二三頁。

據上文，此曖昧不明的長老約翰，賴 Palladius 之考證而顯，則天德之長老約翰，與克烈部之長老約翰，非一人矣。茲引元史卷一一八阿剌兀思剔吉忽里傳之文如下以證之。

「阿剌兀思剔吉忽里，汪古部人，系出沙陀雁門之後。遠祖十國世爲部長。金源氏塹山爲界，以限南北，阿剌兀思剔吉忽里以一軍守其衝要。時西北有國曰乃蠻，其主太陽可汗遣使來約，欲相親附，以同據朔方。部衆有欲從之者，阿剌兀思剔吉忽里弗從，乃執其使，奉酒六尊，具以其謀來告太祖。時朔方未有酒，太祖飲三爵而止。曰，是物少則發性，多則亂性。使還，酬以馬五百，羊一千。遂約同攻太陽可汗，阿剌兀思剔吉忽里先期而至。既平乃蠻，從下中原，復爲鄉導，南出界垣。太祖留阿剌兀思剔吉忽里歸鎭本部，爲其部衆昔之異議者所殺，長子不顏昔班併死之。其妻阿里黑攜幼子孛要合與姪鎭國逃難，夜遁至界垣，告守者，縋城以登，因避地雲中。太祖既定雲中，購求得之，賜與甚厚，乃追封阿剌兀思剔吉忽里爲高唐王，阿里黑爲高唐王妃。以其子孛要合尙幼，先封其侄鎭國爲北平王。鎭國薨，子聶古台襲爵，尙睿宗女獨木干公主，略地江淮，薨於軍。賜興州民千餘戶，給其葬。孛要合幼從攻西域，還，封北平王，尙阿剌海別吉公主。……孛要合未有子，公主爲進姬妾以廣嗣續，生三子，曰君不花，曰愛不花，曰拙里不花。……愛不花子闊里吉思，尙忽答的迷失公主，繼尙愛牙失里公主。……」

觀上文傳世之先後，（一）阿剌兀思剔吉忽里，與成吉思及王罕（長老約翰）同時，（二）鎭國(三)聶古台,(四)孛要合,(五)愛不花,(六)闊里吉思,實爲六王,皆尙主。茲再引蒙兀兒史記王罕傳,以明其與天德部之闊里吉思非一人。

「王罕者,名脫斡鄰勒,汪豁眞氏,客列亦惕(克烈)部長也。受金爵爲王,蕃語謂王曰合罕,通蕃漢語呼之,故曰王罕,又若汪罕,或曰汪可汗。相傳王罕始居欠欠州,亦曰謙州,地有謙河,北鄰乞兒吉思。……至王罕祖默兒忽察,有二子,長忽兒忽察思,嗣爲部長,號不亦魯罕。次古兒罕。忽兒忽察思有子四十人,脫斡鄰勒最長。脫斡鄰勒七歲時,嘗被薛涼格河之蔑兒乞人虜去舂碓,衣以花羔之裘。忽兒忽察思破敵救之歸。至十三歲,又嘗隨母爲塔塔兒種阿澤罕所掠,令牧駝羊,乘間脫歸,忽兒忽察思卒,脫斡鄰勒嗣。……」

由是觀之,王罕是漠北之克烈部長,曾與黑韃靼及蒙古人爲敵,同漠南之白韃靼或白達達毫無關係矣。

(註四)前在本書第二十二章註三中,曾言峨格同馬峨格,乃指高加索北方之種族。昔人曾建打耳班邊牆以禦之。此邊牆亦名亞歷山大邊牆,或峨格馬峨格邊牆。馬可波羅在本章中解說更明。據稱峨格即汪格,馬峨格即木豁勒,然則指汪古及蒙古矣。

（註五）前此曾言本章之申達州非宣化府，Palladius 考訂之說誤也，惟其文足資參考之處甚多，茲爲轉錄於下：

「宣德州（Sindacui）今名宣化府，波羅謂其地有銀礦，元史亦言宣德州蔚州及雞鳴山產金銀，始由官採，迄於一三二三年，任民採取。波羅書之伊的甫（ydifu），疑是蔚州一名傳寫之誤。」

「宣德州在上都赴大都之西道中，波羅曾留於此。從大都至宣德所經之地與今地同，自宣德州前行，今道則向張家口，昔道微偏西，經行今之膳房堡（在張家口西三十里）即昔之野狐嶺口也。及至昔之興和城，今之白城子（Karabalgasoun），與今日張家口商道合。從大都至上都，此道長延一千零九十五里，是爲西道。此外別有二道可赴上都，皆在西道之東，並出獨石口。其一出居庸關與西道分道，其一在土木分道，出獨石口外，復與西道合。蒙古諸汗赴上都駐夏時，常循獨石口之東道，回大都時，則取野狐嶺之西道。」——Palladius 書二四至二五頁。

由是觀之，自宣化府赴上都南之察罕腦兒，僅有西道可通。其行程爲半圓形，先向西北，繼向北，終向東。第在波羅書中，僅言從宣德州首途繼續遠行三日，未言有此曲折。反之在本章末自察罕腦兒赴上都之途中，則明言其方向爲東北北也。

吾人應注意者，波羅所言「三日」抵察罕腦兒之文，在吾人所據之本及玉耳本中皆無此語，然在地理學會本刺木學本諸本中明白言之。

復次宣德州僅在金代有此稱，至在元代則名順寧府，則波羅之申達州不得爲後之宣化府矣。考長城外有一要城十二世紀時已甚重要。初名撫州，已見長春眞人西遊記著錄。金建一宮於此，一二六三年忽必烈亦於此建一行宮，名其地曰隆興路，已而改名興和路。地距今張家口西北約五十公里，在今昂古里淖爾（Angulinor）之東不遠，波羅之申達州，疑指此興和城也。

（註六）波羅位置察罕腦兒在上都之西南南，Palladius 曾考訂此湖與同名之城在西道與東道會合之處，而不主張昂古里淖爾之白城子一說是也。

第七四章　上都城

從上述之城首途，向北方及東北方間騎行三日，終抵一城，名曰上都，現在在位大汗之所建也。（註一）內有一大理石宮殿，甚美，其房舍內皆塗金，繪種種鳥獸花木，工巧之極，技術之佳，見之足以娛人心目。

此宮有牆垣環之，廣袤十六哩，內有泉渠川流草原甚多。亦見有種種野獸，惟無猛獸，是蓋君主用以供給籠中海青鷹隼之食者也。海青之數二百有餘，鷹隼之數尚未計焉。汗每週親往視籠中之禽，有時騎一馬，置一豹於鞍後。（註二）若見欲捕之獸，則遣豹往取，取得之後，以供籠中禽鳥之食，汗蓋以此爲樂也。

此草原中尚有別一宮殿，純以竹莖結之，內塗以金，裝飾頗爲工巧。宮頂之莖，上塗以漆，塗之甚密，雨水不能腐之。莖粗三掌，長十或十五掌，逐節斷之。此宮蓋用此種竹莖結成。竹之爲用不僅此也，尚可作屋頂及其他不少功用。此宮建築之善，結成或折卸，爲時甚短，可以完全折成散片，運之他所，惟汗所命。結成時則用絲繩二百餘繫

之。(註三)

汗在此草原中，或居大理石宮，或居竹宮，每年三閱月，即六月七月八月是已。居此三月者，蓋其地天時不甚炎熱而頗清涼也。迨至每年八月二十八日，則離此他適。君等應知汗有一大馬羣，馬皆牝馬，其色純白，無他雜色，爲數逾萬。汗與其族皆飲此類牝馬之乳，他人不得飲之。惟有一部落，因前此立有戰功，大汗奬之，許飲此馬乳，與皇族同。此部落人名稱曰火里牙惕(Horiad)。(註四)

此種牝馬經行某地，貴人見之者，不論其地位如何高貴，須讓馬行。否則繞道半日程以避之。蓋無人敢近此馬，見之宜行大禮。每年八月二十八日，大汗離此地時，盡取此類牝馬之乳，灑之地上。緣其星者及偶像教徒曾有言曰，每年八月二十八日，宜灑乳於地，俾地上空中之神靈得享，而保佑大汗及其妻女財產，以及國內臣民，與夫牲畜馬匹穀麥等物。灑乳以後，大汗始行。

有一異事，前此遺忘，今須爲君等述之者。大汗每年居留此地之三月中，有時天時不正，則有隨從之巫師星者，諳練巫術，足以驅除宮上之一切風雲暴雨。此類巫師名稱脫孛惕（Tebet）及客失木兒（Quesimour），是爲兩種不同之人，並是偶像教徒。蓋其所爲者盡屬魔法，乃此輩誑人謂是神功。此輩尙有別一風習，設有一人犯罪，依法處決者，取其屍體熟而食之，然善終之屍體則不食。

尙有別一異事爲此二種人所能爲者，亦請爲君等述之。大汗在其都城大宮之內，坐於席前。席高八肘，位於廷中。其飮盞相距至少有十步之遠，內盛酒或其他良好飮料。此輩巫師巫術之精，大汗欲飮酒時，致能作術使飮盞自就汗前，不用人力。此事常見之，見之者不祇萬人，此乃實事，毫無僞言。我國術人明悉巫術者，將告君等此事洵可爲之也。（註五）

偶像之節慶旣屆，此輩巫師往告大汗曰：「我輩某偶像節慶之期已屆。（言時舉其名）陛下深知若無祭享，此偶像將使天時不正，損害吾人財產。所以請賜黑首之羊若干以享之，並請頒給沉香檀香及他物若干。（此輩任意索取各物）以備奉祀我輩偶像，俾其默佑我輩之一切財物。」（註六）

於是大汗命左右諸臣如數付之。諸巫師得之以後，遂往享其偶像。大燃燈火，焚數種香，熟祭肉，置於偶像前。已而散之於各處，謂其偶像可以取之，惟意所欲。其慶賀之法概如是也。各偶像各有其名，各有其節慶之日，一如我輩聖者每年有其紀念之日也。

此輩亦有廣大寺院，其大如一小城。每寺之中有僧二千餘人，衣服較常人爲簡。鬚髮皆剃。其中有娶妻而有多子者。（註七）

尚有別種教師名稱先生（sensin）（註八），守其教戒，節食苦修，終身僅食糠，澆以熱水，此外不食他物，僅飲水，日日持齋，是蓋爲一種過度苦行生活也。此輩亦有其大偶像，爲數不少。然偶亦拜火，及其他不屬本派之偶像。不娶妻室，其衣黑色而兼藍色，臥於席上。其生活之苦竟至不可思議。其偶像皆女形，質言之，其名皆屬女名也。

茲置此事不言，請爲君等敘述「諸汗之大汗」之偉蹟異事，是爲韃靼人之大君，其名曰忽必烈，極尊極強之君主也。

（註一）上都已見本書第十三章著錄，未爲上都之前，其地名開平府。一二五六年蒙哥汗命其弟忽必烈建宮於此，以爲駐冬之所。忽必烈卽位，徙都於大都，以上都爲駐夏之所。明太祖取開平，墮其城，今其廢址在德文地圖上位在東經一一六度十分北緯四二度三六分之間與耶穌會士所誌之方位微有不同。（經一一六度緯四二度二二分）今名綽奈曼蘇蔑（Tsounaiman-soumé）此言一百零八廟，近代有若干旅行家曾遊其地，似尚無人發掘。

（註二）盧不魯克在一二五四年離哈剌和林前，曾記述大宴衆使臣事云：「我曾見印度某算端之使臣攜有豹八頭獵犬十頭與俱，犬亦可置馬鞍後行獵，與豹同。」—— L. de Backer 盧不魯克行記二五六頁。

用豹行獵之事，詳本書第九十一章。

（註三）此竹宮疑即中國載籍同蒙古金册（Altan Tobchi）所著錄之椶殿，殿在上都行宮西園中。—— Palladius 書二十七頁。

諸汗常於陰曆四月赴上都，陰曆九月回大都。每年陰曆七月七日祭祖，由珊蠻一人面向北大聲呼成吉思及諸故汗名，灑馬乳於地以祭。—— Palladius 書二十六頁。

剌木學本此處所誌較詳，其文曰：「此諸草原中有一地，林木甚美。汗建一亭，金漆之柱承之。每柱皆有金龍環繞亭頂，以竹覆蓋，亦塗以金漆，甚密，水不能腐。竹粗逾三掌，長十尋（brasses），逐節斷之復中分為二，如瓦形，以覆亭頂。用釘釘固，四圍以絲作堅繩繫之，俾不為風吹倒。」——刺木學本第五十五章十七頁。

（註四）「若據玉耳之說，此火里牙惕殆指斡亦剌惕（Ouirat）部，蓋因此部有一部長名忽都花別乞者，首降成吉思長子朮赤，助平諸斡亦剌部有功，成吉思汗以女扯扯干（Chechegen）妻其子亦難赤（Inalchi）也。惟可異者，諸部中地位最高者應首數弘吉剌（Kounkrates）部，第一皇后常為此部之女，斡亦剌部人不應獨有此特權也。」——Palladius 書二十七頁。

吾人以為所疑甚是。案王罕與成吉思關係破裂時，王罕子桑昆謀襲成吉思，有牧人名巴歹乞失里黑者二人，疾馳告變。後成吉思汗賞二人功，命子孫勿忘其恩。百年後二人之後裔成為三部落，總名貨勒殆，即此處之火里牙惕歟。諸本寫此名有 Horiad, Boriat, Horiat, Orati, Oradi 等等寫法，未知孰是。——參考元史譯文證補卷一上。

（註五）此處著錄之脫孛惕同客失木兒，蓋指土番（Tibet）客失迷兒（Kachmir）兩地之巫者而言。

（註六）蒙古汗帳巫人作術之事，盧不魯克行記亦有著錄，可參考 Backer 本二四七至二五四頁。撒難薛禪之蒙古源流亦屢見記錄，並參考玉耳本三一五頁。

（註七）剌麻實有娶妻者，誠如波羅之言。當時剌麻之位高權重，每年所耗之款項甚巨。

（註八）先生蓋指道教之教師，猶之僧人之稱和尙，剌麻之稱八合失（bacshi）也，上都城中有道觀二所，一在東城，一在西城。

第二卷

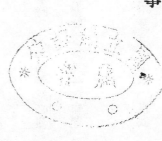

第七五章　大汗忽必烈之偉業

現在君臨之大汗，名稱忽必烈汗，今特述其偉業，及其朝廷一切可以注意之事實，並其如何保持土地治理人民之方法。

今首先在本書欲言者，（註一）乃爲現在（一二九八）名稱忽必烈汗的大汗之一切豐功異績。忽必烈汗，猶言諸君主之大君主，或皇帝。彼實有權被此名號，蓋其爲人類元祖阿聃（Adam）以來迄於今日世上從來未見廣有人民土地財貨之強大君主。我將於本書切實言之，俾世人皆知我言盡實，皆知其爲世上從來未有如此強大之君主。君等將在本書得悉其故。（註二）

（註一）此章蓋爲一種弁言，特置於記述忽必烈汗言行諸章之首者。馬可波羅盡臣職於此汗所凡十七年，似在一二七五至一二九二年間。

（註二）據撒難薛禪所撰之蒙古源流，成吉思汗早已預知其孫忽必烈之能，臨危時曾云：「幼年忽必烈之言足使吾人注意。其言謹愼，汝輩盡應知之。彼將有一日據吾寶座，使汝輩將來獲見一種命運，燦爛有如我在生之時。」

若以瓦撒夫（Wassaf）稱贊忽必烈汗之語衡之，則馬可波羅稱贊之詞不及遠矣。據云：「自我國（波斯）境達於蒙古帝國之中心，有福皇帝公道可汗駐在之處，路程相距雖有一年之遠，其豐功偉業傳之於外，致達於吾人所居之地，其制度法律，其智慧深沉銳敏，其判斷賢明，其治績之可驚羨，據可信的證人，如著名商賈博學旅人之言，皆優出迄今所見的偉人之上。僅舉其一種功業一段才能例之，已足使歷史中之諸名人黯淡無色。若羅馬之諸愷撒（Césars），波斯之諸庫薩和（Chosroés），支那之諸帝王，阿剌壁之諸開勒（Kails），耶門（Yémen）之諸脫拔思（Tobbas），印度之諸羅闍（Radjas），薩珊（Sassan）不牙（Bouya）兩朝之君主，塞勒柱克（Seldjoucides）朝之諸算端，皆不足道也。」——玉耳書第一册三三一至三三二頁引瓦撒夫書。

中國史書之歌頌則不如是之烈，僅云：「其度量弘廣，知人善任使，信用儒術，用能以夏變夷，立經陳紀，所以爲一代之制者，規模宏遠矣。」——元史卷十七世祖本紀。

屠寄云：「汗目有威稜，而度量弘廣，知人善任，羣下畏而懷之。雖生長漠北，中年分藩，用兵多在漢地。知非漢法不足治漢民，故即位後引用儒臣，參決大政，諸所設施，一變祖父諸兄武斷之風，漸開文明之治。惟志勤遠略，平宋之後，不知息民，東與日本之役，南起占城交趾緬甸爪哇之師，北禦海都昔里吉乃顏之亂，而又盛作宮室，造寺觀，干戈土木，歲月不休。國用既匱，乃亟於理財。中間頗爲阿合馬盧世榮桑哥之徒所蔽，雖知其皋而正之，閭閻受患已深矣。」——蒙兀兒史記卷八忽必烈可汗本紀。

Quatremère引阿剌壁某書謂忽必烈爲一切蒙古君主之主君，其奉之也如昔人之奉哈里發(khalife)無異。「諸君主中如一人國有大事若攻討敵人或斷處一大臣死罪之類雖無須請命於大汗，然必以其事入告。今日此風尙存，大汗不斷以詔令諭其他三蒙古君主保守和平。詔令之式大汗之名列前，至諸王上書則以己名列於大汗名後，此三君主皆服從大汗命而奉之爲主。」侵略波斯之旭烈兀，乃蒙哥忽必烈二人之弟，迄死未能專權，僅以大汗之總管名義治理波斯，不能用己名鑄造貨幣。其嗣君二人仍守此風，惟至阿魯渾即位後，始在貨幣上以其名與汗名並列，阿魯渾子合贊卽波羅等西還時所見之宗王，謀得位，乃奉回教而號馬合某（Mahmoud），貨幣上僅著己名而廢汗名，其事疑在一二九四年忽必烈死年以後。彼於是時宣告獨立，自謂以力得國，不受外人干涉。蒙古帝國由是瓦解，然前此則不如是也。一二六〇年忽必烈自立爲大汗之時，曾詔旭烈兀，授以烏滸水外迄於埃及西利亞之地。旭烈兀子阿八哈曾言忽必烈汗爲主君，未受其册封不敢卽位，迨至一二七〇年，忽必烈使臣至波斯，賜以册命袍服，始敢爲波斯國王云。——

頗節本第一册二三五至二三六頁引 Quatremère 書。

第七六章　大汗征討諸父乃顏之大戰

應知此忽必烈汗爲成吉思汗之直系後人，世界一切韃靼之最高君主，序在第六，前已言之。（註一）基督誕生後一二五六年時，（註二）彼始以睿智英武而得國。其爲人也公正而有條理，初即位時諸弟與諸宗族與之爭位，然彼以英武得之。且論權力與夫道理，彼爲帝系之直接繼承人，應得國也。（註三）

自其即位以後，迄於現在基督誕生後之一二九八年，在位已有四十二年，其年齡約有八十五歲，則其即位時已有四十三歲矣。未即位前，數臨戎陣，作戰甚勇。但自爲君以後，僅有一次參加戰爭。（註四）事在基督誕生後一二八六年時，茲請爲君等叙述此戰之緣由。

時有一韃靼大君主名稱乃顏（Nayan），（註五）乃此忽必烈汗之諸父。年事正幼，統治國土州郡甚多。自恃爲君國土甚大，幼年驕傲，蓋其戰士有三十萬騎也。然在名分上彼實爲其侄大汗忽必烈之臣，理應屬之。

然彼自恃權重，不欲爲大汗之臣，反欲奪取其國，遂遣使臣往約別一韃靼君主海都（Kaidou）。（註六）海都者，乃顏之族而忽必烈之侄也。勢頗強盛，亦怨大汗而不盡臣節。乃顏語之云：「我今聚全力往攻大汗，請亦舉兵夾攻而奪其國。」

海都聞訊大喜，以爲時機已至，乃答之曰，行將舉兵以應，於是集兵有十萬騎。

茲請言聞悉此種叛事之大汗。

（註一）成吉思汗之嗣君，已見前表。合窩闊台貴由蒙哥至忽必烈，次序應爲第五。若將窩闊台后乃馬眞（Tourakina）加入，則爲第六。

（註二）一二五九年八月蒙哥汗歿於合州。次年，其弟忽必烈即大汗位於上都。元史誌其在位始於是年，然在一二五二年時，蒙哥汗即以漠南漢地軍國庶事屬之。至若馬可波羅所言之一二五六年，乃上都開始建築之年也。

（註三）忽必烈兵入湖北時，聞蒙哥凶問，然仍進兵，逾江圍鄂州。已而聞其弟阿里不哥與之爭位，徵兵漠北，乃從諸臣言北還蒙古，許賈似道和，畫江爲界，宋歲納銀絹各二十萬兩匹。忽必烈回至上都，經諸王勸進，即大汗位。特其所招集之大會（Kouriltai）與先例不合。依例，大汗死，招集大會於怯綠連河畔成吉思陵附近，茲以阿里不哥在其地稱兵以抗，致未果行。——參看馬兒斯登本二六六頁註四九〇。

（註四）此語不盡實，蓋其卽位以後不久，（一二六一年）卽自將討阿里不哥，大破之於昔木土湖之地。其後一二八九年，其孫甘麻剌（Kamala）與海都戰，敗於薛涼格（Selenga）河上之時，忽必烈年歲雖高，又曾自將親征援皇孫還。考忽必烈誕生於一二一六年，脫如馬可波羅之言，一二九八年時尚存，則其年齡應有八十二歲，而非八十五歲矣。其實彼歿於一二九四年，得年七十八歲。元史本紀謂其在位三十五年，壽八十歲，蓋從中曆算法也。由是觀之，馬可波羅及波斯諸著作家所言之年皆誤，而剌木學本謂一二五六年時忽必烈年有二十七歲之說尤誤。

（註五）乃顏乃忽必烈之侄，而非其諸父。緣忽必烈是成吉思汗之孫，而乃顏則爲成吉思汗幼弟別勒古台（Belgoutai）之曾孫也。乃顏之封地，史載不甚詳明，據元史別里古台（卽別勒古台）傳，其建營地應在斡難怯綠連兩河之間。又據史載，其封地與成吉思汗第二弟哈赤溫孫合丹之斡耳朶相接。成吉思汗末年，乃顏轄地南至廣寧（今錦州府。）——Palladius 書三一頁。但據新元史之說，乃顏非別勒古台之後，乃成吉思汗幼弟帖木哥之後。帖木哥亦名斡赤斤那顏，猶言守竈的官人也。若據此說，乃顏是斡赤斤那顏之四世孫，則爲忽必烈之侄孫矣——參看新元史卷二十七。

（註六）海都名見本書第五十一章，後又見第一九四第一九五第一九六等章，忽必烈之從侄也。乃窩闊台子合申之子，封地在阿力麻里（Almalik）等地。自以窩闊台孫，大位當屬己，常鞅鞅不平。一二六一年，阿里不哥稱號漠北，海都附之。茲（一二八七年）又助乃顏，與忽必烈抗。忽必烈命伯顏守哈剌和林境，阻其聯合。一三〇一年，海都未死以前，曾統率察合台窩闊台兩系宗王四十人之大軍，與嗣汗鐵木耳爭位，不得志，率衆西歸，歿於道。此處馬可波羅所誌之年相差一年，案其事在至元二十四年，卽西歷一二八七年，非一二八六年也。

第七七章　大汗進討乃顏

大汗聞悉此事之時，洞知彼等背理謀叛，立卽籌備征討，蓋其爲人英明，凡事皆不足使之驚異。並有言曰，若不討誅此叛逆不忠之韃靼二王，將永不居此大位。

籌備戰事秘密迅速，十日或十二日間，除其近臣以外，無人能悉其事者。徵集騎兵三十六萬，步兵十萬，所徵士卒如此之少者，蓋僅徵集手邊隊伍。餘軍無數，曾奉命散戍各州各地，非短期中所能調集。脫將一切兵力集中，其數無限，殆未能言之，雖言之亦無人信之。而此三十六萬人僅爲其養鷹人及左右之獵戶也。(註一)

迨其徵集此少數軍隊以後，命其星者卜戰之吉凶，星者卜後告之曰，可以大膽出兵，將必克敵獲勝，大汗聞之甚喜。(註二) 遂率軍行，騎行二十日，抵一大原野，乃顏率其全軍四十萬騎屯駐其中。大汗士卒薄曉倏然進擊，他人皆未虞其至。緣大汗曾遣諜把守諸路，往來之人悉被俘擄，乃顏不意其至，部衆大驚。大汗軍抵戰場之時，乃顏適與其妻共臥帳中。忽必烈汗預知其寵愛此婦，常與同寢，故特秘密進軍，薄曉擊之。

（註一）剌木學本於此節敍述較詳，其文有足補此本之闕者，茲轉錄於下：

「忽必烈戍守契丹諸州之兵，遠在三四十日程之地。設若悉數調集，則敵人將悉其謀。海都乃顏將乘時聯合佔據險要之地，故忽必烈迅速進兵攻其不備。」

「茲請一述大汗軍隊之情形。契丹蠻子諸州及其他領地中，有不少乘勢作亂之人，故在城多民衆之州中置戍以防之。此種戍兵屯駐城外四五哩之地，諸城不許建壁壘，闢城門，俾不能拒戍兵之往來。此種戍卒及戍將每二年一易，如是設防，居民遂不能爲亂。此種軍隊除各州所供之軍餉外，並置有畜羣，售乳城中，以其資購買其所需。此種戍站分佈各處，遠距都城三十日四十日六十日不等。設若忽必烈決定徵集此種軍隊半數，則其總額之多，將爲前所未聞之數。」——剌木學本第二卷第一章二十九頁。

（註二）先是成吉思汗與長老約翰爭戰以前，曾決疑於星者，預先卜其吉凶，說見本書第六十六章。惟馬可波羅前此曾言諸星者中有基督教徒，在本章中則未言忽必烈之星者所奉何教。剌木學本在此節中亦較法文本記錄爲詳，茲錄其文如下：

「忽必烈既已徵集其軍如上所述，遂率之而進，騎行二十五日夜，抵於乃顏領地。行軍甚祕，諸道皆有人防守，行人莫不被擒。故乃顏及其部衆皆不聞消息。忽必烈軍抵一山系，逾山有一平原，卽爲乃顏屯軍之所。忽必烈息軍二日，命星者卜兩軍勝負。星者卜曰勝利將屬忽必烈，緣諸大汗用兵時，常用占卜之法以勵士氣也。」

「忽必烈軍自恃必勝，於某日黎明，下山進至乃顏軍前。時乃顏未置諜者，亦無前哨，本人且與其一妻共宿帳中。驚寤之後，悔未與海都合兵。倉卒陳軍備戰，忽必烈坐木樓上，四象承之。象環革甲，覆錦衣，樓上佈弓弩手，樹皇帝之日月旗。」

「忽必烈分佈其騎兵爲三十營，每營弓手萬人，合爲三軍。一列左翼，一列右翼，命兩翼進圍乃顏軍。每營前有步卒五百人，執刀矛以從騎兵，僞若退走時，步卒則登騎，坐騎兵後，馬止則躍下，執矛而前，殺傷敵騎。陣勢旣列，吹角及其他樂器，繼以韃靼人戰前習唱之戰歌。已而擊鼓作戰，大汗命左右翼先擊。鼓鏖戰立起，發矢如雲，人馬死者無算。人喊馬嘶，兵器相接之聲大起，聞者驚心駭目。發矢畢，執刀矛骨朵進戰，雙方人馬死者不少，彼此兩軍致不能前。自朝至午，勝負不決。忠於乃顏者殊死戰不退，然終以衆寡懸殊，乃顏將被圍，欲遁不果，被擒獻忽必烈前。忽必烈立命用兩氈裹之，使人力振死之，是爲皇族之死法，蓋不欲天空見其流血也。」——剌木學本第二卷第一章二十頁。

第七八章 大汗討伐叛王乃顏之戰

比曙，汗及全軍至一阜上，乃顏及其衆安然卓帳於此，以爲無人能來此加害彼等。其自恃安寧不設防衞之理，蓋因其不知大汗之至。緣諸道業被大汗遣人防守，無人來報。且自恃處此野地遠距大汗有三十日程，不虞大汗率其全軍疾行二十日而至也。

大汗既至阜上，坐大木樓，四象承之，樓上樹立旗幟，其高各處皆見。其衆皆合三萬人成列，各騎兵後多有一人執矛相隨，步兵全隊皆如是列陣，由是全地滿佈士卒，大汗備戰之法如此。

乃顏及其衆見之大驚，立卽列陣備戰，當兩軍列陣之時，種種樂器之聲及歌聲羣起，緣韃靼人作戰以前，各人習爲歌唱，彈兩弦樂器，其聲頗可悅耳。彈唱久之，迄於鳴鼓之時，兩軍戰爭乃起，蓋不聞其主大鼓聲不敢進戰也。

當諸軍列陣彈唱以後，大汗鼓鳴之時，乃顏亦鳴鼓，由是雙方部衆執弓弩骨朵刀矛而戰，其迅捷可謂奇觀。人見雙方發矢蔽天，有如暴雨。人見雙方騎卒墜馬而死者爲數甚衆，陳屍滿地。死傷之中，各處大聲遍起，有如雷震，蓋此戰殊烈，見人輒殺也。

是戰也，爲現代從未見之劇戰，從未見疆場之上戰士騎兵有如是之衆者。蓋雙方之衆有七十六萬騎，可云多矣。而步卒之多尚未計焉。混戰自晨至於日中，然上帝與道理皆以勝利屬大汗。乃顏敗創，其衆不敵大汗部衆之强，失氣敗走。乃顏及其諸臣悉被擒獲，並其兵器執送大汗之前。乃顏爲一受洗之基督教徒，旗幟之上以十字架爲徽誌，然此毫無裨於彼。蓋其與諸祖並受地於大汗，既爲大汗之臣，不應背主而謀叛也。(註一)

(註一)馬可波羅所誌之戰，應在柳條邊西西遼河上，元史名戰地曰撒兒都魯，新元史作撒里禿魯，金置離宮於此，在臨潢府中。

Palladius 所輯史料不少，據云中國史書所誌乃顏合丹叛事頗有舛漏。平此二叛王需時四年。一二八七年，乃顏自其斡耳朵率所部六萬衆南侵。同年陰曆五月或六月，忽必烈自上都率師往討，敗其衆於蒙古之東南境。陰曆八月，忽必烈還上都，乃顏東南走，逾山而逃，山在今柳條邊界。旋為瀋州廣甯兩城之遺軍所擒獲。閏二月，合丹叛，（仍在一二八七年中）一二八八年，合丹敗走。然一二九二年合丹復叛於滿洲南部，又敗。李庭傳謂其敗於貴列兒河畔，玉昔帖木兒傳謂王師掃穴犁庭，覆其根本，合丹不知所終。忙兀傳（鈞案此不知何所本）謂忙兀與乃蠻台共逐合丹於極北東岸。合丹脫走，俘其二妃及合丹子老的以獻。惟據高麗史書云，一二九〇年合丹及子老的進襲高麗，肆焚掠殺人為糧。高麗王走江華島。一二九二年，蒙古命薛徹干乃蠻台往征，敗之，伏尸亘三十里。然合丹及其子得脫走，入女眞之地，已而老的又侵高麗云云。由是觀之，史書記載之說不一，然以高麗史書之說較為可信。—— Palladius 書三十五頁 ——參看新元史卷一〇五。

第七九章　大汗之誅乃顏

大汗知乃顏被擒，甚喜。命立處死，勿使人見，蓋慮其爲同族，恐見之憫而宥其死也。遂將其密裹於一氈中，往來拖曳，以至於死。蓋大汗不欲天空土地太陽見帝族之血，故處死之法如此。(註一)

大汗討平此亂以後，乃顏所領諸州之臣民，悉皆宣誓盡忠於大汗。先是隸於乃顏之州有四，一名主兒扯(Ciorcia)，二名高麗(Cauly)，三名不剌思豁勒(Brascol)，四名西斤州(Sighingiu)，合此四州爲一極大領土。(註二)

乃顏所領四州之民爲偶像教徒及回教徒，然其中亦有若干基督教徒。(註三)大汗討滅乃顏以後，此四州之種種人民遂揶揄基督教徒及乃顏旗幟上之十字架，譏其不能持久，其語若曰：「乃顏既奉基督教而崇拜十字架，汝輩天主之十字架援助乃顏，如是而已。」此語喧傳，致爲大汗所聞。

大汗聞知以後，嚴責揶揄基督教徒之人，而語基督教徒曰：「汝等應自慰也，十字架未助乃顏，蓋有其大理存焉。若爲善物，其所行應當如是。乃顏叛主不忠，應當受罰。汝輩天主之十字架不助之爲逆，甚是。」

大汗發言聲音甚高，各人皆聞。基督教徒答曰：「大汗之言誠是。我輩之十字架不欲援助罪人。其不助乃顏謀逆作亂者，蓋其不欲助之爲惡也。」自是以後，遂無有人譏諷基督教徒。緣其已聞大汗對於基督教徒所言乃顏旗上之十字架未助乃顏之理也。

（註一）Ricold de Montecroce 曾記錄韃靼人之成語曰：「一汗可殺一汗而奪其位，然須使之死不出血，蓋一大汗之血不宜流於地上，是以被害者皆窒息而死。」旭烈兀殺報達最後哈里發亦用同一方法。（本書第二十四章。）

（註二）馬可波羅所誌之四州，若作詳細之考訂，爲文甚長，茲謹舉 Palladius 之說，略爲附益而已。

主兒扯　舊遼東地，一二三三年平亂後，命斡赤斤鎭之。乃顏襲封，仍守其地。合丹封地與之爲隣。

元史地理志合蘭府水達達等路設軍民萬戶府五，應在其中。五府中一曰斡朶憐，應是清朝始祖發源之地。

高麗　高麗本國不在乃顏封地之內，此處所指者乃高麗北部，一二六九年李延齡等以六十城降蒙古，卽此地也。高麗半島南部仍隸高麗國王。

不剌思豁勒或巴兒思豁勒 (Barscol)　元史有蒲與路，一名扶餘路，似卽其地。疑卽元史地理志廣寧府路肇州條下所著錄之乃顏故地阿八剌忽。

西京廷州 (Sikintinju) 或西斤州　此名應是建州傳寫之訛。當時有二建州，一爲金之建州，在今科爾沁旗內，一爲元之建州，在大凌河上流。今哈喇沁旗內，馬可波羅之西斤州應爲此建州，蓋兩建州此州居西，而西斤州得爲西建州之轉也。

考 Il Milione 本，僅著錄有三州，而合巴兒思豁勒西斤州兩地爲一，其地可當金之北京路——參看 Baldelli Boni 書第一册六八頁。

(註三)地學會之法文本此處作「回教徒偶像教徒猶太教徒及其他不少不信天主之人……」，其他諸本若剌木學本 Grynoeus 本亦著錄有猶太教徒。則在當時遼東有猶太教徒，亦頗有其可能。緣昔日中國之有猶太教徒，爲證甚多。剌木學本在本章及後章中曾兩言之，約翰孟帖戈文 (Jean de Montcorvin) 亦有著錄。馬里諾利 (Marignolli) 曾言在大都與此輩辨論。伊本拔禿塔 (Ibn-

Batouta）亦言在杭州見之。又若開封之猶太教古碑文中之挑筋教，亦此教也。此一四八九年碑文中之五思達，即波斯語之 Oustad，猶言師，與猶太語言之 Rab（Rabbin）相對。元史名猶太教徒曰朮忽（Jehoud）。首見元史本紀一三二九年下著錄，繼見一三五四年下著錄，亦波斯語名，今尚留存寫作朱乎得。——參看 Wieger 史文彙編第三册一八八九頁及一九八二頁。

第七九重章　大汗對於基督教徒猶太教徒回教徒佛教徒節慶付與之榮譽及其不爲基督教徒之理由（註一）

大汗得勝以後，盛陳鹵簿，凱旋入其名稱汗八里（Cambaluc）之都城，時在十一月之中也。駐蹕此城訖於二月杪，或三月吾人復活節屆之時，應知此節爲吾人重要節慶之一。大汗屆時召大都之一切基督教徒來前，並欲彼等攜內容四種福音之聖經俱來。數命人焚香，大禮敬奉此經，本人並虔誠與經接吻，並欲在場之一切高官大臣畢行同一敬禮。彼對於基督教徒主要節慶，若復活節誕生節等節，常遵例爲之。對於回教徒猶太教徒偶像教徒之主要節慶，執禮亦同。脫有人詢其故，則答之曰：「全世界所崇奉之預言人有四，基督教徒謂其天主是耶穌基督，回教徒謂是摩訶末，猶太教徒謂是摩西（Moïse），偶像教徒謂其第一神是釋迦牟尼（Cakya-Mouni）。我對於茲四人，皆致敬禮，由是其中在天居高位而最眞實者受我崇奉，求其默佑。」然大汗有時露其承認基督教爲最眞最良之教之意，蓋彼曾云，凡非完善之事，此教決不令人爲之。大汗不欲基督教徒執十字架於前，蓋因此十字架曾受恥辱，而將一完善偉大之人如基督者處死也。

或曰，彼既以基督教爲最良，緣何不皈依此教而爲基督教徒歟。曰，其理由如下。尼古剌瑪竇閣下二人常以基督教理語大汗，大汗曾遣之爲使臣，往使教皇所。並告之曰：「汝輩欲我爲基督教徒，特未解我心。此國之基督教徒蠢無所知，庸碌無用。至若偶像教徒則能爲所欲爲。我坐於席前時，置於中庭之盞滿盛酒漿者，不經人手接觸，可以自來就我飲。天時不正時，此輩可以使之正，所爲靈異甚多，汝輩諒已知之。其偶像能言，預告彼等所詢之事。脫我皈依基督之教，而成爲基督教徒，則不識此教之臣民將語我曰，汗因何理由受洗而信奉基督教，汗曾見有何種靈異何種效能歟。汝等應知此處之偶像教徒斷言其能爲靈異，乃由其偶像之神聖與威權而能爲之。脫以此語見詢，我將無以作答。此種偶像教徒既藉其咒語學識能爲種種靈異，我若鑄此大錯，此輩不難將我處死。汝等奉命往謁教皇時，可求其遣派汝教中有學識者百人來此，俾其能面責此種教徒行爲之非。並告之曰，彼等亦能爲之，特不欲爲者，蓋因此爲魔術耳。脫能如是駁擊偶像教徒，使此輩法術不能在彼等之前施行，復經吾人身親目擊吾人行將禁止其教，放逐其人，而受洗禮。我受洗以後，我之一切高官大臣暨一切服從彼等之人必將效法，由是此國之基督教徒將較汝輩國中爲多矣。」(註二)

教皇若曾派遣可能宣傳吾輩宗教之人，大汗必已爲基督教徒，蓋其頗有此意，此事之無可疑者也。(註三)

(註一)此章見於剌木學本，雖在馬可波羅死後二百三十年加入本書，必非僞造之文。世人可以斷言祇有馬可波羅獨能筆錄口授，惟原本中無此文，抑有此文而經後人刪芟耳。此章同後此敍述忽必烈理財大臣之死之一章，文字皆非僞造。此章之發現，必在馬可波羅死後，有人在其遺稿中得之，由是加入一鈔本中。二百年後剌木學得此本，遂在意大利文本中刊布。——頗節本第一册二五三頁。

(註二)馬可波羅書本章之文固無可疑，然忽必烈之信念則頗可疑也。忽必烈之保護一切宗教，蓋遵守其族之傳統的政策。盧不魯克述其先汗蒙哥之事曾云：「大汗習在卜人所謂節慶之日及若干聶思脫里派教師所云聖節之日，大開朝會。屆時基督教師盛服先至，爲汗祝壽，並爲其盞祝福。彼等行後，回教教師繼之，所爲亦同。嗣後偶像教師所爲亦同。該修士告余曰，大汗僅信基督教徒，惟命諸教之人爲之祝壽而已。然此修士之言僞也，衆人之入朝，猶之蠅之覓蜜，既出頗自得，咸以爲得大汗寵。」

（註三）中國之基督教　紀元初基督教流行中國之事，毫無證據可徵。六世紀時，修士 Cosmas Indicopleustes 記錄馬剌八兒 (Malabar) 及錫蘭島 (Ceylan) 之基督教頗爲詳實，曾明言未聞更東尙有基督教徒。此外據西安景教碑，六三五年聶思脫里派修士阿羅本 (Ruben?) 初至長安，始輸入聶思脫里教。其人來自波斯，名其教曰景教，得皇帝之尊崇，遂在七世紀時流行於諸府州。迨至忽必烈在位時，聶思脫里教會在甘州寧夏天德西安大都等處設置主教區。馬可波羅曾將沿途所見之聶思脫里教徒悉予記錄。彼在一二七五年抵大都時，曾見一大主教名馬聶思脫里 (Mar Nestorios)。一二八〇年馬兒古思牙巴剌哈 (Marcos Jabalaha) 曾被推爲契丹之總主教，而把兒騷馬 (Bar çauma) 被推爲總視察員。茲二人者，皆爲生於中國之畏吾兒人。一二八八年，把兒騷馬又被推爲畏吾兒主教，已而奉波斯汗阿魯渾命，奉使至教皇尼古剌四世

(Nicolas IV)所。

當時中國除此聶思脫里教徒外，尙有希臘派同公教派(catholique)之基督教徒。其來有在約翰孟帖戈文抵中國之後者(一二九三)有爲蒙古人俘爲奴婢抑編爲士卒者。其人爲谷兒只阿蘭斡羅思諸部之人。普蘭迦兒賓之同伴 Ben. Polonus 曾言見有希臘派之谷兒只人在軍中爲將卒，頗爲蒙古人所重視。盧不魯克亦言有希臘派之阿蘭人千人爲大汗忽必烈之禁衞。此衞並見元史本紀一二七二，一二八六，一三〇九等年下著錄。後此(第一百四十九章)馬可波羅將言此奉基督教之阿蘭人被屠事。至若斡羅思人，元史一三三〇年下謂在大都者數有萬人。蒙古人不分此種派別，總名基督教曰十字教，教堂曰十字寺。奉教者皆屬外種人，中國人無信教者。所以元亡以後，基督教徒同時消滅。現在所存遺跡，除西安景教碑外，新近發現者有二，並爲西利亞文，(一)爲房山縣十字寺十字架之刻文，(二)爲北京大學所藏經文四頁，尙未譯出。根據不少研究，聶思脫里派在中國既受虐待，而西歸之路已絕，於是與回教及種種秘密會社混合，若金丹教尙用基督教祈禱之文，是其例已。(據 Beal 說。)其影響今在元代著述中尙可見之，而在回教佛教與祭祀祖先之教中，尙可見其痕跡。—— Wieger 史文彙編一五九二頁，又一一九八一至一九八二頁。——北京公教報一九二三年六月刊，一九二四年十一月刊及十二月刊。

與波羅等同時之基督教徒有一人名愛薛，元史新元史皆有傳。元史卷一三四愛薛本傳云：「愛薛，西域弗林人（祖不阿里 Pauli？，父不魯麻失 Polonias？）通西域諸部語，工星曆醫藥，初事定宗（貴由），直言敢諫。時世祖（忽必烈）在藩邸，器之。中統四年（一二六三），命掌西域星曆醫藥二司事，後改廣惠司，仍命領之。世祖嘗詔都城大作佛事，集教坊妓樂及儀仗以迎導。愛薛奏曰，高麗新附，山東初定，江南未下，天下疲弊，此無益之費，甚無謂也。帝嘉納之。至元五年（一二六八），從獵保定，日且久，乃從容于帝前語供給之民曰，得無妨爾耕乎，帝爲罷獵。至元十三年（一二七六），丞相伯顏平江南還，姦臣以飛語讒之，愛薛叩頭諫，得解。尋奉詔使西北宗王阿魯渾所。既還，拜平章政事，固辭。擢秘書監，領崇福使，遷翰林學士承旨，兼修國史。大德元年（一二九七）授平章政事。八年（一三〇四），京師地震，上弗豫，中宮召問災異，殆下民所致耶。對曰，天地示警，民何與焉。成宗崩，內旨索星曆祕文，愛薛厲色拒之。仁宗時（一三一二至一三二〇），封秦國公，卒，追封太師，開府儀同三司，上柱國，拂林忠獻王。子五人，也里牙（Elyas），秦國公，崇福使。腆合（Denha），翰林學士承旨；黑厮（Issa？），光祿卿；闊里吉思（Georges），同知泉府院事；魯合（Luc），廣惠司提舉」——參看新元史卷一九九。

第八〇章　大汗還汗八里城

大汗討滅乃顏以後，還其汗八里都城，(註一)大行慶賞。別一韃靼君主名海都者，聞乃顏敗亡之訊，甚痛，遂止兵，蓋其恐陷乃顏覆轍也。

大汗僅爲一次親征，前已言之，即此一役而已。蓋其他一切諸役，皆遣其諸子或其諸臣代往，僅有此役不欲他人代行，緣此叛逆乃顏傲甚，事實重大而危險也。

茲置此事不言，請復言大汗之偉業。其血統及其年齡，前已言之。茲欲述者，奬賞諸臣戰功之事。其爲百夫長有功者，升千夫長；千夫長升萬夫長；皆依其舊職及戰功而行賞。此外賜以美麗銀器及美麗甲胄，加給牌符，(註二)並賜金銀珍珠寶石馬匹。賜與之多，竟至不可思議。蓋將士爲其主盡力，從未見有如是日之戰者也。

牌符之式如下，百夫長銀符，千夫長金符，或鍍金符，萬夫長獅頭金符，茲請言其重量及其意義如下。

百夫長及千夫長之牌符，各重一百二十錢(gros)，萬夫長之獅首符，亦重一百二十錢，諸符並勒文於其上曰：「長生天氣力裏，大汗福蔭裏，不從命者罪至死。」

凡持此種牌符者，皆有特權在其封地內爲其所應爲諸事。其有十萬人之大藩主，或一大軍之統帥，牌符重逾三百錢。其上勒文如前所述，文下勒一獅形，獅下勒日月形，再下勒此符付與之特權。符之背面則勒命令。凡持此貴重牌符者，每騎行時，頭上應覆一蓋，其名曰傘，（註三）以一長矛承之，表示其爲顯貴之意。每坐時，則應坐於一銀座上。

有時給海靑符於此諸大藩主。持有此符者，權勢如大汗親臨。持此符之人欲遣使至某地，得取其地之良馬及他物，惟意所欲。

茲置此事不言，請言大汗之體貌風儀。

（註一）汗八里（Cambaluc, Khan-baligh）猶言汗城，後此第八十四章別有說。波羅此名先指金之故都，繼指新舊二城。有若干本（如剌木學本之類）別名新城曰大都。但自明代以後，此城則以北京之名而顯。

（註二）虎符俗稱牌子，「蒙古人所用牌符，計有數種，或以金質而異，或以其上嵌珠而異。（一）三珠不等）海青符上勒海青，其形圓，乃驛符，僅付與大汗之使臣驛騎，此金制疑由蒙古人沿用者也。」

——Palladius書三十九頁。

前一世紀末年，曾在俄羅斯及西伯利亞發現此種牌符若干面，玉耳曾拓寫兩種，其一種上勒蒙古字，其文曰：「長生天氣力裏，蒙哥汗福蔭裏，不奉命者死。」與馬可波羅所誌完全相符。

「此種牌符所用金質之貴賤，其大小輕重，皆表示持符者地位之高低。……惜波羅西還歐洲時所受之金符未能保存，否則亦一歷史重要史料。顧此類牌符既爲金質，因價值之貴而被銷鎔，故世無存者。地下所藏或尚有之，將來可望有日發現也。」——頗節本二五五頁。

（註三）中國官吏出時，常命人持傘蓋行於前。今日外省官吏出行時此風尚存，地方人爲官吏頌功，常送萬民傘云。

第八一章　大汗之體貌風儀

君主的君主名稱忽必烈的大汗之體貌如下。不長不短，中等身材，筋肉四肢配置適宜，面上朱白分明，眼黑，鼻正。（註一）有婦四人爲正婦，此四婦誕生之長子，於父死後依禮應承襲帝位。此四婦名稱皇后，然各人別有他名。四婦各有宮廷甚廣，各處至少有美麗侍女三百，並有勇武侍臣甚衆，及其他男女不少，由是每處合有萬人。（註二）

大汗每次欲與此四婦之一人共寢時，召之至其室內，有時亦親往就之。尚有妃嬪不少，茲請爲君等叙其選擇之法。

韃靼有一部落名稱弘吉剌（Ungrat），（註三）其人甚美。每年由此部貢獻室女百人於大汗。大汗命宮中老婦與之共處，共寢一床，試其氣息之良惡，肢體是否健全。（註四）體貌美善健全者，命之輪番侍主。六人一班，三日三夜一易。君主內寢之事，悉由此種侍女司之，君主惟意所欲。三日三夜期滿，另由其他侍女六人更番入侍。全年如是。概

用三日三夜六人輪番入侍之法。(註五)

(註一)多桑引剌失德丁書，謂忽必烈誕生時，其祖成吉思汗驚其色褐，蓋其諸子皆面白而眼青也。

(註二)宋君榮 (Gaubil) 神甫引中國載籍，謂忽必烈妻妾甚多，中有皇后之號者五人。多桑據波斯載籍，則謂僅有四人，雖同爲皇后，而地位不等，所生子能承襲帝位者位列第一。第一皇后若無子，則帝位屬第二皇后之子，以次類推。忽必烈之第一皇后而最爲寵愛者，是察必 (Djamoui) 皇后，生四子五女。

「忽必烈之四妻，名曰第一第二第三第四斡耳朵皇后。斡耳朵 (ordo) 乃各后所居之宮帳，成吉思汗置四斡耳朵以處諸后，當時於四部落中選后妃，故以四斡耳朵居之。前四大汗居蒙古時，此四斡耳朵相距甚遠，汗於每年分季駐於各斡耳朵。蒙古統治中國時，此四斡耳朵在名義上仍舊存在。至在一定部落中選立皇后之俗，後不復存。元朝末一君主曾選立一高麗女子爲皇后，元朝之亡，此女與有力焉。」——Palladius 書四十頁。

(註三)案 Ungrat 漢譯作弘吉剌或翁吉剌，惟剌木學本獨作 Ungut，然則爲前此所言天德軍之汪古部矣。究竟未知孰是。但常見之寫法，皆作 Ungrac 或 Ungrat，馬兒斯登本(註五二七)則作 Origiach 或 Origiathe。寫法雖異，要亦爲弘吉剌之倒誤也。成吉思汗系諸蒙古汗例選此部之女爲妻，源來久矣。成吉思汗妻及朮赤、察合台、窩闊台、拖雷四人之母孛兒帖，卽此部人。此外察合台之二妻，旭烈兀七妻中之二妻，蒙哥之一妻，忽必烈至少有二妻，阿八哈之一妻，阿合馬(Ahmed, Tigoudar)之二妻，阿魯渾之二妻，合贊之二妻，亦弘吉剌部女也。選侍女於此部中，容有其事。玉耳（第一册三五八頁）曾持是說。前此 Deshautesrayes（馮秉正 Mailla 書第九册四二六頁）曾云，Pétis de la Croix 名稱弘吉剌部落曰 Congorat，卽 'Abulgasi Bayadurchan 之 Kunkurat，亦馬可波羅之 Ungrac 也。馬可波羅誤以弘吉剌部女僅有妃嬪位號，其實皇后亦此部人也。

（註四）此種選妃之俗，在明清兩代亦習用之。安文思(Magalhaens)神甫在一六四〇至一六四七年間居留中國時，於其「中國新志」三三〇頁中敍述此事甚詳。

（註五）剌木學本此節敍述較詳而異，茲錄其文如下：

「更須爲君等言者，韃靼部落名曰汪古（Ungut 亦是城名）者居住一州，其人色白而麗。每二年大汗遣使至此州選擇美女四五百人，其審查美色之法如下，使臣抵此州後，召此州一切室女來前，逐一審之，檢查其膚髮面眼口唇等部是否與全身相稱。用迦剌（carat）定其等次。有定作十六迦剌者，有定作十七十八二十迦剌者，視其美醜，定其高下。須有二十迦剌或二十一迦剌者，始准進入後宮。」

「及獻至大汗前，復命人揀選之，以定率最高者三四十人爲帝室侍女。每人各以大臣之妻一人審查之，於夜間審查該女有無隱疾，肢體有無缺點，臥後有無鼾聲，氣息是否不惡，身上是否毫無穢氣。」

「檢查以後，分五人爲一班，每班侍奉大汗三日三夜，期滿改由他班輪值，如是週而復始。」

「一班在室內服務，一班在隣室服務，若大汗欲從外間取物，如取飲食之類，則由房內侍女命隣室侍女預備。侍者除此輩侍女外別無他人。」

「其迦剌定率較次之女，則與大汗其他侍女居於宮中，學習女紅。設有某貴人欲娶妻者，大汗以此輩侍女一人妻之，厚給奩金，由是諸女皆配貴人。」

「大汗如是選取此州人之女，此州之人不特不以爲恥，反以爲榮。據云，吾女命運甚佳，將來得配貴人，誠吾輩之幸也。」——剌木學本第二卷第四章二十一頁。

此種用迦剌評定美色之方法，顯然未可以一種貨幣價値衡之，僅爲一種評判美醜之分數而已。猶之學校考試由零分至十分或至二十分或至百分，評定成績之類。弘吉剌部女最高分數假定是二十四分，凡未及二十分或二十一分之幼女，皆不能入選云。

第八二章　大汗之諸子

此四婦爲大汗生男二十二人，最長者名稱成吉思（Gengis）。蓋追憶韃靼第一君主成吉思汗而取此名也。（註一）此大汗長子成吉思應於父死後襲帝位，乃先死。遺一子，名鐵木耳（Timour），應在其祖死後繼承大汗位，緣其爲大汗長子之子也。此鐵木耳賢明英武，業在不少機會中證明。（註二）

並應知者，大汗別有二十五子，乃諸女友所出，皆爲勇良武人，各爲大藩主。四正妻所生之子，中有七人爲大州大國之王，皆能善治其國，蓋彼等皆賢明英勇。（註三）緣其父大汗爲最賢明英武之人，兼爲將兵之最大統帥，治國之最良君主，爲一切韃靼諸部落最勇之士卒所不能及。

大汗及其妻子既已備述於前，茲請言其朝廷宮殿。

（註一）考元史，此皇子是忽必烈之次子，而非長子，（參看本章註三）名稱眞金，在諸子中爲最賢。一二六三封燕王，守中書令，兼判樞密院事。一二七三年立爲皇太子。一二八五年死，世人皆惜之，廟號裕宗。其後嗣有數人繼承帝位。

（註二）鐵木耳爲忽必烈孫，而眞金之第三子也，一二九五年卽位，一三〇七年死，年四十二歲。長兄甘麻剌斜視，次兄荅剌麻八剌身弱，皆不得立。一二九四年忽必烈死後，甘麻剌欲爭位，因伯顏抗議而止，鐵木耳廟號成宗。

（註三）忽必烈究有幾子，頗難確定，元史著錄十人，新元史著錄九人（其名見後，）其中七人確已封王，茲列其名如下。

（一）朶兒只　幼死無後。

（二）眞金　見本章註一。

（三）忙哥剌　一二七二年封安西王，一二七八年陰曆十月死，本書第一百十章寫其名作Mangala。

（四）脫歡　一二八四年封鎮南王，一二八八年率師討占城(Tchampa)，敗還，失寵，移鎮楊州，一三〇一年死。

（五）那木罕　一二七六年封北平王，一二八二年改北安王，一二九二年死，無後，其名見本書第一百九十四章。

(六)忽哥赤　一二六七年封雲南王，一二七一年陰曆二月中毒死，波羅寫其名作 Cogacin。子也先帖木兒(Essentimour)之名附見，(本書第一百十七章，第一百十八章，第一百二十章。)

(七)愛牙赤　曾參加討伐乃顏之役，(見本書第七十八章。)

(八)奧魯赤　一二六九年封西平王。

(九)闊闊出　一二八九年封寧遠王，一三〇七年改寧王，一三一三年死。

元史別著錄有第十子名忽都魯帖木兒，玉耳引多桑書別著錄有子二人，其名不見於中國史書。一名忽里歹(Kouridai)，名在第五第六二子間，一名帖木干(Temkan)，名次在末。則忽必烈正婦所生之子應有十二人，傳鈔者誤以十二作二十二矣。此十二數目(dodeci)有一鈔本(Ferrare城藏本)著錄甚明。——玉耳本第二冊附錄五第三十七則。

第八三章　大汗之宫廷

應知大汗居其名曰汗八里之契丹都城，每年三閱月，卽十二月一月二月是已；在此城中有其大宮殿，其式如下。

周圍有一大方牆，寬廣各有一哩。質言之，周圍共有四哩。此牆廣大，高有十步，周圍白色，有女牆。（註一）此牆四角各有大宮一所，甚富麗，貯藏君主之戰具於其中，如弓、箙、弦、鞍、轡及一切軍中必需之物是已。四角四宮之間，復各有一宮，其形相類。由是圍牆共有八宮，甚大，其中滿貯大汗戰具。但每宮僅貯戰具一種，此宮滿貯戰弓，彼宮則滿貯馬轡，由是每宮各貯戰具一種。（註二）

此牆南面闢五門，中間一門除戰時兵馬甲仗由此而出外，從來不開。中門兩旁各闢二門，共爲五門。中門最大，行人皆由兩旁較小之四門出入。此四門並不相接，兩門在牆之兩角，面南向。餘二門在大門之兩側，如是佈置，確使此大門居南牆之中。

此牆之內，圍牆南部中，廣延一哩，別有一牆，其長度逾於寬度。（註三）此牆周圍亦有八宮，與外牆八宮相類。其中亦貯君主戰具。南面亦闢五門，與外牆同。亦於每角各闢一門，（註四）此二牆之中央，爲君主大宮所在，其佈置之法如下。

君等應知此宮之大，向所未見。宮上無樓，建於平地。惟臺基高出地面十掌。宮頂甚高，宮牆及房壁滿塗金銀，並繪龍、獸、鳥、騎士、形像，及其他數物於其上。屋頂之天花板，亦除金銀及繪畫外別無他物。

大殿寬廣，足容六千人聚食而有餘，房屋之多，可謂奇觀。此宮壯麗富贍，世人佈置之良，誠無逾於此者。頂上之瓦，皆紅黃綠藍及其他諸色。上塗以釉，光澤燦爛，猶如水晶。致使遠處亦見此宮光輝，應知其頂堅固，可以久存不壞。（註五）

上述兩牆之間，有一極美草原，中植種種美麗果樹。不少獸類，若鹿、獐、山羊、松鼠，繁殖其中。帶麝之獸爲數不少，其形甚美，而種類甚多，所以除往來行人所經之道外，別無餘地。（註六）

由此角至彼角，有一湖甚美，大汗置種種魚類於其中，其數甚多，取之惟意所欲。且有一河流由此出入，出入之處間以銅鐵格子，俾魚類不能隨河水出入。（註七）

北方距皇宮一箭之地有一山丘人力所築高百步周圍約一哩山頂平滿植樹木，樹葉不落，四季常青。汗聞某地有美樹，則遣人取之，連根帶土拔起，植此山中，不論樹之大小。樹大則命象負而來，由是世界最美之樹皆聚於此。（註八）君主並命人以琉璃礦石滿蓋此山。其色甚碧，由是不特樹綠，其山亦綠，竟成一色。故人稱此山曰綠山，此名誠不虛也。

山頂有一大殿，甚壯麗，（註九）內外皆綠，致使山樹宮殿構成一色，美麗堪娛。凡見之者莫不歡欣。大汗築此美景，以爲賞心娛樂之用。（註一〇）

馬可波羅在此本及諸古本中，僅言皇宮，則所指者，（一）寬廣各一哩之外牆，或今紫禁城之故址。（二）此牆之內別一南北較長之第二道城牆，亦即今日宮殿之南半部。（三）兩牆中央之正殿，此外對於下章所言寬廣各六哩之外牆，概未之及焉。

剌木學本敍述較有次第，自外牆及於中央，此外別有若干細情不見於諸原本者，茲錄其文如下，用見北京初建時之遺跡。

「大汗常在名曰汗八里之大城中，每年居留三月。……此城在契丹州之東北端，其大宮殿之所在也。宮與新城相接，在此城之南部，其式如下。」

「先有一方牆寬廣各八哩。其外繞以深壕，各方中闢一門，往來之人由此出入。牆內四面皆有空地，廣一哩，軍隊駐焉。空地之後，復有一方牆，寬廣各六哩，南北各闢三門，中門最大，常關閉，僅大汗出入時一爲開闢而已。餘二門較小，在大門之兩側，常開以供公共出入之用。」

「此內牆四角及中央各建一壯麗城樓。由是全牆周圍共有八樓，貯大汗戰具於其中。每樓僅貯戰具一種，若一樓貯藏鞍轡鐙及其他構成騎兵戰具之類，別一樓貯藏弓箙弦矢及弓兵所用其他戰具之類，第三樓貯藏甲冑及其他熟皮所製戰具之類，其他諸樓由此類推。（註二）」

「此第二方牆之內有一第三城牆，甚厚，高有十步，女牆皆白色。（註三）牆方周圍有四哩，每方各有一哩，此第三牆闢六門，佈置與第二城牆同。（註四）」

「亦有城樓甚大，位置與第二牆之城樓相同。亦貯大汗之戰具於中。」

「第二第三兩牆之間，有樹木草原甚麗。內有種種獸類，若鹿、麝、獐、山羊、松鼠等獸，繁殖其中兩牆之間皆滿。此種草原草甚茂盛，蓋經行之道路鋪石高出平地至少有二肘（三尺）也。所以雨後泥水不留於道皆下注草中草原因是肥沃茂盛。（註六）」

「此周圍四哩牆垣之內，即爲大汗宮殿所在。其宮之大，素所未見。蓋其與上述城牆相接，南北僅留臣民士卒往來之路。宮中無樓，然其頂甚高。宮基高出地面十掌，四圍環以大理石牆，厚有兩步。其宮矗立於此牆中，牆在宮外，構成平臺。其上行人外間可見，牆有外廊，石欄緣之。」

「內殿及諸室牆壁刻畫塗金，代表龍、鳥、戰士，種種獸類，有名戰事之形像。天花板之刻畫亦祇見有金飾繪畫，別無他物。」

「宮之四方各有一大理石級，從平地達於環繞宮殿之大理石牆上。朝賀之殿極其寬廣，足容多人聚食。宮中房室甚衆，可謂奇觀，佈置之善，人工之巧，無逾此者。屋頂爲紅綠藍紫等色，結構之堅，可以延存多年。（註五）窗上玻璨明亮有如水晶。」

「宮後（宮北）有大宮殿，爲君主庫藏之所置金銀寶石珍珠及其金銀器具於，中妃嬪卽居於此惟在此處始能爲所欲爲，蓋此處不許他人出入也。」

「宮牆（四哩之牆）之外（之西），與大汗宮殿並立別有一宮與前宮同，大汗長子成吉思居焉臣下朝謁之禮，與見其父同蓋其父死後由彼承襲大位也。」

「大汗宮殿附近北方一箭之地，城牆之中，（皇城之中）有一丘陵，人力所築高，百步，……名曰綠山。……（註八）（註九）」

「更北城中（二十四哩城牆之中）有一大坑，深廣。卽以其土建築上述之丘陵，掘後成坑。有一小渠貫注流水於其中，佈置與一魚池無異。諸獸皆來此飲水，此渠由上言丘陵附近旁之一水道流出，注入別一坑中。其坑亦寬廣，處大汗宮及其子成吉思之宮間，其土亦曾共築丘之用。」（註七）

「後一坑中畜魚種類甚多，以供御食大汗取之惟意所欲。渠水由別端（南端）外流，其兩端間以銅鐵格子，畜魚不能外出。其間亦見有天鵝及其他水禽，兩宮之間有橋，通行水上。（註七）……」——剌木學本第二卷第六章二十二頁。

布萊慈奈德(Bretschneider)博士所撰北京考古記裒輯中國史料不少，頗有足以參證馬可波羅之說者，茲廣錄之，以考舊蹟。

(註一)案宮城之牆(卽波羅所言周圍四哩之牆)周圍有三四九八公尺，東西七六六公尺半，南北九八二公尺半。甎甃高十一公尺，一二七一年陰曆八月十七日動工，七閱月而工畢。闢六門，三門向南，餘三門並不全在北城，東有一門曰東華門，西有一門曰西華門，若以一哩當五七五公尺，則此城大致有六里，與今之紫禁城約略相等。

(註二)波羅所言牆上之大宮，似指城角城門上之趓樓，波羅謂為大汗貯藏戰具之所，然其後五十年輟耕錄之著者謂貯藏戰具別有所在。——布萊慈奈德書五五頁。

案輟耕錄是布萊慈奈德同新元史所採史料之要源，曾詳述元末之宮闕制度，至若波羅所見之宮闕，乃初建時之宮闕，故此二書所言微異。此種異點，後經斡朶里克(Odorie)證明，緣其在波羅三十五年後至大都，居留此城三年也。

(註三)此句僅頗節本中有之，雖有視其語意不明者，然其所言之牆，應指昔之大內。案大內分兩部，北為帝宮，南為大明殿等正衙，謂其周圍僅有一哩，則所指者僅其南部而已。

（註四）此節所言諸門，可以考見其名稱。波羅述大內南面五門或三門（剌木學本及中國載籍）後，所言之餘二門，並非西廡之麟瑞門，同東廡之鳳儀門，乃爲後廡之二門，一是東北角之嘉慶門，一是西北角之景福門。

除此大內及宮城二城外，尚有一第三外城名曰蕭牆，未經波羅著錄，周圍有二十里，大致可當今之皇城。（周圍十八里。）

據日下舊聞考，麗正門（今正陽門）北有千步廊，距麗正門北約一千一百公尺爲靈星門，（今天安門，）闢於上述之蕭牆中，牆內三十二公尺，有一渠，上有三弧大理石橋一。此渠受太液池水，流經今天安門前金水橋下。——布萊慈奈德書一〇九頁註六九。

準是以觀，紫禁城及諸城牆至今似未大變。元亡明興，雖經兵燹，削平元代宮闕，然明之宮闕似仍建於舊基之上。今所見之湖丘橋樑，仍是元代之故蹟，特中國人諱言胡元，不欲明言之也。——玉耳本第一册二七二頁註十三。

此種結論，似可兼適應於大都之城，不僅適用於蕭牆而已也。然則昔日大都之南城，不應如布萊慈奈德所言之近。（自觀象台達雙塔寺一線，）更據數種史料，永樂皇帝重建北京時，曾將南東

西三城保存云

（註五）馬可波羅所言之大宮，卽元史之大明殿，殿基高出平地三公尺，約略可當今之太和殿。輟耕錄述大明殿制云：「後連香閣，……靑石花礎白玉石圓碣文石甃地上藉重茵丹楹金飾龍繞其上。……中設七寶雲龍御榻，白蓋金縷褥，並設后位。諸王百寮怯薛官侍宴坐牀重列左右。前置燈漏，貯水運機，小偶人當時刻捧牌而出。木質銀裏漆甕一，金雲龍蜿繞之，高一丈七尺，貯酒可五十餘石。」——布萊慈奈德書四九至五〇頁，——參看斡朶里克行紀，——頗節本第一册二七〇頁引沙哈魯使臣行紀，——安文思中國新志。

（註六）此處所言兩牆之間一節，似有脫誤。今皇城紫禁城間，北方今有煤山，昔爲御苑，闢四紅門。別有內苑，闢五紅門。瓊島之西又有靈囿，此皆兩城間之苑囿也。——布萊慈奈德書四八頁六〇頁，一一〇頁。

（註七）斡朶里克所誌宮殿湖沼之文，幾盡與此同。布萊慈奈德曾言馬可波羅所見之湖，卽是太液池。不過湖形微變而已。案太液池名始於十二世紀時，金帝始導西山諸泉於都城北，其出入此池之水猶存，尙名金水。

此太液池今名三海，剌木學本除此湖外，尚著錄有更北之一別湖，殆指今之積水潭什刹海荷塘等水。

（註八）綠山非今之景山，或俗稱之煤山，乃指今之白塔山。金初築此山，名曰瓊花島。一二六二年忽必烈重修島中園林，改名曰萬壽山。其山皆壘玲瓏石爲之，峯巒隱映，松檜隆鬱，秀若天成。引金水河至其後，轉機運斠汲水至山頂，出石龍口，注方池。——布萊慈奈德書五九頁。

山南不遠有一圓城，在大石橋頭。中有一殿，名承光殿，此殿與城均爲元代舊物，遊人在此處可見北京最美之松樹，如白裹松（Pinus bungeana）之類。石橋建於一三九二年，其先僅有一木吊橋，長四百七十尺，立柱架梁於二舟，以當其空。至車駕行幸上都，留守官則移舟斷梁，以禁往來。——布萊慈奈德書六十頁。

此山固始於金元，山上之白塔，則建於清順治時，一六五二年西藏達賴剌麻來朝，特建此塔以資紀念。——同書九九頁。

至若景山之名，始於清代，其俗名煤山，在十六世紀以前未見著錄，則波羅雖言綠山在宮北一箭之地，必非煤山明矣。一六四四年崇禎皇帝曾在此山樹上縊死。

（註九）考輟耕錄，萬壽山頂有廣寒殿「七間，東西一百二十尺，深六十二尺，高五十尺。……中有小玉殿，內設金嵌玉龍御榻，左右列從臣坐牀。前架黑玉酒瓮一，玉有白章，隨其形刻爲魚獸出沒於波濤之狀。其大可貯酒三十餘石。又有玉假山一峯，玉響鐵一，縣殿之後。」然則波羅所誌綠山上之宮殿，顯指此廣寒殿，而綠山顯是瓊花島，彰彰明矣。中國載籍謂此山有石名曰翠巖，並題有幽芬翠草之句，名曰綠山，洵不誣也。——同書六一頁。

（註一〇）大汗宮內，言之難盡。尙有一事，可廣異聞。忽必烈建築大都宮闕以後，命人取莎草於沙漠，種之宮中，欲使子孫勿忘其發源之地。此草球根形，似隸莎草科。(Cypéracées)——同書五七頁。

第八四章 大汗太子之宮

尙應知者，大汗爲其將來承襲帝位之子（註一）建一別宮，形式大小完全與皇宮無異，俾大汗死後內廷一切禮儀習慣可以延存。此王已受帝國印璽一方，然權力未備，大汗在生之時仍是大汗爲主君也。

大汗及其子之宮殿，既已敍述於前，茲欲言者，其宮殿所在之契丹大城，及其營建之原因而已，此城名曰汗八里。

古昔此地必有一名貴之城名稱汗八里，汗八里此言「君主城」也。（註二）大汗曾聞星者言此城將來必背國謀叛，因是於舊城之旁，建築此汗八里城。中間僅隔一水，（註三）新城營建以後，命舊城之人徙居新城之中。（註四）

此城之廣袤，說如下方，周圍有二十四哩，其形正方，由是每方各有六哩。環以土牆，牆根厚十步，然愈高愈削，牆頭僅厚三步，遍築女牆，女牆色白，（註五）牆高十步。全城有十二門，（註六）各門之上有一大宮，頗壯麗。四面各有三門五宮，蓋每角亦各有一宮壯麗相等。宮中有殿廣大，其中貯藏守城者之兵杖。街道甚直，此端可見彼端，蓋其佈置，使此門可由街道遠望彼門也。

城中有壯麗宮殿，復有美麗邸舍甚多。（註七）城之中央有一極大宮殿，中懸大鐘一口，夜間若鳴鐘三下，則禁止人行。鳴鐘以後，除爲育兒之婦女或病人之需要外，無人敢通行道中。縱許行者，亦須攜燈火而出。（註八）每城門命千人執兵把守。把守者，非有所畏也，蓋因君主駐蹕於此，禮應如是，且不欲盜賊損害城中一物也。（註九）

既言其城，請言其人，以及朝廷之佈置，並其他諸事。

（註一）此宮名隆福宮，眞金忽必烈死後，后妃居焉。輟耕錄謂在大內西，七間，規模與帝宮相同，微稍小耳。（布萊慈奈德書五六頁），由是觀之，此地可當今之總統府。

此處所言之太子，顯非歿於一二八五年之眞金，而爲眞金之子鐵木耳，質言之，皇太孫也。惟宮則爲眞金而建。

（註二）波羅於此處訓釋汗八里名稱之義。其後宋君榮神甫亦云汗（can, khan）猶言帝王。巴勒哈（balga）巴勒哈惕（balgat）巴勒哈孫（balgasun）八里黑（balik）等字，在韃靼語中皆猶言「城」，則當作 Cambalik 或 Khambalik，而在此處訛作 Cambaluc 質言之，帝城是已。案蒙古語宮廷名稱斡耳朶(ordo)，則亦得名此城曰斡耳朶八里(ordobalik)矣。——De l'Isle 北京誌五頁。

今北京城址附近，古昔有一要城，紀元前一一二一年，黄帝後裔某受封於薊，中國考據家以其城在今城西北三四里。前七二三至前二二一年間，薊爲燕國都城。秦始皇滅燕，此城降爲州郡，歷稱曰薊，曰燕，曰幽州。九八六年，遼以爲南京。自是以後，迄於今日，除中間有短期之中斷外，常爲帝都。

一一五一年金建中都於此，領大興宛平二縣，與今同。

一二一五年成吉思汗取金中都，時亦名燕京。嗣後僅在半世紀中降爲州郡治所。忽必烈汗自哈剌和林徙都燕京。在一二六四至一二六七年間，於燕京舊城之東北，建一新城。一二七一年，漢人始名此城曰大都。蒙古人則名之曰汗八里。金之舊城在元代名曰南城，而新城則名北城。明嘉靖時，(十六世紀，)建外羅城，(即歐洲人所稱之漢城，)燕京故蹟遂不復存矣。——參看樊國樑(Favier)撰北京誌導言，——布萊慈奈德書十三至二三頁。

根據右引諸書，汗八里城北部超過今滿城之北。明代洪武皇帝以舊城過大，將北城削去五里，今城北五里有土城尙存，尙高二三十尺，其名卽曰土城，殆爲元大都北城之遺跡歟。布萊慈奈德卽根據此土城之存在，考訂元代汗八里之舊址。考輟耕錄及新舊元史所著錄東西兩城之城門，齊化平則二門之北，別有二門，則舊城超過今城之北，爲說可信。馬可波羅謂鐘樓在城之中央，亦可參證斯說也。

但據此以求汗八里之面積，未免過大。布萊慈奈德於是以爲汗八里南城城牆在今城之北一里。（同書二九頁，）然其說亦不無疑義。其所據以考訂汗八里東南角之觀象台，當時不在今日觀象台建設之處。考宋君榮神甫之說，今台實建於明嘉靖（一五二二至一五六七）中。元代之觀象台則在皇城內紫禁城外西南角附近，今南長街西尙有地名觀象台也。——參看 De L'Isle 書二十頁及二三頁。

至若南城距雙塔寺三十丈之說，似不可能，因爲蕭牆卽距此城不遠也。故布萊慈奈德（二八頁）亦云：「上述雙塔寺與大都南城牆之距離，記載容或有誤。蓋據其他中國載籍，此南城牆之所在，與今日滿城之南城牆同也。」由是觀之，究竟大都四至何在，尙待考證。

（註三）金代導西山諸泉水入都城，尙不足以供給由通州連接白河之通惠河之需，故當時曾有在麻峪導渾河水以廣河流之舉。惟河水渾濁，致將引導此水之路口河淤塞，反成水災，此種計畫遂廢。波羅在此處所言之水，必非路口河，而爲文明河。案南城有文明門，此文明河應流經南城之外。今日北京西有一小溪名三里河，導望海樓之湖水入滿城西南角壕中，殆爲文明河之遺跡也。——參看普意雅（G.Bouillard）撰文見「支那」第五年刊一一四三至一一七二頁。

（註四）刺木學本後文有云：「但一部份之居民忠誠可恃者，許仍留居舊城中，蓋新都雖大，不足容其居民全數也。」

（註五）據此面積，汗八里城牆高寬與今城相等，僅城頭較薄而已。（三步合四公尺半，今則有十四公尺半，）頤節書（第一册二七四頁）引刺失德丁書云：「大都（Daidou）城牆用土建築，其地習用兩板夾土，擲濕土於其中，用大木椿擣之使堅，已而去板，土遂成牆。大汗晚年曾命運石甃牆，然工未成而身死，若上帝許可，此種計畫將由鐵木耳汗完成之。」

（註六）馬可波羅及斡朶里克皆言汗八里有十二門，其後宋君榮衞匡國二神甫記載之數亦同，疑採自波羅書。中國載籍皆言祇有十一門，北面僅闢二門，疑元代北面原有三門，後將中門閉塞也。

（註七）「各大街兩旁，皆有種種商店屋舍。全城中劃地爲方形，劃線整齊，建築房舍。每方足以建築大屋，連同庭院園囿而有餘。以方地賜各部落首領，每首領各有其賜地。方地周圍皆是美麗道路，行人由斯往來。全城地面規劃有如棋盤，其美善之極，未可言宣。」——剌木學本第二卷第七章。

由是觀之，今日北京道路整齊規模蓋始於元代矣。

（註八）「此外有巡邏之人三四十人爲一隊，終夜巡邏街市，視鐘鳴三下以後，道上有無行人。如見行者，立即捕而投之獄，翌日黎明，由官吏定其罪名，視其罪之輕重，杖責之數不等，間有罪至死者。尋常懲罰之法如是，蓋其星者名八合失之人不欲有流血之刑也。」——同上。

衞匡國云，其時中國諸城中設有漏壺，守者案時鳴鑼以報時刻，設有火災，亦鳴鑼以警衆。

馬可波羅所言之鐘樓，非今日所見之鐘樓。「今之鐘樓建於一二七一年，然今之鐘樓實建於十八世紀時。元代之鐘樓昔在鼓樓之東，今萬寧寺即其故址也。此寺確在我所考訂汗八里之中央。」（布萊慈奈德書三八頁。）——此說與馬可波羅「城之中央」一語相合，則所謂中央者，蓋指南北線之中央矣，此鐘樓毁於明洪武時。（馮秉正書第十册二十頁。）

（註九）「惟因星者之說，致使其心中存有疑忌中國種族之意。」——剌木學本第二卷第七章。

第八四重章　汗八里城之謀叛及其主謀人之處死（註一）

下所言者，皆實事也。有一會議，正式任命十二人組合成之，職司處分土地官爵及一切他物，惟意所欲。中有一人是回教徒，名稱阿合馬（Ahmed），爲人較狡黠而有才能，權任甚重，頗得大汗寵任。大汗寵之甚切，任其爲所欲爲。但至阿合馬死後，始知其曾用魔術蠱惑君主，致使言聽計從，任其爲所欲爲。

此人管理政府一切官司，任命一切官吏，宣布一切裁判。其所厭惡之人而彼欲除之者，不問事之曲直，輒進讒言於大汗曰：「某人對於陛下不敬，罪應處死。」大汗則答之曰：「汝意所樂爲之可也。」於是阿合馬立殺其人。其權力由是無限，大汗寵眷亦無限，無人敢與之抗言。是以官位權力無論大小，莫不畏之。凡有人受讒因蒙大罪而欲自解者，絕不能提出其自解之法，蓋無人敢庇之而與阿合馬抗，由是枉死者爲數甚衆。

不僅此也，凡有美婦而爲彼所欲者，無一人得免。婦未婚，則娶以爲妻；已婚，則強之從己。如聞某家有美女，則遣其黨徒語其父曰：「汝有女如是，曷不嫁之伯羅(bailo)阿合馬。(蓋人稱其爲伯羅，猶之吾人之稱副王也，)則彼將授汝以高官顯職，榮任三年。」女父若以女獻。阿合馬則言於汗曰：「某官缺人，或某官行將任滿，某人可以銓選。」大汗輒答之云：「汝以爲是，爲之可也。」女父遂立受顯職，由是或因他人盼得高官顯職，或因他人畏其權勢，阿合馬盡得美婦爲其妻妾。彼有子二十五人，皆任顯要，其中有若干子因父蔭而淫縱亦如其父，所行無恥無義。此阿合馬聚積多金，蓋欲任顯職或他官者，必須以重賂賄之也。(註二)

彼執行此無限權勢，垂二十二年。迄後國人，質言之契丹人，因其妻女或本身蒙大辱，或受奇害者，忍無可忍，乃相謀殺之而叛政府。其中有一契丹人名陳箸(Tchen-tchou)者，身爲千戶，母及妻女並爲阿合馬所辱，憤恨已極，遂與別一契丹人身爲萬戶，名稱王箸(Wang-tchou)者同謀殺之。決定在大汗駐蹕汗八里三個月滿，駕幸上都駐蹕三月之時舉事。時皇太子成吉思亦離都城往駐他所，僅阿合馬留守都城，有事則由阿合馬遣人往上都請旨。

王箸陳箸同謀以後，遂以其謀通知國中之契丹要人。諸人皆贊成其謀，並轉告其他不少城市友人，定期舉事，以信火爲號，見信火起，凡有鬚之人悉屠殺之。蓋契丹人當然無鬚，僅韃靼人回教徒及基督教徒有鬚也。契丹人之厭惡大汗政府者，蓋因其所任之長官是韃靼人，而多爲回教徒，待遇契丹人如同奴隸也。復次大汗之得契丹地，不由世襲之權，而由兵力，因是疑忌土人，而任命忠於本朝之韃靼人回教徒或基督教徒治理，雖爲契丹國之外人，在所不計也。

迨至約定之日，王箸陳箸夜入皇宮，王箸據帝座，燃不少燈火於前，遣其黨一人赴舊城，矯傳令旨，僞稱皇太子已歸，召阿合馬立入宮。阿合馬聞之大異，然畏皇太子甚，倉卒遽行，入城門，韃靼統將統一萬二千人守備大都名火果台（Cogotai）者，詢之曰：「夜深何往？」答曰：「成吉思已至，將往謁之。」火果台曰：「皇太子秘入都城，緣何我毫無所聞。」遂與偕行，並率領一部位人護從。阿合馬入宮，見燈光大明，以爲據寶座之王箸是皇太子，進前跪謁。陳箸俟其跪，舉刀斷其首。火果台在宮門見狀，呼曰，「中奸計。」立張弓發矢，射殺王箸。同時命所部擒陳箸，佈告城中，不許居民外出，有至街市者，立卽殺之。契丹人見其謀泄，主謀者一死一擒，不敢出外，不能舉信號通知其他諸城。火果台立遣使者馳奏大汗。大汗立命嚴搜叛人，捕同謀者悉殺之。翌日黎明，火果台搜查諸契丹人同謀罪重者多伏誅，其他諸城所爲亦同。

大汗還汗八里後，欲知此次叛事之原因，已而得阿合馬罪狀，始知其父子作惡多端，如前所述。阿合馬本人及其七子（蓋諸子非盡惡也）娶妻妾無算，強取者尚未計焉。大汗命人沒收舊城中阿合馬所積之一切貨財，徙之新城，盡入帝庫，至是始發現其數甚巨。並命發墓剖棺，戮阿合馬尸，置之街市，縱犬食之。諸子之爲惡者，生剝其皮。（註三）

經此事變以後，大汗始知回教對於異教之人縱使本教之人犯罪，甚至殺人亦所不辭。既見此教使阿合馬父子縱爲奸惡，遂痛惡之，所以召諸回教徒來前，對於其教命爲之事，多嚴禁之。例如命其娶妻從韃靼俗，殺牲遵韃靼法，不許再用斷喉之法，祇許破腹取臟。皆此類也。（註四）

此種事變經過之時，馬可波羅閣下適在其地。

（註一）此章僅見剌木學本，（第二卷第八章，）所誌諸事，並經中國載籍證明，足見孛羅在此案中任務之重。馮秉正書（第九册四一二至四一三頁）引中國史書云：「阿合馬死，大汗猶不深知其姦，令中書勿問其妻子。及詢孛羅，乃盡得其罪惡，始大怒曰：王著殺之誠是也。」

（註二）阿合馬生於藥殺水（Yaxartes, Syr-daria）畔，察必（Djamui）皇后未入宮時，已識其人。迨入宮後，以爲媵臣，一二六四年始居理財要職。忽必烈需財日亟，因不問理財人員之貪廉，及其徵取之方法。阿合馬多才善辯，迎合帝意，言無不從。皇太子眞金及漢官數人甚惡之。許衡因阿合馬子忽辛（Housin）有僉樞密院之命，獨執議曰：「國家事權，兵民財三者而已，今其父典民與財，子又典兵，不可。帝曰，卿慮其反耶，衡對曰，彼雖不反，此反道也。」——元史卷一五八許衡傳。

（註三）元史卷二〇五姦臣傳曰：「十九年（一二八二）三月，世祖在上都，皇太子從，有益都千戶王著者，素志疾惡，因人心憤怨，密鑄大銅鎚，誓願擊阿合馬首。會妖僧高和尚以祕術行軍中無驗而歸，詐稱死，殺其徒以尸欺衆，逃去，人亦莫知。著乃與合謀，以戊寅日詐稱皇太子還都作佛事，結八十餘人，夜入京城，旦遣二僧詣中書省，令市齋物，省中疑而訊之，不伏。及午，著又遣崔總管矯傳令旨，俾樞密副使張易發兵若干，以是夜會東宮前。易莫察其僞，卽令指揮使顏義領兵俱往，著自馳見阿合馬。詭言太子將至，令省官悉候宮前。阿合馬遣右司郎中脫歡察兒等數騎出關北十餘里，遇其衆，僞太子者責以無理，盡殺之，奪其馬，南入健德門。夜二鼓，莫敢何問，至東宮前，其徒皆下馬，獨僞太子立馬指揮，呼省官至前，責阿合馬數語，箸即牽去，以所袖銅鎚碎其腦，立斃。繼呼左丞郝禎至，殺之，囚右丞張惠。樞密院御史臺留守司官皆遙望，莫測其故。尙書張九思自宮中大呼，以爲詐。留守司達魯花赤博敦遂持挺前，擊立馬者墜地，弓矢亂發，衆奔潰，多就擒。高和尙等逃去，箸挺身請囚。中丞也先帖木兒馳奏，世祖時方駐蹕察罕腦兒，聞之震怒，卽日至上都。命樞密副使孛羅司徒和禮霍孫、參政阿里等馳驛至大都，討爲亂者。庚辰，獲高和尙於高粱河。辛巳，孛羅等至都。壬午，誅王箸、高和尙於市，皆醢之，並殺張易。箸臨刑大呼，王箸爲天下除害，今死矣，異日必有爲我書其事者。阿合馬死，世祖猶不深知其姦，令中書勿問其妻子。及詢孛羅，乃盡得其罪惡，始大怒曰，王箸殺之誠是也。乃命發墓剖棺，戮尸於通玄門外，縱犬啗其肉。百官士庶聚觀稱快。子姪皆伏誅，沒入其家屬財產。」

（註四）馬可波羅所言忽必烈不喜回教徒之事，並見於刺失德丁書及多桑書。有譖於帝者，謂可蘭經命殺崇拜多神教徒。忽必烈乃召諸回教博士至，詢經中有無是語，諸人對曰有之。忽必烈曰：「汝曹以爲可蘭授自上帝歟？」對曰：「吾人從未疑之。」帝曰：「上帝既命汝曹殺多神教徒，何以汝曹不從其命？」對曰：「時未至而我曹之力尙未強也。」帝怒曰：「然則我今可殺汝曹也。」遂命立將其人處死。時有回教官吏數人請暫停刑，召其他較明教義之回教博士詢之，乃召一哈的(cadi)至，問之如前，其人對曰：「上帝命我曹殺多神教徒，其事屬實，惟其所指之多神教徒，蓋爲不信有一最高主宰者，陛下在一切詔敕中既首列上帝名，則不能在此類之列。」忽必烈意乃釋，遂釋諸回教博士而不罪。

顧回教徒之在忽必烈國中者，爲數頗衆。昔有一事，致使其受虐待者亘七年。有回教商人獻白海靑及異鷹於帝，帝賜之食，商人不食。忽必烈詢其故，對曰，殺牲未遵摩訶末教法，肉不潔，故不食。帝恚，益以左右刺麻進讒，遂重申成吉思汗法令，禁止用斷喉之法殺羊，違者死，籍其家，以賞首告之人。於是告密者紛至，多破回教徒家而致富，奴婢之欲獲得自由者，亦告其主，如是者七年。丞相桑哥乃進言於帝，言回教商人不復至中國，例獻之物因缺，而關稅亦無所得，忽必烈遂收回其禁令。

第八五章　名曰怯薛丹之禁衞一萬二千騎

應知大汗之禁衞，命貴人爲之，數有一萬二千騎，名稱怯薛丹（Quesitan），法蘭西語猶言「忠於君主之騎士」也。設禁衞者，並非對人有所疑懼，特表示其尊嚴而已。此一萬二千人四將領之。每將各將三千人。而此三千人衞守宮內三晝夜，飲食亦在宮中。三晝夜滿，離宮而去。由別一三千人衞守，時日亦同。期滿復易他人。由是大汗常有名稱怯薛丹之禁衞三千騎更番宿衞。此一萬二千人輪番守衞各有定日。周而復始，終年如此。（註一）

大汗開任何大朝會之時，其列席之法如下。大汗之席位置最高，坐於殿北，面南向。其第一妻坐其左，右方較低之處。諸皇子侄及親屬之座在焉。皇族等座更低，其坐處頭與大汗之足平，其下諸大臣列坐於他席。婦女座位亦同，蓋皇子侄及其他親屬之諸妻，坐於左方較低之處，諸大臣騎尉之妻坐處更低。各人席次皆由君主指定，務使諸席佈置，大汗皆得見之。人數雖衆，佈置亦如此也。（註二）殿外往來者四萬餘人，緣有不少人貢獻方物於君主，而此種人蓋爲貢獻異物之外國人也。

大汗所坐殿內，有一處置一精金大甕，內足容酒一桶。(un tonneau communal)，(註三) 大甕之四角，各列一小甕，滿盛精貴之香料。注大甕之酒於小甕，然後用精金大杓取酒。其杓之大，盛酒足供十人之飲。取酒後，以此大杓連同帶柄之金盞二，置於兩人間，使各人得用盞於杓中取酒。婦女取酒之法亦同。應知此種杓盞價値甚巨，大汗所藏杓盞及其他金銀器皿數量之多，非親見者未能信也。(註四)

並應知者，獻飲食於大汗之人，有大臣數人，皆用金絹巾蒙其口鼻，俾其氣息不觸大汗飲食之物。(註五) 大汗飲時，衆樂皆作，樂器無數。大汗持盞時，諸臣及列席諸人皆跪，大汗每次飲時，各人執禮皆如上述。

至若食物，不必言之，蓋君等應思及其物之豐饒。諸臣皆聚食於是，其妻偕其他婦女亦聚食於是。食畢撤席，有無數幻人藝人來殿中，向大汗及其他列席之人獻技。其技之巧，足使衆人歡笑。諸事皆畢，列席之人各還其邸。

刺木學本第二卷第九章增入之文如下：

(一)但在晝間未番上之怯薛歹(Quésitaux)不得離開宮中。惟奉大汗使命，或因本人家事而經怯薛長許可者，始能放行。設若有重大理由，如父兄及其他親屬之喪，抑非立歸必有重大損害之類，則應請求大汗許可，然在夜中此九千人可以還家。

(二)君等勿以爲人人皆可坐於席上。尚有官吏，甚至有貴人不少，無席可列，應坐於殿中氈上而食。復有無數人在殿外，此種人蓋來自各州貢獻遠地異物者。其中間有土地被沒收之若干藩主，冀將土地發還者，此輩於朝會及皇子結婚之日常臨殿外。

(三)殿中有一器，製作甚富麗，形似方櫃，寬廣各三步，刻飾金色動物甚麗。櫃中空，置精金大甕一具，盛酒滿，量足一桶。櫃之四角置四小甕，一盛馬乳，一盛駝乳，其他則盛種種飲料。櫃中亦置大汗之一切飲盞，有金質者甚麗，名曰杓(vernique)，容量甚大，滿盛酒漿，足供八人或十人之飲。列席者每二人前置一杓，滿盛酒漿，並置一盞，形如金杯而有柄。

（四）此外命臣下數人接待入朝之外國人，告以禮節，位置席次。此輩常在殿中往來，俾會食者不致有所缺，設有欲酒乳肉及其他食物者，則立命僕役持來。每殿門，尤其大汗所在處之殿門，有大漢二人持杖列於左右，勿使入者足觸其閾。設有觸者，立剝其衣，必納金以贖。若不剝衣，則杖其人。顧外國人得不明此禁，如是命臣下數人介之入，預警告之。蓋視觸閾為凶兆，故設此禁也。但出殿時，會食之人容有醉者，罰之則不如入門之嚴。

（五）大汗每次飲時，侍者獻盞後，退三步，跪伏於地，諸臣及其他在場之人亦然。樂器齊奏，其數無算，飲畢樂止，會食者始起立，大汗每次飲時，執禮皆如是也。

（註一）元史所誌宿衞之制甚詳，卷九十九兵志云：「元制宿衞諸軍在內，而鎮戍之軍在外，內外相維，以制輕重之勢，亦一代之良法哉。方太祖時，以木華黎、赤老溫、博爾忽、博爾朮為四怯薛，領怯薛歹，分番宿衞。及世祖時，又設五衞，以象五方，始有侍衞親軍之屬，置都指揮使以領之。而其後增置改易，於是禁兵之設，殆不止於前矣……若夫宿衞之士，則謂之怯薛歹，亦以三日分番入衞。其初名數甚簡，後累增為萬四千人。揆之古制，猶天子之禁軍，是故無事則各執其事，以備宿衞禁庭，有事則惟天子之所指使，比之樞密各衞諸軍，於是爲尤親信者。然四怯薛歹自太祖以後，累朝所御斡耳朶，其宿衞未嘗廢。是故一朝有一朝之怯薛，總而計之，其數滋多，每歲所賜鈔幣，動以億萬計，國家大費每敝於此焉。」

據 Palladius 書，此怯薛丹顯與蒙古語克什克騰 (Keshikten) 相對，大致用以名稱汗之近衞者也。考其語源，本於 keshik，其義猶言番直宿衞，蒙古語古訓如此，今義則不同也。玉耳上校曾列舉此字諸義，我擬採下說。案印度帖木兒 (Tamerlan) 朝諸王宮中，尙有 kishik，以稱番直宿衞之士，……波斯國王之宿衞則名 Keshikchi 云，——Palladius 書四二至四三頁。

(註二) 斡朶里克所誌亦奇，據云：「我居此汗八里城三年，常蒞朝會。我輩在朝中有一特備之居處，所以親見宮中之事甚詳。……大汗坐朝時，皇后坐於左，其座較低。妃嬪二人坐更下。一切命婦頭載一物，上被鶴羽，飾金及大珠，全世界之珠未見有如是大者。皇長子坐於大汗之右，其下皇族列坐。大汗足下有書記四人，列坐記載汗言。汗前則由諸臣侍立，其數甚衆。汗未命其發言，除贊禮者外，無敢言者，……」——戈爾迭本斡朶里克書三六九至三七〇頁。

(註三) 鈎案原缺。

（註四）輟耕錄亦言有大漢持杖立殿門，汗側亦有大漢二人執御斧侍立左右。—— Palladius 書四三頁。

（註五）此種衞生方法，出於遊牧部落之蒙古人，似不應知之，殆因襲漢人之制。一四二一年沙哈魯使臣誌明代之事有云：「兩宦者侍立，口覆厚紙，覆及耳下。……每次進饌於帝前，樂人皆奏樂。」—— 頗節本二八一頁引 Quatremère 譯文。

第八六章　每年大汗之誕節

應知每年韃靼人皆慶賀其誕生之日。大汗生於(陽曆九月之)陰曆二十八日。是日大行慶賀，每年之大節慶，除後述年終舉行之節慶外，全年節慶之重大無有過之者也。(註一)

大汗於其慶壽之日，衣其最美之金錦衣。同日至少有男爵騎尉一萬二千人，衣同色之衣，與大汗同。所同者蓋爲顏色，非言其所衣之金錦與大汗衣價相等也。各人並繫一金帶，此種衣服皆出汗賜，上綴珍珠寶石甚多，價值金別桑(besant)確有萬數。(註二)此衣不止一襲，蓋大汗以上述之衣頒給其一萬二千男爵騎尉，每年有十三次也。(註三)每次大汗與彼等服同色之衣，每次各易其色，足見其事之盛，世界之君主殆無有能及之者也。

慶壽之日，世界之一切韃靼人及一切州區皆大獻貢品於大汗。此種貢品皆有定額，並有他人獻進厚禮以求恩賞。大汗選任男爵十二人，視其應頒賞之數而爲賞賜。是日也，一切偶像教回教基督教之教徒，及其他種種人，各向其天主燃燈焚香，大事祈禱禮讚，爲其主祝福求壽。大汗壽誕之日，慶祝之法蓋如此也。(註四)

此事言之既詳，茲請爲君等一述年終舉行名曰白節之節慶。

剌木學本第二卷第十一章較有異文，茲轉錄如下：

(一)有男爵騎尉二萬人所服之衣與大汗同式同色。……此外各人別受一羚羊皮帶，上飾金銀絲甚奇，又受有韡一雙。

(二)此種衣服有若干襲上綴寶石珍珠，其價有逾金別桑一千者，其男爵忠誠可恃而得近大汗者，名稱怯薛丹(Quiecitan)。

(三)此種衣服專在大慶賀時服之，韃靼人每年大節視陰歷十三月之數共舉行十三次，其衣服之盛，各人儼如國王，此種衣服諸男爵常應預備，預備云者，非言每年更新，蓋其衣有服至十年內外者也。

(註一)新舊元史本紀並載忽必烈誕生於乙亥年（一二一五）陰曆八月乙卯。

(註二) Vinc. Lazari 本(三三九頁)謂此處所言之別桑，乃爲一種東羅馬幣名，在當時價值約略

與物搦齊亞 (Venitie) 之色干 (sequin) 相等，等如法國貨幣十一弗朗八十九生丁。剌木學本旣作千別桑，此處之萬別桑應是傳寫之誤。

（註三）剌木學謂此「十三」數目與陰曆十三月相應。地理學會之拉丁文本與此文合，惟作「十二」。核以後此第八十六章之文，謂諸男爵有衣十三襲，各易其色，而陰曆每十九年間有七年置一閏月，則此十三數目應非訛寫。

「此一萬二千男爵受衣於大汗各十三襲，則其總數共有十五萬六千，其價値之貴重未能以數計也，」——參看地理學會法文本九九頁。

頗節本（二八五頁）疑「十三」爲三之誤，但其所引元史卷七八輿服志之文不關此事，而譯文亦有舛誤也。

（註四）馬可波羅所誌大汗舉行諸節慶及宮中所服之衣服，皆與當時中國著述所誌相符。每年之大節慶有二，即元旦節與萬壽節是已。又據斡朶里克之說，其數有四，別有一即位紀念節，一皇太子誕生節。——參看 Palladius 書四四至四五頁。

第八七章 年終大汗舉行之慶節

其新年確始於陽曆二月，(註一)屆時大汗及其一切臣屬復舉行一種節慶，茲述其情形如下。

是日依俗大汗及其一切臣民皆衣白袍，至使男女老少衣皆白色，蓋其似以白衣爲吉服，所以元旦服之，俾此新年全年獲福。(註二)是日臣屬大汗的一切州郡國土之人，大獻金銀珍珠寶石布帛，俾其君主全年獲有財富歡樂。臣民互相饋贈白色之物，互相抱吻，大事慶祝，俾使全年納福。(註三)

應知是日國中數處入貢極富麗之白馬十萬餘匹。是日諸象共有五千頭，身披錦衣甚美，背上各負美匣二，其中滿盛白節宮廷所用之一切金銀器皿甲冑。並有無數駱駝身披錦衣，負載是日所需之物，皆列行於大汗前，是爲世界最美之奇觀。(註四)

尙有言者，節慶之日黎明，席案未列以前，一切國王藩主，一切公侯伯男騎尉，一切星者哲人醫師打捕鷹人，以及附近諸地之其他不少官吏，皆至大殿朝賀君主。其不能入殿者，位於殿外君主可見之處。其行列則皇子侄及皇族在前，後爲諸國王公爵，其後則爲其他諸人，各按其等次而就位。

各人就位以後，其間之最賢者一人起立，大聲呼曰「鞠躬拜。」呼畢，諸人跪拜，首觸於地，祝贊其主，事之如神。如是跪拜四次，禮畢，至一壇前。壇上置一朱牌，上寫大汗名，牌前置一美麗金爐，焚香。諸人大禮參拜畢，各歸原位。（註五）

諸禮皆畢後，遂以前述貢獻之物上呈大汗，其物頗美而價値甚貴。大汗遍視諸物畢，然後將一切席案排列，各人案序就位，進食如前所述。食畢，諸藝人來前作術以娛觀衆，諸事畢後，諸人各歸其邸。

此年初之白節既已備述，如前茲請言大汗之一豪舉，即前此言諸節慶日（大朝會及大宴饗）頒賜諸男爵之衣服一事是已。

（註一）中國舊用太陰曆，然其元旦常在太陽入雙魚宮（signe de Poisson）後，由是其日常在陽曆一月二十一日至二月十九日之間，則其日無定也。益以陽曆年與陰曆月不能時常相應，於是每陰曆年十九年間，必有七年置一閏月，而置閏之年共有十三月。

（註二）今蒙古人尙名正月曰「白月」，忽必烈宮廷新年服白衣事，純爲一種蒙古風俗。一四二一年沙哈魯使臣入朝明帝時，曾受預告禁衣白衣，蓋中國人喪服用白色，今俗尙然也。

（註三）剌木學本在此處加入一段，表示蒙古人重視九數，其文云：「此外有一種風俗，凡諸州之進貢品於大汗者，必須進呈九數之九倍。例如某州獻馬，須獻九九八十一匹。金帛銀錠之數亦然。」考帖木兒傳有一事與此相類，打耳班主亦不剌金（Sheik Ibrahim de Derbent）入貢之物，每種九數，惟奴隸僅有八人，司禮官曾詢之曰：「第九人何在？」亦不剌金對曰：「卽僕是已。」帖木兒聞言甚喜，遂厚款之。——玉耳本第一册三九二頁。

（註四）此種貢獻之物，蓋爲一種變相的賦稅。突厥斯單韃靼地域及其他諸州應獻馬駝，印度緬甸則須貢象。後此第一百六十一章所記一二七三年忽必烈攻取交趾時，此國老王請降，約每年貢象二十頭，卽其例也。此後北京蓄象，遂以爲常。乾隆時有象六十頭，乃由緬甸或安南從雲南貢獻而至。一八六〇年後，其數日減，至一八八六年，因逸象傷人，遂禁止貢象來京。北京蓄象之處名曰象坊，卽今國會所在之處。

（註五）頒節本曾在此處迻譯元史卷六十七禮樂志之文，核以剌木學本之文，若合符節。剌木學本云：

「各人就位以後，有大官一人唱曰，跪拜。諸人立跪伏，以首觸地。大官贊曰，聖躬萬福，諸人齊答曰，如所祝。大官復贊曰，祈天增洪福，保佑百姓安寧，全國隆盛豐贍，諸人齊答曰，如所祝。」——剌木學本第二卷第十二章。

第八八章　男爵一萬二千人於大節慶日各受金袍十三襲事

應知大汗待遇其一萬二千委質之臣名曰怯薛丹者情形特別，誠如前述。（註一）緣其頒賜此一萬二千男爵袍服各十三次。每次袍色各異，此一萬二千襲同一顏色，彼一萬二千襲又爲別一顏色，由是共爲十三色。

此種袍服上綴寶石珍珠及其他貴重物品，每年並以金帶與袍服共賜此一萬二千男爵，金帶甚麗，價値亦巨，每年亦賜十三次，並附以名曰不里阿耳（Bolghari）之駝皮韡一雙。（註二）韡上繡以銀絲，頗爲工巧，彼等服之，儼同國王，每年在十三次節慶中，命各人各衣其應服之袍服。君主亦有袍服十三襲，顏色與諸男爵之袍服同。惟較爲富麗，而其價値未可以數計也。每次彼所服之色與諸男爵同。

君主頒賜一萬二千男爵每人袍服十三襲，合計共有十五萬六千襲，其價値甚巨，前已言之。帶靴之價亦巨，大汗之頒賜諸物者，蓋欲其朝會之燦爛莊嚴，尙有一事前忘言之，今爲君等補述，以廣異聞。應知節慶舉行之日，引一大獅子至君主前，此獅

見主，卽俯伏於前，似識其主而爲作禮之狀，獅無鍊絏，未見此事者聞之必以爲奇也。（註三）

既將諸事作誠實的兼有統系的說明，茲請言大汗大獵之事，此所言者，乃其駐蹕契丹都城汗八里城之大獵也。

（註一）關於怯薛丹者，可參看本書第八十五章及同章註一。至若每年頒賜一萬二千男爵袍服十三次之事，本書第八十六章註三對於此十三數業已論及。玉耳之結論云：「觀本章歷言十三數，則不能謂十三數爲三數傳寫之訛。惟本章之文除關於獅子一節外，與第八十六章之文似乎復見。此種複見之文，僅在法文鈔本中有之，顧諸法文鈔本皆有此文，吾人未使將其删削。」

（註二）此字今在亞洲全部之中尙用以名稱「俄羅斯皮」。緣昔日不里阿耳人在孛勒伽河畔製造皮革，故遺此名。多桑亦云：「俄羅斯皮在不花剌尙名不里阿耳（boulgar）。觀此古名，足見古昔此種皮革製於不里阿耳城也。」惟此本中之「駝皮」，譯文雖出於 Klaproth，似乎有誤。戈爾迭曾考訂 Camut 或 Kamu 不應譯作駝，而應譯作魚皮（chagrin），亞洲諸種族曾用此皮製鞾及他物。剌木學本譯作羚羊（chamois），亦非。伊本拔禿塔誌其自孔士坦丁堡至孛勒伽河之行程，曾言易韡三次。一次易毛織韡，（卽今之襪，）二次易氈韡，三次易不里阿耳韡。質言之，馬皮與猴皮製作之韡也。今日卽以馬皮製成俄羅斯皮，而蒙古諸部之韡亦用馬皮製造也。

（註三）中國古昔或有獅子，然絕跡者已有千百餘年，可斷言也。五一八年宋雲曾在乾陀羅(Gandhara)王庭見獅子兒兩頭。觀其意氣雄猛，與中國所畫迥乎不同，卽在今日所見雕刻之獅形，亦皆以意爲之，足證中國人之不識獅子。馬可波羅在忽必烈朝廷所見者，如確是獅子，則必是外國國王入貢之物，非土產也。

斡朶里克曾證明馬可波羅之說，亦謂在大汗朝會中見有馴養之獅子向大汗作禮。——戈爾迭本斡朶里克書三七九頁。

錢德明(Amiot)神甫曾云，帖木兒朝之一宗王名米兒咱拜桑合兒(Mirza Baisangar)者，曾獻獅子一頭，隨沙哈魯使臣入貢中國，其後常獻是類貢品。——中國記錄第十四冊三七至三八頁。

第八九章　大汗命人行獵

大汗居其都城之三箇月中，質言之陽曆十二月一月二月中，在四圍相距約四十日程之地，獵戶應行獵捕鳥，（註一）以所獲之鳥與大獸獻於大汗。大獸中有牝鹿、花鹿、牡鹿、獅子，及其他種種大野獸，其數居獵物之强半。（註二）其人獻獸之先，應破腹取臟，然後以車運赴汗所。行程有需二三十日者，而其數頗衆也。其遠道未能獻肉者，則獻其皮革，以供君主製造軍裝之用。

此事既已言畢，茲請敍述大汗馴養其遊獵時所用之猛獸。

（註一）考元史卷一百一兵志鷹房捕獵條，腹裏中書省之打捕鷹房人戶共有四千四百二十三戶，分配於益都泰安衞輝平陽等所。此外遠地亦置有之，有遠在雲南者，則馬可波羅所謂四十日程之距離，非過言也。

大汗常在每年初陰曆二三月時獵於近郊，由瀠州東北赴柳林，地在長城外不遠。（參看第九十二章註三）秋日亦常行獵，然其地則在上都北，（一二七七年）雪尼惕（Sounit）部中，（一二八八年）等處。——參看新元史本紀卷七至十二。

（註二）剌木學本此處有增入之文云：「此種地帶之官吏應將所獲之一切大獸，若野猪、牡鹿、花鹿、熊之類者，獻之於朝。其獵捕之法如下，每州官吏聚本地之獵戶，羣赴有獵物之區，設圍捕之，或使獵犬，或常用弓矢。」

第九〇章　豢養以備捕獵之獅豹山貓

尙應知者，大汗豢有豹子，以供行獵捕取野獸之用。（註一）又有山貓（loups-cerviers）（註二）甚夥，頗善獵捕，更有獅子數頭，其軀較巴比倫（Babylonie）之獅子爲大，毛色甚麗，緣其全身皆有黑朱白色斑紋也，（註三）此則豢養以供捕取野猪、熊鹿、野驢及其他大猛獸之用。此種獅子獵取猛獸，頗可悅目。用獅行獵之時，以車載獅，每獅輔以小犬一頭。（註四）別有鵰類無數，用以捕取狼、狐、花鹿、牡鹿等獸，所獲甚多。惟獵狼者軀甚大而力甚强，凡狼遇之者無能免也。（註五）

此事既已備述於前，茲請一言大汗豢養無數大犬之法。

（註一）此處所言之獵豹，非尋常之豹，乃小豹（guépard cheeta），其軀腿較之尋常貓類爲長，不能登樹，而其爪僅半牽縮也。說者以爲此種小豹形處貓類犬類之間，用此物以供捕獲者，不僅忽必烈惟然，昔日歐洲之君主亦有用之者，——參看玉耳本第一册三九八頁。

（註二）據 Arm. David 之說，中國境地以內，北抵滿洲諸山，西至西藏諸山，有一種山貓，名稱土豹。別有一種山貓產於西部諸省，形與土豹略同，其學名曰 Lyncus Desgodini，蓋追憶西藏傳教師 A. Desgodins 而定斯名也。——戈爾迭說。

(註三)中世紀時，歐洲人對於虎之形狀，似已不甚明瞭。當時有一物語書，言虎之形狀云：「名稱曰虎之獸，蓋爲一種蛇也」，足以證已。所以馬可波羅誤名虎豹曰獅，蓋獅子不得有班紋也。——頗節本第一册三〇〇頁。

(註四)剌木學本此處增加之文云：「觀獅之捕獸，其事甚奇。君主用籠盛獅，以車載之，各以小犬一頭輔之，獅犬甚爲親狎。盛獅於籠者，恐其猛追野物不能復制。其捕獵也，須逆風而行，勿使野物聞風而逃。」

(註五)今日東突厥斯單之乞兒吉思人名鵰曰不兒忽惕(bourgout)，即金鵰，豢以捕狼狐花鹿野羊等野獸。乞兒吉思人以一良馬易一鵰。——玉耳書第一册四〇〇頁。

金鵰學名 Aquila chrysaetus，北京土名黑鵰。——見 David & Oustalet 撰中國鳥類誌八頁。

第九一章 管理獵犬之兩兄弟

大汗有兩男爵，是親兄弟，一名伯顏（Bayan），一名明安（Mingam）。人稱此二人曰古尼赤（Cunici），（註一）此言管理番犬之人也。弟兄兩人各統萬人，每萬人衣皆同色，此萬人衣一色，彼萬人衣又一色，此萬人衣朱色，彼萬人衣藍色，每從君主出獵時，卽衣此衣，俾爲人識。

每萬人隊有二千人，各有大犬一二頭，或二頭以上，由是犬數甚衆。大汗出獵時，其一男爵古尼赤將所部萬人，攜犬五千頭從右行，別一男爵古尼赤率所部從左行。相約並途行，中間留有圍道，廣二日程，圍中禽獸無不被捕者。所以其獵同獵犬獵人之舉動，頗可觀。君主偕諸男爵騎行曠野行獵時，可見此種大犬無數，馳逐於熊鹿或他獸之後，左右奔馳，其狀極堪娛目也。（註二）

管理獵犬者及其狀況，既已備述如前，茲請言君主於別三月在他處行獵之事。

君主駐蹕於其都城，逾陽曆十二月一月二月共三閱月後，陽曆三月初卽從都城首途南下至於海洋，其距離有二日程。（註三）行時攜打捕鷹人萬人，海青五百頭，（註四）鷹鷂及他種飛禽甚衆，亦有蒼鷹（autours），皆備沿諸河流行獵之用。然君等切勿以爲所攜禽鳥皆聚於一處，可以隨意分配各所。每所分配禽鳥一二百或二百以上，爲數不等。此種打捕鷹人以其行獵所獲多獻大汗。

君主攜其海青及其他禽鳥行獵之時，如上所述，此外尚有萬人，以供守衛，其人名稱脫思高兒（Toscaors），（註五）此言守衛之人也。以兩人爲一隊，警衛各處，散佈之地甚廣。

（註一）考元史卷九九兵志，有主鷹隼之事者，曰昔寶赤，主弓矢之事者，曰火兒赤。別有怯憐赤，似主獵犬之事。然與馬可波羅書諸本所著錄之 Cuniei, Chinuchi 等寫法對音皆有未符。伯希和云：「此 Cunichi 似爲 Cuiuci 傳寫之誤，而爲中國載籍所著錄之貴赤或貴由赤之對音。考蒙古語動詞 guyu 或 guyi，此言奔走，中國載籍之譯名得還原作 guyukci。又考元史卷一百三十五有明安傳，其人曾領貴赤萬人，馬可波羅書之 Mingam 疑卽此明安。又據剌失德丁書，（Blochet 本第二冊五〇一頁）有 Bayan guyukci，疑亦指此伯顏。」——戈爾迭本第三冊七〇頁。

輟耕錄貴由赤條云：「貴由赤者，快行是也。每歲一試之，名曰放走，以脚力便捷者膺上賞。」

元史卷一三五明安傳云：「明安，康里（Kankalys）氏。至元十三年（一二七六）世祖詔民之蕩析離居及僧道漏籍諸色人不當差徭者萬餘人，充貴赤，令明安領之。」傳未言其有兄或弟名伯顏，此伯顏非後此第一百三十八章之伯顏，後一伯顏八隣（Barin）部人，元史卷一二七有傳。

（註二）案畋獵之事，中國人始終皆重視之。古代行獵之目的，或因獸類之有害於人，或因取其毛革以供諸用。清代盛時，皇帝圍獵之目的，則在命士卒平時習騎射，不使其遊惰而無能也。

南懷仁（Verbiest）張誠（Gerbillon）二神甫曾隨康熙帝於獵中，留有記錄。據云：「帝行獵時，扈從之馬有十萬匹，將士六萬人，帶刀矢，分隊而行，行時結圍獵於山林。……」

南懷仁神甫云：「帝選衞士三千人，執弓矢，於山之四周結大圍，其對徑至少有三千步。圍者齊向前行，漸將其圍縮小。帝命朝中貴人雜諸將中指揮獵事。及至獵圍縮小至對徑三百步時，圍中諸獸如落網中，無能脫者。我曾見一日之中獲山兔二三百頭，狼狐無算。又數在遼東省外，見有鹿千餘被圍於上述獵圍中。亦有時獵取熊及野猪，並殺六十餘虎，然其獵法獵具又與前異。」——見Du Halde 書第四冊七七至九七頁。

刺木學本此處有增加之文云:「此兄弟二人始陽曆十月初，迄陽曆三月杪，應供給宮中野物千頭。鶉類不在數中。並應獻魚無數，以三人一餐所食之魚數等如野味一頭。」

(註三)此文於馬可波羅之意似有未達，故馬兒斯登以爲此處所言之距離，非北京與海岸間之距離，(蓋其相距有四五日程，不止二日程，)乃海岸與獵所間之距離也。

(註四)突厥印度波斯之君主，亦攜鷹犬行獵，東方之俗似多相類。——玉耳本第一册四〇九頁。據張誠神甫第一次扈從行記，康熙帝行圍時亦攜鷹人與俱。

(註五)脫思高兒，猶言警衛之人，馬兒斯登本作 Roscanor Restaor。刺木學本作 Toscaol 玉耳，以此寫法爲是。蓋突厥語 Toskaul，猶言守衛道途之人也。烈繆薩云，蒙古語有 Tosiyal，猶言守夜。(亞洲雜纂第一册二三一頁。) Palladius 亦云，蒙古語圍獵之人名曰 Toscaul，則其對音殆是脫思高勒矣。

第九二章　大汗之行獵

各人有一小笛及一頭巾，以備喚鳥持鳥之用，俾君主放鳥之時，放鳥人勿須隨之。蓋前此所言散佈各處之人守衞周密，鳥飛之處，不用追隨，鳥須救助時，此輩立能赴之也。

君主之鳥，爪上各懸一小牌，以便認識。諸男爵之鳥亦然，牌上勒鳥主同打捕鷹人之名，鳥如爲人所得，立時歸還其主，如不識其主，則持交一男爵名曰不剌兒忽赤(Boulargoutchi)者，此言保管無主之物者也。（註一）蓋若有人拾得一馬一劍一鳥或一別物而不識其主者，立以此物付此男爵保管之。如拾得者不立時交出，則由此男爵懲罰，失物者亦赴此男爵處求之，如有此物立時還付其人。

此男爵常位於衆人易見之處，立其旄旗，俾拾物及失物者易見，而使凡失物皆得還原主。君主由此路逕赴海洋，其地距其汗八里都城有二日程，沿途景物甚麗，世界賞心娛目之事無逾此者。

大汗坐木樓甚麗，四象承之。（註二）樓內佈金錦，樓外覆獅皮。攜最良之海青十二頭。扈從備應對者有男爵數人。其他男爵則在周圍騎隨，時語之曰：「陛下，鶴過。」大汗聞言，立開樓門視之，取其最寵之海青放之。此鳥數捕物於大汗前，大汗在樓中臥床觀之，甚樂。侍從之諸男爵亦然，故余敢言世界之人，娛樂之甚，能爲之優無有逾大汗者。

前行久之，抵於一地，名稱火奇牙兒末敦（Cocciar Modun）（註三）其行帳及其諸子諸臣諸友諸婦之行帳在焉，都有萬帳，皆甚富麗，其帳之如何佈置，後此言之，其用以設大朝會之帳，甚廣大，足容千人而有餘。帳門南向，諸男爵騎尉班列於其中。西向有一帳，與此帳相接，大汗居焉。如欲召對某人時，則遣人導入此處。

大帳之後，有一小室，乃大汗寢所。此外尚有別帳別室，然不與大帳相接。此二帳及寢所佈置之法如下：

每帳以三木柱承之，輔以樑木，飾以美麗獅皮。皮有黑白朱色斑紋，（註四）風雨不足毀之。此二大帳及寢所外，亦覆以斑紋獅皮。帳內則滿佈銀鼠皮及貂皮，是爲價值最貴而最美麗之兩種皮革。蓋貂袍一襲值價金錢（livre d'or）二千，至少亦值金錢一千，韃靼人名之曰「毛皮之王」。帳中皆以此兩種毛皮覆之，佈置之巧，頗悅心目，凡繫帳之繩皆是絲繩。總之，此二帳及寢所價值之巨，非一國王所能購置者也。

此種帳幕之周圍，別有他帳亦美，或儲大汗之兵器，或居扈從之人員。此外尚有他帳，鷹隼及主其事者居焉。由是此地帳幕之多，竟至不可思議。人員之衆，及逐日由各地來此者之多，竟似大城一所。蓋其地有醫師，星者，打捕鷹人，及其他有裨於此周密人口之營業。而依俗各人皆攜其家屬俱往也。

大汗居此迄於「復活節之」第一夜。當其居此之時，除在周圍湖川遊獵外，別無他事。其地湖川甚多，風景甚美，饒有鶴、天鵝、及種種禽鳥。周圍之人亦時時行獵，逐日獻種種獵物無算。豐饒之極，其樂無涯，未目擊者決不信有此事也。

尚有一事須爲君等言及者，此地周圍二十日程距離之內，無人敢攜鷹犬行獵。在大汗所有轄地之中，有獸四種，無人敢捕。即山兔、牡鹿、牝鹿、獐鹿（chevreuil）是已。此禁僅在陽曆三月迄陽曆十月之間有之。違禁者罰。顧其臣民忠順，行於路者，雖見此種獸類臥地，亦不敢驚之。由是繁息甚衆，地爲之滿。大汗取之惟意所欲。惟逾此陽曆三月至十月期限之外，則解其禁，各人得隨意捕之。

大汗居留此距海不遠之地，自陽曆三月迄於陽曆五月半間，然後攜其一切扈從之人，重循來道，還其契丹都城汗八里。

（註一）頗節玉耳考證此名出於蒙古語之不剌兒忽（boulargou），此言失落，「赤」蒙古語結尾詞也，其意猶言保管無主物之人，與馬可波羅之解釋相合。又據玉耳（第一册四〇七頁）之說，同一名稱之職務，昔在波斯宮廷亦見有之。

考元史卷八七百官志，有不蘭奚，又卷一〇一兵志，有孛蘭奚，蒙古語名猶言「無主」，應即此不剌兒忽赤之漢譯。元代常以此名用作人名，如卷一三三有傳之孛蘭奚，卷一三五明安傳明安次子名孛蘭奚，皆其例也。元史卷八七百官志宣徽院屬有闌遺監，秩正四品，掌不闌奚人口頭疋諸物。又卷一〇五刑法志禁令門云：「諸闌遺人口到監，即移所稱籍貫召主識認，半年之上無主識認者，匹配爲戶，付有司當差。」

剌失德丁書所誌波斯大獵之情形，與馬可波羅書措詞同。且謂有不少使臣自大都赴波斯，以鷹隼海靑等異物賜波斯諸汗徵之元史卷八五百官志其事易明兵部屬有管領隨路打捕鷹房民匠總管府，秩從三品下云：「初太祖（成吉思汗）以隨路打捕鷹房民戶七千餘戶撥隸旭烈(Houlagou)大王位下中統二年（一二六一）始置至元十二年（一二七五）阿八合(Abaga)大王遣使奏歸朝廷，隸兵部。」又「管領本投下大都等路打捕鷹房諸色人匠都總管府，秩正三品掌哈贊(Gazan)大王位下事大德八年（一三〇四）始置官吏皆王選用，至大四年（一三一一），省併衙門，以哈兒班荅(即 Oldjaitou)大王遠鎭一隅別無官屬存設不廢。」

(註二)剌木學本補云：「蓋因其有痛風疾，故用此法運載。」Palladius（四八頁）引高麗史云：「一二六七年陰曆九月，汗使奉詔至高麗索魚皮，魚名 Akirho munho，形類牝牛。高麗國王對使臣云，汗足腫，宜以此魚皮作靴。次月，高麗國王貢魚皮十七張。」案此魚疑指海牛(Rhytina Stelleri)，十八世紀時白令(Behring)海中尙見有之，今其種全滅。

高麗史又云：「一二九二年陰曆八月，高麗應詔獻巫醫，診大汗手足疾。至大都，高麗國王適在朝，巫醫入謁，取大汗手足誦咒，大汗爲之歡笑。」

(註三)玉耳云此火奇牙兒末敦不得爲 d'Anville 地圖著錄之 Tchakiri mondou，後一地在烏蘇里江畔，元史從未著錄大汗在此處行獵也。

此地亦不得爲 Palladius （四五頁）所考訂之河西務，緣剌木學本錄馬可波羅之語云：「其地道路狹小，祇能用二象或一象載乘輿行獵也。」

元史卷一百兵志馬政門有地名合察木敦，（戈爾迭本第三册七〇頁）似亦非此火奇牙兒末敦，蓋合察木敦在河套之北也。

（註四）馬可波羅此處所指者，顯是虎豹，此外所言之獅子，疑亦指虎豹。（參看九十章註三。）

第九三章　大汗獵後設大朝會

大汗歸其都城汗八里後，留居宮中三日，於是設大朝會，偕諸后妃大事宴樂。然後從汗八里宮出發，赴上都，即前此所述有大草原及竹宮，並馴養海靑之地也。大汗留居上都，始陽曆五月初，迄陽曆八月之二十八日。是日灑馬湩，如前所述。夫然後還其汗八里都城。在此都城於陽曆九月中舉行萬壽節，嗣後歷十月十一月十二月一月二月。於二月舉行所謂白節之元旦節，亦如前此所述。至是向海洋畋獵，始陽曆三月初，迄五月半。獵畢還居都城三日，偕諸后妃設大朝會，會畢復行，亦如前述。

由是全年如是分配，居汗八里都城大宮中六月，即陽曆九月十月十一月十二月一月二月是已。

已而赴海岸舉行大獵者三月，即陽曆三月四月五月是已。

獵後復返其汗八里宮中留居三日。

其後赴其營建之上都，竹宮所在之地，歷陽曆六月七月八月。

最後復還其汗八里都城。

於是一年之中居其都城者六閱月，遊獵者三閱月，居其竹宮避暑者三閱月。偶亦赴他處，惟意所欲。總之，其起居悉皆歡樂也。

「此章在此本以前之法文本，如地學會之法文本及與法文本對照之拉丁文本中，並闕，惟其爲馬可波羅出獄後增入其原口授本之文，似可勿庸懷疑者也。此章雖節述前此諸章之語，要在使讀者明瞭忽必烈之起居。此事祇有馬可波羅獨能爲之也。」——頗節本第一册三二一頁。

第九四章　汗八里城之貿易發達戶口繁盛

應知汗八里城內外人戶繁多，有若干城門卽有若干附郭。此十二大郭之中，人戶較之城內更衆。郭中所居者，有各地來往之外國人，或來入貢方物，或來售貨宮中。所以城內外皆有華屋巨室，而數衆之顯貴邸舍，尙未計焉。（註一）

應知城內不許埋葬遺骸。脫死者是一偶像教徒，則移屍於城郭外，曾經指定一較遠之處焚之。脫死者所信仰者爲別教，則視其爲基督教徒回教徒或他教之人，亦運屍於郭外，曾經指定之遠地殯葬。由是城內最適宜於衞生。（註二）

尙應知者，凡賣笑婦女，不居城內，皆居附郭。因附郭之中外國人甚衆，所以此輩娼妓爲數亦夥，計有二萬有餘，皆能以纏頭自給，可以想見居民之衆。（註三）外國巨價異物及百物之輸入此城者，世界諸城無能與比。蓋各人自各地攜物而至，或以獻君主，或以獻宮廷，或以供此廣大之城市，或以獻衆多之男爵騎尉，或以供屯駐附近之大軍。百物輸入之衆，有如川流之不息。僅絲一項，每日入城者計有千車。（註四）用此絲製作不少金錦綢絹，及其他數種物品。附近之地無有亞麻質良於絲者；固有若干地域出產棉麻，然其數不足，而其價不及絲之多而賤，且亞麻及棉之質亦不如絲也。

此汗八里大城之周圍，約有城市二百，位置遠近不等。每城皆有商人來此買賣貨物，蓋此城爲商業繁盛之城也。（註五）

此汗城之廣大莊嚴，既已備述於前，茲請言大汗鑄造貨幣之所。用以證明大汗之所爲，誠有逾我之所言，及此書之所記者。蓋我言之無論如何誠實，皆不足取信於人也。

（註一）剌木學本補訂之文有云：「城外每門有附郭甚大，其街道與兩隣近城門之附郭相接，延長有三四哩。每一附郭或街道有華夏甚衆，各地往來之商人居焉，每國之人各有專邸。」

（註二）城內不許埋葬遺骸之事，安文思書五八頁亦見著錄。

（註三）「新舊城附郭娼妓之數有二萬五千，由一官吏總管，別設下級官吏管理，娼妓百人千人，皆總隸於主管者之一人。至設置此總管之理由，則因諸外來使臣之來朝大汗者，應厚爲款待。此總管每夜應供給使臣及其隨從人員每人娼妓一人夜夜更易，不取夜宿之資，是卽娼妓繳納大汗之稅金。」——剌木學本第二卷第七章。

（註四）每車所載不過五百公斤，則每日入城之絲平均有五十萬公斤，每年共有十八萬噸。

（註五）元史卷一一九霸突魯傳云：「世祖在潛邸從容語霸突魯曰，今天下稍定，我欲勸主上駐蹕回鶻以休兵息民何如。對曰，幽燕之地龍蟠虎踞，形勢雄偉，南控江淮，北連朔漠，且天子必居中以受四方朝覲，大王果欲經營天下，駐蹕之所非燕不可。世祖憮然曰，非卿言我幾失之。」……一二五九年，「憲宗崩于蜀，阿里不哥搆亂和林，世祖北還，留霸突魯總軍務以待命。世祖至開平卽位，還定都于燕。嘗曰，朕居此以臨天下，霸突魯之力也。」

案國號曰元，始於一二七一年，（元史卷七。）改金中都曰大都，事在一二七二年。（元史卷七，）

新城建築於一二六七年動工，一二八三年落成，（元史卷七。）徙民之詔頒於一二八五年。「舊城居民之遷京城者，以貲高及居職者爲先，仍定制以八畝爲一分，其或地過八畝，及力不能作室者，皆不得冒據，聽民作室。」（元史卷十三。）

第九五章　大汗用樹皮所造之紙幣通行全國

在此汗八里城中，有大汗之造幣局，觀其制設，得謂大汗專有方士之點金術。（註一）緣其製造如下所言之一種貨幣也。此幣用樹皮作之，樹卽蠶食其葉作絲之桑樹。此樹甚衆，諸地皆滿。人取樹幹及外面粗皮間之白細皮，旋以此薄如紙之皮製成黑色，（註二）紙既造成，裁爲下式。

幅最小之紙，値禿兒城之錢（denier tournois）一枚，較大者値物搦齊亞城之銀錢（gros vénitien）半枚，更大者値物搦齊亞城之銀錢一枚。別有値物搦齊亞銀錢五枚六枚十枚者。又有値金錢（besant d'or）一枚者，更有値二枚四枚五枚以至十枚者。（註三）此種紙幣之上，鈐蓋君主印信，由是每年製造此種可能給付世界一切帑藏之紙幣無數，而不費一錢。

既用上述之法製造此種紙幣以後，用之以作一切給付。凡州郡國土及君主所轄之地莫不通行。臣民位置雖高，不敢拒絕使用，蓋拒用者罪至死也。茲敢爲君等言者各人皆樂用此幣，蓋大汗國中商人所至之處，用此紙幣以給費用，以購商物，以取其售物之售價，竟與純金無別。其量甚輕，致使值十金錢者，其重不逾金錢一枚。

尙應知者，凡商人之攜金銀寶石皮革來自印度或他國而蒞此城者，不敢售之他人，祇能售之君主。有賢明能識寶貨價值之男爵十二人專任此事。君主使之用此紙幣償其貨價，商人皆樂受之，蓋償價甚優，可立時得價，且得用此紙幣在所至之地易取所欲之物，加之此種紙幣最輕便可以攜帶也。

由是君主每年購取貴重物品頗多，而其帑藏不竭，蓋其用此不費一錢之紙幣給付也。復次每年數命使者宣告城中，凡藏有金銀寶石珍珠皮革者，須送至造幣局，將獲善價，其臣民亦樂售之。蓋他人給價不能有如是之優，售之者衆，竟至不可思議。大汗用此法據有所屬諸國之一切寶藏。

此種貨幣雖可持久，然亦有敝壞者，持有者可以倒換新幣，僅納費用百分之三。諸臣民有需金銀寶石皮革用以製造首飾器皿衣服或其他貴重物品者，可赴造幣局購買，惟意所欲，即以此種紙幣給價。（註四）

大汗獲有超過全世界一切寶藏的財貨之方法，業已備述於前。君等聞之，必解其理。茲請言此城執行大權之諸大官吏。

剌木學本第二卷第十八章增補之文如下：

(一)鈞案此條原闕。

(二)「此薄樹皮用水浸之，然後擣之成泥，製以爲紙，與棉紙無異，惟其色純黑。君主造紙既成，裁作長方形，其式大小不等。」

(三)「此種紙幣製造之法極爲嚴重，儼同純金純銀，蓋每張紙幣之上，有不少專任此事之官吏署名蓋章。此種程式完畢以後，諸官之長復蓋用朱色帝璽，至是紙幣始取得一種正式價值，僞造者處極刑。」

(四)「所有軍餉皆用此種貨幣給付，其價如同金銀。」

(註一)盧不魯克在馬可波羅前已言：「契丹之常用貨幣用棉紙或竹紙製之，寬長有一掌，上印紋如同蒙哥汗之印紋。……」斡朶里克亦云：「大汗國內全境不用貨幣，僅用一種證書代之。」

案中國行用紙幣，原來已久，漢有白鹿皮幣，唐有飛錢，宋金有交子，元蓋襲用宋金之制也。

「世祖中統元年（一二六〇）始造交鈔，以絲爲本。每銀五十兩易絲鈔一千兩，諸物之直，並從絲例。是年十月又造中統元寶鈔，其文以十計者四，曰一十文，二十文，三十文，五十文。以百計者三，曰一百文，二百文，五百文。以貫計者二，曰一貫文，二貫文。每一貫同交鈔一兩，兩貫同白銀一兩。又以文綾織爲中統銀貨，其等有五，曰一兩，二兩，三兩，五兩，十兩。每一兩同白銀一兩，而銀貨蓋未及行云。五年（一二六四）設各路平準庫，主平物價，使相依準，不至低昂，仍給鈔一萬二千錠以爲鈔本。至元十二年（一二七五）添造釐鈔，其例有三，曰二文，三文，五文。初鈔印用木爲板，十三年（一二七六）鑄銅易之，十五年（一二七八）以釐鈔不便於民，復命罷印。然元寶交鈔行之既久，物重鈔輕，二十四年（一二八七）遂改造至元鈔，自二貫至五文，凡十有一等，與中統鈔通行。每一貫文當中統鈔五貫文，依中統之初隨路設立官庫，貿易金銀，平準鈔法。每花銀一兩入庫，其價至元鈔二貫，出庫二貫五分，赤金一兩入庫二十貫，出庫二十貫五百文。僞造鈔者處死，首告者賞鈔五錠，犯仍以人家產給之。其法爲最善。至大二年（一三〇九）武宗復以物重鈔輕，改造至大銀鈔，自二兩至二釐定爲一十三等。每一兩準至元鈔五貫，白銀一兩，赤金一錢。元之鈔法至是蓋三變矣。大抵至元鈔五倍於中統，至大鈔又五倍於至元。然未及期年，仁宗卽位，以倍數太多，輕重失宜，遂有罷銀鈔之詔。而中統至元二鈔，終元之世蓋常行焉。凡鈔之昏爛者，至元二年（一二六五）委官就交鈔庫以新鈔倒換，除工墨三十文。三年（一二六六）減為二十文，二十二年（一二八五）復增如故。其貫伯分明，微有破損者，並令行用，違者罪之。所倒之鈔，每季各路就令納課正官解赴省部焚毀，隸行省者就焚之。大德二年（一二九八）戶部定昏鈔為二十五樣。泰定四年（一三二七）又定焚毀之所，皆以廉訪司官監臨，隸行省者行省官同監。其制之大略如此。……」元史卷九三食貨志鈔法。——鈞案可參考二十二史劄記元代專用交鈔條。

（註二）中國用桑（楮）紙作貨幣，十四世紀時回教諸國業已識之。Ch. Schefer（語言學校百年紀念刊十七頁）引一三三八年歿於 Caire 之阿剌壁某著作家之說云：「契丹用紙以代貨幣，紙長方形，用桑之纖維製造，上印帝名，紙若昏爛，則持往官府倒換新紙，微納工費，與在我輩貨幣局之用金銀掉換鑄幣者無異。」又（同書二十頁）云：「中國貨幣用桑皮所造之紙製之，其式大小不等。……用桑之嫩纖維製造，蓋用帝印，然後流行。」

（註三）馬可波羅所誌鈔之種類，並以西方貨幣計之，核以上文，其等值可約略比對如下：

物搦齊亞金錢一枚等若銀一兩。

物搦齊亞銀錢一枚等若銅錢百文，或銀一錢。

禿兒城錢一枚等如銅錢二十枚。

（註四）鈔法之壞為元亡之一原因，茲錄元史所誌一事以徵之：「至正十年（一三五〇），右丞相脫脫欲更鈔法，乃會中書省樞密院御史臺及集賢翰林兩院官共議之。……偰哲篤言更鈔法，以楮幣一貫文省權銅錢一千文為母，而錢為子，衆人皆唯唯不敢出一語。惟集賢大學士兼國子祭酒呂思誠獨奮然曰，中統至元自有母子，上料為母，下料為子，比之達達人乞養漢人為子，是終為漢人之子而已，豈有故紙為父，而以銅為過房兒子者乎，一坐皆笑。思誠又曰，錢鈔用法，以虛換實，其致一也。今歷代錢及至正錢，中統鈔及至元鈔交鈔，分為五項，若下民知之，藏其實而棄其虛，恐非國之利也。偰哲篤武祺又曰，至元鈔多僞，故更之爾。思誠曰，至元鈔非僞，人為僞爾，交鈔若出，亦有僞者矣。且至元鈔猶故戚也，家之童稚皆識之矣。交鈔猶新戚也，雖不敢不親，人未識也，其僞反滋多爾。況祖宗成憲豈可輕改。偰哲篤曰，祖宗法弊，亦可改矣。思誠曰，汝輩更法，又欲上誣世皇，是汝又欲與世皇爭高下也。且自世皇以來，諸帝皆謚曰孝，改其成憲，可謂孝乎。武祺又欲錢鈔兼行，思誠曰，錢鈔兼行，輕重不倫，何者為母，何者為子，汝不通古今，道聽塗說，何足以行，徒以口舌取媚大臣，可乎。偰哲篤曰，我等策既不可行，公有何策。思誠曰，我有三字策曰行不得，行不得。又曰，丞相勿聽此言，如向日開金口河，成則歸功汝等，不成則歸罪丞相矣。……思誠歸臥不出，遂定更鈔之議。……十一年（一三五一）置寶泉提舉司掌鼓鑄至正通寶錢，印造交鈔，令民間通用。行之未久，物價騰踴，價逾十倍。又值海內大亂，軍儲供給，賞賜犒勞，每日印造，不可數計。舟車裝運，軸轤相接，交料之散滿人間者，無處無之。昏軟者不復行用。京師料鈔十錠，易斗粟不可得。既而所在郡縣，皆以物貨相貿易，公私所積之鈔，遂俱不行，人視之若弊楮，而國用由是遂乏矣。」——元史卷九七鈔法。

元亡，明太祖亦造寶鈔，惟其制與元制異。元代鈔與現貨並行，明太祖慮鈔不行，禁民間不得以金銀銅錢交易，犯者罪致死，而鈔仍不行。一四二〇年，沙哈魯使臣入朝時，寶鈔尚值千錢。一四四八年時，跌至三錢，一四五五年以後，不復見有著錄寶鈔之文矣。（鈞案此不知何所本。考明史，正統元年黃福奏，洪武間銀一兩當鈔三五貫，今一兩當鈔千餘貫，則在一四三六年時，鈔一貫不值一錢矣。）

第九六章　執掌大權之十二男爵

應知大汗選任男爵十二人，指揮監察其國三十四區域中之要政。（註一）茲請述其執行之方法及其衙署。

應知此十二男爵同居於一極富麗之宮中，宮在汗八里城內。宮內有分設之房屋亭閣數所，各區域各有斷事官一人書記數人，並居此宮之內，各有其專署。此斷事官及書記等承十二男爵之命處理各該區域之一切事務。事之重大者，此十二男爵請命於君主決之。（註二）

然此十二男爵權力之大，致能自選此三十四區域之藩主。迨至選擇其所視爲堪任之人員以後，入告於君主，由君主核准，給以金牌，俾之授職。此十二男爵權勢之大，亦能決定調度軍隊，調發必要之額數，遣赴其視爲必要之處所。然此事應使君主知之。其名曰省（scieng），此言最高院所是已。其所居之宮亦名最高院所，是爲大汗朝廷之最大卿相；蓋其廣有權力，可隨意施惠於其所欲之人。此三十四區域之名稱，後在本書中分別言之，今暫不言及。

茲置此事不言，請言大汗如何遣派使臣鋪卒，及其如何有業已預備之馬匹以供急行。

刺木學本之文大異，標題作「節制軍隊之十二男爵及管理普通政務之其他十二男爵。」其文曰：

「大汗選任強大男爵十二人，決定關於軍事之一切問題，如遣調駐所，更迭主將，抑調動軍隊於認爲必要之地，徵發戰時所需之軍額等事是已。此外分別勇懦而爲黜陟，勇者陞，懦者降。設有千夫長不稱職者，上述之諸男爵降之爲百夫長；反之，設其人勇敢堪於任使，則陞之爲萬夫長。惟此種黜陟常應使君主知之，所以彼等欲降某官時，必語君主曰：某人不稱職。君主則曰：降其職。欲陞某官時，亦語君主曰：某千夫長稱職，足任萬夫長。君主則按職以牌符賜之，如前所述（見本書第八十章）然後厚給賞賜「俾能鼓勵他人。」

「此十二男爵所組織之高等會議，名稱曰臺（thai）。此言最高院所，緣其上除大汗外，別無他官管轄也。

「除上述之男爵外，別有十二男爵執司指揮三十四區域之一切政務。汗八里城爲諸區域置有富麗宮殿一所，內有房室甚衆，各區域有斷事官一人書記多人居此宮內，各有專室，承此十二男爵之命，處理本區域之一切事務。彼等有權選任一切區域之長官法官，選擇堪任之員以後，上呈大汗核准，視各人之官位賜以金銀牌符。此種男爵並監察貢賦之徵收及其使用分配，除關於軍隊之事務外，大汗之一切其他事務並隸屬之。

「此高等會議組織之所，名稱曰省（singh）。此言第二最高院所，蓋其亦直隸大汗，不受他官管轄也。

「由是觀之，此二院所名曰省臺者，直隸大汗，不隸他官。惟臺，質言之，職司調度軍事之院所，視爲一切官署中最高貴之官署。」——剌木學本第二卷第十九章。

馬可波羅所誌此管理軍務之十二男爵，與元史卷八六百官志所載之樞密院相近。元代總政務者曰中書省，秉兵柄者曰樞密院，司黜陟者曰御史臺。省秩正一品，院秩從一品，臺秩從二品。樞密院掌天下兵甲機密之務，凡宮禁宿衞邊庭軍翼征討戍守簡閱差遣舉功轉官節制調度無不由之。

（註一）案元史卷八五百官志在外者有行省，有行臺，有宣慰司，有廉訪司。其牧民者，則曰路、曰府、曰州、曰縣。馬可波羅所言之三十四區域，必非路府州縣。元代有行省十二，廉訪司二十二，其中有八道隸御史臺，十道隸江南行臺，四道隸陝西行臺，合計省道之數共爲三十四，與馬可波羅所言之數相符。——參看元史卷八六百官志。

（註二）刺失德丁書之 Diwan（參看頗節本三三〇頁），恰與元史之中書省相合。則玉耳（第一册四三二頁）謂刺失德丁書之省（sing）顯是馬可波羅書之省（scieng），不爲無見。然非刺木學本之省（singh）也。

第九七章　從汗八里遣赴各地之使臣鋪卒

應知有不少道路從此汗八里城首途，通達不少州郡。此道通某州，彼道通別州，由是各道卽以所通某州之名爲名，此事頗爲合理。如從汗八里首途，經行其所取之道時，行二十五哩，使臣卽見有一驛，其名曰站（Iamb），一如吾人所稱供給馬匹之驛傳也。（註一）每驛有一大而富麗之邸，使臣居宿於此，其房舍滿佈極富麗之臥榻，上陳綢被，凡使臣需要之物皆備。設一國王蒞此，將見居宿頗適。

此種驛站中備馬，每站有多至四百匹者。有若干站僅備二百匹，視各站之需要而爲增減。蓋大汗常欲站中存有餘馬若干，以備其所遣使臣不時之用。應知諸道之上，每二十五哩或三十哩，必有此種驛站一所，設備如上所述。由是諸要道之通諸州者，設備皆如此；赴大汗所轄之諸州者，經行之法如此。（註二）

設若使臣前赴遠地而不見有房屋邸舍者，大汗亦在其處設置上述之驛站。惟稍異者，騎行之路程較長，蓋上所述之驛站，彼此相距僅有二三十哩；至若此種遠地之驛站，彼此相距則在三十五哩至四十五哩之間。所需馬匹百物，悉皆設備，如同他驛，俾來往使臣不論來自何地者皆獲供應。（註甲）

是爲最盛大之舉，從未見有皇帝國王藩主之殷富有如此者。蓋應知者，此種驛站備馬逾三十萬匹，特供大汗使臣之用，驛邸逾萬所，供應如上述之富饒。其事之奇，其價之巨，非筆墨所能形容者也。（註乙）

尚有一事，前此忘言，茲應補述。應知此一驛與彼一驛之間，無論在何道上，大汗皆命在每三哩地置一小鋪，鋪周圍得有房屋四十所，遞送大汗文書之步卒居焉。每人腰繫一寬大腰帶，全懸小鈴，俾其行時鈴聲遠聞。彼等竭力奔走一切道路，止於相距三哩之別鋪，別鋪聞鈴聲，立命別一鋪卒繫鈴以待。奔者抵鋪，接替者接取其所賫之物，暨鋪書記所給之小文書一件，立從此鋪奔至下三哩之鋪。下鋪亦有一接替之鋪卒，輾轉遞送，由是每三哩一易鋪卒，所以大汗有無數鋪卒日夜遞送十日路程之文書消息。緣鋪卒遞送日夜皆然，脫有必要時，百日路程之文書消息，十日夜可以遞至，此誠偉舉也。復次此種鋪卒遞送果實及其他異物於大汗，於一日間奔走十日程

途之地。（註丙）

大汗對於此種人不徵賦稅，反有賜給。倘有言者上述諸鋪別有人腰帶亦繫小鈴，設有急須傳遞某州之消息或某藩主背叛事，或其他急事於大汗者，其人於日間奔走二百五十至三百哩之遠，夜間亦然。其法如下：其人於所在之驛站取輕捷之良馬，疾馳至於馬力將竭，別驛之人聞鈴聲亦備良馬鋪卒以待；來騎抵站，接遞者卽接取其所賫之文書或他物，疾馳至於下站；下站亦有預備之良馬鋪卒接遞；於是輾轉接遞，其行之速，竟至不可思議。

此種人頗受重視，頭胸腹皆纏布帶，否則不堪其勞。常持一海青符，（註丁）俾其奔馳之時，偶有馬疲或其他障礙之時，得在道上見有騎者卽驅之下，而取其馬。此事無人敢拒之，由是此種鋪卒常得良馬以供奔馳。

上所言之馬，驛站中數甚衆。應知大汗對於此種馬匹毫無所費，茲請述其理由如下：大汗命人調查各站及隣城附近居民人數，俾知其能出馬若干。所出之馬給之站鋪，（註戊）城鄉供給驛馬之法悉皆如此。惟在遠道及荒地驛站，則由大汗供給馬四。使臣驛站之事，既已詳細誠實敍述如前；茲請言大汗每年兩次施惠於其人民之事。

剌木學本第二卷第二十章之異文如下：

（註甲）「命人居住此等處所耕種田畝，兼服站役，由是在其地建設不少大村，凡由大汗所轄國土入朝之使臣，及大汗派往之使臣，皆得安適便利。……」

（註乙）「或有疑及服役之人不能有如是之衆，而人衆不能得其食糧者，吾人將答之曰：一切佛教徒如同回教徒，皆視其力之能養贍娶妻六人八人十人不等，所生子女甚多，且有不少人有子三十餘人，能與其父共執兵器者，斯蓋因妻妾之衆有以致之。至若吾人國內，一人僅娶一妻，有時且無所出而致絕後，我輩人口單弱之理在此。至若食糧，彼等甚爲豐足，蓋其主要食物爲米稷粟，尤以在韃靼契丹蠻子境內爲甚。其處田畝種植此三種穀食，每一容量（setier）足以收穫百倍。此種民族不識麵包，僅將其穀連同乳或肉煮食。其處小麥產額則不如是之豐，收穫小麥者僅製成餅麵而食。境內無荒地，牲畜繁殖無限，鄉間每人自用之馬至少有六八頭。上述諸地人衆食豐之理即在此也……」

（註丙）「果實成熟之時，常見晨摘之果，於翌晚可以遞送至距離十日程之上都城中，進奉大汗。」

「每站程內相距三哩即置一鋪，每鋪有一書手，記錄鋪卒到達之日時，及所轄轉遞人出發之日時，一如驛站簿記之法。此外尚有監察人，每月親至此種驛站，視察鋪卒怠慢而處罰之。」

（註丁）「彼等持海青符示其必須急行，設有使者二人同在一地出發，共登二良騎，後即包頭束腰，縱馬疾馳，迨近一站，即吹角，俾站內人聞之，從速備馬，到站即躍登彼騎，由是終日疾馳，迄於日晡，每日可行二百五十哩。設有大事，則須夜行，若無月光，站中人持炬火前導，惟使者夜行不速，蓋持炬火者步行，不能如騎者之速也。凡使者疾馳而能耐疲勞者，輒被重視。」

（註戊）「大汗命各城官府調查本城可以供應隣站馬匹若干，鄉村可以供應若干，徵發並以此爲準。諸城互約各城供應之額，（蓋兩站之間必有一城，）諸城以應繳大汗之賦稅養馬。所以每人視其應納之額等若一馬或馬之一部者，奉命供養隣站之馬。」

「但應知者，諸城並不長年供養每站之馬四百匹，僅供養應役之馬約二百匹，其餘二百匹則留牧地。應役之馬一月期滿，取牧地之馬代役，役畢之馬則赴牧地休養，各以半數互相更代。設在某地有一川一湖，步行或騎行之使臣鋪卒必須經過者，應由隣城預先供應船隻三四。設其必須經行距離數日程之沙漠而不見民居者，則由最近之城供應馬匹食糧於使臣及其從人，止於沙漠彼端。然此城將受一種賠償，至若距離大道甚遠之驛站，其驛馬之供應，一部份出自君主，一部份出自隣近之城村鄉里。」

（註一）元制站赤者，驛傳之譯名也。現代蒙古語尚名驛傳之所曰 djam 或 dzam。意大利語 iam 可讀作 djam，則與漢語站之對音合矣。沙哈魯使臣日記名站曰 yam，馬可波羅書之 iamb，疑是站夫之對音。

（註二）斡朶里克書（戈爾迭本三六四頁）沙哈魯使臣行記（頗節本三三六頁）所言皆與馬可波羅合。茲取元史之文以證之：

「元制站赤者，驛傳之譯名也。蓋以通達邊情，布宣號令，古人所謂置郵而傳命，未有重於此者焉。凡站，陸則以馬以牛，或以驢，或以車，而水則以舟。其給驛傳璽書，謂之鋪馬，遇軍務之急，則又以金字圓符爲信，銀字者次之。內則掌之天府，外則國人之爲長官者主之。其官有驛令，有提領，又置脫脫禾孫於關會之地，以司辨詰，皆總之於通政院及中書兵部；而站戶闕乏逃亡，則又以時僉補，且加賑恤焉。於是四方往來之使，止則有館舍，頓則有供帳，饑渴則有飲食，而梯航畢達，海宇會同。元之天下，視前代所以爲極盛也。」

至元「十七年（一二八〇）二月，詔江淮諸路增置水站；除海青使臣及事干軍務者方設馳驛，餘者自濟州水站爲始，並令乘船往來。」

「仁宗皇慶二年（一三一三）四月，增給陝西行臺鋪馬聖旨八道。六月，中書省臣言，興瑞監掌金字圓牌及鋪馬聖旨三百餘道。至大四年（一三一一），凡聖旨皆納之于翰林院，以金字圓牌不敷，增置五十面。蓋圓牌遣使初爲軍情大事而設，不宜濫給，自今求給牌面不經中書省樞密院者，宜勿與。從之。」——見元史卷一〇一兵志站赤門。

「古者置郵而傳命，示速也。元制設急遞鋪，以達四方文書之往來，其所繫至重，其立法蓋可考焉。世祖時，自燕京至開平府，復自開平府至京兆，始驗地里遠近，人數多寡，立急遞站鋪。每十里或十五里二十五里則設一鋪，於各州縣所管民戶及漏籍戶內僉起鋪兵。中統元年（一二六〇），詔隨處官司設傳遞鋪驛，每鋪置鋪丁五人。各處縣官置文簿一道付鋪，遇有轉遞文字，當傳鋪所即注名件，到鋪時刻，及所轄轉遞人姓名，置簿令轉送人取下鋪押字交收時刻，還鋪本縣官司時復點刷稽滯者治罪。其文字本縣官司絹袋封記，以牌書號。其牌長五寸，闊一寸五分，以綠油黃字書號。若係邊關急速公事，用匣子封鎖，於上重別題號，及寫某處文字發遣時刻，以憑照勘遲速。其匣子長一尺，闊四寸，高三寸，用黑油紅字書號。已上牌匣俱係營造小尺，上以千字文爲號，仍將本管地境置立鋪驛卓望地名遞相傳報。鋪兵一晝夜行四百里。各路總管府委有俸正官一員，每季親行提點，州縣亦委有俸末職正官上下半月照刷，如有怠慢，初犯事輕者，笞四十，贖銅；再犯罰俸一月，三犯者決。總管府提點官此總管減一等，仍科三十。初犯贖銅，再犯罰俸半月，三犯者決。鋪兵鋪司痛行斷罪。至元八年（一二七一）申命州縣官用心照刷，及點視闕少鋪司鋪兵，凡有遞轉文字到鋪司，隨即分明附籍，速令當該鋪兵裹以軟絹包袱，更用油絹捲縛，夾版束繫，賫小回曆一本，作急走遞到下鋪交割，附曆訖，於回曆上令鋪司驗到鋪時刻，幷文字總計角數，及有無開拆磨擦損壞或亂行批寫字樣。如此附寫一行，鋪司畫字回還。若有違犯，易爲挨問。隨路鋪兵不許雇人頂替，須要本戶少壯人力正身應役。每鋪安置十二時輪子一枚，紅綽屑一座，幷牌額及上司行下諸路申上鋪曆二本。每遇夜常明燈燭。其鋪兵每名備夾版鈴攀各一付，纓槍一，軟絹包袱一，油絹三尺，簑衣一領，回曆一本。各處往來文字，先用淨檢紙封裹，於上更用厚夾紙印信封皮。各路承發文字人吏每日逐旋發放，及將承發到文字驗視有無開拆磨擦損壞，批寫字樣分朗附簿。九年（一二七二）左補闕祖立福合言：諸路急遞鋪名不合人情。急者、急速也。國家設官署名字必須吉祥者爲美，宜更定之。遂更爲通遠鋪。二十年（一二八三），留守司官言：初立急遞補時，取不能當差貧戶，除其差發充鋪兵；又不敷者，於漏籍戶內貼補。今富人規避差發永充鋪兵，乞擇其富者令充站戶，站戶之貧者却充鋪兵。從之。二十八年（一二九一）中書省定議：近年入遞文字封緘雜亂，發遣無時。今後省部並諸衙門入遞文字，其常事皆付承發司，隨所投下去處類爲一緘；如往江淮行省者，凡江淮行省不以是何文字通爲一緘；其他官府同省部臺院，凡有急速之事，別置匣子發遣，其匣子入遞；隨到即行。鋪司須能附寫文曆，辨定時刻。鋪兵須壯健善走者，不堪之人隨即易換。三十一年（一二九四），大都設置總急遞鋪提領所，降九品銅印，設提領三員。英宗至治三年（一三二三），各處急遞鋪，每十鋪設一郵長，於州縣籍記司吏內差充，使之專督其事。一歲之內，能盡職者，從優補用；不者，提調官量輕重罪之。凡鋪卒皆腰革帶，懸鈴、持槍、挾雨衣，齎文書以行；夜則持炬火，道狹則車馬者負荷者聞鈴避諸旁，夜亦以驚虎狼也。響及所之鋪，則鋪人出以俟其至。囊板以護文書，不破碎，不襞積，摺小漆絹以禦雨雪，不使濡濕之。及各鋪得之，則又展轉遞去」——見元史卷一〇一兵志急遞鋪兵門。

第九八章　歉收及牲畜頻亡時大汗之賑恤其民

應知大汗遣使臣週巡其國土州郡，調查其人民之穀麥是否因氣候不時或疾風暴雨受有損害，抑有其他疫癘。（註甲）其受損害者，則蠲免本年賦稅，並以穀麥賜之，俾有食糧種子。是爲大汗之一德政。冬季既屆，又命人調查畜養牲畜者是否因死亡頻繁或其他疫癘受有損害。其受損害者，亦蠲免本年賦稅，並以牲畜賜之。（註乙）大汗每年賑恤其臣民之法如此。

剌木學本第二卷第二十一章補訂之文如下：

（註甲）「雨水過度，暴風爲災，或因蝗災蟲害及其他災害……」

（註乙）「設若某州牲畜頻亡，則以他州所繳什一稅之牲畜賑恤之。」

「其意之所注，惟在賑恤其人民，俾能生存勞作富庶。」

「然大汗尚有別事而爲吾人所不應遺漏者：若有雷震大小家畜畜羣，不問其屬於一人或數人，亦不問其數多寡，概免除其什一稅三年。設有裝載商貨之船爲雷所擊，亦免除其一切差稅。緣其視此種災害如同凶兆。據云天罰物主，大汗不欲取此種曾遭天怒之物也。」

元史云：「救荒之政，莫大於賑恤。元賑恤之名有二：曰蠲免者，免其差稅，卽周官大司徒所謂薄征者也；曰賑貸者，給以米粟，卽周官大司徒所謂散利者也。然蠲免有以恩免者，有以災免者。賑貸有以鰥寡孤獨而賑者，有以水旱疫癘而賑者，有以京師人物繁湊而每歲賑糶者。若夫納粟補官之令，亦救荒之一策也。其爲制各不同」——見元史卷九六食貨志。

又云：「元初取民，未有定制。及世祖立法，一本於寬。其用之也，於宗戚則有歲賜，於凶荒則有賑恤。大率以親親愛民爲重，而尤惓惓於農桑一事，可謂知理財之本者矣。世祖嘗語中書省臣曰：凡賜與，雖有朕命，中書其斟酌之。」——見元史卷九三食貨志。

第九九章　大汗命人沿途植樹

並應知者：大汗曾命人在使臣及他人所經過之一切要道上種植大樹，各樹相距二三步，俾此種道旁皆有密接之極大樹木；遠處可以望見，俾行人日夜不至迷途。蓋在荒道之上，沿途皆見此種大樹，頗有利於行人也。所以一切通道之旁，視其必要，悉皆種植樹木。

剌木學本第二卷第二十二章之文微異，其文云：

「大汗尚有別一制設：既有裨益，亦重觀瞻，卽沿大道兩旁命人種植樹木是已。務以將來樹身能高大者爲限。各樹相距兩步，由是行人易識道途。此事有裨於行人，且使行人愉快。所以在一切要道之旁，視地土所宜，爲此種植。第若此種道路經過沙磧不毛之地，或岩石山嶺，而不能種植樹木者，則立標柱，以示路途；並任命官吏保持路途，使之不致損壞。其使大汗樂於種植樹木者，且因巫師星者曾預言愛植樹者必長壽也。」

第一〇〇章　契丹人所飲之酒

尙應知者，契丹地方之人大多數飲一種如下所述之酒：彼等釀造米酒，置不少好香料於其中。其味之佳，非其他諸酒所可及。蓋其不僅味佳，而且色淸爽目。其味極濃，較他酒爲易醉。（註一）

茲置此事不言，請言別事：

（註一）九世紀時，阿剌壁旅行家之至中國者，已知「中國人所飲之酒用米釀造，不製葡萄酒。而外國亦不輸入。則其不識不飲葡萄酒可以知已。彼等且用米製醋、製 nabid （一種發酵之飲料）製 nathf （一種果醬）等物。」——見 Reinaud 書第一册二三頁。

盧不魯克一二五四年行抵哈剌和林時，亦云人以米酒飲其引導之人，並謂其酒最佳。斡朶里克敍述杭州城時，名此酒曰 bigun, bigni。元代大都上都置有尙飲尙醖等局，掌醖造上用細酒，及諸王百官酒醴，並隸宣徽院屬光祿寺。當時飲茶之風，通行已久。馬可波羅未曾言及者，殆染有蒙古人之習慣，僅飲馬湩及其他發酵之飲料也。

第一〇一章　用石作燃料

契丹全境之中，有一種黑石，採自山中，如同脈絡，燃燒與薪無異。其火候且較薪爲優。蓋若夜間燃火，次晨不息。其質優良，致使全境不燃他物。所產木材固多，然不燃燒。蓋石之火力足，而其價亦賤於木也。

剌木學本第二卷第二十三章補訂之文云：「此種石燃燒無火燄，僅在初燃時有之，與燃桴炭同。燃之以後，熱度甚高。……其地固不缺木材，然居民衆多，私人火爐及公共浴場甚衆，而木材不足用也。每人於每星期中至少浴三次，冬季且日日入浴。地位稍高或財能自給之人，家中皆置火爐，燃燒木材勢必不足。至若黑石取之不盡，而價値亦甚賤也。」

中國始用石炭，兩千年前業已見之。前漢地理志曰：豫章郡出石，可燃爲薪。——頗節本第一册三四四頁。

伊本拔禿塔所誌與馬可波羅同，亦云：「中國及契丹居民所燃之炭，僅用一種特產之土。此土堅硬，與吾人國內所產之粘土同。置之火中，燃燒與炭無異，且熱度較炭爲高。及成灰燼，復溶之水中，取出灑乾，可以復用一次。……」

第一〇二章　物價騰貴時大汗散麥賑恤其民

應知君主見其人民麥豐價賤之時，即在諸州聚積多量，藏於大倉之中，保存甚善，可存三四年而不朽。所藏者諸麥皆具，如小麥、大麥、粟、稻、稷及其他穀類，悉皆有之。一旦諸穀中有若干種價貴之時，君主視其所需之量，取此穀於諸倉中，以賤價糶之人民。如每石（mesure）售價一別桑（besant），則以同一價值糶四石於須要糧食之人。

大汗市糴之法如此。務使其民不受價值騰貴之害。舉凡管轄之地，辦理之法悉皆如此。蓋其在各地聚積糧粟，一旦查明，必須和糴之時，各人皆得有其必須之糧也。此種賑糶之法，在中國史中發源最古。其制漢已有之。然大盛於唐。阿剌壁人古行紀有云：「糧價騰貴之時，中國算端取必須之糧食於公倉中，賤價糶之於民，由是物價騰貴不能持久。糧食云者，乃指米、麥、粟及其他諸穀也。」——Reinaud 書第一册三九頁。

｜元時設置公倉，特委官吏調和物價，俾在荒年物價不能逾常，而豐年農民亦不致受賤價之害。豐年米價甚賤之時，官吏聚積糧食於倉，以備荒年之用。荒年米價騰貴之時，官吏則出糧食於倉以糶之。

第一〇三章　大汗之賑恤貧民

大汗在物價騰貴之時，賑糶百物於民一事，業已備述於前。茲欲言者，其賑恤汗八里城貧民之事。

大汗在此城中，選擇貧戶，養之邸舍之中。每邸舍六戶八戶十戶不等。由是所養貧民甚衆。每年賑給每戶麥糧，俾其能供全年之食。年年如此。此外凡欲逐日至宮廷領取散施者，每人得大熱麵包一塊，從無被拒者。蓋君主命令如是散給，由是每日領取賑物之人數逾三萬。是蓋君主愛惜其貧民之大惠，所以人愛戴之，崇拜如同上帝。（註一）

其朝廷之事既已備述於前，茲從汗八里城發足，進入契丹境內，續言其中偉大富庶之事。

（註一）剌木學本增訂之文云：「且以衣服散之貧民。蓋其每年規定稅額，凡毛、絲、麻及其他可能製作衣服之物，十分取一，在一特別局所織造，凡工匠於每星期中應供應工作一日，製成之衣服皆散給上述之貧戶。由是諸貧戶冬夏衣服不缺。大汗並以衣服散給軍隊，而在各城紡織布疋，其原料亦取於地方什一稅中。」

「應知韃靼人未奉偶像教時，從來不爲施捨。脫有苦人來求者，則詈之云：可往他處訴苦。天若愛汝如愛我同，則汝之境遇亦如我也。但佛教之賢者，尤其是前此（第七十四章）所述之八合失（Bacsis）進言於大汗，謂救恤貧民乃爲善舉，爲斯舉者天必佑之，自是以後，宮廷從未拒絕求食者之請。……」——剌木學本第二卷第二十四章。

第一〇三重章　汗八里城之星者

汗八里城諸基督教徒回教徒及契丹人中，有星者巫師約五千人，大汗亦賜全年衣食，與上述之貧戶同。其人惟在城中執術，不爲他業。

彼等有一種觀象器，上註行星宮位經行子午線之時間，與夫全年之凶點，各派之星者每年用其表器推測天體之運行，並定其各月之方位，由是決定氣象之狀況。更據行星之運行狀態預言各月之特有現象。例如某月雷始發聲，並有風暴，某月地震，某月疾雷暴雨，某月疾病死亡戰爭叛亂，彼等據其觀象器之指示，預言事物如此進行。然亦常言上帝得任意增減之，記錄每年之預言於一小册子中，其名曰塔古音（Tacuin）。（註一）售價一錢（gros）。其預言較確者，則視其術較精，而其聲譽較重。

設有某人欲經營一種大事業，或遠行經商，抑因他事而欲知其事之成敗者，則往求此星者之一人，而語之曰：「請檢汝輩之書，一視天象，蓋我將因某事而卜吉凶也。」星者答云：須先知其誕生之年月日時，始能作答。既得其人年月日時以後，遂以誕生時之天象，與其問卜時之天象，比較觀之，夫然後預言其所謀之成敗。

應知韃靼人用十二生肖紀年：第一年爲獅兒年，次年爲牛兒年，三年爲龍兒年，四年爲狗兒年，其數止於十二。所以每詢某人誕生之年時，其人則答以某兒年某日某夜某時某分。此種時刻曾由親屬筆之於册。計年之十二生肖既滿，復用此十二生肖繼續計之。

右第一〇三重章並出剌木學本第二卷第三章。

（註一）塔古音，波斯語猶言曆書，據 Tavernier 書，塔古音原爲行星經緯推算表之稱，內載預言戰爭瘟疫饑饉等事，指示穿着新製衣服、放血、服瀉藥、旅行等事之適宜時間，人頗信之。（Tavernier 書第五卷第十四章。）——馬可波羅之用此字，足證其常與往來者皆外國人，而其行紀中所常用者乃波斯語也。伯希和云：「是爲玉耳之說，余以爲其說不誤。如馬可波羅在十二生肖中以獅易虎，其一例也。沙畹曾假定馬可波羅所識之十二生肖，乃蒙古制，其所言之獅，乃指豹子。但突厥蒙古語之巴兒思（bars）僅訓曰虎，不知其緣何釋爲獅。設若吾人承認其所用者爲波斯語，則此疑可解。蓋中亞全境所用之波斯字失兒（sir），含有獅虎兩義也。又如馬可波羅名稱中國南方曰蠻子(Manzi),亦與波斯載籍若剌失德丁書之類所著錄者相合。但蒙古人之稱中國南方,尚有別一名稱曰南家思(Nangias)者,未見馬可波羅書著錄。」——亞細亞學報一九一二年五六月刊五九二頁註。——可參考中國雜纂(Var. sin.)第二十一册,黃神甫撰中國曆。——Palladius書五二至五三頁。——常福元撰天文儀器志略。

第一〇三章　契丹人之宗教關於靈魂之信仰及其若干風習

其人是偶像教徒，前已言之。各人置牌位一方於房壁高處，牌上寫一名，代表最高天帝。每日焚香禮拜，合手向天，扣齒三次，求天保佑安寧，所禱之事祇此。此牌位之下，地上供一偶像，名稱納的該（Natigai），奉之如同地上一切財產及一切收穫之神，配以妻子，亦焚香侍奉，舉首扣齒禱之。凡時和年豐家人繁庶等事，皆向此神求之。

彼等信靈魂不死。以爲某人死後，其魂卽轉入別一體中。視死者生前之善惡，其轉生有優劣。質言之：窮人行善者死後轉入婦人腹中，來生成爲貴人。三生入一貴婦腹中，生爲貴人。嗣後愈昇愈高，終成爲神。反之，貴人之子行惡者，轉生爲賤人之子，終降爲狗。

其人語言和善，互相禮敬。見面時貌現歡容。食時特別潔淨。禮敬父母，若有子不孝敬父母者，有一特設之公共法庭懲之。

各種罪人拘捕後，投之獄，而縊殺之。但大汗於三年開獄，釋放罪人一次。然被釋者面烙火印，俾永遠可以認識。

現在大汗禁止一切賭博及其他詐欺方法，蓋此國之人嗜此較他國爲甚。詔令禁止之詞有云：「我旣用兵力將汝曹征服，汝曹之財產義應屬我。設汝輩賭博，則將以我之財產爲賭注矣。」雖然如此，大汗從未使用其權擅奪人民產業。

尙不應遺漏者；大汗諸臣朝儀之整肅也。諸臣行近帝座距離約有半哩時，各卑禮致敬，肅靜無聲。由是在場者不聞聲息。旣無呼喚之音，亦無高聲談話者。凡臣下蒞朝時，皆持有一小唾壺，無人敢唾於地，欲唾時揭壺蓋作禮而唾。彼等尙攜有白皮之靴，其爲君主召見之人，入殿時易此白靴，以舊靴付僕役，俾殿中金錦地衣不爲舊靴所汚。

右第一〇三(三)章並出刺木學本第二卷第三十六章。刺木學本之標題雖作「韃靼人之宗教……」，然本章之內容顯指中國人之信仰，惟將納的該神名摻入耳。

第一〇四章　契丹州之開始及桑乾河石橋

應知君主曾遣馬可波羅閣下奉使至西方諸州。（註一）彼曾誌其經行之事於下：自汗八里城發足西行亘四月程。所以我爲君等述其在此道上往來見聞之事。

自從汗八里城發足以後，騎行十哩，抵一極大河流，名稱普里桑乾(Pulisangin, Pulisangan)。（註二）此河流入海洋，商人利用河流運輸商貨者甚夥。河上有一美麗石橋，各處橋梁之美鮮有及之者。橋長三百步，寬逾八步，十騎可並行於上。下有橋拱二十四，橋脚二十四，建置甚佳，純用極美之大理石爲之。橋兩旁皆有大理石欄，又有柱，獅腰承之。柱頂別有一獅。此種石獅巨麗，雕刻甚精。每隔一步有一石柱，其狀皆同。兩柱之間建灰色大理石欄，俾行人不致落水。橋兩面皆如此，頗壯觀也。（註三）

玆述此美橋畢，請言其他新事。

剌木學本第二卷第二十七章增訂之文如下：

「此普里桑乾橋有二十四拱，承以橋脚二十五（內有橋臺二），皆立基水中，用蛇紋石建築，頗工巧。橋兩旁各有一美麗欄杆，用大理石板及石柱結合，佈置奇佳。登橋時橋路較橋頂爲寬，兩欄整齊，與用墨線規畫者無異。「橋口（兩方）初有一柱甚高大，石龜承之，柱上下皆有一石獅。」「上橋又見別一美柱，亦有石獅，與前柱距離一步有半。」「此兩柱間用大理石板爲欄，雕刻種種形狀。石板兩頭嵌以石柱，全橋如此。此種石柱相距一步有半，柱上亦有石獅。既有此種大理石欄，行人頗難落水，此誠壯觀，自入橋至出橋皆然也。」

（註一）馬可波羅所循之道途，似非北京西安間之官道，此道南通開封武昌桂林，而抵於安南之順化。其在長江以北，每五里有墩臺，每一里有窩舖，城中有館舍。正定有道通山西，馬可波羅未取此道，蓋其由涿州西行，遵當時上都經大同太原而赴西安之郵道也。

（註二）普里桑乾，馬爾斯登據波斯文訓作石橋。但據布萊慈萊德之考訂，Sangan 蓋爲桑乾之對音，即刺失德丁書之 Sangin，但非今之蘆溝橋。

（註三）馬可波羅所見之橋，距建築時已有百年，比較現有之橋爲長。此橋毀於一六六八年，耶穌會士殷鐸澤（Intorcetta）已有記錄；別一耶穌會士安文思（Magalhaens）謂是拒馬河上之石橋，誤也。

第一〇五章　涿州大城

從此石橋首途西行二十哩，沿途皆見有美麗旅舍美麗葡萄園美麗園囿，美麗田畝，及美麗水泉。行畢然後抵一大而美麗之城名曰涿州（Giogiu）。（註一）內有偶像教徒之廟宇甚衆，居民以工商爲業，織造金錦絲絹，及最美之羅，亦有不少旅舍以供行人頓止。（註二）

從此城首途，行一哩，即見兩道分歧：一道向西，一道向東南。西道是通契丹之道，東南道是通蠻子地域之道。（註三）

遵第一道從契丹地域西行十日，沿途皆見有環以城垣之城村，及不少工商繁盛之聚落，與夫美麗田畝，暨美麗葡萄園，居民安樂。（註甲）惟其地無足言者，茲僅述一名太原府（Tainfu）之國。

（註甲）剌木學本第二卷第二十八章增訂之文錄下：

「從此地輸酒入契丹境內，緣契丹境內不釀酒也。此處亦饒有桑樹，其桑葉足使居民養蠶甚多。

居民頗有禮貌，蓋沿途城市密接，行人來往甚衆，商貨灌輸甚多故也。」

「行上述十日之五日畢，即聞人言有一城較太原府更爲壯麗，城名阿黑八里（Achbaluch），自此達彼，皆屬君主遊獵禁地。除君主及諸宗王暨名列打捕人匠總管府之人外，無人敢在其地獵捕。然在其地界外，祗須身爲貴人，可以隨意行獵，顧大汗從前未至此地行獵。野獸繁殖甚衆，尤以山兔爲多，頗傷全境禾稼。大汗聞悉此事，遂率領全宮之人至此，捕獲野獸無數。」

（註一）涿州有 Giogiu，Giugiu 等寫法，惟剌木學本有作 Gouza 者，但同本後又作 Gingiu，足證其誤。州城周圍九里，闢四門，初爲土城，一四五〇年前後始用磚砌，是爲三國時劉備張飛之故里。

（註二）波羅書云：「內有偶像教徒之廟宇甚衆。」今日此小城中，計有居民二萬，尚有各種廟宇五十八所。波羅又云：「織造金錦絲絹及最美之羅。」考金史卷二四，涿州輸羅。又考元史卷八五：涿州有羅局，掌織造紗羅段匹。波羅書又云：「有不少旅舍以供行人頓止。」案涿州爲歷代衝要之區，今其城門尚有聯曰：「日邊衝要無雙地，天下繁難第一州。」

（註三）契丹蠻子之稱，蓋指金宋舊境。據金代地圖，兩國境界西起秦嶺之巔，達洵水之源；東南沿申水，經丹水之南，橫斷漢江，在南陽襄陽中間東行，自淮水源而達於海。

本書所誌之分道，在今日地圖上尚可見之：一爲南行之大道，次爲西行之道。西道卽一二一三年成吉思汗大軍西征之道。

阿黑八里原寫作Achbaluch，應是Ak-Baligh之誤。此言大城（鈞案此誤。突厥語阿黑，此言白；阿黑八里，猶言白城也。）應指今之大同，必非正定。正定不足與太原並稱。據馬可波羅書第一三〇章及第一三一章，波羅似曾身經正定，則非耳聞之阿黑八里可以知也。剌失德丁記成吉思汗之役，有地名察罕巴勒哈遜（Tchagan-balgasoun）。此言白城子，中國人名之曰正定府（Jentzinfu）。顧阿黑旣不訓爲白，則此白城子必非阿黑八里矣。

第一〇六章　太原府國

自涿州首途，行此十日畢，抵一國，名太原府（Tainfu）。所至之都城甚壯麗，與國同名，（註一）工商頗盛，蓋君主軍隊必要之武裝多在此城製造也。其地種植不少最美之葡萄園，釀葡萄酒甚饒。契丹全境祇有此地出產葡萄酒，亦種桑養蠶，產絲甚多。（註二）

自此太原府城，可至州中全境。向西騎行七日，沿途風景甚麗，見有不少城村，環以牆垣；其中商業及數種工業頗見繁盛，有大商數人自此地發足前往印度等地經商謀利。

行此七日畢，抵一城，名平陽府（Pianfu）。（註三）城大而甚重要，其中恃工商業爲活之商人不少，亦產絲甚饒。

茲置此事不言，請言一名哈强府（Cacianfu）之大城。然欲述此城，須先言一名稱該州（Caigiu）或太斤（Thaigin）之名貴堡塞。（註四）

（註一）太原在汾水流域，唐爲北都，今爲山西省治。

（註二）馬可波羅在此處誌及蠶桑，復在第一〇九章中對於同一山西省，及更後對於陝西省，亦有同一著錄。今其地不復產絲，殆因氣候變化所致。野生葡萄在中國古代疑已有之，家生葡萄則在漢武帝時由張騫從大宛（Ferghana）攜回。太原之葡萄酒在唐代已知名，元代傳播更廣。

（註三）平陽在本書中寫作 Pianfu，即沙哈魯使臣行紀中之 Bikan。相傳帝堯之都在今城南五里，成吉思汗系時，平陽有學校一所，天文臺一所，長毛亂事以後，舊日盛跡僅餘城牆而已。其地之黃土（loess）及窰洞，未經馬可波羅著錄。

（註四）法文寫本大致寫其名作 Caigiu，剌木學本寫其名作 Thaigin。有一頗節寫本獨寫作 Taicin。馬可波羅謂此堡塞在平陽西二日程，黃河東二十哩，則此堡祇能當吉州。按吉州之名始於金元，迄今仍沿用此名，然古稱耿州。馬可波羅之 Caigiu，疑即吉州或耿州之對音。至若剌木學本之 Thaigin，應是 Tsaigiu 之誤。按宋史地理志名吉州曰慈州，或爲此 Tsaigiu 之對音也。

第一〇七章　該州或太斤堡

從平陽府發足，西向騎行二日程，則見名貴堡塞該州（Caigiu）。昔爲此地一國王所築，王名黃金王。堡內有一宮，極壯麗，宮中有一大殿。昔日此地國王皆有繪像列於其中，像作金色並其他美色，頗爲娛目。諸像之成，乃由君臨本地之王陸續爲之。（註一）

茲請據此堡人之傳說，一述此黃金王與長老約翰之一故事。（註二）

據說昔日此黃金王與長老約翰戰，黃金王據險要，長老約翰既難進兵，亦不能加害此王，緣是甚怒。長老約翰時有幼年騎尉十七人，相率建議於長老約翰，願生擒黃金王以獻。長老約翰答言極願彼等爲此事，成必厚寵彼等。

諸騎尉別其主長老約翰以後，結成一種騎尉隊伍，往投黃金王所。及見王，遂語之曰：彼等來自外國，願仕王所。王慰而錄用之，不虞其有惡意也。由是此種懷有異心之騎尉，遂爲黃金王臣，竭盡臣職，王甚寵之，置之左右。

彼等留王所亘二年所行所爲毫不微露叛意。一日隨王出遊，其他扈從之人甚少，蓋王信任彼等而不虞有他故也。迨渡一河後，河距堡約有一哩，時僅彼等與王相隨，遂互議曰：執行所謀，此其時矣。於是皆拔劍脅王立隨彼等行，否則殺之。王見狀，既驚且懼，語諸人曰：汝曹所言何事，欲余何往？諸人答曰：往吾主長老約翰所。

（註一）剌木學本第二卷第三十一章之異文云：「此黃金王是一强大君主，昔在境內所役皆美女，爲數甚衆。在宮內遊行，駕小輕車，命諸女曳之而行。凡事皆命諸女爲之，惟意所欲。此王善治其國，威及全境。此堡異常堅固。據土人云：此黃金王是王罕（Umcan）之藩臣，此王罕即前此著錄之長老約翰，然此王因驕傲而欲自立，遂叛王罕……」

「據傳此黃金王之事盡於此矣。」

（註二）據馬兒斯登之說，此黃金王殆爲金朝王之對稱，然考金史，無其事也。

假定馬可波羅所言之金爲晉之誤，則此長老約翰殆指三世紀末年五胡中之匈奴。考匈奴中之劉氏石氏原據地，即後日汪古部境，亦馬可波羅所稱「長老約翰之地」也。建立漢國以後，都平陽，繼遷鄴，然則本章之平陽王，殆指晉懷愍二帝矣。

第一〇八章　長老約翰之如何待遇黃金王

黃金王聞言，憂鬱幾頻於死，語諸人曰：「我既寵待汝曹，何不憫而釋我，俾不致陷敵手。脫汝曹爲此，則犯大惡而爲不義矣。」諸人答言：勢必出此。遂拘之至其主長老約翰所。

長老約翰見黃金王至，大喜而語之曰：「汝既來此，將不獲善待。」王不知所答。長老約翰立命人監守之，命其看守牲畜，然未加虐待，由是淪於牧畜之役矣。長老約翰怒此王甚，欲抑賤之，而表示其不足與彼相侔也。

如是看守牲畜垂兩年。長老約翰招之來前，以禮待之，賜以華服，而語之曰：「王、今汝知否勢不我敵？」王答曰：「固也。我始終皆知我力不足與君抗。」長老約翰乃曰：「我別無他求。自今而後，將以禮待，而送君歸。」於是贈以馬匹鞍轡，命人護送歸其本國。嗣後黃金王遂稱藩而奉長老約翰爲主君。

茲置此黃金王故事不言，請言他事，以續本書。

第一〇九章　哈剌木連大河及哈强府大城

離此堡後，向西騎行約二十哩，有一大河，名哈剌木連（Karamouren）。（註一）河身甚大，不能建橋以渡，蓋此河流寬而深也。此河流入環繞世界全土之大洋，河上有城村數處，皆有城牆，其中商賈甚夥，河上商業繁盛；緣其地出產生薑及絲不少，禽鳥衆至不可思議，野雞三頭僅值物搦齊亞銀錢（gros）一枚。（註甲）

渡此河後，向西騎行二日，抵一名貴城市，名稱哈强府（Cacianfu）。居民皆是偶像教徒。茲應為君等申言者，契丹居民大致皆屬偶像教徒也。（註乙）此城商業茂盛，織造種種金錦不少。（註二）

此外別無可述，茲請接言一名貴城市，此城是一國之都會，名曰京兆府（Quen-gianfu）。

（註甲）剌木學本第二卷第三十二章增訂之文云：「此河附近之地種植一種大竹，其數頗衆，（其圓徑）致達一尺至一尺有半者。」

（註乙）「城中商業茂盛，藝業繁多。土產之中，饒有絲、薑、高良薑（galangal），唇形科植物（lavande），及吾國未見之其他不少香料。」——剌木學本第三十三章。

（註一）哈剌木連，乃蒙古語名稱黃河之一名，此言黑水也。此名並見斡朶里克瑪利諾里（Marignolli）剌失德丁等書著錄。今日蒙古人常名黃河曰合敦噶勒（Khatoun-gol）。參看本書第六十七章註二。

（註二）據 Klaproth 之考訂，謂此哈強府卽是河中府之對音，河中府、蒲州府之舊稱也。此說似誤。案 ca 固可對「河」，然 cian 或 can 不能對「中」。觀後此第一百十一章關中（Cuncun）之例可以證已反之，cian 可以對「山」，此哈強府之對音疑是華山府，則指華州矣；惟元代華州非府，益以剌木學本及他本所誌，此哈强府與西安府之距離，不僅八日程，而且倍之；此問題尙難決也。

第一一〇章　京兆府城

離上述之哈强府城後，(註甲)西向騎行八日，沿途所見城村，皆有牆垣。工商發達，樹木園林既美且衆，田野桑樹遍佈，(註一)此即蠶食其葉而吐絲之樹也。居民皆是偶像教徒。土產種種禽鳥不少，可供獵捕畜養之用。

騎行上述之八日程畢，(註二)抵一大城，即前述之京兆府(Quengianfu)是已。(註三)城甚壯麗，爲京兆府國之都會。昔爲一國，甚富强，有大王數人，富而英武。惟在今日，則由大汗子忙哥刺(Mangalay)(註四)鎭守其地。大汗以此地封之，命爲國王。此城工商繁盛，產絲多，居民以製種種金錦絲絹，城中且製一切武裝。凡人生必需之物，城中皆有，價値甚賤。

城延至西，居民是偶像教徒。城外有王宮，即上述大汗子國王忙哥刺之居也。宮甚壯麗，在一大平原中，周圍有川湖泉水不少，高大牆垣環之，周圍約五哩。牆內即此王宮所在，其壯麗之甚，佈置之佳，罕有與比。宮內有美麗殿室不少，皆以金繪飾。此忙

哥剌善治其國，頗受人民愛戴，軍隊駐紮宮之四圍，遊獵爲樂。（註五）

今從此國首途，請言一名關中（Cuncun）之州。州境全在山中，道路難行。

（註甲）剌木學本第二卷第三十四章之異文云：「離哈強府後，西向騎行七日，沿途陸續見有城村，皆有牆垣環之。商業茂盛，並見有園囿及耕種之田畝不少全境桑樹遍佈，此樹用以產絲。居民大多數是偶像教徒，然亦有基督教徒、突厥種人、聶思脫里教徒及若干回教徒。（註六）可在其地獵取不少野獸，並可捕取不少種類禽鳥。別又騎行七日程，抵一名貴大城，名稱京兆府（Quenzanfu）」。

剌木學本此段異文未可忽視。蓋一五五六年之法文譯本（六五頁），Muller 之拉丁文譯本（八九頁），Bergeron 本並證明此文之非誤。然則應承認馬可波羅之哈强府所指者乃二城，並在黃河西二日程。其一是前章之華州，其一城不屬京兆府也（剌木學本第三三章）。由是推之，勢須將馬可波羅渡黃河處遠徙於北。考宋金時陝西東部僅有二府：一爲京兆，一爲延安。延安在平陽西，東距黃河二日程，與行紀所言之距離完全相符。又考地圖，太原西安間有兩道：一爲經行平陽蒲州一道，一爲經行延安一道。馬可波羅來去之時，似從此道去而循彼道歸，由是哈強京兆間兩箇七日程之記載，始得其解。抑況野獸繁殖可供捕獵之處，祇能在山地中也。但是哈強延安音韻難以相對，殆馬可波羅後此改訂其行紀時，漏言延安，誤記哈強歟。

（註一）陝西氣候在馬可波羅以後大有變化，天時甚寒，已不復能種植桑竹，須至西安府東南三百公里漢水上之老河口，始見有紡絲者也。

（註二）渭南一道，經行華州渭南臨潼而至西安，爲中國之一良好道路。蓋其經過溪澗，多有橋梁，而有若干公里之地，沿途皆經左宗棠種植柳樹也。

（註三）京兆府即今西安府，自漢迄於一二八〇年時，固名京兆。但在是年置安西路，一三一二年改奉元路，惟京兆舊稱仍存，故馬可波羅書仍以京兆名之。伯希和云：（遠東法國學校校刊第四册七一一頁）「馬可波羅之 Quengianfu，即是波斯著作家之 Kindjanfou，並指西安府也。此波斯語名曾經漢文轉訛曰金張夫，固得爲京兆府之對音，然未敢必其是也。」

西方所識最古之中國城市，即此西安。九世紀時阿剌壁人行紀著錄其名曰 Khumdan，此名應出於日本所藏一梵漢字書中之 Kumudana（伯希和說，出處同前），亦是七世紀東羅馬史家 Théophylacte 著錄之 Khoubdan，或者並是二世紀時 Ptolémée 書之 Sera Metropolis，及一世紀佚撰人名之 Périple de la Mer Erythrée 書之 Thinai 也。

（註四）案忙哥剌離西安時，在一二七七年，然則可以藉知馬可波羅經過西安時在此年前後。忙哥剌，忽必烈子也。一二七二年封安西王，以京兆爲分地，命駐兵六盤，置王相府，統河西土番四川等處。次年益封秦王，一藩二印，兩府竝開，在長安者曰安西，在六盤者曰開成，（今固原），詔治宮室，冬夏分駐焉。一二七七年，王奉詔自六盤帥師北行討亂。一二八〇年王死。——參看蒙兀兒史記安西王忙哥剌傳。

（註五）黄土地宜於作穴，狐貛之屬易處其中。冬日常見狠類還向山中，禽鳥較他處爲繁殖，誠宜於遊獵之地也。

（註六）馬可波羅在此處所言之基督教徒，是否爲聶思脫里派以外之基督教徒，尙無確證。惟在後此第一百三十章中言及Pazanfu時，亦云其地有某種基督教徒建有基督教堂一所，然此亦不足證明其爲聶思脫里派教徒以外之教徒。西安景教碑僅證明聶思脫里教傳佈之年始於六五三年，然與基督教本教無涉也。

第一一一章　難於跋涉之關中州（註一）

離上述忙哥剌之宮室後，西行三日，沿途皆見有不少環牆之鄉村，及美麗平原。居民以工商爲業，有絲甚饒，行此三日畢，見有高山深谷，地屬關中（Cuncun）州矣。其中有環牆之城村，居民是偶像教徒，恃地之所產及大林中之獵物，以爲生活。蓋其地有不少森林，中有無數猛獸，若獅、熊、山貓、及其他不少動物，土人捕取無數，獲利甚大。由是逾山越谷，沿途見有不少環牆之城村，大森林、及旅人頓止之大館舍（註二）。

現從此州發足，將言別一地域，說詳後方。

（註一）本書之 Cuncun，僅法文本中有此寫法，蓋指關中。關中亦稱關內，今陝西省地也。關中記云：「東自函關（在河南靈寶縣）西至隴關（微在渭水源北），二關之間，謂之關中」。徐廣曰：「東函谷、南武關（商州東南）西散關（寶雞縣南）北蕭關（甘肅固原縣東）居四關之中，故曰關中，亦曰四塞」。——辭源戌集九四頁。

（註二）所言之地，蓋指秦嶺。史載逾嶺之道有三：曰子午谷、曰儻駱谷、曰褒斜谷。

（甲）子午谷在陝西長安縣南，爲川陝西道。漢書顔師古注：「子、北方也，午、南方也。今京城直南山有谷通梁漢道，名子午谷。」長安志：「子午谷長六百六十里，北口曰子，在府南；南口曰午，在洋縣東。」——辭源寅集四頁。

此道必非馬可波羅所循之道，蓋今自西安抵秦嶺南，須程七日也。

（乙）儻駱谷，陝西終南山之谷也。北口曰駱谷，在盩厔縣西南；南口曰儻谷，在洋縣北；總名儻駱谷。谷長四百二十里。——辭源子集二四一頁。

馬可波羅所循者，應爲此道。一二五八年蒙哥汗命皇弟末哥侵蜀，亦由此道入米倉關（巴州北）。

（丙）褒斜谷，陝西終南山之谷也。南口曰褒，在褒城縣北；北口曰斜，在郿縣西南，長四百五十里。史記：「巴蜀四塞，然棧道千里，唯褒斜綰轂其口。」元和志：「褒斜道一名石牛道，至今猶爲往來要途，謂之北棧，亦曰連雲棧。」——連雲棧，卽褒斜棧道也。國策：「秦棧道千里，通於蜀。」漢張良勸漢王燒絕棧道，皆卽此。亦曰閣道。輿程記：「陝西棧道長四百二十里，自鳳縣東北草涼驛爲入棧道之始，南至褒城之開山驛，路始平，爲出棧道之始。」——辭源申集一七八頁，又酉集一九四頁。

第一二二章　蠻子境內之阿黑八里大州

騎行逾關中諸山，行二十日，抵一蠻子之州，名阿黑八里(Achalec)。(註一)州境全處平原中，轄有環牆之城村甚衆，隸屬大汗。居民是偶像教徒，恃工商爲活。此地出產生薑甚多，(註二)輸往契丹全境，此州之人恃此而獲大利。彼等收穫麥稻、及其他諸穀，量多而價賤，緣土地肥沃，宜於一切種植也。

主要之城名稱阿黑八里。

此平原廣延二日程，風景甚麗，內有環牆之城村甚衆。行此二日畢，則見不少高山深谷豐林。由此道西行二十日，見有環以牆垣之城村甚衆。居民是偶像教徒，恃土之所出，及牲畜與夫饒有之野獸獵物爲活。亦有不少獸類產生麝香。(註三)

茲從此地發足，請依次歷言其他諸地。

(註一)馬可波羅經關中而抵阿黑八里，復循一平原行二日入一距離二十日程之山地。據此以考其所行之平原，應是漢水流域，而阿黑八里祇能當今之漢中府也。惟今漢中府境不足以當大州之稱，波羅所指者，殆是利州路。此路在宋時，東起興安府，西達甘肅東南及四川東北，久以嘉陵江上之廣元爲治所，而名利州。後徙治所於漢中。波羅先誤以此城即嘉陵江上之阿黑八里，嗣後明其誤，遂在刺木學本中合第一一一及第一一二兩章爲一章，重題爲「契丹蠻子之邊界」。阿黑八里在刺木學本中寫作 Achbaluch，與第一〇六章著錄之名同，地學會本解曰，「蠻子邊界之一城，」刺木學本解曰，「蠻子邊界之白城。」

（註二）當時歐洲人尚不識薑，甚至在十七世紀時尚無專名以指此物。衞匡國（Martini）神甫云：「Sina之根，祇有此州出產，然野生者到處有之，」可以證已。元史卷九四著錄漢中薑課一百二十七錠二百七十九兩。

（註三）波羅所誌此道甚簡，似即一二五八年蒙哥入蜀之道，亦即忽必烈修理之道。元史卷六，至元四年（一二六七）本紀，秋七月：「發鞏昌鳳翔京兆等處未占籍戶一千，修治四川山路橋梁棧道。」

第一一三章　成都府

向西騎行山中，經過上述之二十日程，畢，抵一平原，地屬一州，名成都府（Sindufu, Sindafu）（註一）與蠻子邊境爲鄰。此州都會是成都府，昔是强大城市，歷載富强國王多人爲主者垂二千年矣。然分地而治，說如下文。（註二）

此州昔有一王，死時遺三子，命在城中分地而治，各有一城。然三城皆在都會大城之內，由是此三子各爲國王，各有城地，各有國土，皆甚强大。（註三）大汗取此三王之國而廢其王。

有一大川，經此大城。川中多魚，川流甚深，廣半哩，長延至於海洋，其距離有八十日或百日程，其名曰江水（Quiansuy）。水上船舶甚衆，未聞未見者，必不信其有之也。商人運載商貨往來上下游，世界之人無有能想像其盛者。此川之寬，不類河流，竟似一海。（註四）

城內川上有一大橋，用石建築，寬八步，長半哩。橋上兩旁，列有大理石柱，上承橋頂。蓋自此端達彼端有一木製橋頂，甚堅，繪畫顏色鮮明。橋上有房屋不少，商賈工匠列肆執藝於其中。但此類房屋皆以木構，朝構夕折。橋上尙有大汗徵稅之所，每日稅收不下精金千量。（註五）

居民皆是偶像教徒。出此城後，在一平原中又騎行五日。見有城村甚衆，皆有牆垣。其中紡織數種絲絹，居民以耕種爲活。其地有野獸如獅熊之類不少。（註六）

騎行此五日畢，然後抵一頗遭殘害之州，名稱土番（Tibet），後此述之。

（註一）此平原卽成都府平原，在利州西，爲成都府路治所。地學會法文本及剌木學本明言州與城同名，具見波羅未以四川名之。蓋四川行中書省建置於忽必烈時，則頗節（三六七頁）之假定謂其名似作 Sardansu，而爲蒙古語或突厥語「四川」譯名一說，誤也。姑無論傳寫如何訛誤，地學會本之拉丁文本（三九六頁）寫 Syndifu 作 Anchota，實不可解。吾人以爲 Sindufu 寫法似較可取。

（註二）四川久以蜀名。紀元前十三世紀時，始有蜀國，嗣後蜀國皆以成都爲都會。三國時之蜀國，八九〇至九二五年間王建之蜀國，九三三至九六五年間孟氏之蜀國，皆是已。宋滅蜀，分其地爲三路，馬可波羅僅著錄有二即阿黑八里與成都兩路是已；倘有潼川路在成都路東。

（註三）據E. H. Parker之考訂，馬可波羅書所誌兄弟國王三人疑指吳玠吳璘吳挺。——戈爾迭本第三册七九頁。

（註四）剌木學本第二卷第三十六章增訂之文云：「有不少重要川流，來自遠方山中，流經此城周圍，且常穿過城內。諸川有寬至半哩者；其他僅寬二百步，然諸川水皆深；有不少壯麗石橋橫架其上。橋寬八步，橋長視川之寬狹爲度。此種橋梁自此端達彼端，兩旁皆列有大理石柱，上承橋頂。橋頂木構，飾紅色，覆以瓦，……諸川離此城後，滙而爲一大川，其名曰江（Quian）。……」

此江在頗節本中作江水。蓋江爲本名，江水云者，猶洛水渭水汾水河水等類之稱耳。中國地理學家昔以江水出於岷江，波羅所言與之合。昔日容有寬半哩之大川流經成都，然今日岷江甚小，已無復當時之重要矣。

（註五）鈞案此註原闕。

（註六）地學會之法文本此下有增訂之文云：「彼等恃工業爲活，蓋其紡織美麗cendaux，及其他布疋，且在成都府城紡織也。」

第一一四章 土番州

行上述之五日程畢，入一極廣森林，地屬土番（Tibet）（註一）州矣。此州昔在蒙哥汗諸戰中曾受殘破；所見城村，業已完全削毀。（註二）

其中頗有大竹，粗有三掌，高至十五步，每節長逾三掌。商賈旅人經行此地者，於夜間習伐此竹燃火，蓋火燃之後，爆炸之聲甚大，獅熊及其他野獸聞之驚走，不敢近火。此州自經殘破以後，不復有居民，遂致野獸繁殖。若無此竹燃火爆炸作聲，使野獸驚逃，則將無人敢經行其地。

茲請言此竹如何能發大聲響之理。其地靑竹甚多，行人伐之燃，其數莖，久之皮脫，直裂，爆炸作聲，其聲之巨，夜間十哩之地可聞。（註甲）脫有人未預知其事而初聞其聲者，頗易驚惶致死，然熟悉其事者不復驚懼。其實未習聞此聲者，應取棉塞耳，復取所能有之衣服蒙其頭面；初次如此，嗣後且屢爲之，迄於習慣而後已。

馬匹亦然。設其未曾習聞此聲，初次聞之，卽斷其索勒，如是喪失牲口者，已有旅客數人。如欲保存其牲口者，勢須繫其四蹄，蒙其首與眼耳，然後可能駕馭馬匹。數聞此聲以後，始不復驚。我敢斷言初聞此聲者，必以爲世上可怖之聲，無有逾於此者矣。（註三）復次雖有此種預防之法，有時不能免獅熊及其他野獸之爲大害，蓋其地野獸甚衆也。

如是騎行二十日，不見人煙，行人勢須攜帶一切食糧，從來不免遭遇此種可畏而爲害之野獸，末後始見環牆之城村。（註乙）此類城民有一種婚俗，茲請爲君等述之。

此地之人無有取室女爲妻者。據稱女子未經破身而習與男子共寢者，毫無足重。凡行人經過者，老婦攜其室女獻之外來行人，行人取之，惟意所欲，事後還女於老婦，蓋其俗不許女子共行人他適也。（註丙）所以行人經過一堡一村或一其他居宅者，可見獻女二三十人，脫行人頓止於土人之家，尚有女來獻。凡與某女共寢之人，必須以一環或一小物贈之，俾其婚時可以示人，證明其已與數男子共寢。凡室女在婚前皆應爲此，必須獲有此種贈物二十餘事。其得贈物最多者，證其尤爲人所喜愛，將

被視爲最優良之女子，尤易嫁人。然一旦結婚以後，伉儷之情甚篤，遂視汚及他人妻之事爲大侮辱。（註四）

其事足述，故爲君等言之。我國青年應往其地以求室女，將必惟意所欲，而不費一錢應人之請也。

居民是偶像教徒，品行極惡，對於竊盜或其他惡行，絕不視爲罪過。彼等且爲世上最好揶揄之人，恃所獵之獸牲畜所產之物及土地所產之果實爲生。尙有不少獸類出產麝香，（註丁）土語名曰古德里（Gouderi）。（註五）此種惡人畜犬甚多，犬大而麗，由是饒有麝香。境內無紙幣，而以鹽爲貨幣。衣服簡陋，所衣者爲獸皮，及用大麻或粗毛所織之布。其人自有其語言，而自稱曰土番人。此土番地構成一極大之州，後此將申言之。

剌木學本第二卷第三十七章增訂之文如下：

（註甲）「一到夜間，行人結此種青竹爲束，置於其幕若干距離之處，然後燃之。竹因熱力皮脫而後炸裂，發聲可畏，其聲之巨，相距二哩之地可聞。……」

（註乙）「由是騎行此種荒野亘二十日，不見人煙食糧，僅在每三四日程之地，或者一得生活必需之物。行此多日程畢，始見若干堡鎮，建於懸崖之上，或山嶺之巔，然後入一有民居種植之地，遂不復畏懼野獸矣。」

（註丙）「由是商隊至止結幕以後，有女待嫁之母，立攜其女至幕，各求諸商選擇其女共寢。由是較動人之幼女爲商人所擇，其他皆失意而歸。被選擇者與商人共處，迄於商人行時，至是還女於母。……」

（註丁）「此種產生麝香之獸甚衆，其味散佈全境，蓋每月產麝一次。前此（第七十一章）已曾言及此種獸類，臍旁有一胞，滿盛血，每月胞滿血出，是爲麝香。此種地帶有此類動物甚衆，麝味多處可以嗅覺。……」

（註一）土番在唐宋時爲一强大國家，忽必烈之征服此國，不僅使用兵力，尤賴外交。初以其地封其第七子奧魯赤，既而鼓勵剌麻之神權政治，沿襲迄於今日。當時土番地大於今之西藏，並包括有甘肅四川一部份地，其境北接唐古，南抵南詔。

甘肅境內屬地名曰朶甘思，包有黃河上流及洮河流域。自青海及大通河抵於岷山，置宣慰司治河州。

四川境內屬地包有揚子江上流鴉礱江大渡河等流域之地，抵於成都平原西邊，據有茂州雅州黎州（清溪縣）三州之地。

西人之識土番之稱，殆由阿剌壁旅行家得自中國人者。中國人昔稱土番曰吐蕃。遼史作鐵不德及塗孛特。元史卷一二二作拓跋，卷一二三作土波，卷八七及卷一二三作烏思藏。明代仍以烏斯藏名。

土番分四部；中部達賴剌麻治之；後藏一名喀齊，班禪剌麻治之；西藏一名阿里，地最大，遂爲今日華人藏地全土之稱，然藏人則名其全土曰 Bod-goul 或 Boud 之國也；前藏一名康，亦作喀木，包有今日打箭爐巴塘察木多等處山地。

馬可波羅自四川西境行二十日，則其行程祇能至裏塘（理化縣）矣。

（註二）蒙哥汗時代，一二四四年時，蒙古用兵南詔，曾取道前藏。此處波羅所言之役，蓋指一二五二至一二五五年用兵之事。

元史憲宗本紀，一二五二年七月，命忽必烈征大理。……八月，忽必烈次臨洮。

一二五三年九月，忽必烈次塔拉地，分兵三道以進。冬十二月，大理平。——元史本紀卷三。

秋八月，師次臨洮，遣人諭大理，不果行。九月壬寅，師次塔拉，分三道以進。大將兀良合台率西道兵由晏當路，諸王某率東道兵由白蠻，忽必烈由中道。乙巳，至滿陀城，留輜重。冬十月丙午，過大渡河，又經行山谷二千餘里，至金沙江，乘革囊及栰以渡，摩娑蠻主迎降，其地在大理北四百餘里。十二月丙辰，軍薄大理城。——元史本紀卷四，參看元史卷一二一兀良合台傳。——卷一五四鄭鼎傳。——卷一六六信苴日傳。——卷一二三拜延八都魯傳。

（註三）馬可波羅在當時尙不識近代礮聲，故以燃竹爆炸之聲爲異。然其所誌，皆實情也。惟圓徑三掌，質言之，圓徑七十至七十五公分之竹，今尙未見有之。今日越南半島或中國南部之巨竹，最粗者，對徑不過十六公分，圓徑不過五十公分也。

（註四）戈爾迭曾引 Westermarck 所撰「人類婚姻」（八一頁），謂有若干未開化民族，亦不以室女爲可貴，如 Quito 地方之印度人，Aracan 山北部諸部落，皆此類也。加尼 (F. Garnier) 行紀亦謂揚子江上流若干地方土人仍存此風。此外可參看 Cooper 行紀第十章，所誌其在巴塘西所遭遇土人強其結婚之事。

（註五）頗節本同地學會法文本明言此 Gouderi 爲土語。然地學會之拉丁文本則以此字屬韃靼語。

Klaproth以後說爲然，蓋此字屬蒙古語，而在近代突厥語中尚見有之也。

第一一五章　重言土番州

此土番州是一極大之州，居民自有其語言，並是偶像教徒，前已言之。地與蠻子及其他不少州郡相接，樂爲盜賊，其境甚大，內有八國，及環牆之城村甚衆。有數地川湖中饒有金沙，其量之多，足以驚人。肉桂繁殖，珊瑚輸入之地，卽是此州。其價甚貴，蓋居民樂以此物爲其妻及其偶像之頸飾也。（註一）此州亦有種種金錦絲絹，並繁殖不少香料，概爲吾國所未見者。

應知其地有最良之星者，及最巧之魔術家，爲諸州之所不及。其人常施魔術，作最大靈異，聞之見之足以驚人，所以我在本書不爲君等言及。蓋人將大爲驚異，而不得何種良好印象也。

其人衣服簡陋，前已述之。有無數番犬，身大如驢，善捕野獸。（註二）亦有其他獵犬數種；並有良鷹甚多，其飛甚疾，產自山中，訓練以作獵禽之用。

關於此土番州之諸事，既已略述於前，將置此不言，請言別一名稱建都（Caindu）之州。惟關涉土番者，君等應知其隸屬大汗，一如本書隨時著錄之其他國土州郡之隸屬東方君主阿魯渾（Argoun）之子者無異。顧此東方君主以宗王及藩臣之資格受地於大汗，則謂諸地並屬大汗，亦無不可。自本州以後，凡將著錄之其他諸州，雖未特別註明其隸屬大汗者，君等亦須作是解也。

茲置此事不言，請言建都州。

（註一）土番東部之一切川流，甚至一切溪流之中，並有金沙。行人自打箭爐赴巴塘之途中，常見有淘金人五六百，勤愼工作。蓋土番法律禁止發掘金銀礦，犯者嚴懲，但淘金沙者無禁。今有不少土番村名用 ka 殿後，此字猶言礦，如 Tsa-ka 此言鹽礦，Ser-ka 此言金礦，Kia-ka 此言鐵礦，等類是已。大金沙江（Irraouaddi）流域緬甸北方野人所居之地，溪流中亦有金沙不少，有一水漢名小龍江者，旁有銀礦一所，爲他處銀礦之所不及，蓋其銀純而精，無須鎔化，而商人樂於受之也。——土番人所嗜之珊瑚寶石多來自印度，珊瑚愈大價值愈重，大如指頭者可值相當分量之黃金，金色愈深而價愈貴。——Desgodins 撰西藏志，三六〇頁及四〇二至四〇三頁。

（註二）Klaproth 誌土番狗有云：「此種番狗大逾印度狗兩倍，頭大毛長，頗獰猛；其力可以敵獅。」

刺木學本在此處謂此狗「力甚强足制種種猛獸，尤能制大而可畏名稱 beyamini 之野牛。」

此種野牛非西藏北部之野生犛牛（yack），乃指一種 gaur（bos gaurus）也。中國境內頗少見之。英國旅行家 Baber（行紀九至四十頁）曾在四川建昌境內，雅州大渡河間，間有此類野牛，然頗罕見。

第一一六章　建都州

建都(Caindu)（註一）是西向之一州，隸屬一王。（註甲）居民是偶像教徒，臣屬大汗。境內有環牆之城村不少，有一湖，內產珍珠，然大汗不許人採取。蓋其中珍珠無數，若許人採取，珠價將賤，而不爲人所貴矣。惟大汗自欲時，則命人採之，否則無人敢冒死往採。（註二）

此地有一山，內產一種突厥玉(turquoise)，極美而量頗多，除大汗有命外，禁人採取。

此州有一種風俗而涉及其妻女者，茲爲君等述之。設有一外人或任何人姦其妻女，其姊妹或其家之其他婦女者，居民不以爲恥，反視與外人姦宿後之婦女爲可貴。以爲如是其神道偶像將必降福，所以居民情願聽其婦女與外人交。

設其見一外人覓求頓止之所，皆願延之來家。外人至止以後，家主人命其家人善爲款待，完全隨客意所欲；囑畢卽離家而去，遠避至其田野，待客去始歸。客居其家有時亘三四日，與其妻女姊妹或其他所愛之婦女交；客未去時，懸其帽或其他可見之標識於門，俾家主人知客在室未去。家主人見此標識，卽不敢入家，此種風俗全州流行。(註三)

至其所用之貨幣，則有金條，案量計値，而無鑄造之貨幣。其小貨幣(註乙)則用鹽。取鹽煮之，然後用模型範爲塊，每塊約重半磅，每八十塊値精金一薩覺(saggio)，則薩覺是鹽之一定分量。其通行之小貨幣如此。(註四)

境內有產麝之獸甚衆，所以出產麝香甚多。其產珠之湖亦有魚類不少。野獸若獅熊狼鹿山貓羚羊以及種種飛禽之屬，爲數亦夥。其他無葡萄酒，然有一種小麥稻米香料所釀之酒，其味甚佳。此州丁香繁殖，亦有一種小樹，其葉類月桂樹葉，惟較狹長，花白而小，如同丁香。其地亦產生薑肉桂甚饒，尙有其他香料，皆爲吾國從來未見者，所以無須言及。

此州言之既詳，但尙有言者：若自此建都騎行十日，沿途所見環牆之城村仍衆，居民皆屬同種，彼等可能獵取種種鳥獸。騎行此十日程畢，見一大河，名稱不里郁思

(Brius),(註五)建都州境止此。河中有金沙甚饒,兩岸亦有肉桂樹,此河流入海洋。

此河別無他事足述。茲置之不言,請言別一名稱哈剌章(Carajan)之州。

剌木學本第二卷第三十八章增訂之文如下:

(註甲)「然自經大汗征服後,遣官治之。我言其爲西向之一州者,切勿以爲此地屬於西域,蓋吾人來自東北方諸地,而此地在吾人所遵行程之西也。……其都會亦名建都,位置距州北境不遠。其地有一大鹹湖,湖中有白珠甚衆,然珠形不圓。……」

(註乙)「此國中有鹹水,居民取鹽於其中,置於小釜煮之,水沸一小時則成鹽泥,範以爲塊,各値二錢(denier)。此種鹽塊上凸下平,置於距火不遠之熱磚上烤之,俾乾硬,每塊上蓋用君主印記,其印僅官吏掌之,每八十鹽塊價値黃金一薩覺。第若商人運此貨幣至山中僻野之處,則每金一薩覺可値鹽塊六十、五十、甚至四十,視土人所居之遠近而異。諸地距城較遠而不能常售賣其黃金及麝香等物者,鹽塊價値愈重,縱得此價,採金人亦能獲利,蓋其在川湖可獲多金也。」

「此種商人且赴山中及上言土番州之其他諸地,其地鹽塊亦通行,商人亦獲大利。蓋其地居民用此鹽爲食,視其爲必需之物;城居之民則用碎塊,而將整塊作貨幣使用也。」

（註一）建都卽建昌，亦卽羅羅之地（Lolotie），地處今四川境內寧遠府，漢名卭都，元名建昌。元史（卷六一）地理志云：建昌路，本古越巂地，唐初設中都府，治越巂（今寧遠）。至德中（七五六至七五七）沒于吐蕃。貞元中（七八五至八〇四）復之。懿宗時（八六〇至八七三），蒙詔（卽大理國）立城曰建昌府，以烏白二蠻實之。其後諸酋爭強，不能相下，分地爲四，推段興爲長。其裔浸强，遂併諸酋，自爲府主。大理不能制。傳至阿宗，娶落蘭部建蒂女沙智。元憲宗朝，建蒂內附，以其壻阿宗守建昌。至元十二年（一二七五），析其地置總管府五，州二十三，建昌其一路也，設羅羅宣慰司以總之。

案元史地理志：隸羅羅宣慰司之路府，曰建昌路，當今之寧遠府；曰德昌路，在建昌西南，安寧河右岸；曰會川路，當今之會理州；曰柏興府，當今之鹽源縣。

建都之名雖不見於元史地理志，然屢見世祖本紀著錄。茲條列如下：

（一）至元元年（一二六四）五月，卭部川（今越巂）六番安撫招討使都王明亞爲隣國建都所殺，敕其子伯陀襲職，賜金符。——本紀卷五。

（二）至元四年（一二六七）八月，命怯綿征建都。——本紀卷六。

(三)至元五年（一二六八）三月，敕怯綿率兵二千招諭建都。——八月，命忙古帶率兵六千征西番建都。——本紀卷六。

(四)至元十年（一二七三）十月，西蜀都元帥也速答兒與皇子奧魯赤合兵攻建都蠻，擒酋長下濟等四人，獲其民六百，建都乃降。——本紀卷八。

(五)至元二十一年（一二八四）八月，拗完上言：建都女子沙智治道立站有功，已授虎符，管領其父元收附民為萬戶，今改建昌路總管，仍佩虎符。從之。——本紀卷十三。

(註二)剌木學本作「珍珠湖」，似即寧遠城東北二公里之湖。Legendre 博士謂其面積有四十方公里，其水不熱不鹹。

羅羅地方產珠，已見元史卷九四著錄。剌木學本謂其珠不圓，疑非蚌珠。文獻通考已言蚌珠之外有珠曰江珠，亦名光珠，產於雲南永昌。

波羅對於突厥玉之記載亦實。漢時今會理州城東山中出產銅與碧，（即突厥玉，）今已不復識其舊跡。元史（卷九四）食貨志著錄產碧甸子之所，曰和林，曰會川（今會理。）元史（卷十六）本紀至元二十七年（一二九〇）十一月，罷雲南會川路采碧甸子。

建都產金，並見元史本紀（卷十六）至元二十八年（一二九一）七月，「雲南省參政怯剌言：建都地多產金，可置冶，令旁近民煉之以輸官。從之。」

（註三）波羅前在本書第五十八章曾言哈密居民有此風俗。然今之羅羅族頗知羞恥，未聞有此風也。其所指者殆爲總名西番之麼些族，今麼些族居金沙鴉礱二江間，昔日約有居民百萬，據地五六萬方公里，然今已地減人稀矣。自漢以來，羅羅麼些兩族據有雲南高原與四川平原中間之地，其國十數，邛都最大。八世紀時，建昌之地沒于吐蕃。九世紀時，沒于大理。元史著錄羅羅之名不一：一名獹鹿，一名獹魯，一名羅落，一名羅羅斯，尚有落蘭，疑亦是其對音。至元十年（一二七三）有麼沙（卽麼些）酋羅羅將獹鹿茄庫內附，可見麼些酋亦有名獹鹿者矣。關於羅羅之種種名稱者，可參考亞洲學報一九一四年刊一七八至一八二頁 Vissière 撰文。

（註四）用鹽作交易貨幣，在緬甸撣 (Chan) 種諸國及雲南等地昔頗風行，曾見伽尼 (F. Garnier) 行紀著錄。

（註五）不里郁思祇能爲揚子江上流，蓋波羅位置此水於雲南建昌之間也。據 Rockhill (Land of the Lamas, 196, n) 之考訂，此 Brius 應是西藏語 Dré-tchou 之譯音，乃西藏語指揚子江上流之稱也。蒙古語則名此段江流曰木魯烏蘇，漢名金沙江，乃指巴塘敍州間揚子江之稱。此外復有麗江馬湖江等名，敍州以下始名長江，或名大江，常省稱爲江，如本書第一一三章及第一四六章所著錄者是已。至若揚子江之稱，蓋指鎭江揚州間之江流也。

第一一七章　哈剌章州

渡此河後，立即進入哈剌章（Carajan）州。（註一）州甚大，境內致有七國，地延至西，居民是偶像教徒，而臣屬大汗。汗之一子君臨此地，其名曰也先帖木兒（Essen-timour），是爲一極大而富强之國王，爲人賢明英武，善治其國。（註二）

從前述之河首途西向行五日，見有環牆之城村甚衆，是一出產良馬之地；人民以畜牧耕種爲生，自有其語言，頗難解。行此五日畢，抵一主城，是爲國都，名稱押赤（Jacin）。（註三）城大而名貴，商工甚衆。人有數種，有回教徒、（註甲）偶像教徒及若干聶思脫里派之基督教徒。（註四）頗有米麥，然此地小麥不適衞生，不以爲食，僅食米，並以之摻合香料釀成一種飲料，味良而色明。所用貨幣則以海中所出之白貝而用作狗頸圈者爲之。八十貝值銀一量，等若物搦齊亞城錢（gros）二枚，或二十四里物（livres）。銀八量值金一量。（註五）

其地有鹽井而取鹽於其中，其地之人皆恃此鹽爲活，國王賴此鹽收入甚巨。（註

六)

居民不以與他人妻姦宿為異，祇須妻同意可矣。(註七)

尙有一湖甚大，廣有百哩，其中魚類繁殖，魚最大，諸類皆有，蓋世界最良之魚也。尙有為君等言者，此地之人食生肉，不問其為羊、牛、水牛、雞之肉，或其他諸肉，(註乙)赴屠市取獸甫破腹之生肝，歸而臠切之，置於熱水摻合香料之酌料中而食。其食其他一切生肉，悉皆類此。其食之易，與吾人之食熟食同。

茲記述此事畢，然尙有關於哈剌章州之若干事而須續言者。(註八)

(註甲)剌木學本作「回教徒，然偶像教徒最衆。」

(註乙)「臠切肉為細塊，先置鹽中醃之，然後用種種香料調合，是為貴人之食。至若貧民，則將臠切之肉置於蒜製之酌料中而食，其食之易，與吾人食熟食同。」——剌木學本第二卷第三十九章。

(註一)案哈剌章一名中之哈剌，世人久已識為突厥蒙古語之「黑」。然「章」字或如 Laufer 之考訂，為西藏語名稱雲南西北麗江府一部落之稱歟？抑為「戎」之訛歟？

但吾人以為哈剌章之「章」，得為「蚺」之對音。蓋魏略西戎傳有靑氏、白氏、蚺氏，元代之哈剌章及察罕章或即靑蚌白蚌之譯名，亦即中國載籍之烏蠻白蠻也（鈞案伯希和以章對爨之說較長，沙氏未見其文，故有此臆說。）但據中國著作家之考訂，烏蠻或哈剌章，乃指東爨白蠻；或察罕章、乃指西爨。唐時東西爨分烏白蠻二種。貞觀中、西爨襲殺東爨首領，南詔王閣羅鳳以兵脅西爨，徙之至龍和，皆殘於兵。東爨烏蠻復振，居西爨故地，世與南詔爲婚，居故曲靖州。——元史卷六一地理志。

由是觀之，烏蠻或哈剌章，較之白蠻勢力爲大；白蠻被逐至於西南（後章之金齒），馬可波羅殆因舊狀而隨蒙古人名大理國曰哈剌章。蓋南詔大理似皆屬歹夷（Thai）種，而非烏蠻也。

案雲南諸路在波羅經過之時（一二八〇），甫經設置，其數不定。本章所謂之「七國」，殆指本章及此後各章所著錄之哈剌章、金齒、緬、朋加剌、交趾國、阿寧（Anin）、禿落蠻七地也。至若不列建都者，蓋建都僅在一二八二年隸屬雲南（見元史卷十二），而波羅視其爲土番人種也。

（註二）也先帖木兒非忽必烈子，乃忽必烈子忽哥赤之子；故波羅後在第一二〇章中更正其誤。

（註三）案 Jacin 應作 Jaci，今雲南省會昆明也。元史寫作押赤或鴨赤，然從未視爲行政區域之稱。南詔第二主鳳伽異築城曰柘東，六世孫券豐祐改曰善闡，八〇九年爲大理國之第二都城名曰東；

都，嗣名上都（大理爲西都，嗣名中都）。一二五四年蒙古取此城，一二七六年置中慶路治所於此，一二八〇年立雲南行中書省，一二八八年諸王之鎮雲南者，駐於此城。今昆明城建於明初（一三八二）。押赤舊城在今城東南十五里，滇池之旁。

（註四）在此遠州著錄有聶思脫里派之基督教徒，亦無足異。蓋傳佈福音之事已達印度洋沿岸；其後二百年，有人曾偕傳教士同行，自榜葛剌（Bengale）抵於白古（Pogou）也。

據剌失德丁書，押赤居民皆是回回教徒。顧此史家足跡未離波斯，亦未註明來源，其說未足據也。蓋雲南在蒙古時代以前似無回回教徒；波羅所見者，殆爲隨兀良合台或賽典赤而來之回回教徒也。

（註五）中世紀時，意大利人名 Cyprea moneta 曰 porcellana，亦即印度人之 cauri 也。印度已不復用此爲貨幣，惟在老撾（Laos）及撣（Chan）種諸國尚用之。此種海貝面有泑色，後來遂移爲上泑陶器之稱，世人且信中國瓷器用此物製造。

據波羅之說，銀與貝之價值，每八十貝值銀一兩。金與銀之價值，爲八與一之比（後章作六與一之比）。則較元史卷十二所著錄之價值爲低；蓋據元史，每二百（八貝）值金一兩也。

(註六)參看第一一六章註四。

(註七)剌失德丁對於印度赴中國道上沿途所見之居民所誌亦同。據云:「若至土番邊境，則見此食生肉之民族，崇拜偶像，不以婦女有外遇爲恥。」

(註八)參考元史兀良合台傳，可以略知本書所著錄之民族。茲節錄其文於下:

甲寅(一二五四)秋，「復分兵取附都善闡，轉攻合剌章水城，屠之。合剌章，蓋烏蠻也。前次羅部府(今羅次縣南)大酋高昇集諸部兵拒戰，大破之於洟可浪山下，遂進至烏蠻所都押赤城。城際滇池，三面皆水，既險且堅。選驍勇以砲摧其北門，縱火攻之，皆不克。乃大震鼓鉦，進而作，作而止，使不知所爲。如是者七日，伺其困乏，夜五鼓，遣其子阿朮潛師躍入，亂斫之。遂大潰。至昆澤，擒其國王段智興，及其渠帥馬合剌昔，以獻。餘衆依阻山谷者，分命裨將也里脫伯押眞掩其右，合台護尉掩其左，約三日捲而內向。及圍合，與阿朮引善射者二百騎，期以三日，四面進擊。兀良合台陷陣鏖戰，又攻纖寨，拔之。至乾德哥城(應卽今之澂江府)，兀良合台病，委軍事於阿朮。環城立砲，以草塡塹，衆軍始集。阿朮已率所部搏戰城上，城遂破。乙卯(一二五五)，攻不花合因、阿合阿因等城。阿朮先登，取其三城。又攻赤禿哥(卽貴州西部之鬼蠻)山寨，阿朮緣嶺而戰，遂拔之，乘勝擊破魯厮國塔渾城；又取忽蘭城魯魯厮國大懼，請降。阿伯國（今臨安蒙自等地，卽本書第一二七章之阿寧州）有兵四萬，不降；阿朮攻之，入其城，舉國請降。復攻阿魯山寨，進攻阿魯城（應是元之雲遠路、今之順寧府、亦卽本書之金齒），克之；乃搜捕未降者，遇赤禿哥軍於合打台山，追赴臨崖，盡殺之。自出師至此凡二年，平大理五城八府四郡，洎烏白等蠻三十七部，兵威所加，無不款附。丙辰（一二五六），征白蠻國（本書第一一九章之金齒），波麗國（應是昔沅江路之步日部、今他郎），阿朮生擒其驍將，獻俘闕下。詔以便宜取道與鐵哥帶兒兵合，遂出烏蒙（今昭通府），趨瀘江，剗禿剌蠻（卽本書一二八章之禿落蠻）三城，却宋將張都統兵三萬，奪其船二百艘於馬湖江，斬獲不可勝計，遂通道於嘉定重慶，抵合州，濟蜀江，與鐵哥帶兒會。」——元史卷一二一兀良合台傳。

第一一八章　重言哈剌章州

從前述之押赤城首途後，西向騎行十日至一大城，亦在哈剌章州中，其城即名哈剌章。(註一) 居民是偶像教徒，而臣屬大汗；大汗之別一子名忽哥赤（Cogacin）者爲其國王。(註二) 此地亦產金塊甚饒，川湖及山中有之，塊大逾常，產金之多，致於交易時每金一量值銀六量。彼等亦用前述之海貝，然非本地所出，而來自印度。

此州出產毒蛇大蟒，其軀之大，足使見者恐怖；其形之醜，聞者驚異。茲請言其巨大之形。

其身長有至十步者，或有過之，或有不及；粗如巨韡，則巨有六掌矣。近頭處有兩腿，(註甲) 無足而有爪，如同鷹獅之爪。頭甚大，其眼大逾一塊大麪包，其口之大，足吞一人全身。其形醜惡獰猛，人獸見之者，無不驚懼戰慄。

捕之之法如下：應知此種大蟒日中避熱，藏伏土內，夜出捕食諸獸，而飲水於川湖及泉中。其軀之重，夜出求食時，曳尾而行，在沙中成一深坑，如曳一滿盛酒漿之桶而行者無異。獵人取之之法，僅植獵具於其所過之道上，蓋其逆知蟒必循舊道而歸也。其法深植一木樁於地，樁上置一鐵，形同剃刀，鋒甚銳利，然後以沙掩之，俾蟒行時不見此機。蟒所經行之處，植此種樁鐵數具，蟒歸時行其上，破腹至臍，立死。（註三）

獵人捕之之法如此；（註乙）捕得以後，取其腹膽售之，其價甚貴。蓋此爲一種極寶貴之藥品，設有爲瘋狗所齧者，用此膽些許，量如一小錢（denier）重，飲之立愈。（註丙）設有婦女難產者，以相當之量治之，胎兒立下。此外凡有疾如癬疥、或其他惡疾者，若以此膽些許治之，在一最短期間內，必可痊愈；所以其售價甚貴。

彼等亦售此蟒肉，蓋其味佳，而人亦願食之也。此種蟒蛇饑甚之時，偶亦至獅熊或其他大野獸巢穴之中，捕食其子，父母不能救，亦捕取大獸而食，獸亦不能自防。

此州亦產良馬，軀大而美，（註四）販售印度。然應知者，人抽取其尾筋二三條，俾其不能用尾擊其騎者。尙應知者，其人騎馬用長騎（montent long）之法，與法蘭西人同；（註丁）其甲冑用熟皮爲之，執矛盾弩，並以毒藥傳其矢。（註戊）

大汗未征服其地時，其人有一種惡事，請爲君等述之。脫有人體態威嚴尊貴，或體貌完全無缺，而頓止於土人之家者，土人卽毒殺之，或以他法殺之。其殺之者非爲奪取其資，乃因其以爲被害者之良魂良寵良識，完全留存於身死之家。由是在大汗侵略其地以前，殺人甚衆；但在侵略以後，質言之，約有三十五年來，土人不復再犯此罪，而棄此惡行。蓋大汗有禁，而土人畏威也。（註五）

旣述此地畢，請於後章接言別地。

剌木學本第二卷第四十章增訂之文如下：

（註甲）「上身近頭處有兩小腿，各具三爪，如同虎爪。眼大逾四錢（sous）之麪包，頗光亮。牙長而銳，其軀最小者不過八步、六步、或五步。……」

（註乙）「蟒死後，立有烏鴉聚噪；獵人聞聲，知蟒已死，循聲覓取蟒軀剝之。……」

（註丙）「一錢（denier）之量置酒中飲之。」

（註丁）「其人騎馬用長鐙，如法蘭西人習自吾人之法。茲言長鐙者，蓋韃靼人及其他一切民族幾盡用短鐙，以便易於引弓，而於發矢時在馬上起立也。……」

（註戊）「確聞此輩作惡者多藏毒藥於身，俾事泄被捕時服之，免受拷問。服毒後，死甚速。然其君主知其人有此自斃之法，曾常備有狗矢，見罪人服毒時，立取狗矢强使吞之，俾將毒藥吐出；由是對於此輩惡人有解毒之法矣。」（剌木學註云：「Strabon 書第三卷末稱西班牙人常攜帶毒藥而自殺。」）

（註一）哈剌章即大理府，元史卷六一地理志曰：「本漢楪榆（是爲當時之大理湖名，楪榆縣地在今大理之東北）縣地。唐於昆明（非今昆明，唐之昆明在今鹽源縣治）之梇棟州置姚州都督府，治楪榆洱河蠻。後蒙舍詔（今蒙化境內有蒙舍山）皮羅閣逐河蠻（即洱河蠻）取太和城（今大理城南十五里有太和村，即其故址），至閣羅鳳號大蒙國。雲南先有六詔，至是請於朝，求合爲一；從之。蒙舍在其南，故稱南詔。徙治太和城，至異牟尋又遷於喜郡史城（史城疑是通考著錄之大釐城，在大理北四十里，今鄧川州境）。又徙居羊苴咩城（今大理城），即今府治，改號大禮國。其後鄭趙楊三氏互相簒奪，至石晉時（九三六至九四七），段思平更號大理國。元憲宗三年（一二五三）收附，六年（一二五六）立上下二萬戶。至元七年（一二七〇），併二萬戶爲大理路。」註云：「有點蒼山在大理城南，周廣四百里，爲雲南形勝要害之地。城中有五花樓，唐大中十年（八五六），南詔王券豐祐所建。樓方五里，高百尺，上可容萬人。世祖征大理時，駐兵樓前，至元三年（一二六六），嘗賜金重修焉」

（註二）忽哥赤是忽必烈第五子（新元史謂是第六子），一二七一年死。則馬可波羅所言者，並非當時存在之人。僅謂有兩王，一鎭押赤、一鎭哈剌章，質言之，皆雲南尙未統一時事。一二八〇年，也先帖木兒襲父職爲雲南王；然未鎭大理，至一二八八年，忽必烈始命「皇孫雲南王也先帖木兒帥兵鎭大理等處」（元史卷十五）。一二九〇年，皇孫甘麻剌，一二九三年，皇曾孫松山，繼續鎭守雲南。

據新元史（卷一一四），忽哥赤也先帖木兒父子二人相承時間之中九年間，鎭守雲南者，是貴由孫火忽子南平王禿魯（亦作禿剌）。此說雖有所本，然似有誤。蓋據元史卷七，一二七二年正月，南平王禿魯始隨西平王奧魯赤等同征建都；次年，奉命鎭六盤山。卷八、一二七五年正月，命土魯（卽禿魯）至雲南趣阿魯帖木兒入覲，顧此時在賽典赤治理雲南之後二年，則禿魯不能爲鎭守雲南之要人也。抑況一二七七年其父火忽叛附海都後，禿魯亦叛，被西平王擒於武川（新元史卷一一二）。

又據元史卷七，一二七一年十一月，遣阿魯忒兒（卽阿魯帖木兒）等撫治大理。前引之文既證明其人一二七五年尙在雲南，則一二七三年「賽典赤行省雲南統合剌章鴨赤赤科（雲南東部）金齒茶罕章諸蠻」時，所見者應爲阿魯帖木兒也。則賽典赤本傳中之宗王脫忽魯，疑誤。

忽哥赤被毒殺事，見元史卷七。一二七一年二月，「大理等處宣慰都元帥寶合丁王傅闊闊帶等，協謀毒殺雲南王。火你赤曹禎發其事，寶合丁闊闊帶及阿老瓦丁亦速夫並伏誅，賞禎火你赤及證左人金銀有差。」

元史卷一六七張立道傳識忽哥赤被害事甚詳。時立道爲大理等處勸農官兼領屯田事。「雲南三十七部都元帥寶合丁專制歲久，有窺據之志，忌忽哥赤來爲王；設宴置毒酒中，且賂王相府官，無泄其事。立道聞之，趨入見，守門者拒之。立道怒與爭，王聞其聲，使人召立道，乃得入，爲王言之。王引其手使探口中，肉已腐矣。是夕王薨。寶合丁遂據王座，使人諷王妃索王印……寶合丁及王府官嘗受賂者皆伏誅。有旨召立道等入朝，問王薨時狀。帝聞立道言，泣數行下，歔欷久之，曰：汝等爲我家事甚勞苦，今欲事朕乎？事太子乎？事西安王乎？惟汝意所向。立道等奏願留事陛下。於是賜立道金五十兩，以旌其忠。」

（註三）H. Imbert 所撰「中國之鰐（crocodiles）及短吻鰐（alligators）」曾云：「據馬兒斯登

Baldelli-Boni及玉耳之說，馬可波羅所聞者，蓋爲關於短吻鱷之事。然吾人以爲其間尙參雜有雲南蟒蛇之事也。其叙述之文上半所言兩腿大眼大口固與短吻鱷之狀態大致相符；然本地載籍從未誌有用鱷膽治病之事。反之，雲南及海南島之大蟒，身長常有七公尺至十公尺也。」但波羅「毒蛇大蟒」之著錄已甚明瞭，並未言其有四足，僅言有未成形之二足；而且鱷無大逾一塊麪包之眼，蓋鱷爲蜥蜴類，常生活於水中，僅離水而求食也。

余以爲其叙述之蛇，勿寧爲蚺或蟒。「蚺、蛇類之最大者，長者至三四丈，有斑紋如古錦纈，肛門兩側尙存後脚之跡；產於嶺南，南美等熱地亦有之；常棲樹上，雖無毒齒而筋力强大，能絞殺人畜而吞食之。肉可食。」「南史虞愿爲晉安太守，郡舊出蚺蛇膽，可爲藥。有遺愿蛇者，愿不忍殺，放二十里外山中。明楊繼盛，字椒山，因劾嚴嵩被杖，或饋蚺蛇膽，繼盛却之曰：椒山自有膽，何蚺蛇爲。見明史。相傳蚺蛇膽能已痛。」——辭源申集一一九頁。

由是觀之，若將「近頭處有兩腿」之兩腿移於後，則其必爲蚺蛇無疑矣。

（註四）「大而美之馬」，疑爲傳寫之誤。廣西高地及雲南省中固產健馬，然其軀小而健，故玉耳以爲其文應改作多數之馬。

（註五）Gill（行紀一〇四頁）曾云昔在成都，將北赴松潘廳，前往謁主教 Pinchon。主教語余云：「行將經過之途中，理番府境內蠻子，有一種信仰，以爲毒殺富人者，將繼承其好運。所以對於外來富人借宿其家者，輒下藥毒之。逾二三月毒性始發，病者瀉痢而死。主教勸我在成都攜帶食糧往，勿食土人食。此種迷信恰與馬可波羅所誌者相符。」

第一一九章　金齒州

離大理府後，西向騎行五日，（註一）抵一州，名稱匝兒丹丹（Zardandan）即金齒。（註二）居民是偶像教徒，而臣屬大汗。都會名稱永昌（Vocian）。此地之人皆用金飾齒；別言之，每人齒上用金作套，如齒形，套於齒上，上下齒皆然。男子悉如此，婦女則否。（註三）其俗男子盡武士，除戰爭遊獵養鳥之外，不作他事。一切工作皆由婦女爲之，輔以戰爭所獲之俘奴而已。（註四）

婦女產子，洗後裹以襁褓，產婦立起工作，產婦之夫則抱子臥牀四十日。臥牀期間，受諸親友賀。其行爲如此者，據云：妻任大勞，夫當代其受苦也。（註五）

彼等食一切肉，不問生熟，習以熟肉共米而食。飲一種酒，用米及香料釀造，味甚佳，其貨幣用金，然亦用海貝。其境周圍五月程之地無銀礦，故金一量値銀五量。商人攜多銀至此易金而獲大利。（註六）

其人無偶像，亦無廟宇，惟崇拜其族之元祖，而云：「吾輩皆彼所出。」（註七）

彼等無字母，亦無文字，斯亦不足爲異。蓋其地處蠻野之區，入境不易，徧佈高山大林，頗難通行；空氣不潔，外人之入境者，必有喪命之憂。土人締約，取一木杖，或方或圓，中分爲二，各刻畫二三符記於上。每方各執一片，負債人償還債務後，則將債權人手中所執之半片收回。（註八）

「尙應言者，此押赤大理永昌三州無一醫師，如有人患病，則召看守偶像之巫師至；病者告以所苦，諸巫師立響其樂器，而爲歌舞，迨其中一人昏蹶如死始止。此事表示鬼降其人之身，同伴巫師與之語，問病者所患何疾，其人答曰：「某神罰其病卧，蓋其侮此神，而神不歡也。」其他諸巫師遂祝神曰「請汝宥其過，而愈其疾，任汝取其血或他物以爲報。」祝畢，靜聽卧地人附身之神作答，如答語爲「此病者對於某神犯有某種惡行，神怒不許宥之」則猶言病者應死。」

「然若病者應愈，則答諸人，命獻羊兩三頭，作飲料十種或十二種。其價甚貴，味甚佳，而置香料亦甚衆；並限此種羊應有黑首，或神所欲之其他顏色，如是諸物應獻某神，並應有巫師若干婦女若干與俱。獻諸物時，應爲讚詞歌頌，大燃燈焚香。病者若應愈，神之答復如此。病者親屬聞言，立奉命而行，其倒地之巫師遂起。」

〔諸人立時獻所索某色之羊，殺而灑其血於所指之處，然後在病人家熟其肉，延巫師婦女如指定之數，祭祀此神。諸人齊至，預備已畢，遂開始歌舞，作樂器而祝神，取食物、飲料、肉、沉香、及香燈甚衆；並散飲食及肉於各處，如是歷若干時，復見巫師中之一人倒地，口噴涎沫，諸巫師詢此人曰：「神是否已宥病者？」有時答曰：「宥，」有時答曰：「否。」若答曰否，則尚應獻神復欲之物，俾病者獲宥。重獻既畢，其人乃云：病者獲宥，其病將愈。諸人得此答復，乃言神怒已息。如是欣然聚食；其暈蹶於地者亦起，與諸人同食。諸人飲食畢，各歸其家，至是病者立起，其病若失。」（註九）

此民族之風俗及其惡習，既已敍述於前，茲請不復再言此州，接言其他諸州，依次切實述之於後。

（註一）Gill 上尉行紀（第二册三四三頁）云：馬可波羅之五日程，「似爲疾行之程，蓋吾人經行其地之時，共有八日。顧第一日程祇到下關，則可縮其程爲七日也。」Grosvenor 在同一程途行十一日，並停留一日，合計爲十二日。Margary 在同一程途中行九日至十日。就事實言，若每夜不宿止村中，則程途可以縮短。觀馬可波羅書第一一四章所誌夜間燃竹發聲之事，具見無好館舍可供頓止。今日商賈之赴西藏者情形亦同。行路疲乏之時，見有草地，則卸馬之鞍勒，任其自由放牧，在附近之一大樹下燃火度夜。如是每日所經程途甚長，則自大理赴永昌僅行五日，非不可能之事也。」

（註二）案匝兒丹丹，業經 Klaproth 考訂爲波斯語 zardandan 之對音，猶言金齒也。是爲唐以來名稱此種民族之通稱。其據地延至永昌以南，東起瀾滄江（Mekong），西南抵於緬甸潞江（Salouen）以東。置鎮康路，其名至今仍存。江之西名建寧路，卽與緬人爭奪之地。十三世紀末年蒙古屢次用兵之所也。

元史卷六一地理志云：「中統（一二六〇至一二六四）初，金齒白夷諸酋各遣子弟朝貢。二年（一二六一），立安撫司以統之。至元八年（一二七一），分金齒白夷爲東西兩路安撫使。十二年（一二七五），改西路爲建寧路，東路爲鎮康路。十五年（一二七八），改安撫爲宣撫，立六路總管府。二十三年（一二八六），罷兩路宣撫司，併入大理金齒等處宣撫司。」——註云：「金齒六路一睒，歲賦金銀各有差。」

以金嵌齒之俗，南海島中常見有之。——參看馬兒斯登撰蘇門答剌史法文譯本第一册九一頁。——玉耳本第二册九一頁。

（註三）「女子如同男子，皆有用薄金片嵌齒之習；既嵌之後，永不取下。此外男子刺黑綫紋於臂腿下，刺之之法，結五針爲一束，刺肉出血，然後用一種黑色顏料塗擦其上，既擦永不磨滅。此種黑綫爲一種裝飾，並爲一種區別標識……」——刺木學本第二卷第四十一章。

（註四）伽尼（F. Garnier）越南半島探路記（三四頁）所誌老撾（Laos）居民之俗亦同：「老撾人甚懶，如家不甚富，不能蓄奴婢者，則命其婦女作諸事，不但理家務，且爲舂米耕田操舟等事；男子僅爲漁獵而已。」

（註五）法文中有 couvade 一字，此言「坐月」，似出於 Basque 語者。此族昔日似有此風。文獻通考引千里異物志，亦謂獠族昔有此俗。今日貴州之威甯州土人及 Assam 高原土人，此風尚存。

（註六）波羅時代，雲南產金似甚饒，致使金與銀爲一與五之比，蓋當時官定金價爲十換也。此價在十七世紀末年尚然。至十九世紀時，中國金價較歐洲爲高，自十八換，二十換，以至三十換不等。一八九五年時，且高至三十三換。僅在世界大戰中一九一八年時，金價跌至十五換。

波羅所誌雲南金價多寡不一。蓋有僻遠蠻野之區,尚未發現銀礦也。但至十七世紀時,衞匡國神甫曾言雲南有銀鑛不少。十九世紀時,伽尼在瀾滄江流域發現鑛脈。今日雲南有鑛區十餘所,其最重要者,在蒙自開化之間,及蒙化之東南。

元代產金之區,以曲靖產金爲最多。元史卷六一地理志、載曲靖路歲輸金三千五百五十兩。

(註七)祭祀祖先之教,不但中國國民有之,安南暹羅人亦然。苗族亦有祀祖者。

(註八)據中國載籍,此刻符之俗,今在貴州土人中尚存。據天主教傳教師之記錄,雲南四川之玀玀族,據Harmand之說;老撾中部民族,據Lefévre-Pontalis之說;南掌(Luang-Prabang)據Phayre之說;撣種諸國,並有此風。

(註九)此種降神治病之術,越南半島高原,雪山(Himalaya)山麓,印度及錫蘭若干部落,西伯利亞美洲之紅人,甚至孔士坦丁堡之教師(derviches),皆見有之。——參看玉耳本第二册九七頁引Cardwell說。

第一二〇章　大汗之侵略緬國及班加剌國

應知昔在匝兒丹丹州永昌國中有一大戰，前忘言之。今在本書詳細述其始末。基督誕生後一二七二年時，（註一）大汗遣多軍戍守此永昌及哈剌章等國，防備惡人之爲害。時尚未遣皇子出鎭其地。嗣後始命已故皇子某之子皇孫也先帖木兒爲其地國王，所以當時緬（Mien）及班加剌（Bangala）之國王據有土地財貨人民甚衆；其勢甚強，尙未臣屬大汗。然其後不久，大汗卽征服之，而取上述之兩國。

此緬及班加剌之國王，聞大汗軍至永昌，自云：彼爲國主，勢力較强，將盡殲大汗軍，俾其不再遣軍至此。

於是此王大聚其衆，與夫兵械，得大象二千頭。各象上負木樓，極堅固，樓中載戰士十人或十二人以戰。別有步騎六萬，其軍如是之衆，具見其爲强主，而此軍足以鏖戰也。

彼作此大籌備畢，不久卽遣軍出發，往敵韃靼。沿途無事足述。行至大汗軍頓止

處三日程之地結營，俾其軍隊休息，時大汗軍在匝兒丹丹國內永昌城中也。(註二)

(註一)中國載籍皆誌緬人侵入金齒事在一二七七年，則此處之一二七二年殆爲傳寫之誤，而以Mcclxxii爲Mcclxxvii也。

(註二)據後引之文，蒙古軍僅有千騎，時屯騰越西南之南甸，距永昌百餘公里。

第一二一章　大汗軍將與緬國國王之戰

韃靼軍統將名納速剌丁(Nacireddin)，(註一)聞知此國王確以其衆至而已，所將衆僅一萬二千騎，初頗遲疑。已而自信雄武，善將兵而習於戰陣，遂激勵其衆，使用種種方法以自防。蓋其所部爲善戰之武士也。於是韃靼軍一萬二千騎，乘良騎相率進至永昌平原而迎敵，在其地列陣以待。其爲此者，因其用善策而有良將，恃此平原附近有一極大森林，樹木遍佈也。

茲暫置韃靼不言，請言其敵。

緬國王休息其軍畢，自其地率軍出發，至於永昌平原，距韃靼備戰之處有一哩，整頓象樓，列戰士於樓中，復列步騎備戰。佈置既畢，開始進軍擊敵。韃靼見之，僞作毫不驚異之狀，仍整列前進；及兩軍既接，甫欲交鋒之時，韃靼軍馬見敵軍戰象，大驚駭，遂退走；緬國王乘勢率衆進逐。(註二)

(註一)馬可波羅謂統將是納速剌丁，其說非誤。納速剌丁雖未自將，然爲雲南路宣慰使都元帥，鎮大理

（參看元史卷一二五納速剌丁傳，又卷一六六信苴日傳，）騎兵千人發自大理，應爲彼所遣也。納速剌丁者，賽典赤（時年六十七歲後二年死）子，此一二七七年春一役以後，納速剌丁於是年陰曆十月，復率三萬八千人征服潞江以西金齒諸部，進至大金沙江。次年（一二七八）夏、因天熱，始率兵還雲南之回教徒，視納速剌丁（Nasir-ed-din）爲其教之主要傳佈人，後死於一二九二年。

（註二）象陣之破騎兵，其例常有。蓋馬見其形，聞其聲，嗅其味，輒駭而退走，迄今尙然也。——參看 Ar-mandi 撰象之戰史，二四五頁。

第一二二章　重言此戰

韃靼見之大恚怒，不知所爲；蓋其明見其在戰前若不將馬勒回，將必全軍敗沒也。然其將知戰略，一如早已預知者然，立命各人下騎，繫馬於附近森林樹上；已而引弓發矢射象，韃靼善射，無人能及，前進之象，未久死傷過半。敵軍士卒射不如韃靼之精，亦傷亡甚衆。

時矢如雨下，象負傷者奔逃，踐踏聲大，儼若世界土地全陷，諸象逃散入林中，樓甲等一切戰具盡毀。

韃靼見象逃不敢再戰，遂重登騎，進擊其敵，持刀與骨朵與敵酣戰。緬王軍雖衆，然非善戰之士，亦未習於戰，否則韃靼軍少，絕不能以少勝衆也。

由是見刀與骨朵互下者有之，騎士戰馬被屠殺者有之，頭足臂手斫斷者有之，死傷臥地而永不能再起者無算。兩軍呼喊之聲甚巨，脫有雷聲而莫能聞。雙方戰鬪奇烈，終由韃靼獲勝。

此戰始於不利於緬王軍隊之時；迄於正午，緬王軍不能復敵，遂潰而逃。韃靼見敵敗走，乘勝追逐，殺戮無算，見之誠可憫也。追擊久之，始止。（註一）已而還至林中，捕取逃象，謀捕象，伐象藏伏處之大樹。雖如此，若無緬軍俘虜之助，仍不能得；蓋象性較他獸爲靈，俘虜識其性，教以捕之之法，得二百餘頭。自此戰後，大汗始有多象。（註二）

此國王敗於韃靼之策略，經過如此。

（註一）剌木學本叙述此戰較爲詳細生動，然無要事可採。茲僅取中國載籍之文以證之，緣其所誌更加詳也。

據載此戰不在永昌附近，而在大金沙江（Iraouaddy）左岸之一支流。此支流並非流經南甸而具有種種名稱，在新街（Bhamo）注入大金沙江之河流，祇能爲龍川江（Shweli 卽麓川江）也。元代循此流域有三道可通緬地。元史卷二一〇緬國傳云「至元十二年（一二七二）四月，建寧路安撫使賀天爵言得金齒頭目阿郭所云：……今白衣頭目是阿郭親戚，與緬爲隣。嘗謂入緬有三道，一由天部馬，一由驃甸，一由阿郭地界，俱會緬之江頭城。」

案第一道久爲要道，卽今出天馬關入緬之道。此道自南甸發足，經石竹隘南入南碗河流域，經行杉木籠、龍川、南散、章鳳。

第二道以驃甸名。驃甸即是一二八五年蒙古軍與緬人相見議事之地，在今孟密(Mong-mit 即孟乃甸)國北，今新街(當時尚無此城)之南，則似即今由騰越赴新街之道，惟不在蠻允(Man-waing)及 Myothit 間過大盈江峽，而繞道其南出虎踞關耳。此關在天馬關北，類弄地方附近。一二八三年宗王相吾答兒從南甸至驃甸，應取此道(見後)。

第三道即經行阿郭地界之道，應亦是一二七七年緬人進攻阿郭之道。此道自今之昆明，經景東順寧、在腊猛逾潞江、於鎮安所西循龍川江左岸，經龍陵、芒市回環，在猛卯逾龍川江，出漢龍關在天馬關南，南碗河支流西。

根據史文，此戰應在龍陵南，龍川江左岸支流，芒市河流域也。茲錄緬國傳之文於下：

「至元十四年(一二七七)三月，緬人以阿禾內附，怨之，攻其地，欲立砦騰越永昌之間。時大理路蒙古萬戶忽都，大理路總管信苴日，總把千戶脫羅脫孩，奉命伐永昌之西騰越蒲驃阿昌金齒未降部族，駐劄南甸。阿禾告急，(註甲)忽都等晝夜行，與緬軍遇一河邊，(註乙)其衆約四五萬，象八百，馬萬匹；忽都等軍僅七百人。緬人前乘馬，次象，次步卒；象披甲，背負戰樓，兩旁夾大竹筩，置短槍數十於其中乘象者取以擊刺。忽都下令，賊衆我寡，當先衝河北軍，親率二百八十一騎爲一隊。信苴日以二百三十三騎傍河爲一隊。脫羅脫孩以一百八十七人依山爲一隊。交戰良久，賊敗走，信苴日追之三里，抵案門旋濘而退。忽南面賊兵萬餘繞出官軍後，信苴日馳報忽都，復列三陣進至河岸擊之，又敗走。追破其十七砦，逐北至窄山口，轉戰三十餘里，賊及象馬自相蹂死者盈三巨溝。日暮，忽都中傷收兵，明日追之至干額，不及而還，捕虜甚衆。軍中以一帽一兩靴一氈衣易一生口。其脫者又爲阿禾阿昌邀殺，（註丙）歸者無幾。官軍負傷者雖多，惟蒙古軍獲一象不得其性，被擊而斃，餘無死者。」——元史卷二一〇——參看遠東法國學校校刊一九〇九年刊六六六頁至六六八頁Huber撰文。

（註二）元史卷十本紀至元十六年（一二七九）六月：「軍還獻馴象十二」，應是此役所獲之戰象。又卷十一，至元十七年（一二八〇）十月：「始製象橋」。同年：「二月丁丑，詔納速剌丁將精兵萬人征緬國。」、乙酉，賞納速剌丁所部征金齒功銀五千三百二十兩」。此役應在前一役之後。

（註甲）緬國傳中之阿禾阿郭，應是同名異譯，初著錄爲金齒頭目，後著錄爲金齒干額總管，後此於一二八三年一役中復見其名（見後）。

據大威思（H. Davies）所撰雲南行紀附圖，大車河檳榔河匯流處有地名干崖，似是元代之干額。

阿禾地界昔爲元鎭西路之全部或一部。元史卷六一地理志云：「鎭西路在柔遠路正西，東隔麓川（龍川江），其地曰干賴睒，曰渠瀾睒，白夷蠻居之。」明代此干賴睒渠瀾睒與賴睒鎭西合爲干崖安撫司。考廣輿圖卷一（八六頁），此干賴渠瀾等地在龍川江上流，南甸之南，距大威思地圖所載現代干崖位置之處甚遠，殆因治所已有變遷歟。

（註乙）設其爲一大河，必錄其名。案經行阿郭地界之第三道，發自芒市，循龍川江左岸之一支流行。此支流由兩分流合成，二流分經芒市之南北，應是昔日戰場。

（註丙）元史卷六一地理志：「南睒在鎭西路西北，其地有阿賽睒，午眞睒，白夷峨昌所居。」此峨昌應是緬國傳中之阿昌。

第一二三章 下一大坡

離前述之州後，不久至一大坡，亙兩日有半，行人始終循此坡下行。(註一)在此距離全途之中無事足述。僅見有一重要處所，昔為一大市集，附近之人皆於定日赴市。每星期開市三次，以其金易銀。蓋彼等有金甚饒，每精金一量易純銀五量；銀價既高，所以各地商人攜銀來此易金而獲大利。至若攜金來市之土人，無人知其居處。蓋土人畏懼惡人，皆居僻地，不在通道之上；居宅在荒野處所，與人隔絕。使外人不能為患。土人不欲世人知其居處，從不許人隨行。

行此二日有半下坡訖，抵於一州，位置南方，與印度鄰近，其名曰阿緬(Amien)。(註二)復自是騎行十五日。所經之地，路鮮行人，皆行叢薄中，其間有象犀及其他野獸甚衆，既無人煙，亦無居宅。所以吾人不復言此野地，緣其間無足述者。茲請述一故事。

(註一)戰塲西南出金齒州境以前，須下一大坡，始入緬境。然則永昌赴La-meng 一道之說(玉耳戈爾迭本第三册八九頁）不足採也矧此道中無此遠道商人常赴之市集吾人以爲馬可波羅所言之「市集」不在潞江之上，蓋其兩岸氣候不潔，不容外人至此也；應在金齒邊境之龍川江上，疑指昔之麓川路，即中國地圖著錄之回環。此處龍川江接緬境，爲大坡盡處，自此以下分爲數支流，坡度甚小。

允矣玉耳之言曰：「緬國之實際都城，當時在北緯二十一度十三分之蒲甘(Pagan)在此短期中（十五日），行人似不能從陸道抵此。吾人以爲馬可波羅所至之處，蓋爲太公(Tagaung)城，在大金沙江上，北緯二十三度二十八分間，亦名老蒲甘者是已。」——此外若波羅誠然下至蒲甘，可循大江一部行，無須言及經行荒野地域之一道也。

復次吾人行將在後此兩章中，證明前一章所言者爲上緬甸，其都城爲太公；後一章所言者爲下緬甸，其都城爲蒲甘。波羅名前者曰緬國，名後者曰班加剌國，則不能謂其混兩國爲一也。

（註二）一二七七年龍川江上之戰，及一二七七至一二七八年間納速剌丁諸役，曾將緬人驅逐於撣種諸國以外。其後諸年，緬人所防守者乃本國境，終爲蒙古所征服。據元史卷二一〇緬國傳，征緬之役，自一二八〇年迄一二八七年，幾年有之。茲引其文如下，以資參稽：

「至元二十年（一二八三）十一月，官軍伐緬，克之。先是宗王相吾答兒右丞太卜，參知政事也罕的斤，奉詔征緬。是年九月大軍發中慶（今昆明）。十月，至南甸，太卜由羅必甸(註甲)進軍。十一月，相吾答兒命也罕的斤取道阿昔江達鎭西阿禾江(註乙)造舟二百下流至江頭城，斷緬人水路。自將一軍從驃甸徑抵其國，與太卜軍會，令諸將分地攻取，破其江頭城，擊殺萬餘人，別令都元帥袁世安以兵守其地，積糧餉以給軍士，遣使持輿地圖奏上。」(註丙)——元史卷二一〇緬國傳。

(註甲)此道卽前此著錄之天部馬道，循南碗河行，羅必甸在此道中。元史卷六一地理志平緬路屬有羅必四莊，卽其地也。

(註乙)阿禾江卽龍川江。阿昔江祇能爲此江之上流，應在阿昔甸境內。一二八五年宗王也先帖木兒離永昌後，曾經此阿昔江及阿昔甸，阿昔殆爲部落名，據地似在永昌南潞江左岸；由是應爲柔遠路全境或其一部，此路西與鎭西路或阿禾境連界。

(註丙)「至元二十一年（一二八四）正月丁卯，建都王烏蒙及金齒一十二處俱降，建都先爲緬所制，欲降未能。時諸王相吾答兒及行省右丞太卜參知政事也罕的斤分道征緬，於阿昔阿禾兩江造船二百艘，順流攻之，拔江頭城，令都元帥袁世安戍之。遂遣使招諭緬王，不應；建都太公城乃其巢

穴遂水陸並進攻太公城拔之故至是皆降」——元史卷十三本紀

「二十一年（一二八四）與右丞太卜諸王相吾答兒分道征緬，造舟於阿禾阿昔兩江，得二百艘，進攻江頭城拔之；獲其銳卒萬人，命都元帥袁世安守之，且圖其地形勢，遣使詣闕，具陳所以攻守之方。先是既破江頭城，遣黑的兒楊林等諭緬使降，不報；而諸蠻叛據建都太公城以拒大軍，復遣僧諭以禍福，反爲所害，遂督其軍水陸並進，擊破之。建都金齒等十二城皆降」——元史卷一三三也罕的斤傳。

準是以觀，Devéria 謂有一建都國在上緬甸境內，包括龍川江諸口及江頭太公兩城，亦自有其理由。又據博歪（J. Beauvais）之考訂（一九〇五年通報二一三頁註一八二），江頭在大金沙江右岸，龍川江匯流處下流，今 Katha 之下。太公（Tagaung）在大金沙江左岸，與 Ti-gyaing 隔江相對。此太公古城今尚有城牆遺跡可尋，即波羅在後章所言之緬國也。

「至元二十二年（一二八五）十一月，緬王遣其鹽井大官阿必立相至太公城，欲來納款，爲孟乃甸白衣頭目礙塞阻道不得行，遣膽馬宅者持信劄一片來告驃甸(註子)土官匿俗，乞報上司，免軍馬入境。匿俗給榜遣膽馬宅回江頭城，招阿必立相赴省，且報鎮西平緬麓川等路宣慰司宣撫司差三摻持榜(註丑)至江頭城付阿必立相忙直卜算二人，期兩月領軍來江頭城，宣撫司率蒙古軍至驃甸，相見議事。阿必立相乞言於朝廷；降旨許其悔過，然後差大官赴闕，朝廷尋遣鎮西平緬(註寅)宣撫司達魯花赤兼招討使怯烈使其國。」——元史卷二一〇緬國傳。

(註子)驃甸爲前述三道之一，一二八三年冬相吾答兒進兵之道也。孟乃甸（在龍川江右岸）既能阻塞其道，則驃甸應在其西，大金沙江上，是爲蒙古軍與緬人議事之處。一四〇六年中國使臣名其地曰貢章（見上引 Huber 文六五二頁），明代名其地曰可灘，殆爲近代之 Katha 歟（博歪說、見一九〇五年通報二〇〇頁註七四）。

至若江頭城，今尚未能考訂其處。博歪謂尚有別一江頭城在 Mandalay 區中（見上引文二二二頁註二六六），而今日華人又移此名以稱八莫(Bhamo)也。

(註丑)猶言持三榜，每路一榜也。若循龍川江而上，過麓川平緬兩路而至鎮西，則鎮西亦應在龍川江上，不在檳榔江上矣。檳榔江在元代爲金齒所屬六路外一睒名南睒者之區域，在鎮西之西北。

(註寅)此處又可證明鎮西平緬兩路連界。元史卷二一〇緬國傳云：「二十三年（一二八六）十月，雲南王以行省右丞愛魯奉旨征金齒察罕（即白衣）迭吉漣地撥軍一千人。是月發中慶府（今昆明)，繼至永昌府與征緬省官會經阿昔甸，差軍五百人護送招緬使怯烈至太公城，二十四年（一二八七）正月，至忙乃甸，緬王爲其庶子不速速古里所執，囚於昔里怯答剌(Prome)之地，又害其嫡子三人，與大官木浪周等四人爲逆。雲南王所命官阿難答等亦受害。二月，怯烈自忙乃甸登舟，留元送軍五百人于彼；雲南省請今秋進討，不聽。既而雲南王與諸王進征至蒲甘(Pagan)，喪師七千餘，緬始平，乃定歲貢方物。」——參照上引 Huber 撰文六六八至六七〇頁。

蒲甘雖爲當時緬國都城，元史著錄其名，僅此一見，此外本紀亦無著錄，殆爲太公之名所掩歟。

第一二四章　上緬國之都城城有二塔一金塔一銀塔

行人經行上述之荒地中人煙斷絕，必須攜帶食糧。騎行十五日畢，至此緬州，主要城市亦名阿緬（Amien）。（註一）城極大而名貴，是爲國之都城，居民是偶像教徒，自有語言，臣屬大汗。城中有一物極富貴，請爲君等述之。

昔日此城有一富强國王，彌留時，命在其墓上建二塔，（註甲）一金塔，一銀塔，以石爲之，其一上傅以金，有一指厚，全塔儼若金製，其一塔建築與金塔同，上傅以銀，全塔儼若銀製，每塔高十步，其大與其高度相稱，上部皆圓形，周圍懸鈴，金塔懸金鈴，銀塔懸銀鈴，風起作聲。（註乙）國王爲其生前光榮及死後英靈，特建此二塔，誠爲世界最美觀之物，太陽照之，光明燦爛，遠處可見。

大汗征服其地之法如此，先是朝中有幻人術者甚衆，大汗一日與之言，欲彼等前往征服緬州，將輔以良助及善將之人，語畢，命彼等作一切適於一軍之籌備，遣將一人及士卒一隊輔之。彼等遂行，至於緬州，全取其地，及見城中有此金銀二塔，甚爲驚奇請命於大汗如何處置大汗知其王建此爲死後安靈之所命彼等切勿毀壞保存如故，由是世界之韃靼無敢手觸死者之物者。

此州有象及野牛甚衆，餘若美麗鹿麞及其他大獸亦復甚多。

既述此緬州畢，請言一名班加剌（Bangala）之別地。

剌木學本第二卷第四十四章增訂之文如下：

（註甲）「二塔爲三尖塔（pyramide）形，建於墓之兩端，全用大理石建高十步。……」

（註乙）「其墓亦然，一部份包金，一部份包銀。」

（註一）波羅習以國名爲都城名，故名此都城曰 Amien 或 Mien，皆緬之對音也。至若發語之「阿」，別無他意，蓋歹夷（Thai）語中用阿發聲之法極其普通也。

緬國在中國載籍中古稱驃國，自元代迄於今日皆名爲緬。波羅之時，其國建都蒲甘，此章所稱之緬國，蓋爲蒲甘所屬之地也。

第一二五章　班加剌州

班加剌(Bangala)者，向南之一州也。基督誕生後之一二九〇年，馬可波羅閣下在大汗朝廷時，(註一)尚未征服，然已遣軍在道。(註二)應知此州自有一種語言，居民是極惡偶像教徒，與印度(小印度)爲近鄰。其地頗多閹人，諸男爵所有之閹人，皆得之於此州。

其地有牛，身高如象，然不及象大。居民以肉乳米爲糧，種植棉花，而棉之貿易頗盛，香料如莎草(souchet)薑糖之屬甚衆。印度人來此求閹人及男女奴婢，諸奴婢蓋在戰爭中得之於他州者也，售之印度商賈，轉販之於世界。

此地別無他事足述，所以離此而言別一名稱交趾國(Cangigu)之州。(註三)

「班加剌州在其南(緬南)，近印度「小印度」邊境，大汗征服其地，適在馬可波羅在朝之時。此國及其國王並强盛，如上所述，故久攻始臣服之。其州自有一種特別語言。」

「其人崇拜偶像中有教師教授魔術及偶像教儀式其說通行於國內諸藩主中。……」

「有不少印度人來此購買土產及閹人之爲奴者，其數甚衆，蓋此輩爲戰爭俘虜，獲之卽閹割，遂成閹人，顧諸藩主或男爵皆欲得閹人看管婦女，故商人來此購買，販售他方而獲大利。」

「此州廣三十日程，東盡處，抵一別州，名曰交趾國。」——剌木學本第二卷第四十五章。

（註一）觀此足證一二九一年時波羅不復在朝，則波羅等於一二九〇年秋東北信風起時離泉州(Zayton)矣。顧至泉州以前須在雨季中（陽曆七八九月）作陸行，則其離汗八里時，殆在陽曆五月，大汗赴上都之時矣。由是波羅居留中國之時間，不能計算一二九〇年爲全年，據地學會本（十二頁）云：「與大汗共處確有十七年，」若視一二七三年全年在大汗所，則有十七年餘。其抵中國之年，應在一二七二年杪，然則可以解說襄陽一役波羅參加之事矣。（參看本書第一四五章。）

（註二）忽必烈時蒙古軍僅至蒲甘，蓋元史緬國傳於一二八七年進至蒲甘一役後，即接言大德（一二九七至一三〇七）年號也。當時波羅不在雲南，對於取蒲甘事知之未詳，故在初刻本中言：「緬國及班加剌國王尚未臣服大汗，其後未久大汗取此二國。」後在剌木學之修訂本中，復改正如上文。

（註三）班加剌（Bangala）應是緬語蒲甘（Pagan）之轉，考玉耳本第二册一一四頁，一二七四年緬王在蒲甘建有滿加剌制底（Mangala Chaitya），陳蒲甘前王五十一人之像於其中。顧緬語發聲常將 m 轉爲 b，如明之蠻莫今作八莫（Bhamo）爲其一例，則波羅之班加剌亦得爲玉耳之滿加剌矣。

案蒲甘一名之著錄，始於一一〇六年，文獻通考卷三三二云：「宋崇寧五年（一一〇六），蒲甘遣使入貢，詔禮秩視注輦（Coromandel）。尙書省言，注輦役屬三佛齊（Palembang），故熙寧中（一〇六八至一〇七七）敕書以大背紙緘以匣襆。今蒲甘乃大國藩王，不可下視附庸小國，欲如大食（Arabe）交趾（Tonkin）諸國禮，凡制詔並書以白背金花綾紙，貯以間金鍍匣，銀管籥，用錦絹夾襆，緘封以往，從之。」

元史卷二一〇緬國傳云：「緬國爲西南夷，不知何種，其地有接大理，及去成都不遠者，又不知其方幾里也。其人有城郭屋廬以居，有象馬以乘，舟筏以濟。其文字進上者，用金葉寫之，次用紙，又次用檳榔葉，蓋騰譯而後通也。」

第一二六章　交趾國州

交趾國(Cangigu)是東向日出處之一州，有國王，居民是偶像教徒，自有其語言，臣屬大汗，每年入貢。其國王貪淫，致有妻三百人，如見國內有美婦，即娶以爲妻。

此州有金甚饒，亦有香料甚衆，然其地距海遠，土產價值甚賤，產象多，亦有其他數種野獸及獵物不少。居民以肉乳米爲糧，有酒，用米及香料釀之，味甚佳。其人多用針刺身，作獅龍鳥及其他各物形文身，以後其色永遠不滅。此種文身之事，或在面頸胸上爲之，或在臂手上爲之，或在腹上爲之，或在全身上爲之，以此爲美，刺愈多者，其美更甚。

茲置此州不言，請言其東向日出處一名阿木(Amu)之州。

近代諸解釋家承認頗節之考訂，以此 Cangigu 爲老撾(Laos)並以其爲 Caugigu 之訛，蓋交趾國之對音也，（伯希和說，見遠東法國學校校刊一九〇三年刊二九九頁註一，）然不承認其爲景邁(Xieng-mai)之地。但據後此波羅之說，此地使用海貝本章內且言距海遠而物價賤其東有一山居畜牧之國名曰阿木此類記載皆與安南之北圻不合然則何以有此 Cangigu 之名歟吾人以爲或卽產里國之對音也。

考逸周書，有地名產里，卽後之車里，其民皆僰夷，元置徹里路軍民總管府，領六甸，後又請置耿凍路耿當孟弄二州，明改車里宣慰司地與八百媳婦犬牙相錯，元代此兩地似合爲一國。元史卷一三二步魯合答傳云：「又從征八百媳婦國，至車厘，車厘者，其酋長所居也，」可以爲證。明史土司傳曰：「八百世傳部長有妻八百，各領一寨，因名八百媳婦。其地東至車里，南至波勒，西至大吉喇，與緬鄰，北至孟艮，自姚關東南行五十程始至平川數千里，有南格剌山，下有河，南屬八百，北屬車里。好佛惡殺，寺塔以萬計，有見侵乃舉兵，得仇卽已，俗名慈悲國。嘉靖間爲緬所并，其酋避居景線（Xien-sien）名小八百，緬酋應裏以弟應龍居景邁城，倚爲右臂焉。」

準是以觀，當時之八百媳婦國北有今普洱府境，南兼邊外之江洪（Xien-hong）地方（卽元之耿凍路），而南格剌山爲今之九龍山，其河爲今之南壘河矣。馬可波羅名之曰產里國者，殆襲古名，以稱其北之徹里或車厘也。

第一二七章　阿木州

阿木（Amu）是東向日出處之一州，其民是偶像教徒，臣屬大汗，以畜牧耕種爲活，自有其語言。（註一）婦女腿臂帶金銀圈，價甚貴，男子亦然，其價較女子所戴者更貴。產馬不少，多售之印度人而爲一種極盛之貿易。其地有良土地，好牧塲，故牛及水牛亦甚多，凡生活必需之物，悉皆豐饒。

則應知此阿木國後爲交趾國相距十五日程，（註二）交趾國後有班加剌國，相距三十日程。

今從此阿木州發足，東向日出處行，八日至一別州。

（註一）諸本著錄此州名雖作 Amu，頗節以爲有兩鈔本著錄之 Aniu 不誤，而以其爲南越之對音，第證以方位距離，其說非是，不得爲安南之北圻也。

玉耳據 Muller 本（一〇六頁）之别寫，作 Anyn，以其名似應作 Anin，蓋其名或指元代之阿寧萬戶府（治今阿迷州），或指安寧州（在開化及富州之間）。

然吾人以爲阿僰或阿白一說或者近似，蓋元史地理志臨安廣西元江等路，皆著錄有阿僰部也。臨安路條下云，阿僰部蠻居之，元憲宗六年（一二五七）內附，以本部爲萬戶。廣西路師宗州條下云，昔爨蠻逐獠僰等居之。元江路條下云，阿僰諸部蠻自昔據之。足證諸路並是阿僰部據地，則波羅名其地爲阿僰，良非無故，復由音轉變阿僰爲阿木云。

（註二）刺木學本此處作二十五日程，較爲可採。伽尼（Francis Garnier）云「自江洪（Xieng-hong）發足行二十五日，足迹不能逾阿迷州，蓋其地山道崎嶇，入臨安境後，道路始平。馬可波羅時代道路情形，當不逾是。」——參看玉耳本第二冊一二八頁。

顧吾人前此已言阿僰之中心既在臨安，而不在阿迷，雖有伽尼之說，仍不足爲反證也。

第一二八章 秃落蠻州

秃落蠻(Tholomau)(註一)是東向之一州,(註二)居民是偶像教徒,自有一種語言,臣屬大汗。其人形色雖褐色而不白皙,然甚美,善戰之士也。有環牆之城村甚衆,並有高山天險。

人死焚尸,用小匣盛其餘骸,攜之至高山山腹大洞中懸之,俾人獸不能侵犯。(註三)

此地有金甚饒,然使用海貝,如前所述。上述諸州若班加剌交趾國阿木等州,亦習用海貝黃金。其地商人甚富,而爲大宗貿易。居民以肉乳米爲糧,用米及最好香料釀酒飲之。

此外無足言者,茲置此州不言,請言東方別一名稱敍州(Ciugui)之州。

(註一)案 Tholoman 間有若干本作 Coloman,然不得爲猓猓蠻之對音,猓猓即玀玀,居地在揚子江上流左岸,即本書第一一六章所誌之建都,此部落中不得有作大貿易之富商也。

前引兀良合台傳有禿剌蠻，得爲此處之禿落蠻，元史寫此名亦作土老，或禿老，皆指土獠也。元史卷十本紀，至元十五年（一二七八）四月，雲南行省招降禿老蠻高州（今筠連州（今筠連）等城寨十九所。則土獠據地距敍州不遠，與本書後章所言距敍州上流十二日程之說不合。

馬可波羅自臨安（前章之阿木）赴敍州（見後章），所循之道，自南達北，祇能爲南盤江同牛欄江流域，前者南流，後者北流。此種天然道路今昔未變，是以今日雲南省會通敍州之直道經過昭通，元時必亦然也。元史卷十六本紀，至元二十八年（一二九一）二月：「雲南行省言，敍州烏蒙水陸險惡，舟多破溺，宜自葉稍水站出陸，經中慶，又經鹽井土老，必撒諸蠻，至敍州慶符，可治爲驛路，凡立五站，從之。」

葉稍應在牛欄山下，東川昭通道路通過處，殆爲近代地圖之江底，牛欄江航盡處也。

中慶路治今昆明，由昆明北行，必經嵩明，當時既無驛道，則馬可波羅似曾東行，取道曲靖，復循牛欄江而至敍州。烏蒙即今昭通，水路既然險惡，改經土老，則可見土老據地在牛欄江右岸，及敍州以上之揚子江流域也。

鹽井州在今敍州西南，大關東北，戈魁河上。

吾人既考訂前章之阿僰據地在南盤江及紅河上流之間，又據後章上半言及土獠之文，則本章所言者，疑是僰獠之混種。元史卷六一地理志之「僰剌二種」應是僰獠二種之訛，其居地應在今曲靖馬龍霑益一帶。曲靖產金，元史地理志業已著錄，則本章之禿落蠻，疑是僰獠蠻（Poloman）之訛也。

（註二）馬可波羅歷述交趾阿木禿落蠻，並言東向者，非言某州在某州正東，僅言其在東北而已，觀後此第一百六十重章之文，可以證之。

（註三）此種山中山洞甚多，故中國地志亦名之曰洞山，洞石灰質，且有若干山洞流水自此口入而至山之別方出也。

第一二九章 敍州

圭州（Cuiguy）（註一）是東向之一州，自禿落蠻地發足，沿一河騎行十二日，沿途見有環牆之城村甚衆，然無他事足供特別記錄。沿河行此十二日畢，抵一城，名匨古勒（Fungulo）（註二）城甚大而名貴，居民是偶像教徒，臣屬大汗，恃商工爲生，用某種樹皮織布甚麗，夏季衣之。彼等善戰，而用紙幣。自是以後，吾人遂在使用大汗紙幣之地矣。

其地多虎，無人敢夜宿屋外，縱在夜間航行此河之上，若不遠離河岸，諸虎卽至舟中搏人而食。此州之人若無一種良助，將無人敢行於道，蓋虎數甚多，其軀大而性猛也。（註三）

幸而此地有一種犬，身大而猛，若兩犬同行，其勇可拒猛虎，所以行人常攜犬二頭與俱，犬若見虎，卽奮勇往搏，虎返擊，犬亦善避，不爲虎傷，常隨虎吠，齕虎尾，虎腿，或其他可能齕及之處，虎若無所作爲者，然有時怒而搏犬，得則殺之，然犬頗知自防，最後虎聞犬吠逃走，向一林中倚一樹下，俾犬不能齕其後，行人見虎逃，卽引弓射虎，（蓋其人善射），虎貫矢而死，行人取虎之法如此。

其地產絲及其他商品甚衆，賴有此河，運赴上下游各地。

已而沿此河騎行十二日，沿途見有城市甚衆。居民是偶像教徒，臣屬大汗，使用紙幣，而業工商，其間頗有戰士。騎行此十二日畢，抵於本書業已著錄之成都府城。

自成都府城起行，騎行七十日，經行業已經過之諸州郡城村。七十日後，抵於前已著錄之涿州。（註四）

再從涿州起行，復行四日，經過環牆之城村不少，居民商工茂盛，崇拜偶像，使用大汗紙幣，行此四日畢，抵哈寒府（Cacanfu）城，城在南方，屬契丹地域，後章言之。

（註一）此名一作 Cuiguy，得爲 Ciuguy 之誤，Richthofen 前已言之，然亦有寫作 Cuguy 者，至若 Fungul，祇有敍州可以當之。蓋敍州處金沙江與岷江交流處，由敍州至成都，循岷江行，其程確有十二日也。波羅未抵敍州以前，見有城村甚衆，後言上下游商業茂盛，則祇有揚子江足以當之。

——參看玉耳戈爾迭本第二册一二九至一三〇頁。

（註二）Fungul 一名雖無別解，疑爲 Jungui 之誤，蓋指戎州也。元史卷六十地理志云：「敍州路，古僰國，唐戎州，貞觀（六二七至六四九）初徙治僰道，在蜀江之西三江口，宋升爲上州，屬東川路，後易名敍州，咸淳中（一二六五至一二七四），城登高山爲治所，元至元十二年（一二七五），郭漢傑挈城歸附，十三年（一二七六）立安撫司，未幾毀山城，復徙治三江口，罷安撫司，立敍州，十八年（一二八一）復升爲路，隸諸部蠻夷宣撫司，領縣四，州二」。

吾人之說如此，戈爾迭（同書一三一頁）則云：「從雲南至敍府，陸道經過東川昭通，須二十二日程，Coloman 州應位在臨安及澂江一帶」。

（註三）此種山中有虎甚衆，常於夜間出搏家畜而食，今已絕跡，然在中國西南及東北一帶，尙見有之。元史卷一三二玉哇失傳，載玉哇失從蒙哥汗征蜀，至重慶，出獵遇虎，拔刀殺虎之事。

（註四）剌木學本作二十日，應是傳寫之誤。馬可波羅還至本書第一〇五章著錄之涿州，復南行，巡沿江海之地，及襄陽揚州杭州等諸大城。

第一三〇章　哈寒府城

哈寒府（Cacanfu）（註一）是一貴城，居民是偶像教徒，人死焚其尸，使用紙幣，恃工商爲生，饒有絲，以織金錦絲羅，其額甚巨。此城領治一廣大之地，所轄環牆之城村甚衆。（註四）

茲從此城發足，南向騎行三日，抵一城，名强格路（Cianglu），後此述之。

此哈寒府若不證以刺木學本增訂之文，頗難考訂其方位，刺木學第二卷第四十三章之文曰：

「距涿州四日程，有巴章府（Pazanfu）（註二）位置於南方，（涿州南，）屬契丹地域，還（向南）時經行此地域之別一部份，則見此城。此城居民崇拜偶像，人死焚其尸，城內尚有若干基督教徒，置有教堂一所。（註三）有一大河流經此城，（註四）轉運不少商貨至於汗八里城，蓋有不少運河溝渠通都城也。」

波羅在前章引導讀者復回涿州南兩道分道處，（見一〇五章，）第一道通西方及西南方諸省業已叙述於前，茲言第二道，即東南通蠻子地域或江南之道，然其所言之方向，並不嚴格，未可以爲準也。自是以後，波羅經行大平原中，此處所言四日不誤，蓋三十年前乘騾車由涿州赴正定者，即須此時間也。

（註一）哈寒府不得爲河間府，蓋核以波羅譯例，建都之建作 cain，而不作 can，河間雖爲九河流域，然河流大減，無此處所著錄之大河也。況且此城三面有天然河渠，從來無須人造運河以達北京。復次波羅位置「小鹽」「大漁」之地強格路於哈寒府外三日程，顧河間之東南無此漁鹽之利，僅西方深州順德一帶有之。由是觀之，循涿州南之大道，四日程或不及四日程中所經之地，蓋爲保定定州正定，則哈寒府祇能爲正定矣。

（註二）巴章府，昔人久已認爲此種寫法非哈寒府傳寫之誤，而視其爲保州府之對音，蓋今之保定，宋遼金爲保州也。然玉耳（緒言一〇一頁）以其對音未合，不取此說。

（註三）據今日之調查，尚未發見古基督教徒及其教堂之遺跡。

（註四）宋金二史曾著錄有修理正定河流之事。（金史卷二七，宋史卷九五，）今正定，元置眞定路總管府，領司一，縣九，府一，州五，府領三縣，州領十八縣。——元史卷五八地理志。

第一三一章　强格路城

强格路（Cianglu）（註一）亦是向南之一大城，隸屬大汗，而在契丹地域之中，使用紙幣，崇拜偶像，人死焚其尸。（註二）應知此城製鹽甚多，其法如下：

取一種極鹹之土，聚之爲丘，潑水於上，俾浸至底，然後取此出土之水，置於大鐵鍋中煮之，煮後俟其冷，結而成鹽，粒細而色白，運販於附近諸州，因獲大利。（註三）

此外別無足述，（註四）前行又五日，抵一州，名强格里（Ciangli），後此述之。

（註一）鈞案原考以强格路對音爲裏國，遂臆斷其地爲順德，是殆沿前考哈寒爲正定之誤，其實哈寒之爲河間，亦自有其理由，蓋其對音較近，而涿州河間間，昔亦有道可通，且自大都東南行者，無沿今平漢鐵路線之理由，不自通州循運河行，即取道河間也。竊以爲本章之强格路，應是 Cingui 或 Cingiu 之誤，核其里程，似爲景州，後章之强格里，似爲臨清。

（註二）今焚尸之俗，僅僧家有之。

（註三）用此法製成之鹽，所含海鹽甚少，蓋取鹼地之土煮成者也，俗名小鹽，今冀州衡水縣等地尚用此法。（鈞案小鹽應是硝鹽之誤。）

（註四）剌木學本增訂之文云：「此地產魚甚衆，其味佳，其體巨，每魚有權 Troy 之量二磅者。」（等如七百五十公分。）

第一三二章　强格里城

强格里（Ciangli）（註一）是契丹向南之一城，隸屬大汗，居民是偶像教徒，使用紙幣。此城附近有一寬大之河，其運赴上下流之商貨有絲及香料不少，並有其他物產及貴重貨品甚多。

茲從强格里城發足，請言南向距離六日程之別一城，其名曰中定府（Cundin-fu）

剌木學本第二卷第五十一章之異文云：「强格里距强格路五日程，沿途見有環牆之城村甚衆，皆隸屬大汗。其中商業茂盛，爲大汗徵收賦稅，其額甚巨。此强格里城中央有一寬而深之河流經過，河上運輸有絲、香料及其他巨價貨物不少。」

（註一）鈞案原考以强格里爲滄州，其誤不待辯而自明，蓋前章既以强格路爲順德，何致又東北行遠至於津南之滄州耶。竊以爲此處之强格里，似指臨清，大河似指運河。

第一三三章　中定府城

自强格里城發足，向南騎行五日，沿途在在皆見有不少環牆之城村，外頗美觀，內甚繁盛。居民是偶像教徒，人死而焚其尸，臣屬大汗，使用紙幣，執商工業，適於生活之百物悉皆豐饒。然沿途別無殊異之事足述，故下此卽言中定府(Cundinfu)城。(註一)

應知中定府是一極大城市，昔日曾爲國都，大汗曾用兵力征服。(註二) 此城爲此地一帶最大之城，有商人無數經營大規模之商業，產絲之饒竟至不可思議。此外有園林，美麗堪娛心目，滿園大果。應知此中定府城所轄巨富城市十有一所，商業茂盛，產絲過度而獲利甚巨。

基督誕生後一二七三年時，大汗曾命其男爵一人名李壇將軍(Liytan sangon)，(註三) 率軍約八萬騎，戍守此城及此州境。此將守境無幾時，遂謀叛，並勸此州紳耆共叛大汗，於是彼等共推此李壇爲主，而舉叛旗。大汗聞訊，遣其男爵二人，一名阿朮（Eguil），一名茫家台（Mangatay），（註四）率騎兵十萬及步兵甚衆往討。惟此次叛事極爲嚴重，蓋李璮與此州及附近從叛之人數逾十萬騎，且有步兵甚衆也。雖然如是，李璮與其黨大敗，討叛之二男爵大勝，大汗聞之甚歡，命將諸謀叛首領悉加誅戮，其餘脅從者悉加原宥。此二男爵遂將此次亂事之諸重要首領並處極刑，位置低微者悉皆赦免，自是以後，彼等遂忠於其主。（註五）

茲既述此亂事畢，請言更南之別一地，其名曰新州馬頭（Singuy-Matu）。

（註一）鈞案原考臆斷此地爲兗州，蓋以後晉置廣晉府，因以此中定府爲廣晉府之對音也。案諸本著錄此地名多不一致，較古本或作 Condinfu，或作 Candinfu，剌木學本作 Tudinfu，Muller 本作 Tadinfu，竊以其皆爲東平府之誤，蓋核以里程及後章之新州馬頭，似捨此莫屬也。

（註二）原考以爲此次用兵乃指太祖十七年（一二二二）取大名事，然與兗州渺不相涉也，不如以屬太祖十五年（一二二〇）嚴實以二府六州附蒙古，太祖以實行臺東平事，實死，子忠繼爲東平路管軍總管行總管府事，則與本章謂此城昔爲國都之說亦符。

（註三）剌木學本作「統率八萬騎之男爵名 Lucansor 者」，疑是都元帥（Tuvansai）傳寫之誤。李璮元史卷二〇六有傳。

(註四)阿朮，地學會本作 Aguil，剌木學本作 Angul，應是兀良合台子阿朮，元史卷一二八有傳，中統三年（一二六二）從諸王拜出帖哥征李璮有功。茫家台應是囊家歹之誤，新元史卷一六一有傳，曾隨諸王合必赤征李璮有功。

(註五)元史卷五本紀記載此役之文如下：

中統三年（一二六二）「二月己丑，李璮反，以漣海三城獻於宋，盡殺蒙古戍軍，引麾下趨益都。……甲午，李璮入益都，發府庫犒其將校。」

「甲辰，發諸蒙古漢軍討李璮。……壬子，李璮據濟南。」

「三月癸酉，命史樞阿朮各將兵赴濟南，遇李璮軍，擊破之，斬首四千，璮退保濟南。……戊寅，大破李璮兵於高苑。」

「四月丙戌朔，大軍樹柵鑿塹，圍璮於濟南。丁亥，詔博興高苑等處軍民嘗爲李璮脅從者，並釋其罪。」

「五月庚申，築環城，圍濟南，璮不得復出。」

「七月甲戌，李璮窮蹙，投大明湖水中，不卽死，獲之，倂蒙古軍囊家歹伏誅，體解以徇。」

李璮死在濟南，故馬兒斯登會考訂此中定府爲濟南府。

第一三四章 新州馬頭

離中定府後，南向騎行三日，沿途見有環牆之城村甚衆，皆貴麗，工商業頗盛，有種種獵物，百物悉皆豐饒。

騎行此三日畢，抵一貴城名稱新州馬頭（Cinguy matu）（註一）頗富麗，工商茂盛。居民是偶像教徒，爲大汗臣民，使用紙幣。有一河流，彼等因獲大利，茲請言其故。

此河來自南方，流至此新州馬頭城，城民析此河流爲二，半東流，半西流，使其一注蠻子之地，一注契丹之地。此城船舶之衆，未聞未見者，絕不信其有之。此種船舶運載貨物往契丹蠻子之地，運載之多，竟至不可思議，及其歸也，載貨而來，由是此二河流來往貨物之衆可以驚人。

茲請接言更南之一州，其名曰臨州（Linguy）。

（註一）鈞案此地舊考作濟寧，似近眞相，然沙氏獨以之爲東平路，謂新州爲須朐，馬頭爲馬踏湖，緣諸寫本中亦有寫 Singuymatu 作 Singuymata 者也。並引治河方略卷四之文爲證。

第一三五章　臨州城

從新州馬頭發足，南向騎行八日，沿途所經諸地，在在皆見有環牆之城村甚衆，皆大而富麗，工商茂盛，人死焚其尸，臣屬大汗，使用紙幣。行此八日畢，則見臨州(Linguy)城，州名與城名同，蓋國之都也。是爲一富貴城，居民是善戰之士，頗務工商，有帶羽毛之獵物甚饒，凡適於生活之物，悉皆豐富。其城位置於上述之河上，(註一)河中有船舶甚衆，船身大於前章所著錄者，所載貴重貨物甚多。

茲置此州此城不言，請言其他新事。

(註一)鈞案原考以此地當利國冶，蓋將 Linguy 讀作 Liguy，而以今讀求其對音，里程雖似相近，然未能必其是也。

第一三六章 邳州城

離此臨州城後，南向騎行三日，沿途皆見有環牆之城村，並富麗，尚屬契丹境。居民是偶像教徒，人死焚其尸，臣屬大汗，使用紙幣，不用其他貨幣，有世界最良之鳥獸以供獵捕，凡適於人生之百物皆饒。

行此三日畢，抵邳州（Piguy），城大而富貴，工商業頗茂盛，（註一）產絲甚饒。此城在蠻子大州入境處，（註二）在此城見有商人甚衆，運輸其貨物往蠻子境內，及其他數箇城市聚落。此城爲大汗徵收賦稅，其額甚巨。

此外無足述者，故離此而去，接言更南之別一城，其名曰西州（Siguy）。

（註一）Piguy 亦寫作 Pinguy，此處所言之城，並非現在地圖上位置於距黃河舊道（一八五三年前之舊道）五十公里，燕子河右岸及運河東之新城，蓋此新城建於康熙以後，而馬可波羅之舊邳州，昔在沂泗兩水匯流處，一五七一年時被水淹沒也。

（註二）「在蠻子入境處，」猶言「近蠻子入境處，」蓋當時蠻子境界不在泗水上，而在淮水上也。

第一三七章　西州城

離邳州城後，向南騎行二日，經行美麗豐饒之地，其中頗有帶羽毛之獵物。行此二日畢，遂抵西州(Siguy)城。(註一) 城大而華富，營工商業，居民是偶像教徒，人死焚其尸，有紙幣，而臣屬大汗。此地一帶有極廣之田畝，與美麗之平原，產小麥及其他穀類頗豐饒。惟此外別無他事足述，所以離此而言前途諸地。

離此西州城後，南向騎行三日，在在見有美地，美村，美聚落，美農舍，與夫墾植之田畝，其地饒有野味與小麥，並其他穀類。居民是偶像教徒，而臣屬大汗。(註二)

行此三日畢，抵哈喇木連(Caramoran)大河，來自長老約翰之地。是為一極大河流，寬逾一哩，水甚深，大舟可航行於其上。水中有大魚無數，河上有屬於大汗之船舶，逾一萬五千艘，蓋於必要時運輸軍隊赴印度海諸島者也。緣此地距海僅有一日程，每舟平均足容水手二十人，可載馬十五匹，暨其騎者，與夫食糧軍械甲胄。

此河兩岸各有一城，此岸有一小城，彼岸亦有一城，隔岸相對。(註三) 小城名海

州（Cai-guy），對岸大城名淮安州（Coiganguy）。渡此河後，（註四）遂入蠻子大州境內。（註甲）

茲請敍述大汗侵略此蠻子大州之事於後。

（註甲）剌木學本第二卷第五十四章增訂之文云「君等切勿以爲吾人曾將契丹全境完全作有系統之說明，業已著錄者實不及（應說明者）二十分之一。馬可波羅君經行此境之時，僅著錄其沿途所見諸城而置（此種種道上）道外及距離中之他城未言，蓋若完全記錄，勢必成爲一種冗長無味之工作也。

（註一）此城名有 Siguy, Cingui, Cuiguy, 種種寫法，前人考訂並作宿遷，然非頗節（四四九頁）所擬爲泗州之對音也。案泗州於宋金元時位在今安徽盱眙縣治之北，康熙時淪入洪澤湖中。至若宿遷，自唐以來，其名未改。

考辭源寅集六八頁：「宿豫，縣名，本漢厹猶縣，晉改名，亦作宿預，後魏置郡，唐仍爲縣，後改爲宿遷，故城在今江蘇宿遷縣東南。」然則本書之較善寫法，應作 Siugiu 或 Ciugiu 矣。

（註二）波羅所見之城，非今城也。泗水自一三二四年來，爲黃河所占，不復流入運河，運河改道以後，在宿遷與黃河相接，在宿遷南七十公里之地，與舊河槽並行。波羅所言豐饒之地，蓋指其東抵於海岸之原野也。

（註三）凡記載今日運河之文，在此處將無所用之，蓋其所記者，皆波羅時代以後之事也。金元以來，黃河自淮陰縣西南清江入淮，舊運河不在淮陰入河，應在其東。淮安府旣在舊運河上，位於黃河右岸，今縣治之東北，其對岸之小城，祇能爲安東也，當時爲安東州治。至若海州，則在其北八十公里。波羅不名安東而名海州者，殆因傳聞有誤。

（註四）哈喇木連此言黑水，卽指黃河，已見本書第一〇九章。

第一三八章 大汗之侵略蠻子地域

蠻子（Mangi）大州（註甲）有一國王，名稱法黑福兒（Faghfour），（註一）甚强大，廣有財貨人民土地，世界君主除大汗外無有及之者。惟此國之人非戰士，僅知沉湎於女色之中，而其國王尤甚，其所顧及者，惟諸婦女及賑恤其貧民而已。全境之中無馬，其民未習戰爭武器，亦不諳兵術。此蠻子地域是一防守堅固之地，蓋所有城市皆以水環之，水深而寬有一矢之遠，僅有橋可通，脫其民爲戰士，將永不至於陷落，然其人非戰士，遂致其地爲人所得。

基督誕生後一二六八年時，（註乙）（註二）現今在位之大汗決定征服此國，命其男爵一人名伯顏丞相（Bayan Chincsan）者奉命前往，伯顏丞相，猶言百眼之伯顏也。先是蠻子國王卜其國運，知其國祇能亡於一百眼人之手，其心遂安。蓋世上絕無百眼之人，緣其不知此人之名，因而自誤。（註三）

此伯顏率領大汗之步騎甚衆，挈船舶無數，運載步騎進至蠻子境中。全軍行抵蠻子地界之時，即吾人現在所止之淮安州（Coyganguy），諭居民降，居民拒不納款，伯顏棄之而去，進至一城，亦拒不降，又棄而去，率軍前進，其爲此者，蓋知大汗別遣有大軍在後也。

由是經五城，五城不戰不降，皆未攻取，至第六城，始以兵攻陷之，已而復取一城，已而取一第三城，又取一第四城，陸續攻取城市十有二所。攻取諸城以後，進至國之都城，名曰行在（Quinsay），國王及其王后所居之處也。（註四）

國王見伯顏率如許大軍至，既未習見此事，甚懼，遂率領其不少臣民，登千舟，逃入印度海洋諸島之中，僅留王后鎮守。王后以勝敗事及敵軍將領名詢之星者，始知敵將卽百眼之伯顏，遂知全國必亡於此人，於是舉其全國一切城堡降於伯顏，不復防衞。是爲一種最大侵略，蓋世界諸國無與此國相侔，國王財貨之衆，竟至不可思議。

茲請述其舉動如下：

其國諸州小民之不能養其嬰兒者，產後卽棄，國王盡收養之。記錄各兒出生時之十二生肖以及日曜，旋在數處命人乳哺之。如有富人無子者，請求國王賜給孤兒，其數惟意所欲。迨諸兒長大成人，國王爲之婚配，賜貲俾其存活，由是每年所養男女有二萬人。

國王尙有別事足以著錄者，當其騎而出，經行城市時，若見某家房舍過小，輒詢其故，如答者謂物主過貧，無貲使房屋高大，國王立出貲命將其屋擴大而美飾之，俾與他屋相等。設若房屋屬於富人，則命其立時增高。職是之故，其蠻子都城之中，凡有房屋悉皆壯麗。別有巨大宮殿邸舍無數，尙未計焉。

執役於國王所者男女僕役逾千人，衣飾皆富麗。國王治國至公平，境內不見有人爲惡，城中安寧，夜不閉戶，房屋及層樓滿陳寶貴商貨於其中，而不虞其有失。此國人之大富與大善，誠有未可言宣者也。

茲旣述國王及其國畢，請言王后至大汗所，大汗禮待之，然其夫國王則永不離去海島而歿於其中。茲置國王王后不言，（註五）請回言蠻子大州及其風習，以續前記，按次述其端末，首言淮安州城，從此繼述蠻子地域侵略之事。

剌木學本第二卷第五十五章增訂之文如下：

（註甲）「蠻子地域爲東方全境最開化而最富足之地，一二六九年頃，隸於一君主名范福兒（Fanfur）註一者。此范福兒爲近百年所未見之富强君王，然其人平和而好善，自信以爲世界之君主無有加害於彼者，緣其愛民之切，而有極大河流保護其國，遂不事軍備，亦不鼓勵其人民注意及此。……」

（註乙）「韃靼君主大汗之性質，與國王范福兒迥乎不同，祇知好戰，侵略國土，崇尙武功，既得不少州郡國土以後，又決定侵略蠻子之地，徵集步騎甚衆，組成一强大軍隊，命一名稱丞相伯顏（Chinsam baian）者統之，丞相伯顏，此言百眼。……」

（註一）當時南宋君主廟號度宗，（一二六五至一二七四）法黑福兒乃中國君主之別號，由波斯語名baguputhra轉爲阿剌壁語之baghpour，皆華語「天子」之意譯也。——Blochet書七六頁註。

（註二）此一二六八年僅爲侵宋一役開始之年，先圍襄陽，（見後第一四五章，）後至一二七六年取杭州，宋朝始亡。

（註三）案伯顏百眼，殆因音近而有斯謠，當時且有作百雁者。輟耕錄江南謠條引「玉堂嘉話云，宋未下時，江南謠云，江南若破，百雁來過，時莫喻其意，及宋亡，蓋知指丞相伯顏也。」

伯顏元史卷一二七有傳，蒙古八隣 Barin 部人，長於西域。一二六三年，旭烈兀遣入奏事，世祖見其貌偉，聽其言厲，曰非諸侯王臣也。其留事朕與謀國事，恒出廷臣右，世祖益賢之，勅以中書右丞相安童女弟妻之，曰，爲伯顏婦不慚爾氏矣。

一二七五年正月，伯顏至江州，江州守呂師夔設宴庾公樓，選宋宗室女數人盛飾以獻，伯顏怒曰，吾奉聖天子明命，興仁義之師，問罪於宋，豈以女色移吾志乎，斥遣之。——以上均見元史伯顏傳。

（註四）波羅略漢江之役不言，僅記後役，止於取臨安事。茲再引元史伯顏傳以證之：

一二七五年八月癸卯，伯顏受命還行省，付以詔書，俾諭宋主。乃取道益都，行視沂州等軍壘，調淮東都元帥孛魯歡，副都元帥阿里伯，以所部兵泝淮而進。

九月戊寅，會師淮安城下，遣新附官孫嗣武叩城大呼，又射書城中，諭守將使降，皆不應。

庚辰，招討別里迷失拒北城西門，伯顏與孛魯歡阿里伯親臨南城堡，揮諸將長驅而登，拔之，潰兵欲奔大城，追襲至城門，斬首數百級，遂平其南堡。

丙戌，次寶應軍。戊子，次高郵。（此二地名見後二章。）

十月庚戌，圍揚州，詔諸將指授方略，留孛魯歡阿里伯守灣頭新堡，衆軍南行。

壬戌，至鎭江，罷行院，以阿塔海董文炳同署事。

十一月乙亥，伯顏分軍爲三道，期會于臨安。參政阿剌罕等爲右軍，以步騎自建康出四安，趨獨松嶺。參政董文炳等爲左軍，以舟師自江陰循海趨澉浦華亭。伯顏及右丞阿塔海由中道節制諸軍，水陸並進。

壬午，伯顏軍至常州，先是常州守王宗洙遁，通判王虎臣以城降，其都統制劉師勇與張彥王安節等復拒之，推姚訔爲守，固拒數月不下。伯顏遣人至城下，射書城中招諭，勿以已降復叛爲疑，勿以拒敵我師爲懼，皆不應。乃親督帳前軍臨南城，又多建火礮，張弓弩，晝夜攻之。……甲申，伯顏叱帳前軍先登，豎赤旗城上。諸軍見而大呼曰，丞相登矣。師畢登，宋兵大潰，拔之，屠其城。——元史伯顏傳。

（註五）嗣後江以南諸城，蘇州嘉興乍浦澉浦長安鎭崇德縣臨平鎭皆下。

一二七六年正月甲申，次高亭山，阿剌罕以兵來會，宋主遣其保康軍承宣使尹甫，和州防禦使吉甫等賫傳國玉璽及降表詣軍前。……伯顏既受降表玉璽，復遣囊加帶以趙尹甫賈餘慶等還臨安，召宰相出議降事。

乙酉，師次臨安北十五里，囊加帶洪模以總管殷俊來報，宋陳宜中張世傑蘇劉義劉師勇等挾益廣二王出嘉會門，渡浙江遁去，惟太皇太后嗣君在宮。伯顏亟使諭阿剌罕董文炳范文虎率諸軍先據守錢塘口，以勁兵五千人追陳宜中等，過浙江不及而還。

丙戌，伯顏下令禁軍士入城，違者以軍法從事，遣呂文煥齎黃榜安諭臨安中外軍民，俾按堵如故。……又遣人入宮安諭太后謝氏。

戊子，宋主祖母謝氏遣其丞相吳堅文天祥等來見伯顏於明因寺，伯顏顧文天祥舉動不常，疑有異志，遂令萬戶忙古帶宣撫唆都羈留軍中，且以其降表不稱臣，仍書宋號，遣程鵬飛洪君祥偕來使賈餘慶復往易之。

己丑，軍次湖州市，遣千戶囊加帶省掾王祐齎傳國玉璽赴闕。

庚寅，伯顏建大將旗鼓，率左右翼萬戶，巡臨安城，觀潮浙江，於是宋宗室大臣以次來見，暮還湖州市。

辛卯，張洪範孟祺程鵬飛齎所易宋主稱臣降表至軍前。

二月庚子，宋主㬎率文武百僚詣祥曦殿望闕上表，乞爲藩輔，遣右丞相兼樞密使賈餘慶……奉表以聞，宋主祖母太皇太后亦奉表及牋。是日，宋文武百司出臨安府，詣行中書省，各以其職行中書省承制以臨安爲兩浙大都督府，都督忙古帶范文虎入城視事。

辛丑，伯顏令張惠……等入城，取軍民錢穀之數，閱實倉庫，收百官誥命符印，悉罷宋官府，散免侍衞禁軍。宋主㬎遣其右丞相賈餘慶等充祈請使，詣闕請命，右丞相命吳堅文天祥同行。行中書省右丞相伯顏等以宋主㬎舉國內附，具表稱賀。兩浙路得府八，州六，軍一，縣八十一，戶二百九十八萬三千六百七十二，口五百六十九萬二千六百五十。

庚申，召伯顏偕宋君臣入朝。

甲子，董文炳䘮都發宋隨朝文士趙褒然及三學諸生赴京師，太學生徐應鑣父子四人同赴井死。

帝既平宋，召宋諸將問曰，爾等何降之易耶，對曰，宋有强臣賈似道擅國柄，每優禮文士，而獨輕武官，臣等久積不平，心離體解，所以望風而送款也。帝命董文忠答之曰，借使似道實輕汝曹，特似道一人之過耳，且汝主何負焉，正如所言，則似道之輕汝也固宜。

乙亥，伯顏等發臨安。

丁丑，阿塔海阿剌罕董文炳詣宋主宮，趣宋主㬎同太后入覲。郎中孟祺奉詔宣讀，至免繫頸牽羊之語，太后全氏聞之，泣謂宋主㬎曰，荷天子聖慈活汝，當望闕拜謝。宋主㬎拜畢，子母皆肩輿出宮，唯太皇太后謝氏以疾留。——以上均見元史卷九本紀。

第一三九章　淮安州城

淮安州（Coyganguy）（註一）是一甚大城市，在蠻子地界入境之處，居民是偶像教徒，焚死者之尸骸，臣屬大汗。其城有船舶甚衆，並在黃色大河之上，前已言之也。此城爲府治所在，故有貨物甚衆，輻輳於此。（註二）緣此城位置此河之上，有不少城市運貨來此，由此運往不少城市，惟意所欲。（註三）應知此城製鹽甚多，供給其他四十城市之用，由是大汗收入之額甚巨。

茲述此城畢，請言別一名稱寶應（Pauchin）之城。

（註一）案Coyganguy爲淮安州之對音，蓋沿宋代之稱也。一二八三年升淮安總管府爲淮安府路，併淮安新城淮陰三縣入府治之山陽，兼領臨淮府海寧泗安東四郡，其盱眙天長臨淮虹五河贛榆朐山沭陽各歸所隸。一二九〇年革臨淮府，以盱眙天長隸泗州。戶九萬一千二十二，口五十四萬七千三百七十七。——元史卷五十九地理志。

（註二）淮安府城現幾荒廢，有南北二城，一爲商城，一爲官城，並荒寂。一九〇五年在江北設江淮省，旋廢。

其省會應在淮安府，然其巡撫駐清江浦，蓋船舶僅一經過淮安，皆止於清江浦也。

（註三）城依運河東堤，其城頭不逾運河之水平線，是以下河之船舶航行東方低地者，不能駛入運河。至若寶應縣高郵州兩地亦然，僅有仙女廟邵伯鎮兩處可以通運河。下河一帶出產之鹽，皆由邵伯鎮一道運赴揚州，並循江運赴儀徵。

研究揚子江與舊黃河槽中間之運河，必須注意下列之事實。

（甲）十三世紀以前，運河之水北流，吸收諸湖之水而入淮。

（乙）一一九四至一八五一年間，黃河屢次遷徙，洪澤湖及淮水流域因之積高，由是北方高於南方，運河河流轉而南向。

（丙）僅在運河之東下河一帶，流水仍向北流。

顧自波羅時代以來，陵谷頗有變遷，昔日流經淮安之大河，今日僅存舊槽，地勢旣高，不復再有流水矣。

第一四〇章　寶應縣城

離淮安州後，東南向沿堤騎行一日。此堤用美石建築，在蠻子地界入境之處。(註一)此堤兩岸皆水，故入其境祇有此道可通。(註甲)行此一日畢，則抵寶應(Pauchin)美城。(註二)居民是偶像教徒，人死焚其尸，臣屬大汗，其貨幣爲紙幣，恃商工爲活，有絲甚饒，用織金錦絲絹種類多而且美，凡生活必須之物皆甚豐饒。

此外無足述者，請言別一名曰高郵(Cayu)之城。

(註甲)剌木學本第二卷第五十七章之異文云：「堤外兩面湖澤甚廣，水深可以行舟，除此堤外，別無他道可通其地，除非用舟船，如大汗統將率其全軍進航之法也。(註三)」

(註一)此處所言者，乃運河東之長堤，其成非一代之力，亦非百年之功。一〇〇四年，宋眞宗在高郵北三十五里築長堤，眞宗以前，邵伯鎮亦有一相類之堤，嗣後續建新堤，至一一九四年，陳損之始竣其工，自揚州達淮安，運河有雙堤圍護。——Gandar書二十頁。

(註二)寶應縣舊爲寶應軍，一二七六年爲安宜府，一二八〇年廢府爲縣，屬高郵府。——元史卷五十九地理志。

本書之寫法不一，有 Pauchin, Panchym, Panghin，等寫法，似皆爲寶應之對音也。

(註三)此處隱喻者蓋爲本書第一三九章註四載一二七五年孛魯歡等將所部兵泝淮而上一事。孛魯歡元史卷一二一有傳，作博羅歡。伐宋之後，「分大軍爲二，右軍受伯顏阿朮節度，左軍受博羅歡節度。俄兼淮東都元帥，罷山東經略司，而以其軍悉隸焉。遂軍于下邳，召將佐謀曰，清河城小而固，與昭信淮安泗州爲犄角，猝未易拔，海州東海石秋遠在數百里之外，必不嚴備，吾頓大兵爲疑兵，以輕騎倍道襲之，其守將可擒也。師至，三城果皆下，淸河亦降。宋主以國內附，而淮東諸城猶爲之守，詔博羅歡進軍，拔淮安南堡，戰白馬湖及寶應，掠高郵，自西小河入漕河，接灣頭，斷通泰援兵，遂下揚州。」——元史卷一二一博羅歡傳。

第一四一章　高郵城

離寶應城東南騎行又一日，抵高郵（Cayu）城，城甚大。（註一）居民是偶像教徒，使用紙幣，臣屬大汗，恃工商爲活，凡生活必需之物悉皆豐饒。產魚過度，野味中之鳥獸亦夥。物搦齊亞城銀錢（gros）一枚不難購得良雉三頭。

茲從此地發足，繼續前進，請言一別城，此城名稱泰州（Tiguy）。

（註一）最近六百年來，中國城市受水災之甚者，莫逾高郵。以一四九四年，一五六九年，一六三〇年，一六六五年，一六六八年，一七〇〇年等年水災爲最重，喪失人口無算。此種水災之要因，蓋因黃河流沙積聚於洪澤湖北岸，地勢旣高，河水下瀉入湖，因而潰決成災。——Gandar 書二九頁三七頁，

第一四二章　泰州城

從高郵城發足，向東南騎行一日，沿途在在皆見有村莊農舍與夫墾治之田畝，然後抵泰州（Tiguy），城不甚大，（註一）然百物皆豐。居民是偶像教徒，使用紙幣，臣屬大汗，恃商工爲活，蓋其地貿易繁盛，來自上述大河之船舶甚衆，皆輻輳於此。應知其地左延向東方日出處，距海洋有三日程。自海至於此城，在在製鹽甚夥，蓋其地有最良之鹽池也。

尙有一城，名稱眞州（Tinguy），（註二）城甚大，出鹽可供全州之食，大汗收入之巨，其數不可思議，非親見者未能信也。居民是偶像教徒，使用紙幣。

茲從此地發足，重返前述之泰州，請言別一名稱揚州（Tanguy）之城。

（註一）今泰州城幾盡荒廢，城內僅存廢塔或耕田，鹽之運輸業已移徙於仙女廟，今泰州僅爲邵伯連接如皋縣北鹽河之河渠中之一站耳。雖距黃河有一百六十公里，波羅得在其地見有「來自上述大河之船舶甚衆」也。

（註二）案此地名，頗節本寫作 Tinguy，而地學會本及剌木學本均作 Cingui，應以後一寫法爲是，蓋指眞州，則 T. W. Kingsmill 考訂爲儀徵之說不誤矣。（玉耳本第二册一五四頁註。）「眞州，五代以前地屬揚州，宋以迎鑾鎭置建安軍，又升爲眞州。元至元十三年（一二七六）初立眞州安撫司。十四年（一二七七）改眞州路總管府。二十一年（一二八四）復爲州，隸揚州路。領二縣，揚子，六合。」——元史卷五九地理志。——參看新元史卷七一。

第一四三章　揚州城

從泰州發足，向東南（註一）騎行一日，終抵揚州（Tangui）。城甚廣大，所屬二十七城，皆良城也。此揚州城頗强盛，大汗十二男爵之一人駐此城中，蓋此城曾被選為十二行省治所之一也。應為君等言者，本書所言之馬可波羅閣下，曾奉大汗命在此城治理亙三整年。（註二）居民是偶像教徒，使用紙幣，恃工商為活。製造騎尉戰士之武裝甚多，蓋在此城及其附近屬地之中，駐有君主之戍兵甚衆也。（註三）

此外無足述者，後此請言西方之兩大州，此兩州亦在蠻子境內。茲請首述名稱南京（Nanghin）之城。

（註一）「向東南騎行」，應是向西南騎行之誤，蓋揚州在泰州之西南也。馬可波羅敍述揚州未畢以前，曾列舉附近諸要城，惟遺瓜州，後在第一四七章中始補述之。

（註二）揚州路，「唐初改南兗州，又改邗州，又改廣陵郡，又復為揚州。宋為淮東路。至元十三年（一二七六）初建大都督府，置江淮等處行中書省，十四年（一二七七）改為揚州路總管府，十五年（

一二七八）置淮東道宣慰司，十九年（一二八二）省宣慰司，以本路總管府直隸行省，二十一年（一二八四）行省移杭州，復立淮東道宣慰司，止統本路，屬淮安二郡，而本路領高郵府及眞滁通泰崇明五州，二十二年（一二八五）行省復還，宣慰司遂廢，所屬如故。後改立河南江北等處行中書省，移治汴梁路，復立淮東道宣慰司，割出高郵府爲散府，直隸宣慰司。戶二十四萬九千四百六十六口一百四十七萬一千一百九十四。」——元史卷五十九地理志。

鈞案元史同卷汴梁路條云：「二十八年（一二九一）以瀕河而南，大江以北，其地衝要，又新入版圖，置省南京（開封）以控治之。」核以上文「二十二年行省復還」之語，則揚州行省僅在二十一年移置杭州，自十三年（一二七六）迄二十八年（一二九一）間，始終皆爲江淮行省所在，且其時並在馬可波羅居留中國之時也。

（註三）馬可波羅離中國後約三十五年，修士斡朶里克亦曾經過揚州，而寫其名作 Iamathay, Iansu, Ianzu 種種寫法。曾見「城中有方濟各派 (frères mineurs) 之修道院一所，與夫其他教士之禮拜堂數處，惟此種禮拜堂是屬於聶思脫里派之禮拜堂。此城甚廣大，其戶至少有四十萬，亦云有五十二萬。凡基督教團所需之物皆備。君主每年在此城徵收賦稅五十萬巴里失 (balich)，每巴里失合一佛羅鈴（florin）半，（約值十七弗郎半。）……城中有船舶甚衆。」——戈爾迭本斡朶里克行紀三五八至三五九頁。

第一四四章　南京城

南京（Nanghin）（註一）是一大州，位置在西。居民是偶像教徒，使用紙幣，臣屬大汗，恃商工爲活。有絲甚饒，以織極美金錦及種種綢絹。是爲一富足之州，由是一切穀糧皆賤。境內有野味甚多，且有虎。有富裕之大商賈包辦其所買賣商貨之稅額，君主獲有收入甚巨。（註二）

此外無足述者，茲從此地發足，請言甚大之襄陽府（Saianfu）城。此城堪在本書著錄，蓋有關係此城之一大事必須敍述也。

（註一）頗節以前有若干註釋家誤以此城爲揚子江下流之南京，雖經劉應（Visdelou）神甫同 Klaproth 改正其誤，然在一九〇七年時，John Masefield 所刊行之馬可波羅書尙沿其誤也。地學會本（一六〇頁）云：「吾人從此處（揚州）發足，請言兩大州，此兩州卽在契丹境中……」案元代江淮四川兩行省間，可當大州之名者，僅有河南湖廣。波羅名前者曰南京，名後者曰襄陽府。其地處契丹蠻子兩地之間，故此本謂在契丹境內。

考其同時人剌失德丁亦著錄有南京之名，謂爲「位置西方之一州，哈剌木連（黃河）流經境內，契丹王之一都城在其境中」。則其爲金之南京，今之開封，無疑也。

元史卷五九地理志云：「汴梁路，唐之汴州總管府，石晉爲開封府，宋爲東京，建都於此，金改南京，宣宗建都焉，金亡歸附。……二十五年（一二八八）改南京路爲汴梁路。二十八年（一二九一）以瀕河而南大江以北其地衝要，又新入版圖，置省南京以控治之。」

（註二）頗節舊考作安慶，玉耳因之，皆誤。波羅雖言及眞州，然尚未言及長江，後此始詳言之，若以此處爲安慶，殊與其敘述次第不合也。

第一四五章　襄陽府大城及其被城下礮機奪取之事

襄陽府（Saianfu）是一極重要之大城，所轄富裕大城十有二所，並爲一種繁盛工商業之中區。居民是偶像教徒，使用紙幣，焚死者尸，臣屬大汗。產絲多，而以製造美麗織物，亦有野味甚衆。節而言之，凡一大城應有之物，此城皆饒有之。

現應知者，此城在蠻子地域降服以後，尙拒守者三年。大汗軍隊不斷猛攻之，但祇能圍其一面，質言之，北面，蓋其餘三面皆有寬深之水環之，防守者賴以獲得食糧及其他意欲之物。脫無下述之一事，余敢保其永遠不能攻下。

大汗軍隊圍攻此城三年而不能克，軍中人頗憤怒。由是尼古剌波羅閣下，其弟瑪竇波羅閣下，及尼古剌波羅閣下之子馬可波羅閣下，獻議，謂能用一種器械可取此城，而迫其降。（註一）此種器械名曰茫貢諾（Mangonneau），形甚美而甚可怖，發機投石於城中，石甚大，所擊無不摧陷。

大汗及其左右諸男爵，與夫軍中遣來報告此城不降之使臣，聞此建議，頗爲驚異。蓋此種地域中人，不知茫貢諸爲何物，亦不識戰機及投石機，而其軍隊向未習用此物，既未識之，亦從未見之所以聞議甚喜，大汗乃命此二兄弟及馬可閣下，從速製造此機，大汗及其左右極願親賭之因其爲彼等從來未見之奇物也。

上述之三人立命人運來材木，如其所欲之數以供造機之用。（註二）彼等隨從中有二人，詳悉一切製造之事其一人是聶思脫里派之基督教徒其一人是日耳曼之日耳曼人亦一基督教徒也。（註三）於是此二人及上述之三人製造三機皆甚壯麗。每機可發重逾三百磅之石，石飛甚遠，同時可發六十石，彼此高射程度皆相若諸機裝置以後大汗及其他觀者皆甚歡欣，命彼等當面發射數石發射之後，皆極驚賞其製作之巧。大汗立命運機至軍中以供圍城之用。（註四）機至軍中裝置以後，韃靼未見此物一次見之似甚驚奇。

此機裝置以後立卽發石，每機各投一石於城中，發聲甚巨，石落房屋之上，凡物悉被摧陷。此城中人從來未見未聞此物，見此大患皆甚驚愕互詢其故恐怖異常因聚議，皆莫籌防禦此大石之法。彼等信爲一種巫術情形窘迫似祇能束手待斃聚議以後，皆主降附，遣使者往見主將，聲明願降附大汗，與州中其他諸城相同。大汗聞之甚喜，而許其降。於是此城遂下，待遇與其他諸城同。（註五）此皆尼古剌閣下，其弟瑪竇閣下，及其子馬可閣下之功也。此功誠不爲小，蓋此城及此地在昔在今皆爲良土，大汗可在其境中獲得重大收入也。（註甲）

茲既述賴有上述三人所造機械迫使此城降附之事畢，請言別一名曰新州（Singui）之城。

（註甲）頗節所用之主要本爲G字本，其文簡而不明，故吾人取四七二至四七三頁註錄C字本之文代之，此本與玉耳所選之地學會法文本頗相近。

剌木學本第二卷第六十二章之文雖較簡略，然錄之足供比對，茲錄其文如下：

「尼古剌波羅及瑪竇波羅所取之襄陽府城。（註一）」

「……襄陽府具有屬於大城之一切優點，賴其形勢堅固，雖在大汗侵略蠻子地域之後，尚拒守三年而不降附。其故在此，蓋軍隊僅能近城之北面，其餘三面皆有極大湖沼環之，保其糧道繼續不斷，而爲圍攻者勢所不能及。大汗知之，極感不快，蓋蠻子全境咸已降順，祇有此城固守不下也。

時尼古剌瑪竇弟兄二人在朝，聞悉此事，立入謁，願用西方之法，製造茫貢諾可發重三百磅之石，足使圍城中人死屋摧。」

「大汗聞此議甚喜，命其統率最良之鐵匠木匠執行。（註二）諸匠中有若干聶思脫里派之基督教徒，深諳工作。（註三）無何諸匠依波羅弟兄之指導，製造茫貢諾三具，在大汗及全朝人之前試之，發射各重三百磅之石。」

「立將此種機械用舟載赴軍中，（註四）及至，遂在襄陽城下裝置，發第一石，墜勢猛烈，一屋幾盡摧毁，居民驚駭，有如雷從天降，乃決議投降。於是遣使者出城納款，其歸降條件與蠻子全境之歸降條件同。」

「此役之奇捷，遂增波羅弟兄二人在大汗所及全朝之聲望及信任。」

（註一）行紀諸本皆著錄有波羅等在大都造機試機及在襄陽發礮等事，其事誠無可疑，且與波羅等留居十七年餘之時間相符，蓋彼等之還歐洲在一二九〇年也。

考中國史載礮攻襄陽事在一二七二年陰曆十月，攻襄陽前曾先礮擊樊城。假定其距離期間有一月，又假定從大都運礮至軍中有一月，裝置礮機又費時一月，則造礮之時應在是年陰曆七月，而波羅等行抵大都時，應在陽曆七月間，距其在阿迦城首途東還之時（一二七一年十月初）僅八月餘矣。本書第一卷第十三章稱其「歸程已費時三年有半」，殆包括去來之時間而言也。執此以考其第一次從大都西還之時，得在一二六八年八月。

（註二）此處所言之礮，非鐵礮，而爲石礮，一二七四年陰曆八月在東征日本一役中亦曾用之。

（註三）據多桑引剌失德丁書，尚有西里亞籍之弟兄三人，一名阿不別克（Aboubeker），一名亦不剌金（Ibrahim），一名麻合謀（Mahomet）隨其父自 Damas 或 Balbek 來至軍中。又據元史卷二〇三，忽必烈遣使徵礮匠於宗王阿八合（Abaga），阿八合以西域人阿老瓦丁（Ala-eddin）亦思馬因（Ismael）應詔，二人至京師，首造大礮，豎于五門前，帝命試之。一二七四年，元兵渡江，平章阿里海牙遣使求礮手匠，命阿剌瓦丁往，破潭州、靜江等郡，悉賴其力。一二七三年亦思馬因從元兵攻襄陽未下，乃相地勢，置礮於城東南隅，重一百五十斤，機發聲震天地，所擊無不摧陷，入地七尺。宋安撫呂文煥懼，以城降。

（註四）一五五六年法文譯本云：「立將三機用二舟載赴軍中。」

（註五）此處記錄完全與中國載籍之記錄相符，茲略引數條於下：

至元九年（一二七二）十一月己卯「參知行省政事阿里海牙言，襄陽受圍久未下，宜先攻樊城，斷其聲援，從之。回回亦思馬因創作巨石礮來獻，用力省而所擊甚遠，命送襄陽軍前用之。」——元史卷七本紀。

至元九年（一二七二）九月，「先是襄樊兩城，漢水出其間，宋兵植木江中，聯以鐵鎖，中設浮梁，以通援兵，樊恃此爲固。至是阿朮以機鋸斷木，以斧斷鎖，焚其橋，襄兵不能援。十二月，遂拔樊城，襄守將呂文煥懼而出降。」——元史卷一二八阿朮傳。

「九年（一二七二）二月，破樊城外郭，其將復閉內城守。阿里海牙以爲襄陽之有樊城，猶齒之有唇也。宜先攻樊城，樊城下，則襄陽可不攻而得。乃入奏，帝始報可。會有西域人亦思馬因獻新礮法，因以其人來軍中。十年（一二七三）正月，爲礮攻樊，破之。先是宋兵爲浮橋以通襄陽之援，阿里海牙發水軍焚其橋，襄援不至，城乃拔，詳具阿朮傳。阿里海牙既破樊，移其攻具以向襄陽，一礮中其譙樓，聲如雷霆，震城中，城中洶洶，諸將多踰城降者。劉整欲立碎其城，執文煥以快其意。阿里海牙獨不欲攻，乃身至城下，與文煥語曰，君以孤軍城守者數年，今飛鳥路絕，主上深嘉汝忠，若降則尊官厚祿可必得，決不殺汝也。文煥狐疑未決，又折矢與之誓，如是者數四，文煥感而出降。」——

元史卷一二八阿里海牙傳。

第一四六章　新州城

從襄陽城發足，向東南騎行十五哩，（註一）抵一城，名曰新州（Singui）。（註二）城不甚大，然商業繁盛，舟船往來不絕。居民是偶像教徒，臣屬大汗，使用紙幣，並應知者，其城位在世界最大川流之上，其名曰江，寬有十哩，他處較狹，然其兩端之長，逾百日行程。所以此城商業甚盛，蓋世界各州之商貨皆由此江往來，故甚富庶，而大汗賴之獲有收入甚豐。

此江甚長，經過土地城市甚衆，其運載之船舶貨物財富，雖合基督教民之一切江流海洋運載之數，尚不逮焉。雖爲一江，實類一海。（註三）馬可波羅閣下曾聞爲大汗徵收航稅者言，（註四）每年溯江而上之船舶，至少有二十萬艘，其循江而下者尚未計焉，可見其重要矣。沿此江流有大城四百，別有環以牆垣之城村不在數內，並有船舶停止。其船甚大，所載重量核以吾人權量，每船足載一萬一二千石（quintaux），其上可蓋蓆篷。（註五）

此外無足述者，因是重行，請言一名瓜州（Caigui）之城。然有一事，前此忘言，請追述之。應知上行之船舶，因江流甚急，須曳之而行，無纜則不能上。（註六）曳船之纜長三百步，用竹結之，其法如下，劈竹爲長片，編結爲纜，其長惟意所欲，如此編得之纜，較之用大麻編結者爲堅。（註七）

（註一）地學會法文本作「從 Angui（疑指揚州）發足」，頗節諸本作「從南京開封發足」，應皆有誤，蓋觀此章足證波羅所言者爲揚子江中流湖廣省境也。况其在剌木學本中改定其發足地爲襄陽，其文云：「離此城向東南行十五哩至新州城。」此文亦不能保其不誤，此兩大城不應如是之近，益以新州位在江上，而襄陽距江逾二百哩也。但諸本並作十五哩，其故未詳。

考克魯思迦本（Testo della Crusca）云：「今離此州，（指襄陽）請言一名稱新州之别州。」後章接云：「從此發足……。」則所言者爲兩州交界之處，殆謂自交界處達新州有十五哩歟。

（註二）Singui 有作 Cingui 者，不得爲郢州，蓋郢州在安陸府也。若謂其爲武昌，然又不類鄂州之對音，余以爲此名爲「荆湖」之轉。

元史卷六三地理志，武昌路「唐初爲鄂州，又改江夏郡，又陞武昌軍。宋爲荆湖北路。元憲宗末年

（一二五九）世祖南伐，自黃州陽羅洑橫橋梁貫鐵鎖，至鄂州之白鹿磯，大兵畢渡，進薄城下，圍之數月，既而解去，歸即大位。至元十一年（一二七四）丞相伯顏從陽羅洑南渡，權州事張宴然以城降。自是湖北州郡悉下，是年立荆湖等路行中書省，並本道安撫司，十三年（一二七六）設錄事司，十四年（一二七七）立湖北宣慰司，改安撫司爲鄂州路總管府，併鄂州行省入潭州行省，十八年（一二八一）遷潭州行省於鄂州，移宣慰司於潭州，十九年（一二八二）隨省處例罷宣慰司，本路隸行省，大德五年（一三〇一）以鄂州首來歸附，又世祖親征之地，改武昌路。復證以元史卷五九之襄陽志，足證湖廣行省初名荆湖，治所原在武昌。此荆湖之稱，宋代業已有之。（宋史卷八八地理志。）

（註三）斡朶里克（戈爾迭本三四五頁）亦名江曰達賴（Talay），蒙古語猶言海也。波羅敍述次序謹嚴，前此已言揚子江上流，（第一一三及第一一六章）後章則言揚子江下流，此章應言揚子江中流，參看下此諸註足以證之。

（註四）脫新州在江淮境內，其語氣絕不如此。況其他諸本（地學會本 Muller 本剌木學本）有云：「我馬可經過此新州城一次時，曾在其地五千舟中見……。」足證其僅經過其地一次，非其管轄所及也。

（註五）此種船舶不得爲揚子江下流之船舶，蓋下流船舶具三四桅，可以航海，如上文黄河條（第一三七章）所記錄者是已。

（註六）下流從無曳舟之事，江流亦不甚急，潮汐影響有時可及九江，則波羅所言祇能爲九江以上江流之情形。

（註七）刺木學本結語云：「此江之上及不少地方，見有岩石山丘，上有佛寺及其他居所，沿岸咸見有鄉村人煙。」——「有一定處所寬十哩，他處寬八哩六哩。」——觀此語，似波羅已作長江之行。案本書叙述通例，後章所言之城，在前章末必先言之。脱下章之瓜州城在新州附近，波羅必亦用此例，乃在此處則不然，故地學會之法文本（一六四頁）云：「今從此地發足回至瓜州。」

第一四七章 瓜州城

瓜州（Caigui）是東南向之一小城，居民臣屬大汗而使用紙幣，位置在前所言大江之上。（註一）此城屯聚有穀稻甚多，預備運往汗八里城以作大汗朝廷之用，蓋朝中必需之穀乃自此地用船由川湖運輸，不由海道。大汗曾將內河及湖沼連接，自此城達於汗八里，凡川與川間湖與湖間，皆掘有大溝，其水寬而且深，如同大河，以爲連接之用。由是滿載之大船可從此瓜州城航行至於汗八里大城。此外尚有一陸道，卽將掘溝之土積於兩岸，聚而成堤，人行其上。（註二）

應知此瓜州城對面江中，有一岩石島，上建佛寺（註三）一所，內有僧人二百，此寺管理不少偶像教徒廟宇，如同基督教徒之大主教堂也。

茲從此地首途渡江，請言一名鎭江府（Chingianfu）之城。

（註一）瓜州是一小城，爲運河入江盡處，與一岩石島相對，渡江始至鎭江。剌木學本謂「其在西南境，」此新州條所無之著錄也。瓜州非行政區域，故不見於元史地理志，然在紀傳中數引之。此城今漸爲江水所侵蝕不久勢將完全消滅其故城僅存東北角一段長僅數百公尺城內除廢廟側柏外空無所有。居民已徙居運河西岸是卽昔日波羅所見大汗穀倉位置之所。

（註二）昔有會通河在一二八九年開掘，一二九二年竣工，馬可波羅必已識之。然讀者且勿以爲當時江南之船可以直達汗八里，彼所言者僅爲內地交通可以航行無阻而已。在未行汽船之前曾用運河運輸漕米至於京師。今日其南段（杭州至淸江浦一段）同北段（天津至臨淸一段）雖尙得其用，然其中段自臨淸達濟寧，業已淤塞不能航行矣。

（註三）此島應是金山，島山有金山寺，晉（二〇五至四一九）始立寺，有鐘，鳴時江兩岸皆聞，宋改名龍游，一六八四年康熙帝南行時，曾題寺額。——頗節本四八〇頁註。玉耳（第二册一七六頁）云：「此寺藏有中國最著名之佛經一部，第一次中英戰役，曾爲英國軍隊所得，欲運走，會和議成，退還後毀於一八六〇年太平之亂。寺盡毀，僅存寺塔。自是以後，金山不復爲一孤島，（蓋江流蝕其北岸而沖積其南岸，）前此不久尙有一深四尋之水道，今則變爲榮園矣。」

第一四八章 鎭江府城

鎭江府（Chingianfu）（註一）是一蠻子城市，居民是偶像教徒，臣屬大汗，使用紙幣，恃商工爲活。產絲多，以織數種金錦絲絹，所以見有富商大賈。野味及適於生活之百物皆饒。其地且有聶思脫里派基督教徒之禮拜堂兩所，建於基督誕生後之一二七八年，茲請述其緣起。

是年耶穌誕生節，大汗任命其男爵一人名馬薛里吉思（Mar-Sarghis）者，治理此城三年。（註二）其人是一聶思脫里派之基督教徒，當其在職三年中，建此兩禮拜堂，存在至於今日，然在以前，此地無一禮拜堂也。（註三）

茲置此事不言，請先言一甚大之城名曰鎭巢軍（Chingingui）。

（註一）此地之爲鎭江，久經衞匡國（Martini）神甫考訂。（中國地圖一〇三頁）據云：「讀波羅書者，將見其所稱之 Cingiam，顯是鎭江府，城建於江岸，附郭在運河之西，人煙亦盛。」——吾人所引之文，蓋出北京北堂圖書館藏一六五五年之拉丁文本。

（註二）案薛里吉思一名在中國之聶思脫里派教徒中似甚風行，頗節曾在西安景教碑之西利亞文人名中見之，A. C. Moule（通報一九一五年刊六三〇頁）又在元史中檢出昔兒吉思或昔里吉思，識其皆是 Sergius 之同名異譯，馬兒斯登已言西利亞文之 Mar-Sargis 與拉丁文之 Dominus Sergius 相對也。

馬薛里吉思元史無傳，Palladius 及夏鳴雷(Havret)神甫引有至順鎭江志，復經 Moule 在其中檢出其人之事蹟：「其人出生於撒麻耳干(Samarkand)，當時此城爲基督教徒之名都。其先世業醫，特善製蜜水，(hydromel)名曰舍里八，一二二二年忽必烈父拖雷得疾，服之而愈。一二六八年忽必烈召薛里吉思至京師製造蜜水，一二七二年遣之往雲南，一二七五年往閩浙，一二七七年命爲鎭江府路總管府副達魯花赤，雖登榮顯，持教尤謹，常有志於推廣教法。一夕夢天使二人命其興建教堂七所，贈以白物爲記。覺而有感，遂休官務建寺，首于鐵甕門捨宅建大興國寺，次得西津豎土山建雲山寺及聚明寺，又於丹徒縣開沙建四瀆安寺，登雲門外黃山建高安寺，大興國寺側又建甘泉寺，杭州薦橋門建大普興寺。任鎭江五年，連興土木之役，秋毫無擾於民。」——通報一九一五年刊六三三至六三八頁。

（註三）同一文中謂家之人口受戒者悉爲也里可溫，則此也里可溫譯名最初所指者，乃聶思脫里派之教士矣。蒙古語之 ärkägün，歐洲著述中之 archaon, arcan, arkaiun, arkhehun，皆其對音也。

元史卷八九百官志曰：「崇福司秩二品，掌領馬兒哈昔列班也里可溫十字寺祭享等事。至元二十六年（一二八九）置，延祐二年（一三一五）改爲院，省併天下也里可溫掌教司七十二所，悉以其事歸之，七年（一三二〇）復爲司。」

據上引至順鎮江志之記載，鎮江城內有寺三所，與地學會拉丁文本四二三頁之記錄相符。杭州之第七寺本書第一五一章亦謂有之。此外尚有續建者，有名安馬吉思者於一二九五年在丹陽館南建大光明寺，通吳門外有大法興寺。然不久遭遇摧殘，一三一一年將雲山聚明二寺改爲佛寺。據一三三一年之調查，鎮江有也里可溫戶二十三，口一〇六，軀一〇九。此外元代基督教徒之仕於鎮江者不乏其人。——通報一九一五年刊六三九至六五六頁。

十八世紀末年，德金（Deguignes 老德金之子）曾在鎮江南二十五公里之丹陽縣之一舊寺中見有別建之房屋一所，相傳是一基督教徒故居，三百年前其人來自西域康居（Sogdiane）而殁於此。——北京行紀第二册四九頁。

第一四九章　鎭巢軍城

從鎭江府城發足，東南向騎行三日，抵鎭巢軍（Chingingui）城甚大。（註一）居民是偶像教徒，使用紙幣臣屬大汗恃工商爲活。絲及供獵捕之禽獸甚多，種種糧食皆饒，蓋此地爲一豐富之地也。

茲請言此城人所爲一次惡行而受重懲之事，（註甲）先是蠻子大州略定之時，軍帥伯顏遣一隊名稱阿蘭（Alains）（註二）之人往取此城。諸阿蘭皆是基督教徒，取此城入據之，在城中見有美酒，飲之醉，酣睡如同豬豚，及夜居民盡殺之，無能脫者。伯顏聞其遣軍被襲殺，別遣一將率一大軍攻取此城，盡屠居民，無一免者，此城人民完全消滅之法如此。

茲置此事不言，請言別一名稱蘇州（Sugui）之城。

（註甲）剌木學本第二卷第六十六章之異文云：「居民甚賤惡，丞相伯顏平定蠻子地域之時，曾遣若干信奉基督教之阿蘭，統率本軍一隊往取此城。軍至城下，未受抵抗，即入據之。此城有兩城垣，諸阿蘭既據外城，發現藏酒甚多，彼等頗饑疲，取酒飲之至醉。內城居民見其敵醉臥於地，乘隙盡屠之。丞相伯顏聞其軍被屠，怒甚，遣他隊往討，取此城，盡屠居民，男女老少無一免者。」

（註一）鈞案此城名在本書中作 Chingingui，地學會本作 Cingingui，剌木學本作 Tingingui，寫法不一。考其事實，應皆是鎭巢軍名傳寫之誤，東南應作西南。沙氏以屬常州，謂爲晉陵郡之對音，未免過於武斷。

（註二）屠殺阿蘭人之事，元史卷一三二已有著錄，其中杭忽思傳云：杭忽思「戍鎭巢，民不堪命，宋降將洪福以計乘醉而殺之。」又玉哇失傳云：「玉哇失父也烈拔都兒下沿江諸城，宋洪安撫既降復叛，誘其入城宴，乘醉殺之。」又昂吉兒傳云：「鎭巢軍降，阿速（即阿蘭）軍戍之，人不堪其橫，都統洪福盡殺戍者以叛，昂吉兒攻拔其城，擒福。」則後遣之將是昂吉兒矣。——並見元史卷一三二。——參看 Bretschneider 中世紀尋究第二册八四至九〇頁。——玉耳契丹紀程第一册三七三頁。——Devéria 蒙文碑錄七五頁。——伯希和撰文見一九一四年通報六四一至六四三頁。

第一五〇章　蘇州城

蘇州（Sugui）是一頗名貴之大城，（註一）居民是偶像教徒，臣屬大汗，恃商工爲活。產絲甚饒，以織金錦及其他織物。其城甚大，周圍有六十哩，（註二）人煙稠密，至不知其數。假若此城及蠻子境內之人皆是戰士，將必盡略世界之餘土，幸而非戰士，僅爲商賈與工於一切技藝之人。此城亦有文士醫師甚衆。

此城有橋六千，皆用石建，橋甚高，其下可行船，甚至兩船可以並行。（註三）此城附近山中饒有大黃，（註四）並有薑，其數之多，物搦齊亞錢（gros）一枚可購六十磅。此城統轄十六大城，並商業繁盛之良城也。此城名稱蘇州，法蘭西語猶言「地，」而其隣近之一別城行在（Quinsay），則猶言「天，」因其繁華，故有是名。（註五）行在城後此言之。

茲從蘇州發足，先至一城，名曰吳州（Vouguy），（註六）距蘇州一日程，是一工商繁盛之富庶大城也。顧無他事足述，請離此而言別一名稱吳興（Vughin）（註六）之城。此吳興尙爲一大而富庶之城，居民是偶像教徒，臣屬大汗，使用紙幣，產絲及其他不少貴重貨物甚饒，皆良商賈與良工匠也。

茲從此城發足，請言強安(Ciangan)城(註六)。應知此強安城甚大而富庶，居民是偶像教徒，臣屬大汗，使用紙幣，恃工商爲活，織羅 (taffetas) 甚多，而種類不少。此外無足言者，請從此處發足前進，而言他城。茲請先言極名貴之行在城，蠻子之都會也。

(註一)諸本及剌木學本多寫其名作 Singui 或 Siguy，顧其所指者必是蘇州，故取地學會法文本第一五一章著錄之 Sugui。此地在元代爲平江路，唐以來名蘇州，明代復用此名迄於今日。首先考訂此城爲蘇州者，亦是衞匡國神甫。(中國地圖一〇一頁)

(註二)謂蘇州城周圍有六十哩(猶言六十里)一說，與斡朶里克同。衞匡國並謂杭州城周圍有一百哩(猶言一百里)一說，皆可承認。蓋其所言者爲外羅城，而非子城也。馬可波羅書諸本著錄蘇州城周圍之里數不同，法文本作六十哩，Lazari 本作四十哩，剌木學本作二十哩，殆言羅城，一言子城也。

(註三)橋梁之數如是之多，顯非眞相，此數僅見地學會法文本中。至地學會之拉丁文本則作一千六百，剌木學本毫無數字之記錄，至近代之旅行家則謂蘇州有橋一百五十至二百。

（註四）據植物學家之說，江南不產大黃，亦無薑，蘇州得爲屯聚此物之所，然其出產地確在甘肅或四川。也本書第六十章肅州條曾有大黃之著錄，殆因肅州蘇州譯音之相近，誤以肅州之出產屬於蘇州也。

（註五）斡朶里克亦謂行在爲天城，緣中國有「上有天堂，下有蘇杭」之諺，不可執此以責波羅之不諳漢語也。中國尙有別一諺語云：「生在蘇州，住在杭州，食在廣州，死在柳州。」

（註六）諸舊本（地學會法文本頗節C字本）在蘇州杭州之間並著錄有三城名，其他諸本（Berne本頗節A,B,兩本）僅著錄有吳州强安二城，剌木學本僅有吳州一城，Muller本並一城亦無，殆因此諸城不在同一方向，亦不互相統屬，後來波羅修訂此本時有所改訂。但初寫本既將此三城列在蘇州條內，則其方位應在蘇杭之間，蓋據後文，强安距杭州三日，又據Muller本，蘇州至杭州須程五日也。此中間之城市既非松江嘉興，則祇能爲隣近太湖之城矣。據T. W. Kingsmill之說，距蘇州一日程之地，僅有今吳江縣治可以當之，此城宋以來即名吳江，元代爲一州，則此吳州得爲吳江州之省稱也。

案 Vughin 亦作 Ughim，應是今湖州府治吳興。

案 Ciangan 亦作 Caingan，又作 Siangan，似是長安之對音。玉耳曾將其 Caingan 別寫改作 Ca ing-an，謂爲嘉興之對音，其說非是。頗節松江一說亦非，蓋松江在當時名曰華亭也。吾人以爲波羅之强安，應是今之長興鎮，鎮在湖州西，太湖旁，元代爲一州治。元代固有長安縣在運河上，但距杭州僅數小時航程，與本書所誌三日程之距離不合也。

第一五一章　蠻子國都行在城

自强安城發足，騎行三日，經行一美麗地域，沿途見有環牆之城村甚衆，由是抵極名貴之行在（Quinsay）城。（註一）行在云者，法蘭西語猶言「天城」，前已言之也。旣抵此處，請言其極燦爛華麗之狀，蓋其狀實足言也。謂其爲世界最富麗名貴之城，良非僞語。兹請續言此國王后致略地之伯顏書，請其將此書轉呈大汗，俾悉此城大佳，請勿毀壞。事吾人今據此書之內容，以及馬可波羅閣下之見聞述之。（註二）

書中首稱此行在城甚大，周圍廣有百哩。（註三）內有一萬二千石橋，橋甚高，一大舟可行其下。其橋之多，不足爲異，蓋此城完全建築於水上，四圍有水環之，因此遂建多橋以通往來。（註四）

書中並言此城有十二種職業，各業有一萬二千戶，每戶至少有十人，中有若干戶多至二十人四十人不等。其人非盡主人，然亦有僕役不少，以供主人指使之用。諸人皆勤於作業，蓋其地有不少城市，皆依此城供給也。

此書又言城中有商賈甚衆，頗富足，貿易之巨，無人能言其數。應知此職業主人之爲工廠長者，與其婦女皆不親手操作，其起居清潔富麗，與諸國王無異。此國國王有命，本業祇能由子承襲，不得因大利而執他業。

城中有一大湖，（註五）周圍廣有三十哩，沿湖有極美之宮殿，同壯麗之邸舍，並爲城中貴人所有。亦有偶像教徒之廟宇甚多。湖之中央有二島，各島上有一壯麗宮室，形類帝宮。城中居民遇有大慶之事，則在此宮舉行。中有銀製器皿，樂器，舉凡必要之物皆備，國王貯此以供人民之用。凡欲在此宮舉行大慶者，皆任其爲之。

在此城中並見有美麗邸舍不少，邸內有高大樓臺，概用美石建造，城中有火災時，移藏貲財於其中，蓋房屋用木建造，火災時起也。

居民是偶像教徒，自經大汗經略以後，使用紙幣。（註六）彼等食一切肉，基督教徒絕不食之狗肉及其他賤畜之肉亦食。自從大汗據有此城以後，於一萬二千橋上，每橋命十人日夜看守，俾叛亂之事不致發生。（註七）此城有一山丘，丘上有一塔，塔上置一木板，每遇城中有火警或他警時，看守之人執槌擊板，聲大遠處皆聞，人聞板

聲，卽知城內必有火警或亂事。（註八）

大汗在此城警戒甚嚴者，蓋因其爲蠻子地域都城，並因其殷富而徵收之商稅甚巨，其額之巨，僅聞其說而未見其事者，絕不信之。

城中街道皆以石鋪地，蠻子地域之一切道路皆然，由是通行甚易，任往何處，不致沾泥。蠻子地域多泥濘，設若道路不以石鋪地，則步騎皆難跋涉，蓋其地低而平，雨時頗多陷坑也。（註九）

尙應知者，此行在城中有浴所三千，水由諸泉供給，人民常樂浴其中，有時足容百餘人同浴而有餘。（註一〇）

海洋距此有二十五哩，在一名澉浦（Ganfu）城（註一一）之附近。其地有船舶甚衆，運載種種商貨往來印度及其他外國，因是此城愈增價値。有一大川自此行在城流至此海港而入海，由是船舶往來，隨意載貨，此川流所過之地有城市不少。（註一二）

大汗區分蠻子地域爲九部，而爲九國，每國遣一國王治之，諸國王皆臣屬大汗，每年各以國中會計上之都城計院。行在城駐在之國王，所轄富庶大城一百四十。應知此廣大蠻子地域共有富庶大城一千二百餘所，其環牆之村莊及城市無數，尙未計焉。此一千二百城，大汗各置戍兵一隊，最少者額有千人，有至一萬二萬三萬人者，由是其人之衆不可勝計。此種戍守之人皆契丹州人，善戰之士也，然不人盡有馬，步卒甚衆，皆隸大汗軍。(註一三)

凡關涉此城之事，悉具廣大規模。大汗每年徵收種種賦稅之巨，筆難盡述。其中財富之廣，而大汗獲利之大，聞此說而未見此事者，必不信其有之。

此地之人有下述之風習，若有胎兒產生，即誌其出生之日時生肖，由是每人知其生辰。如有一人欲旅行時，則往詢星者，告以生辰，卜其是否利於出行，星者偶若答以不宜，則罷其行，待至適宜之日。人信星者之說甚篤，緣星者精於其術，常作實言也。

人死焚其尸，設有死者，其親友服大喪，衣痲，携數種樂器行於尸後，在偶像前作喪歌，及至焚尸之所，取紙製之馬匹甲冑金錦等物並尸共焚之。據稱死者在彼世獲有諸物，所作之樂，及對偶像所唱之歌，死者在彼世亦得聞之，而偶像且往賀之也。

此城尙有出走的蠻子國王之宮殿，是爲世界最大之宮，周圍廣有十哩，環以具有雉堞之高牆，內有世界最美麗而最堪娛樂之園囿，世界良果充滿其中，並有噴泉及湖沼，湖中充滿魚類。中央有最壯麗之宮室，計有大而美之殿二十所，其中最大者，多人可以會食。全飾以金，其天花板及四壁，除金色外無他色，燦爛華麗，至堪娛目。

並應知者，此宮有房室千所，皆甚壯麗，皆飾以金及種種顏色。此城有大街一百六十條，每街有房屋一萬，計共有房屋一百六十萬所，壯麗宮室夾雜其中。城中僅有聶思脫里派基督教徒之禮拜堂一所。（註一四）

尙有一事須言及者，此城市民及其他一切居民皆書其名，其妻名，其子女名，其奴婢名，以及居住家內諸人之名於門上，牲畜之數亦開列焉。此家若有一人死，則除其名，若有一兒生，則增其名，由是城中人數，大汗皆得知之，蠻子契丹兩地皆如是也。一切外國商賈之居留此種地域者，亦書其名及其別號，與夫入居之月日，暨離去之時期，大汗由是獲知其境內來往之人數，此誠謹愼賢明之政也。

茲請言大汗在此城及其轄境所徵收之賦稅於後。

（註一）昔日耶穌會士以此 Quinsay 爲京師之對音，後人因之。案波羅書諸本尙有 Quinsai，Quiensay, Quisay, Chisai. Chesai, 種種寫法，末後三種寫法似是傳寫之誤，其餘諸寫法上半對京，可無疑義，下半祇能爲南方沿海諸地之讀法，據Moule之說，泉州方言確讀京師二字作king-sai 也。

但此同一學者又持別說，謂斡朵里克之寫法有 Cansay, Campsay, Chansay, 等稱，東方諸撰述家有作 Khanzai 者（Wassaf），有作 Khanza 者（Aboulféda & Ibn-Batouta），遂疑其對音得爲杭州。其說亦不乏根據之點，斡朵里克書寫揚州作 Iamsay，則杭州亦可對 Camsay，其證一，宋以來杭州方言讀杭州作 ang-tsé，其證二，南宋案牘之文僅稱開封爲京師，但有若干次要撰述亦名杭州爲京師者，其證三。——王立亞洲協會報（J.R.A.S.）一九一七年刊八至十頁。

鈞案尚有行在一說，自經藤田豐八闡明以後，較前二說爲圓，今從之，而寫本章標題作行在。

（註二）參看後章補錄剌木學本增訂之文第一條第一段。

（註三）「並其附郭，此城足有意大利哩百哩有餘，故自南至北，自東至西，足有五十哩也。」——衞匡國書一三四頁。

但在今日，其面積甚小，城牆周圍不過三十六里。

(註四)斡朵里克亦謂有「萬餘橋。」馬利諾里云:「旅者言有美麗石橋萬座,初聆其言似未可信,但細審之,殆非虛語。」但吾人以爲此萬數爲數之極猶之「皇帝萬壽」「萬里長城」等稱,蓋言其多,未必確有萬橋也。

(註五)指西湖,可參看後章第五條刺木學本增訂之文。波羅謂湖在城中非誤,蓋據民衆傳說昔日湖外有城,今已無跡可尋云。

(註六)參看後章第二條刺木學本增訂之文。

(註七)參看後章第三條刺木學本增訂之文。

(註八)參看後章第七條刺木學本增訂之文。

(註九)參看後章第五條末二段刺木學本增訂之文。

(註一〇)參看後章第二條末段刺木學本增訂之文。地學會法文本謂爲熱水浴,其文曰:「此城有浴所四千,是爲蒸氣浴,居民喜浴,愛清潔,月赴浴所數次,此處之浴塲爲世界最大最美而最良之浴塲。」

(註一一)馬可波羅所言之澉浦,疑在今海鹽縣南澉浦鎮附近。此名甚古,水經注卷二九已有著錄云:「谷水由縣出爲澉浦以通巨海。」唐宋元時皆爲市舶重地。

十世紀時，阿剌壁人所至之 Khanfu，祇能爲廣州。蓋阿剌壁人之行紀言及八七九年黃巢（寫作 Banshoa）之亂，中外商業因之暫時停止，嗣後改赴一名 Kanpou 或 Kantou 之海港，港在杭州附近。此港即波羅書之 Ganfu，亦剌木學本之 Gampu 也。阿剌壁人位置此 Kanpou 於古 Khanfou 之北，並云自此港東行，遵海而至新羅 (Sila)。

（註一二）此川即今之錢塘江。「古漸水，以其多曲折，故曰浙江，又曰之江。上游有二源，北曰新安江，亦曰歙港，水清，南曰蘭溪，水濁，二水合於建德縣東南，東北流至桐廬，曰桐江，至富陽曰富春江，至舊錢塘縣境曰錢塘江。江之兩岸有龕赭二山，南北對峙如門，廣五十里，曰鼈子門，舊日江水由此分三道入海。潮汐爲龕赭二山所束，勢極湍悍，其來如萬馬奔騰，八月望日午潮尤甚。清乾隆時江勢北趨，由赭山北入海，龕赭間及龕山南二水道已涸成田矣。」——辭源巳集八二頁。

（註一三）參看後章第八條剌木學本增訂之文。

（註一四）此禮拜堂業經 Moule 在至順鎭江志中發現，爲馬薛里吉思所建七寺之一，名樣宜忽木剌大普興寺，在杭州薦橋門附近。薦橋門乃俗稱，實名崇新門，今之城頭巷，乃昔日東城牆所在，今城乃改建於一三五九年時也。——通報一九一五年刊六五七頁註二六。

第一五一重章　補述行在（出刺木學本）

（一）離吳州（Vugiu）後，連續騎行三日，沿途見有環牆城村，富庶聚落。……行在城所供給之快樂，世界諸城無有及之者，人處其中，自信為置身天堂。馬可波羅閣下數至此城，曾留心其城之事，以其見聞，筆之於書，後此諸行，特為其節略而已。據共同之說，此城周圍有百哩，道路河渠頗寬展，此外有衢，列市其中，赴市之人甚衆。

城之位置，一面有一甘水湖，水極澄清，一面有一甚大河流。河流之水流入不少河渠，河渠大小不一，流經城內諸坊，排除一切汚穢，然後注入湖中，其水然後流向海洋，由是空氣甚潔。賴此河渠與夫街道，行人可以通行城中各地。街渠寬廣，車船甚易往來，運載居民必需之食糧。人謂城中有大小橋梁一萬二千座，然建於大渠而正對大道之橋拱甚高，船舶航行其下，可以不必下桅，而車馬仍可經行橋上，蓋其坡度適宜也。就事實言，如果橋梁不多，勢難往來各處。

(二)城與湖相對，圍城有渠，長有四十哩，甚寬，乃由昔日此地諸國王開掘而成，以備容納諸河流漫溢之水者也。平時則導上述河流之水於其中。此渠且供防守此城之用，掘渠之土，聚而成堤，圍繞此城。

城中有大市十所，沿街小市無數，尚未計焉。大市方廣每面各有半哩，大道通過其間。道寬四十步，自城此端達於彼端，經過橋梁甚衆。此道每四哩必有大市一所，每市周圍二哩，如上所述。市後與此大道並行，有一寬渠，隣市渠岸有石建大廈，乃印度等國商人挈其行李商貨頓止之所，利其近市也。

每星期有三日，爲市集之日，有四五萬人挈消費之百貨來此貿易。由是種種食物甚豐，野味如獐鹿、花鹿、野兔、家兔，禽類如鷓鴣、野雞、家雞之屬甚衆，鴨鵝之多，尤不可勝計，平時養之於湖上，其價甚賤，物搦齊亞城銀錢一枚，可購鵝一對，鴨兩對。復有屠塲，屠宰大畜如小牛、大牛、山羊之屬，其肉乃供富人大官之食。至若下民，則食種種不潔之肉，毫無厭惡。

此種市塲常有種種菜蔬果實，就中有大梨，每顆重至十磅，肉白如麪，芬香可口。

按季有黃桃白桃，味皆甚佳。然此地不產葡萄，亦無葡萄酒，由他國輸入乾葡萄及葡萄酒，但土人習飲米酒，不喜飲葡萄酒。

每日從河之下流二十五哩之海洋，運來魚類甚衆，而湖中所產亦豐，時時皆見有漁人在湖中取魚。湖魚各種皆有，視季候而異，賴有城中排除之汚穢，魚甚豐肥。有見市中積魚之多者，必以爲難以脫售，其實祇須數小時，魚市卽空，蓋城人每餐皆食魚肉也。

上述之十市場，周圍建有高屋。屋之下層則爲商店，售賣種種貨物，其中亦有香料首飾珠寶。有若干商店僅售香味米酒，不斷釀造，其價甚賤。

包圍市場之街道甚多，中有若干街道置有冷水浴場不少，場中有男女僕役輔助男女浴人沐浴。其人幼時不分季候，卽習於冷水浴，據云此事極適衞生。浴場之中亦有熱水浴，以備外國人未習冷水浴者之用。土人每日早起非浴後不進食。

(二)其他街道，娼妓居焉。其數之多，未敢言也，不但在市場附近此輩例居之處見之，全城之中皆有。衣飾燦麗，香氣逼人，僕婦甚衆，房舍什物華美。此輩工於惑人，言詞應對皆適人意,外國人一旦涉足其所,卽爲所迷,所以歸去以後,輒謂曾至天堂之城行在,極願重返其地。

其他街道居有醫士星者,亦有工於寫讀之人,與夫其他營業之人,不可勝計,居所皆在市場周圍。每市場對面有兩大官署,乃副王任命之法官判斷商人與本坊其他居民獄訟之所。此種法官每日必須監察附近看守橋梁之人是否盡職,否則懲之。

上述自城此端達彼端之大道,兩旁皆有房屋宮殿與夫園囿。然在道旁,則爲匠人之房屋。道上往來行人之衆,無人能信有如許食糧可供彼等之食,除非在市集之日,見買賣之人充滿於中,車船運貨絡繹不絕,運來之貨無不售者,始能信也。

茲取本城所食之胡椒以例之,由是可知平常消耗其他物品若肉酒香料之屬之衆。馬可波羅閣下曾聞大汗關吏言,行在城每日所食胡椒四十四擔,而每擔合二百二十三磅也。……

(四)……居人面白形美,男婦皆然,多衣絲綢,蓋行在全境產絲甚饒,而商賈由他州輸入之數尤難勝計。……

……此種商店富裕而重要之店主，皆不親手操作，反貌若莊嚴，敦好禮儀，其婦女妻室亦然。婦女皆麗，育於婉娩柔順之中，衣絲綢而帶珠寶，其價未能估計，其舊王雖命居民各人子承父業，第若致富以後，可以不必親手操作，惟須雇用工人，執行祖業而已。其家裝飾富麗，用巨資設備飾品圖畫古物，觀之洵足樂也。

行在城之居民舉止安靜，蓋其教育及其國王榜樣使之如此。不知執武器，家中亦不貯藏有之。諸家之間，從無爭論失和之事發生，縱在貿易製造之中，亦皆公平正直。男與男間，女與女間，親切之極，致使同街居民儼與一家之人無異。

互相親切之甚，致對於彼等婦女毫無忌妒猜疑之心。待遇婦女亦甚尊敬，其對於已婚婦女出無恥之言者，則視同匪人。彼等待遇來共貿易之外人，亦甚親切，款之於家，待遇週到，輔助勸導，盡其所能。反之，彼等對於士卒以及大汗之戍兵，悉皆厭惡，蓋以其國王及本地長官之敗亡，皆緣此輩有以致之也。……

（五）……湖中有兩島，各有宮一所，宮內有分建之殿閣甚衆。脫有人欲舉行婚禮，或設大宴會者，卽赴一宮舉行。其中器皿布帛皆備，是皆城民公置，貯之宮中，以供公用者也。有時在此可見人衆百羣，或設宴會，或行婚禮，各在分建殿閣之中舉行，秩序嚴整，各不相妨。

此外湖上有大小船隻甚衆，以供遊樂。每舟容十人，十五人，或二十人以上，舟長十五至二十步，底平寬，常保持其位置平穩。凡欲携其親友遊樂者，祇須選擇一舟可矣，舟中饒有桌椅及應接必須之一切器皿。舟頂用平板構成，操舟者在其上執篙撑舟湖底以行舟，（蓋湖深不過兩步）擬赴何處隨意所欲。舟頂以下，與夫四壁，懸掛各色畫圖。兩旁有窗可隨意啓閉，由是舟中席上之人，可觀四面種種風景。地上之賞心樂事，誠無有過於此遊湖之事者也，蓋在舟中可矚城中全景，無數宮殿廟觀園囿樹木，一覽無餘。湖中並見其他遊船，載遊人往來，蓋城民操作既畢，常携其婦女或娼妓乘舟遊湖，或乘車遊城。其車遊亦有足言者，城民亦以此爲遊樂之舉，與遊湖同也。

首應知者，行在一切道路皆鋪磚石，蠻子州中一切道途皆然，任赴何地，泥土不致沾足。惟大汗之郵使不能馳於鋪石道上，祇能在其旁土道之上奔馳。

上言通行全城之大道，兩旁鋪有磚石，各寬十步，中道則鋪細砂，下有陰溝宣洩雨水，流於諸渠中所以中道永遠乾燥。在此大道之上，常見長車往來，車有棚墊，足容六人。遊城之男女日租此車以供遊樂之用，是以時時見車無數，載諸城民行於中道，馳向園囿，然後由看守園囿之人招待至樹下休息，城民偕其婦女如是遊樂終日，及夜，始乘原車返家。

(六)行在居民風習，兒童誕生，其親立即記錄其生庚日時，然後由星者筆錄其生肖。兒童既長，經營商業，或出外旅行，或舉行婚姻，須持此紙向星者卜其吉凶。有時所卜甚準，人頗篤信之。此種星者要爲巫師，一切公共市場中爲數甚衆。未經星者預卜，絕不舉行婚姻。

尚有別一風習，富貴人死，一切親屬男女皆衣粗服，隨遺體赴焚尸之所。行時作樂，高聲禱告偶像，及至，擲不少紙繪之僕婢馬駝金銀布帛於火焚之。彼等自信以爲用此方法，死者在彼世可獲人畜金銀綢絹。焚尸既畢，復作樂，諸人皆唱言，死者靈魂將受偶像接待，重生彼世。

(七)此城每一街市建立石塔，遇有火災，居民可藏物於其中。(蓋房屋多用木料建造，火災常起。）此外大汗有命，諸橋之上，泰半遣人日夜看守。每橋十人，分爲兩班，夜間五人，日間五人，輪流看守。每橋置木梆一具，大鑼一具，及日夜識時之沙漏一具。夜中第一時過，看守者中之一人擊梆鑼一下，隣近諸戶知爲一時，二時以後，則擊二下，由是每逾一時，多擊一下，看守者終夜不眠。日出之後，重由第一時擊起，每時加增，與夜間同。

有一部份看守之人巡行街市，視禁時以後是否尚有燈火，如有某家燈火未息，則留符記於門，翌晨傳屋主於法官所訊之，若無詞可藉，則處罰。若在夜間禁時以後有人行街中，則加拘捕，翌晨送至法庭。日間若在街市見有殘廢窮苦不能工作之人，送至養濟院中收容。此種養濟院甚多，舊日國王所立，資產甚巨。其人疾愈以後，應使之有事可作。

若見一家發火，則擊梆警告，由是其他諸橋之守夜人奔赴火塲救火，將商人及其他被害人之物，或藏之上述之石塔中，或運至湖島。縱在此情況中，任何城民皆不能離家外出，進至火塲。祇見運物之人及救火之人往來其間，救火者其數至少有一二千人。

此種看守之人，尚須防備城中居民叛亂之事。大汗常屯有步兵騎兵無數於此城中，及其附近，並遣忠誠可恃之大藩主來此鎭守。蓋其視此州極爲重要，既爲都會，而其財富爲世界其他諸城所不及也。

又在同一目的中，每距一哩之地，建立不少土丘，每丘之上置一木架，懸一大響板，一人持板，一人以木槌擊板，響聲遠處可聞。有看守人永在此處看守，遇有火警，則擊板以警衆，蓋若火警報告不速，全城一半將成灰燼。又如前述叛亂之事，警板一響，附近諸橋之看守人立執兵奔赴。

（八）……君等切勿以爲蠻子諸城此種戍兵皆是韃靼，要以契丹人爲最衆，蓋韃靼爲騎士，其屯駐之地要在土地乾燥平坦可以馳騁之所，不能屯駐於饒有池澤諸城也。至在潮溼之地，則命契丹人及蠻子地方堪服軍役之人前往戍守。每年大汗選其臣民之能執兵者編入軍隊，命爲士卒。其在蠻子州中徵集之人，不戍本城，應往戍守遠距二十日程之地，戍期四五年，然後調還。此法並適用於契丹人及蠻子地域之人也。

從諸城徵收之賦稅，大部份入大汗之庫藏，用以養給此種戍兵。設有某城叛亂，卽抽調隣近諸城戍兵前往平服蓋叛亂時起，若從契丹州調兵平亂，須時二月也。職是之故，行在城中常置戍兵三萬，其他諸城或置步兵，或置騎兵，至少亦有千人。

（九）今請言一華麗宮殿，國王范福兒（Fanfur）之居也。其諸先王圍以高牆，周有十哩，內分三部，中部有一大門，由此而入，餘二部在其兩旁。（東西）見一平臺，上有高大殿閣，其頂皆用金碧畫柱承之。正殿正對大門，漆式相同，金柱承之，天花板亦飾以金，牆壁則繪前王事蹟。

每年偶像慶日，國王范福兒例在此殿設大朝會，大宴重臣高官及行在城之富商。諸殿足容萬人列席，朝會延十日或十二日。其盛况可驚，與宴者皆服金衣綢衣，上飾寶石無數，富麗無比。

此殿之後有牆，中闢一門，爲內宮門。入門有一大廷，繞以迴廊，國王及王后諸室卽在其中，裝飾華麗，天花板亦然。逾廷入一廊，寬六步，其長抵於湖畔。此廊兩旁各有十院，皆長方形，有遊廊，每院有五十室，園囿稱是，此處皆國王宮嬪千人所居。國王有時偕王后携帶宮嬪遊行湖上，巡幸廟宇，所乘之舟，上覆絲蓋。

牆內餘二部，有小林，有水泉，有果園，有獸囿，畜獐鹿花鹿野兎家兎。國王携諸宮嬪遊此兩部，有駕車者，有乘馬者，男子不許擅入。有時携犬獵取上述之獸，宮嬪馳逐既疲，則入小林，盡去衣服，游泳水中，國王觀之甚樂，泳畢皆還宮院。有時國王息於林中樹下，命諸宮嬪進食。由是日親女色，不識武器爲何物，怯懦至於亡國，土地悉爲大汗所得，蒙恥忍辱，如前所述也。（本書第一三八章）

以上乃我在此城時所聞行在某富商之言。其人年甚老，曾事國王范福兒，熟悉其生平諸事，既已目睹宮廷之舊狀，乃携我往遊。今爲大汗任命副王之駐所，前殿尙保存如故，然後宮則已頹廢，僅餘遺蹟，林園之圍牆亦傾圮，不復見有樹木獸畜。……

（十）……大汗使臣徵收年賦檢括戶口之時，馬可閣下適在行在城中，曾檢閱戶口有一百六十禿滿（toman）。每戶等如一家，每禿滿等如一萬，則城中共有一百六十萬家矣。人數雖有如是之衆，僅有聶思脫里派之禮拜堂一所。………

蠻子州中貧民無力撫養兒女者，多以兒女售之富人，冀其養育之易，生活之豐。

〔註一〕

〔註一〕右錄剌木學本之文較爲完備豐贍，足補舊本之闕。故除頗節本中相同之記錄外，盡採錄之。其中一百六十萬家之數，似有疑義，但亦並見於斡朵里克書。（戈爾迭本二九九至三〇五頁）茲並錄於下，以資對照。

「一稱哈禿寨（Catusaie）之哈寨（Casay）大城。」

「我至一城名曰哈禿寨，法蘭西語猶言天城。周有百哩，而在此大圈中，無一曠土不見民居。所以在不少居宅內容有十家以上。此城有附郭數處，而其居民超過他城之上。城有十二要門，各門外相距八里之地，皆有大城，較物搦齊亞城更大。自諸門達於諸城，街鎮連續不斷。由是行人可行六七日，自擬所行之路甚少，蓋其行程常在城與城間戶與戶間也。此城位在低地，處湖沼池澤之間，與物搦齊亞城相類。有一萬二千橋，每橋有看守之人，奉大汗之命看守。」

「城之一面有一極大河流，流經其間，所以此城長度過於寬度。我曾詳細訪問之於諸基督教徒，回教徒及佛教徒，衆人皆言此城周圍有百餘哩，而上述各城門外八哩之十二城鎮，尚未計焉。此城完全臣屬大汗，徵收賦稅之多，竟至不可思議。」

「每戶每年繳納一巴里失（balich），質言之，有類絲綢之紙券五張，價值物搦齊亞城之佛羅鈴（florin）一枚有半。然其人口甚衆，每戶之中致有十家或十一家者，總計城中戶口，有佛教徒八十五萬戶，回教徒四萬戶，兩共八十九萬戶，其他若基督教徒及外國商賈人數奇多，不在上列戶數之中。所以我以爲治理同在一處如是衆多之人爲世界之一異事。城中種種食糧若麪，肉，米酒，與夫百物，悉皆豐饒，其美酒名稱 bigum。」

「此爲蠻子州國王習駐之王城。此城有一要人，曾因方濟各派教士（frères mineurs）之勸化，歸依基督之教，將我接待於其宅中。彼常稱我曰阿塔（Atha），猶言父也。某次導我遊覽市城，至一道院。彼呼一教士而語之曰，熟視此富浪列班（Rabbin Frank），我今攜之來此。此教士來自日沒之地，旨在勸化大汗，所以請汝將此處若干靈異示之。此教士遂導我至一處，出示兩大器，內盛殘食，旋開園門，導我至園中一小山下。擊一鐘，山中有人面之畜三千有餘，聞聲而下。諸畜下山有序，性極溫和。此教士將殘食置於諸銀碗中，列諸畜前，待其食畢，復擊鐘，諸畜乃各還其穴。我甚驚異，詢爲何物。據答是爲貴人之靈，今推上帝之愛，故而飼之。我嚴責其不應信有此事，且謂此非人靈，僅爲未具理性之畜類而已，我言雖如此，彼仍膠執成見如故。且謂貴人之靈，變爲貴畜，貧賤人之靈，則變爲汚畜惡蟲。語畢不欲再聆他言。」

「有欲敘錄此城者，將成巨帙，然節而言之，是爲全世界最大而最名貴之城也。」

第一五二章　大汗每年取諸行在及其轄境之巨額賦稅

行在城及其轄境構成蠻子地方九部之一，茲請言大汗每年在此部中所徵之巨額課稅。第一爲鹽課，收入甚巨。每年收入總數合金八十秃滿（Joman）（註一）每秃滿値金色干（sequin）七萬，則八十秃滿共合金色干五百六十萬，每金色干値一佛羅鈴（florin）有奇，其合銀之巨可知也。（註二）

述鹽課畢，請言其他物品貨物之課。應知此城及其轄境製糖甚多，蠻子地方其他八部，亦有製者，世界其他諸地製糖總額不及蠻子地方製糖之多，人言且不及其半。所納糖課値百取三，對於其他商貨以及一切製品亦然。木炭甚多，產絲奇饒，此種出產之課，値百取十。此種收入，合計之多，竟使人不能信此蠻子第九部之地，每年納課如是之巨。

叙述此事之馬可波羅閣下，曾奉大汗命審察此蠻子第九部地之收入，除上述之鹽課總額不計外，共達金二百一十秃滿，値金色干一千四百七十萬，收入之巨，向所未聞。

大汗在此第九部地所徵課額，既如是之巨，其他八部收入之多，從可知也。然此部實爲最大而獲利最多之一部，大汗取之既多，故愛此地甚切，防守甚密，而以維持居民安寧。

茲從此地發足，請言他城。（註甲）

（註甲）刺木學本第二卷第六十九章所記微異，茲錄其文如下，以資參稽：

「大汗之收入」

「茲請略言大汗在此行在城及其所轄諸城所取之課稅。此城同構成蠻子地方第九部之其他諸城，別言之，蠻子境內九國之一國，所納之課，首爲鹽課，其額最巨，年入之額值金八十禿滿，（註一）每禿滿值八萬金色干，每金色干值一金佛羅鈴有奇，則共值六百四十萬色干矣。（註二）其故乃在此州位在海洋沿岸，由是饒有池澤，夏季海水蒸發，所取之鹽足供蠻子其他五國之食。」（註三）

「其地製糖甚多，其課值百取三點三三，與其他諸物同，又如米酒及上述共有一萬二千店肆之十二業之出產亦然。商人或輸入貨物至此城，或遵陸輸出貨物至他州，抑循海輸出貨物至外國，者亦納課百分之三點三三。然遠海之地如印度等國輸入之貨物，應納課百分之十。一切土產若牲畜，果實，絲綢之類，亦納什一之稅於副王。」

「馬可閣下曾審察其額，除上述之鹽課不計外，君主年入共有二百一十禿滿，每禿滿值八萬金色干，則共有一千六百八十萬金色干矣。」

（註一）諸本皆著錄有此八十禿滿之總額，禿滿猶言萬，則合爲八十萬，特未言其本位爲何，僅言其爲金而已。新元史卷七十一鹽課門云，一二八六年，兩浙鹽場出鹽四十五萬引，每引分二袋（合二百四十公斤），值中統鈔二十二貫，則四十五萬引共值九百九十萬中統鈔矣。假定鈔對銀仍保存其法定價值，應共值金九十九萬兩，我依波羅之語法，作九十九禿滿。至若每引二十二貫之價非永遠定價，時有增減，據新元史，一二七七年每引值中統鈔九貫，一二八二年又增四貫。波羅所記者未詳爲何年之價，假定事在一二八九年以前，則其八十禿滿之數，與吾人計算之數相懸亦不甚遠也。

至若鈔銀價值之懸殊，可以新元史卷七十一鹽課門之文考之：「太宗二年（一二三〇），始定鹽法，一引重四百斤，價銀十兩；中統二年（一二六一）減爲七兩；至元十三年（一二七六）每引改爲中統鈔九貫；二十六年（一二八九）增爲五十貫；元貞二年（一二九六）又增爲六十五貫；至大二年（一三〇九）至延祐三年（一三一六），累增爲一百五十貫」。

（註二）以現在貨幣合之每銀一兩合八弗郎二二七，（玉耳本第二册二一七頁）則波羅時代之金一兩合八十二弗郎二十七生丁，而其八十禿滿共値金幣六千五百八十一萬六千矣。波羅又云此種收入値物搦齊亞城之色干五百六十萬，頗節（五一一頁）計算每色干値十一弗郎十一生丁，則共有六千五百五十二萬弗郎，與吾人前此計算之數相近，並證明諸古本中五百六十萬之數，較優於剌木學本六百四十萬之數。

（註三）謂行在鹽塲之鹽足供其他五州之食，未免言過其實，蓋當時南方諸鹽塲除四川雲南不計外，蠻子境內尙有兩淮，福建，廣東，廣海諸鹽塲也。

第一五三章　塔皮州城

自行在發足騎行一日，（註一）抵塔皮州（Tacpiguy）城，城甚壯麗富庶而隸屬行在。居民臣屬大汗而使用紙幣。彼等是偶像教徒，而焚其死者尸，其法如前所述。恃工商及種種職業爲活。凡生活必需之物，悉皆豐饒而價賤。

此外無足言者，所以前行言一別城，城名武州，（註二）距塔皮州有三日程。居民是偶像教徒，臣屬大汗，使用紙幣而隸屬行在。彼等恃商工爲活。

此外無足言者，因是仍前行。

距此兩日程，有衢州（Giuguy）（註三）城甚壯麗。居民使用紙幣，產絲多，而恃工商爲活，食糧豐饒。此城隸屬行在，有竹最粗長，爲蠻子地方最粗，四掌長十五尺。此外無足言者，因是仍前行。

自衢州發足，騎行四日，經行一最美之地，中有環牆之城村甚衆，然後抵於强山。城甚壯麗，位在一丘陵上，將流赴海洋之河流，析而爲二。此城亦在行在轄境

（註四）

之中。蠻子全境，不見綿羊，惟多山羊與牛。居民是偶像教徒，而恃商業及種種技藝爲活。臣屬大汗而使用紙幣。

此外無足言者，因是仍前行。

離强山後騎行三日，抵信州城。（註五）居民是偶像教徒，臣屬大汗而使用紙幣。彼等恃工商爲活。此城壯麗，乃此方向中行在所轄之末一城。至若吾人現在行抵之福州（Fugui）則爲蠻子九部中之一部，與行在同也。

此外無足言者，請仍前行。

（註一）鈞案此城諸本著錄之寫法不一，頗節本亦作 Tacpinguy，剌木學本作Tapinzu，地學會法文本作 Tanpigui，拉丁文本作 Tampigui。沙氏原考作紹興府，不但對音不符，而且方向亦誤。蓋波羅如南行至福州，似無須取道紹興，且諸本中亦無渡江之語，似仍循錢塘江左岸行，其城應在杭州之西南。

（註二）鈞案此城名頗節本作 Vigui，地學會本作 Vugui，Bald.-Boni 本（第一册一四五頁）作 Uguy，剌木學本作 Uguiu。沙氏原考作婺州，亦誤。既未渡江，則亦不能取道金華也。

（註三）地學會本有 Ghingui，Ghenguy，Chengui，等寫法，若改 n 作 u，則皆爲衢州之對音矣。

（註四）地學會本有 Ciancian，Ciansan，Cianscian 等寫法，可對常山，然亦可對江山，核以析河水爲二之記載，似指常山，此河疑指金溪也。

（註五）頗節本寫此城名作 Giuguy，核以地學會拉丁文本 Cinguy 之寫法，亦應改 u 作 n，蓋指昔之信州，今之廣信。昔日伊本拔禿塔曾從鄱陽湖赴杭州，亦循同一道途，但未著錄有經過之城名云。

第一五四章　福州國

從行在國最後之信州（Cinguy）城發足，則入福州（Fuguy）國境，（註甲）由是騎行六日，經行美麗城村，其間食糧及帶毛帶羽之野味甚饒。亦見有虎不少，虎軀大而甚强。產薑及高良薑過度，物搦齊亞城銀錢一枚，可購好薑四磅。並見有一種果，形類泊夫藍（safran）用以爲食。應知其地居民，凡肉皆食，甚至人肉，亦極願食之，惟須其非病死者之肉耳。所以此輩尋覓被害者之尸而食其肉，頗以爲美。（註一）其赴戰者，有一種風習，請爲君等述之。此輩剃其額髮，染以藍色，如同劍刃。除隊長外皆步行，手執矛，而爲世界上最殘忍之人。蓋其輒尋人而殺，飲其血而食其肉。

茲置此不言，請言他事。上述之六日程行三日畢，（註乙）則見有城名格里府（Quelifu）城甚廣大。（註二）居民臣屬大汗，使用紙幣，並是偶像教徒。城中有三石橋，世界最美之橋也。每橋長一哩，寬二十尺，皆用大理石建造，有柱甚美麗。（註三）居民恃工商爲活，產絲多，（註四）而有薑及高良薑甚饒。（註五）其婦女甚美。有

一異事，足供叙錄，其地母雞無羽而有毛，與貓皮同。雞色黑，產卵，與吾國之卵無異，宜於食。（註六）

此外無足言者，請言他事。（註丙）再行三日又十五哩，抵一別城，名稱武干（Vu-guen）（註七）製糖甚多。居民是偶像教徒，而使用紙幣。

此外無足言者，此後請言福州之名貴。

剌木學本之異文如下：

（註甲）「離行在國最後一城名稱吉匝（Gieza-Cinguy）之城後，入崇迦（Concha）國境，其主要之城名曰福州。由此東南行六日，過山越谷，……其地產薑高良薑及他種香料甚饒，用一値物搦齊亞城銀錢一枚之貨幣，可購生薑八十磅。尙有一種植物，其果與眞正泊夫藍之一切原質無別，有其色味，人甚重之，而用爲一切食饌中之酌料，所以其價甚貴。……其人作戰時，垂髮至肩，染面作藍色，甚光燿。………」（第七十五章）

（註乙）「行此國六日至格陵府（Quelinfu）（註二）城甚廣大，有三橋甚美，各長百餘步，寬八步，用石建造，有大理石柱。（註三）此城婦女甚美，生活頗精究。其地產生絲甚多，用以織造種種綢絹，並紡棉作線染後織爲布運銷蠻子全境(註四)……聞人言其地有一種母雞，無羽，而有黑毛如貓毛，產卵，與吾國之卵無異，頗宜於食。(註六)其地有虎甚衆，頗爲行人患，非聚多人不能行。」(第七十六章)

(註丙)「自建寧府出發行三日，沿途常見有環牆之城村，居民是偶像教徒，饒有絲，商業貿盛，抵溫敢(Unguem)城。(註七)此城製糖甚多，運至汗八里城，以充上供。溫敢城未降順大汗前，其居民不知製糖，僅知煮漿，冷後成黑渣。降順大汗以後，時朝中有巴比倫(Babylonie 指埃及)地方之人，大汗遣之至此城，授民以製糖術，用一種樹灰製造。」(第七十七章)

(註一)食人之事，本書第一卷已見著錄，然在波羅以前阿剌壁之旅行家曾云：「至在中國偶有某長官不遵王命，則殺其人食之。中國人對於凡被劍殺之人，輒食其肉。」——Reinaud 書五二至五三頁。

此種惡習，在中世紀時使人驚愕，不如今日之甚，緣其非一族獨有者也。基督教國家中亦見其事，十字軍之賤民亦曾殺回教徒而食其肉也。

福建境內，此種山民乃屬蠻族，而非漢人。曾德照(Semedo)衞匡國(Martini)二神甫謂汀州府境高山中，此風尙存，其人與台灣山中之土著有血統上之關係。

（註二）兩說不同，一說謂行六日中之三日，抵格里府，一說謂行六日畢抵格陵府。地學會之法文本則云：自國境至格陵三日，自格陵至溫敢二日又十五哩，自溫敢至福州十五哩。據衞匡國之考訂，此格里府或格陵府，應是閩江松溪兩水滙流處之建寧府。

（註三）地學會法文本云：「此城有三橋美麗爲世界最長，一哩寬九步，全以石建，而有大理石柱。其麗奇之極，雖罄一大庫藏，亦祇能修建其一也。」觀此文具見原文非謂一橋長一哩，乃謂三橋合長一哩，刺木學本有各橋長百餘步之語，尤足參證此說也。

（註四）刺木學本所增關於絲棉之文確實不誤。今昔建寧紡絲甚多，而所製染色棉線，爲此城及福建其他諸城之流行品，其名曰紅綠錦。——菲力卜思（G. Phillips）說，見通報一八九〇年刊二二四頁。

（註五）產薑之地，本書曾著錄有漢中（第一一二章）蘇州（第一五〇章）兩地，然東北沿海諸省亦饒有之。

高良薑（galangal）爲譯音，出梵語之 Kulanjana，波斯語作 kulijan。——玉耳戈爾迭本第二册二二九頁。

剌木學本謂此地尙產其他藥材，然未言其地所產之茶，而此茶在九世紀時，阿剌壁旅行家已有著錄也。建寧府屬崇安縣有武夷山，以產福建名茶而著名，即英語之 Bohea tea 是已。

（註六）斡朵里克經行福州時，亦言有此雞，謂「其無羽，與吾輩之母雞異，僅有毛類羊毛。」此種雞中國各處幾盡有之，其名曰絲毛雞，或烏骨雞。

（註七）武干一地，似即尤溪。此城在延平府南直徑四十八公里。菲力卜思（通報一八九〇年刊二二四至二二五頁）曾云：「自延平循閩江下行八十五里，至尤溪水匯流處，溯尤溪上行八十里，抵尤溪縣城。行人至此，捨舟從陸，而赴永春州及泉州府，是爲自尤溪赴海岸常循之道。我以爲剌木學本之温敢，應是今之永春，土語稱此名與波羅書之溫干（Unguen）頗相近也。」

余以爲如謂其可對永春，亦可以對漳州北一百五十公里之永安。但此二城距建寧皆遠，而永安相距有八十七公里也。菲力卜思雖謂永春有一傳說，昔有西方人至此，授以製糖術，然不能因此遽謂製糖之所，僅限於一地也。——參看通報一八九六年刊二二六頁。

波羅之赴泉州，不祇一次，或經福州，（本書下章）或經漳州，（剌木學本下章）或直接取道永春，如菲力卜思之說，武干既爲諸道所必經，而尤溪之名不僅限於一城，在唐代且包括今永安永福兩縣境，今之永福即古之尤溪也。

第一五五章　福州之名貴

應知此福州(Fuguy)城，（註一）是楚伽(Chouka)國（註二）之都城，而此國亦爲蠻子境九部之一部也。（註三）此城爲工商輻輳之所。居民是偶像教徒而臣屬大汗。大汗軍戍此者甚衆，緣此城習於叛變，故以重兵守之。（註甲）

有一大河寬一哩，穿行此城。（註乙）此城製糖甚多，而珍珠寶石之交易甚大，蓋有印度船舶數艘，常載不少貴重貨物而來也。此城附近有剌桐(Zayton)港（註四）在海上，該河流至此港。（註丙）

在此（福州）見有足供娛樂之美麗園囿甚多。此城美麗，佈置既佳，凡生活必需之物皆饒而價甚賤。（註五）

此外無足言者，請仍前行。

地學會法文本有增訂之文如下：

（註甲）「軍隊戍此者甚衆，蓋其境內城村屢有叛變之事，故大汗以數軍戍之，由是若有叛變發生，福州之戍軍立取叛城毁之。」

（註乙）「此城建造不少船舶，以供航行此河之用。」

（註丙）「有不少印度船舶來此，亦有商人赴印度諸島貿易。尙須爲君等言者，此城近海上之剌桐港，印度船舶運載不少貨物赴此港者甚衆。諸船離此港後，上溯前述之大河而至福州城。此城因此輸入印度之貴重貨物。」

（註一）僅有剌木學本寫此地名作漳州（Cangiu），不作福州，脫此洵爲波羅之遺文，則不能謂此漳州爲福州傳寫之誤。蓋剌木學在第七十五章開始卽謂福州爲崇迦國之都城，而在此處（第七十八章）僅謂其爲一城，未言漳州爲都城也。

（註二）此名或作楚伽，或作崇迦，疑是「諸家」之對音，蓋因閩越王無諸而得此名，今城外鄉間婦女稱城內婦女曰諸娘，可以證之。

（註三）波羅所謂蠻子九部，蓋指南宋舊境，則雲南建昌土番等地與金國舊境皆不在數中。顧當波羅之時，行省時有遷移，頗難考證其名。姑就本書之記錄，參以元史之文，大致可以下列九省當之。

（一）行在卽江浙行省（一五一至一五三章）。

（二）福州即福建行省（一五四至一五六章）。

（三）揚州即江淮行省（一三九至一四三章）。

（四）南京即河南行省（一四四及一四五章）。

（五）阿黑八里即利州路（一一二章）。

（六）成都府即四川行省（一一三章）。

（七）新州即荊湖行省（一四五及一四六章）。

其餘二省未經本書著錄者，疑是湖廣江西兩行省。但後章僅言蠻子九國，僅述行在，揚州，福州三省，其他省略，未識何故。

（註四）諸本寫此名作 Caiton，Cayton，Zaitum，而頗節本獨作 Kayteu，似是 Zayten 之誤，茲改正。

（註五）後數年斡朵里克至福州時，敍述甚簡，僅言周圍有三十哩，其地公雞較他處爲大，母雞色白如雪，無羽而有毛，類羊毛。——戈爾迭本二六五頁。

波羅謂有一河穿行此城，語意似不明，蓋河距城有三公里也。顧河兩岸皆有民居，迄於南門，人煙不絕，殆誤以附郭爲城內歟。此誤甚細，蓋今人亦常稱南台爲福州也。

第一五六章　剌桐城

離福州後，渡一河，在一甚美之地騎行五日，則抵剌桐(Caiton)城，（註一）城甚廣大，隸屬福州。此城臣屬大汗，居民使用紙幣而爲偶像教徒。應知剌桐港卽在此城，印度一切船舶運載香料及其他一切貴重貨物咸蒞此港。是亦爲一切蠻子商人常至之港，由是商貨寶石珍珠輸入之多竟至不可思議，然後由此港轉販蠻子境內。我敢言亞歷山大(Alexandrie)或他港運載胡椒一船赴諸基督教國，乃至此剌桐港者，則有船舶百餘，所以大汗在此港徵收稅課，爲額極巨。

凡輸入之商貨，包括寶石珍珠及細貨在內，大汗課額十分取一，胡椒値百取四十四，沉香檀香及其他粗貨値百取五十。

此處一切生活必需之食糧皆甚豐饒。並知此剌桐城附近有一別城，名稱迪雲州(Tiunguy)。（註二）製造碗及磁器，既多且美。除此港外，他港皆不製此物，購價甚賤。此迪雲州城，特有一種語言。大汗在此崇迦(Concha)國中徵收課稅甚巨，且逾於行在國。

蠻子九國，吾人僅言其三，卽行在，揚州，福州是已。其餘六國，雖亦足述，然敍錄未免冗長，故止於此。

由前此之敍述，旣使君等詳知契丹蠻子同其他不少地方之情形，於種族之別，貿易之物，金銀與夫所見之其他諸物，悉具是編。然吾人所欲言者，本書未盡，尙有印度人之事物，及舉凡足供敍述之印度大事，至爲奇異，確實非僞，吾人亦據波羅閣下之說筆之於書。蓋其久居印度，對於風習及特點，知之甚審，我敢言無有一人聞見如彼之多也。（註甲）

（註甲）剌木學本此章較詳，茲全錄其文，以資參考。

「剌桐（Zaitum）城港及亭州（Tingui）城」

「離漳州（Cangiu）後，先渡一河，然後向東南行五日，見一美地，城市民居接連不斷，一切食糧皆饒，其道經過山丘平原同不少樹林，林中有若干出產樟腦之樹。是一野味極多之地，居民是偶像教徒，臣屬大汗，而隸漳州。行五日畢，則抵壯麗之城剌桐，（註一）此城有一名港在海洋上，乃不少船舶輻輳之所，諸船運載種種貨物至此，然後分配於蠻子全境。所卸胡椒甚多，若以亞歷山大運赴西方諸國者衡之，則彼數實微乎其微，蓋其不及此港百分之一也。此城爲世界最大良港之一，商人商貨聚積之多，幾難信有其事。」

「大汗徵收税課爲額甚巨，凡商貨皆值百抽十。顧商人細貨須付船舶運費值貨價百分之三十，胡椒百分之四十四，沉香檀香同其他香料或商品百分之四十，則商人所繳副王之税課，連同運費，合計值抵港貨物之半價，然其餘半價尚可獲大利，致使商人仍欲載新貨而重來。」

「居民是偶像教徒，而有食糧甚饒。其地堪娛樂，居民頗和善，樂於安逸。在此城中見有來自印度之旅客甚衆，特爲刺青而來，（語見第一二六章）蓋此處有人精於文身之術也。」（註二）

「抵於刺桐港之河流甚寬大，流甚急，爲行在以來可以航行之一支流。其與主流分流處，亭州城在焉，此城除製造磁質之碗盤外，別無他事足述。製磁之法，先在石礦取一種土，暴之風雨太陽之下三四十年。其土在此時間中成爲細土，然後可造上述器皿，上加以色，隨意所欲，旋置窯中燒之。先人積土，祇有子姪可用。此城之中磁市甚多，物搦齊亞錢一枚，不難購取八盤。」（註三）

「崇迦（Concha）國是蠻子九州之一，大汗所徵税額與行在國相等。今既述此國若干城市畢，其餘諸國置之不言，蓋波羅閣下在餘國居留，皆不及居留行在崇迦兩國之久也。」

「尚應言者，蠻子全境各地有種種方言，猶之吉那哇人（Génois）米蘭人（Milanais）弗羅郎司人（Florentins）阿普里人（Apuliens）各有一種語言，僅有本地之人能解，第蠻子全境僅有一種主要語言，一種文字也。」（註四）

「波羅閣下所欲言者，吾人述之未盡，茲結束此第二卷，（註五）請述大印度小印度中印度之州郡城邑。波羅閣下曾奉大汗命親蒞其中若干城邑，而最後歸國時曾偕其父叔送王妃於國王阿魯渾也。由是彼有機會述其親覽之異事，而對於所聞可信之人之言，與夫航行於印度者的地圖之所載，亦毫無遺漏焉。」

（註一）Klaproth 曾考訂此名為「刺桐」之對音（關於亞洲之記錄第二冊二一〇頁）並引一統志謂泉州古名刺桐，蓋建城時，植刺桐於城外，由是俗稱其城曰刺桐。

辭源子集三三六頁刺桐條云：「一名海桐，落葉喬木，枝幹皆有刺，葉圓大，稍似梧桐，甚繁密，春暮色深紅，其實如楓。福建晉江縣（泉州府治）唐時環城皆植刺桐，故號桐城。」

又據 F. Hirth（通報一八九四年刊三八八頁）引一二七四年之一漢籍之說，謂泉州亦名瑞桐，此又一說也。

衞匡國神甫之說以此城當漳州，似誤。漳州雖發現有基督教之遺物，然吾人不應忘者，一三一二至一三六二年間，方濟各派曾在泉州建有禮拜堂三所，置有主教四人。中國之回教禮拜堂最古者亦在泉州，十四世紀時回教徒在此城建一第二禮拜堂，甚壯麗，迄今尚存。可參考通報一九〇二年刊六八六至七二六頁。

玉耳及戈爾迭引刺失德丁書之中國行省表，謂「第七福建行省，先在刺桐，後徙福州，今尚在其地。」又據頗節所引元史至元十五年（一二七八）置行中書省於泉州，十八年（一二八一）遷泉州行省於福州，十九年（一二八二）復還泉州，二十年（一二八三）仍遷福州，二十二年（一二八五）併入杭州。足證波斯史家之刺桐，即是元史之泉州矣。

布萊慈奈德引元史食貨志市舶條云：「至元十四年（一二七七）立市舶司一於泉州，立市舶司三於慶元、上海、澉浦，令福建安撫使督之。」泉州爲當時舶商貿易之要港，則中世紀西方旅行家之刺桐爲泉州，彰彰明矣。此外中國載籍可以參證此說者不少。——中世紀尋究第一册一八六至一八七頁。

泉州在此時代必係外人時常往來之海港，一二九〇年波羅等西還時卽在此登舟，數十年後，伊本拔禿塔馬利諾里亦然。忽必烈遠征日本爪哇之舟師皆在泉州出發，而出使外國之使臣幾亦盡在此處登陸也。

伊本拔禿塔書（第四册二六八至二六九頁）叙述此城云：「茲請回述吾人旅行之細情，吾人海行後，首先登陸之城爲刺桐（Zayton）城。刺桐阿剌壁語雖訓作橄欖，然城中無此樹，而在中國他處及印度亦未見有之。（案此說不實）此城甚壯麗，織造絨及一種名稱刺桐緞（zeitouny-yah）之緞子，較之行在汗八里所織之緞爲優。刺桐港爲世界最大海港之一，竟可謂爲世界極大之海港，我在港中見有大舶約有百艘，至若小舶未能以數計。是爲一大海灣，伸入陸地與大河連接。此城一如其他中國諸城，每居民皆有園一所，田一處，而其居屋則在中央。……職是之故，中國人之城市甚大。」

泉州緞在中世紀時頗著名，波斯人名之曰 zeituni，迦思梯勒人（Castillans）名之曰 setuni，意大利人名之曰 zetani，而法蘭西語之 satin，疑亦出於此也。

泉州港之衰微，似始於元末。一三六二年，最後主教 Jacques de Florence 被害後，泉州之回教徒叛亂，燒殺亙數月。官吏平亂後，嚴懲回教徒，不許入士籍。自是以後，外國貿易大爲減少。十六世紀初年，要在一五〇六至一五二二年間，廢市舶司，漳州遂代興。——見一九〇二年通報 Arniz 神甫撰文。

（註二）鈞案 Tiungui 舊考作汀州或德化，沙氏乃誤作洪州，大誤。余前此因饒窯，亦誤以此德化爲江西之德化，忘記福建德化之建窯，本章所言之瓷器，應是建窯。至若 Tiungui 疑是泉州之對音，德化屬泉州，波羅名晉江之港曰刺桐，而稱德化爲泉州，亦理中或有之事也。

（註三）不可因此文遽謂福建之漢人有文身之習，殆亦海上之人往來泉州之衆，因執業於此港也。阿刺壁人名此術曰 Usciam。

（註四）其意猶言此國方言甚多，彼此各異，然有一種文字可以通行。

（註五）馬可波羅書大致釐爲三卷，據此可以證明。波羅在後卷兼述其未至之地，敘錄其所聞之異說。至其所言之地圖，殆指阿刺壁人航行印度中國諸海所用之地圖，亦後日葡萄牙最初航海家所用之地圖也。

第二卷譯後語

馬可波羅書四卷以此卷爲最長，而難題亦以此卷爲最多。此卷專記中國事，論理地名可從中國，其實有不然者。此書不過是大德年間之一部撰述，在中國人視之，不能算爲古本，但因傳本太多，寫法不一，其難一。波羅路綫不明，如自涿州至西安，又自涿州至淮安，中間究竟經行何地，別無他書可以參考，其難二。沙氏箇人考訂，頗多附會穿鑿，往往妄改原書地名，改行在爲杭州府，尙有說也，寫鎭巢軍作常州府，寫塔皮州作紹興府，未免過於武斷，由是於地名錯雜之中更加紊亂，其難三。職是之故，譯文於本卷之地名，經沙氏妄改者，皆復其舊，大致不誤者，錄其原名，稍涉疑義者，寫其對音，所以有該州，哈强府，阿木州，禿落蠻，哈寒府，强格路，强格里，中定府，新州馬頭，臨州，西州，新州，塔皮州等無從比附之譯名。此類譯名之對音未敢必其讀法不誤，緣此書涉及語言甚多，固有主張原本爲法文本之說者，然其中有若干寫法多從意大利文，故本卷譯音大致從意大利語讀法。復次本書對於同一地名，著錄之寫法不一，如

第一五四章註甲之崇迦，第一五五章又作楚迦，乃其一例，譯文兩錄之，他皆仿此。此外譯文，務求不失原文樸質風味，原文編次雖欠條理，且多複詞疊句，然未敢稍加改竄，寧失之乾燥，不願鉤章棘句而失其眞。總之，本卷中之難題甚多，足供考據家之爬梳也。

民國二十四年八月一日馮承鈞識。

第三卷

日本　越南　東印度　南印度

印度洋沿岸及諸島嶼　東非洲

第一五七章　首誌印度述所見之異物並及人民之風俗

前述諸地，叙錄既畢，此後請言印度及其異物，而首言商人所附以往來印度諸島之船舶。

應知其船舶用樅木（sapin）製造，僅具一甲板。各有船房五六十所，商人皆處其中，頗寬適。船各有一舵，而具四桅，偶亦別具二桅，可以豎倒隨意。（註甲）船用好鐵釘結合，有二厚板疊加於上，不用松香，蓋不知有其物也，然用麻及樹油摻合塗壁，使之絕不透水。

每船舶上，至少應有水手二百人，蓋船甚廣大，足載胡椒五六千擔。（註乙）無風之時，行船用櫓，櫓甚大，每具須用櫓手四人操之。每大船各曳二小船於後，每小船各有船夫四五十人，操櫂而行，以助大船。別有小船十數助理大船事務，若拋錨，捕魚等事而已。大船張帆之時，諸小船相連，繫於大舟之後而行。然具帆之二小舟，單行自動與大船同。

此種船舶，每年修理一次，加厚板一層，其板鉋光塗油，結合於原有船板之上，其單獨行動張帆之二小船，修理之法亦同。應知此每年或必要時增加之板，祇能在數年間爲之，至船壁有六板厚時遂止。蓋逾此限度以外，不復加板，業已厚有六板之船，不復航行大海，僅供沿岸航行之用，至其不能航行之時，然後卸之。

既述往來海洋及諸印度島嶼之船舶畢，（註一）請先言印度之異物。

剌木學本第三卷第一章之異文如下：

（註甲）「其商船用樅木松木製造，諸船皆祇具一甲板，上有船房，視船之大小，房數在六十所上下，每房有一船客，居甚安適。諸船皆有一堅舵，具四桅，張四帆，有時其中二桅可以隨意豎倒。此外有若干最大船舶有內艙至十三所，互以厚板隔之，其用在防海險，如船身觸礁或觸餓鯨而海水透入之事，其事常見，蓋夜行破浪之時，附近之鯨見水起白沫，以為有食可取，奮起觸船，常將船身某處破裂也。至是水由破處浸入，流入船艙，水手發現船身破處，立將浸水艙中之貨物徙於隣艙，蓋諸艙之壁嵌隔甚堅，水不能透，然後修理破處，復將徙出貨物運回艙中……」。

（註乙）「諸船舶之最大者，需用船員三百人或二百八或一百五十人，多少隨其大小而異，足載胡椒五六千包。昔日船舶噸數常較今日為重，但因波浪激烈，曾將不少地方沙灘遷徙，尤其是在諸重要海港之中，吃水量淺，不足以容如是大舟，所以今日造船較小……」。

（註一）波羅所稱「印度諸島」，蓋指位置中國海中之一切島嶼，並將日本包括在內。其所詳述之大海航船，必是中國船舶，當時中國船舶似較歐洲船舶為大。剌木學本所誌百五十八人至三百人之數，已不為少，然有若干旅行家且謂其足載七百人（斡朵里克書）至千人（伊本拔秃塔書）也，伊本拔秃塔謂中國船舶僅航行中國海中，而所記頗足以廣異聞，然其文太長，未能轉錄於此。——參看伊本拔秃塔行紀第四册八八頁以後。——G. Stanton 書法文譯本第二册三四一頁。——Deguignes 行紀第二册二〇六頁——Charpentier Corsigny 廣州行紀二四四頁。——

J. H. Grose 行紀法文譯本一六五至一六六頁。

第一五八章　日本國島

日本國（Zipangu）（註一）是一島，在東方大海中，距陸一千五百哩。其島甚大，居民是偶像教徒，而自治其國。據有黃金，其數無限，蓋其所屬諸島有金，而地距陸甚遠，商人鮮至，所以金多無量，而不知何用。（註二）

此島君主宮上有一偉大奇蹟，請爲君等言之。君主有一大宮，其頂皆用精金爲之，與我輩禮拜堂用鉛者相同，由是其價頗難估計。復次宮廷房室地鋪金磚，以代石板，一切窗櫳亦用精金，由是此宮之富無限，言之無人能信。（註三）

有紅鷓鴣甚多，而其味甚美。亦饒有寶石珍珠，珠色如薔薇，甚美而價甚巨，珠大而圓，與白珠之價等重。（註甲）（註四）

忽必烈汗聞此島廣有財富，謀取之。因遣其男爵二人統率船舶步騎甚衆而往。茲二男爵謹慎勇敢，一名阿巴罕（Abacan），一名范參眞（Vonsainchin），（註五）率其部衆自剌桐行，在兩港登舟出發。既至，登陸，奪據一切平原村莊，然未能攻下何種城堡，由是有下述之禍發生。

會北風大起，此島沿岸少有海港，因是大受損害，風烈甚，大汗艦隊不能抵禦。諸帥見之以爲船舶留此，勢必全滅，於是登舟，張帆離去。航行不久，至一小島，風浪漂流，欲避不能，船多破沉，其軍多死，僅餘三萬人得免，避難於此島中。(註乙)

彼等既無食糧，不知所措，待死而已。然在絕望之中，見有若干船舶未遭難者疾駛返向本國，不來援救。蓋統軍之二男爵互相嫌忌，得脫走之男爵遂不欲回救其避難島中之同僚。但風勢不久便息，可以回舟援救，而彼不欲救之，徑還本國。避難之島，絕無人煙，除彼等外，不見他人。

刺木學本第三卷第二章增訂之文如下：

(註甲)「島人死者，或用土葬，或用火葬，土葬者習含此珠一粒於口而殮。」

(註乙)「風暴怒起，船舶破沉者甚衆，僅有攀附破船遺物者得免，避難於隣近之一島中，島距日本國岸四哩。其他諸舟距岸較遠者，未曾受難，二男爵及諸統將若百戶千戶萬戶等並在其中，遂張帆還其本國。」

（註一）案 Zipangu 他本別有 Gypungu, Zapangu 等寫法，並是漢語日本國之對音，至若歐洲語之 Japon, Japan, 等寫法疑是出於馬來語之 Japun 或 Japang 者，剌失德丁書則寫作 Gemcut。元史卷二〇八日本傳云：「日本國在東海之東，古稱倭奴國，或云惡其舊名，故改名日本，以其國近日所出也。」案倭奴國亦作倭國，阿剌壁人地志中之 Wa-kwak 卽其對音也。

（註二）訖於十九世紀中葉時，日本孤立，不與外通，所以金多而價賤。（金三量易銀一量）阿剌壁地理學者 Edrisi 十二世紀中人也，曾謂日本諸島黃金視同常物，狗之頸圈致以黃金製之。

（註三）因有馬可波羅日本條之敍述，復經十五世紀學者之解釋，遂使宇宙學者 Paolo Toscanelli 在一四七四年致此著名之信札於哥倫布（Christophe Colomb）云：「日本國（Cipango）島富有黃金珍珠寶石，用金磚蓋其廟宇王宮，彼等欲其財寶不爲人所發現，常埋藏之。」——Lazari 本三八三頁。

賴有馬可波羅書，尤賴有書中之日本國條，遂啟哥倫布探險之舉。當時相傳中國距歐洲東十五時，而日本國更在其東，哥倫布自歐洲出發後，當然向西行而取捷道，不向東行而繞道非洲也。當時有一傳說，謂馬可波羅曾携有一航海地圖及世界地圖歸歐洲，哥倫布或曾見此圖也。哥倫布之事業盡人皆知，勿庸贅述。茲僅言其受馬可波羅書影響之深，逮抵 Hispaniola 時，彼以爲此地即是馬可波羅書中之日本國也。——Koempfer 書卷首二十四頁。

（註四）薔薇色珠甚稀，在今日尙爲貴重之物。黑珠亦然，凡寶石商人終身所見之薔薇色珠或黑色珠，不能有六粒也。日本人近年培養蠔珠，成績似尙未顯。

（註五）東征日本之兩帥名，曾據昔日耶穌會諸神甫考訂，阿巴罕即是阿剌罕，其人歿於慶元（寧波），元史有傳，范參眞應是范文虎，元史無傳。茲取元史卷二〇八日本傳之文以參稽互考之。

「日本爲國去中土殊遠，又隔大海，自後漢歷魏晉宋隋皆來貢，唐永徽（六五〇至六五五），顯慶（六五六至六六〇），長安（七〇一至七〇四），開元（七一三至七四一），天寶（七四二至七五五），上元（七六〇至七六一），貞元（七八五至八〇四），元和（八〇六至八二〇），開成（八三六至八四〇）中並遣使入朝。宋雍熙元年（九八四）日本僧奝然善隸書，不通華言，問其風土，但書以對，云其國中有五經書及佛經，白居易集七十卷。奝然還後，以國人來者曰滕木吉，以僧來者曰寂照，寂照識文字，繕寫甚妙。至熙寧（一〇六八至一〇七七）以後，連貢方物，其來者皆僧也。元世祖之至元二年（一二六五），以高麗人趙彝等言日本國可通，擇可奉使者，三年（一二六六）八月命兵部侍郎黑的給虎符充國信使禮部侍郎殷弘給金符充國信副使持國書使日本。書曰：大蒙古國皇帝奉書日本國王，朕惟自古小國之君境土相接，尙務講信修睦，況我祖宗受天明命，奄有區夏，遐方異域畏威懷德不可悉數。朕卽位之初，以高麗無辜之民久瘁鋒鏑，卽令罷兵還其疆域，反其旄倪。高麗君臣感戴來朝，義雖君臣，歡若父子，計王之君臣亦已知之。高麗朕之東藩也，日本密邇高麗，開國以來，亦時通中國，至於朕躬，而無一乘之使以通和好，尙恐王國知之未審，故特遣使持書布告朕志，冀自今以往，通問結好以相親睦。且聖人四海爲家，不相通好，豈一家之理哉。以至用兵，夫孰所好，王其圖之。黑的等道由高麗，高麗國王王禃以帝命遣其樞密院副使宋君斐，借禮部侍郎金贊等導詔使黑的等往日本，不至而還。四年（一二六七）六月，帝謂王禃以辭爲解，令去使徒還，復遣黑的等至高麗諭禃，委以日本事，以必得其要領爲期。禃以爲海道險阻，不可辱天使，九月，遣其起居舍人潘阜等持書往日本，留六月，亦不得其要領而歸。五年（一二六八）九月，命黑的弘復持書往，至對馬島，日本人拒而不納，執其塔二郎彌二郎二人而還。六年（一二六九）六月，命高麗金有成送還執者，俾中書省牒其國，亦不報。有成留其太宰府守護所者久之。十二月，又命祕書監趙良弼往使。書曰：蓋聞王者無外，高麗與朕既爲一家，王國實爲隣境，故嘗馳信使修好，爲疆場之吏抑而弗通。所獲二人，敕有司慰撫，俾賷牒以還，遂復寂無所聞。繼欲通問，屬高麗權臣林衍搆亂，坐是弗果。豈王亦因此輟不遣使，或已遣而中路梗塞，皆不可知。不然日本素號知禮之國，王之君臣寧肯漫爲弗思之事乎。近已滅林衍，復舊王位，安集其民，特命少中大夫祕書監趙良弼充國信使，持書以往。如即發使與之偕來，親仁善鄰，國之美事，其或猶豫以至用兵，夫誰所樂爲也。王其審圖之。良弼將往，乞定與其王相見之儀。廷議與其國上下之分未定，無禮數可言。帝從之。七年（一二七〇）十二月，諭詔高麗王禃，送國信使趙良弼通好日本，期於必達。仍以忽林失王國昌洪茶丘將兵送抵海上，比國信使還，姑令金州等處屯駐。八年（一二七一）六月，日本通事曹介升等上言，高麗迂路導引國使，外有捷徑，倘得便風，半日可到，若使臣去則不敢同往，若大軍進征，則願爲鄉導。帝曰，如此則當思之。九月，高麗王禃遣其通事別將徐稱導送良弼使日本，日本始遣彌四郎者入朝，帝宴勞遣之。九年（一二七二）二月，樞密院臣言，奉使日本趙良弼遣書狀官張鐸來言，去歲九月與日本國人彌四郎等至太宰府西守護所。守者云，曩爲高麗所紿，屢言上國來伐，豈期皇帝好生惡殺，先遣行人下示璽書。然王京去此尚遠，願先遣人從奉使回報。良弼乃遣鐸同其使二十六人至京師求見。帝疑其國主使之來，云守護所者，詐也。詔翰林承旨和禮霍孫以問，姚樞許衡等皆對曰，誠如聖算，彼懼我加兵，故發此輩伺吾強弱耳，宜示之寬仁，且不宜聽其入見，從之。是月，高麗王禃致書日本，五月，又以書往，令必通好大朝，皆不報。十年（一二七三）六月，趙良弼復使日本，至太宰府而還。十一年（一二七四）三月，命鳳州經略使忻都，高麗軍民總管洪茶丘，以千料舟，拔都魯輕疾舟，汲水小舟各三百，共九百艘，載士卒一萬五千，期以七月征日本。冬十月，入其國，敗之，而官軍不整，又矢盡，惟虜掠四境而歸。十二年（一二七五）二月，遣禮部侍郎杜世忠，兵部侍郎何文著，計議官撒都魯丁往使，復致書，亦不報。十四年（一二七七），日本遣商人持金來易銅錢，許之。十七年（一二八〇）二月，日本殺國使杜世忠等，征東元帥忻都洪茶丘請自率兵往討，廷議姑少緩之。五月，召范文虎議征日本。八月，詔募征日本士卒。十八年（一二八一）正月，命日本行省右丞相阿剌罕，右丞范文虎，忻都，洪茶丘等率十萬人征日本。二月，諸將陛辭，帝敕曰，始因彼國使來，故朝廷亦遣使往，彼遂留我使不還，故使卿輩爲此行。朕聞漢人者，取人家國，欲得百姓土地，若盡殺百姓，徒得地何用。又有一事，朕實憂之，恐卿輩不和耳。假若彼國人至，與卿輩有所議，當同心協謀，如出一口答之。五月，日本行省參議裴國佐等言，本省右丞相阿剌罕，范右丞，李左丞，先與忻都茶丘入朝時，同院官議定領舟師至高麗金州，與忻都茶丘軍會，然後入征日本。又爲風水不便，再議定會於一歧島。今年三月，有日本船爲風水漂至者，令其水工畫地圖，因見近太宰府西有平壺島者，周圍皆水，可屯軍船。此島非其所防，若徑往據此島，使人乘船往一岐，呼忻都茶丘來會，進討爲利。帝曰，此間不悉彼中事宜，阿剌罕輩必知，令其自處之。六月，阿剌罕以病不能行，令阿塔海代總軍事。八月，諸將未見敵，喪全師以還。乃言至日本，欲攻太宰府，暴風破舟，猶欲議戰，萬戶厲德彪，招討王國佐，水手總管陸文政等，不聽節制，輒逃去，本省載餘軍至合浦，散遣還鄉里。未幾，敗卒于閶脫歸，言官軍六月入海，七月至平壺島，移五龍山，八月一日風破舟，五日文虎等諸將各自擇堅好船乘之，棄士卒十餘萬于山下。衆議推張百戶者爲主帥，號之曰張總管，聽其約束，方伐木作舟，欲還，七日日本人來戰，盡死，餘二三萬爲其虜去。九日至八角島，盡殺蒙古高麗漢人，謂新附軍爲唐人，不殺而奴之，閶輩是也。蓋行省官議事不相下，故皆棄軍歸。久之，莫靑與吳萬五者亦逃還，十萬之衆得還者三人耳。二十年（一二八三），命阿塔海爲日本行省丞相，與徹里帖木兒右丞，劉二拔都兒左丞，募兵造舟，欲復征日本。淮西宣慰使昂吉爾上言民勞，乞寢兵。二十一年（一二八四），又以其俗尙佛，遣王積翁與補陀僧如智往使，舟中有不願行者，共謀殺積翁，不果至。二十三年（一二八六），帝曰，日本未嘗相侵，今交趾犯邊，宜置日本，專事交趾。成宗大德二年（一二九八）江浙行省平章政事也速答兒乞用兵日本，帝曰，今非其時，朕徐思之。三年（一二九九）遣僧寧一山者，加妙慈弘濟大師，附商舶往使日本，而日本人竟不至。」

新元史日本傳兼輯諸本傳文，雖有關係，然不常與正文相合。此外可參考錢德明（Amiot）書第十四册六三至七四頁，馮秉正（Mailla）書第九册四〇五及四〇九頁。最近山田(Nak. Yamada)所撰之「元寇」（Ghenko, The mongol invasion of Japon）一書，頗類大仲馬（Alexandre Dumas）氏之小說，非信史也。

第一五九章　避難島中之大汗軍奪據敵城

留於島中者有三萬人，既無法得脫，待死而已。大島之王聞敵兵一部避難島中，另一部皆散走逃還本國，甚喜，遂聚集大島一切船舶，已而進至小島，環島登岸。登岸以後，不留一人看守船舶，其謀至爲不愼。韃靼人較有策謀，見敵衆登岸，乃僞作逃走之狀，羣登敵舟，舟中空無一人，登之甚易。

登舟以後，立卽出發，航至大島，登陸以後，執本島君主旗幟，進向都城。城中戍守之衆，未虞敵至，見本國旗幟，以爲本國兵至，聽其入城。彼等盡入城後，佔據一切險要，盡驅城衆出城，僅留美女。大汗軍取城之法如此。

大島之王及其軍隊，見都城艦隊盡失，大痛，然猶登餘舟進至大島沿岸，立集全軍，近圍都城，圍之甚密，無人可以出入。城內之衆守城七閱月，日夜謀以其事通知大汗，然交通既斷，無法上聞也。及見不能再守，遂約免死求降，並許永不離去此島。事在救世主誕生後之一二七九年也。（註一）

二男爵中之一人逃歸者大汗斷其首，嗣後並殺留居島中之別一人，蓋在戰中，練達之將不能有此失也。(註二)

此次遠征中尙有別一異事，前忘言之，茲請追述於此。初，大汗軍在大島登岸佔據平原後，有一塔拒守不降，攻拔之，盡斷守者之首，惟有八人不受刃傷。蓋其臂上皮肉之間，巧嵌石塊，以作護符，此石效力足使嵌之者可免鐵傷。諸男爵聞其事，命杖殺其人，將各人之石取出而寶視之。(註三)

茲置此事不言，請回言本題。

(註一) 地學會本作一二六九年，Bâle 城鈔本作一二八九年，剌木學本作一二六四年，頗節諸本作一二七九年，皆與前章註五所引元史記載之年數不符，足證征東之役馬可波羅未曾參預其事。至若難軍奪取日本某城之事，未見載籍著錄，殆是一二七四年一役事，抑爲蒙古朝廷諱敗之傳說也。

(註二) 剌木學對於第二男爵增訂之文有云：「流之主兒扯（Zorza）野島中用下述懲治罪人之法以正其罪。取新剝牛皮裹罪人，密縫之，皮乾縮小，人體束於其中，不能動作，因頓以致於死。」此島未詳，殆是黑龍江口之一島也。

(註三)修士斡朵里克記婆羅(Bornéo)洲土人事亦同：「有一種藤，內藏寶石，有人取之配帶者不受鐵傷。欲使此石有效，在諸子臂上破一深創，置石創中，旋用一種粉塗此創，創即合。此粉用魚作之，然不知爲何魚。彼等因有此石保護，在海上戰無不勝。其鄰部之人知其可以禦鐵，乃用無鐵之矛箭以戰……。」——戈爾迭本斡朵里克書一七六頁。

此種石塊蓋爲獸類糞石，玉耳曾分別有鹿、駝、魚、蛇之糞石數種。D'Herbelot 曾考訂云：「有 Badzeher 或 Bazeher 者，波斯語猶言驅毒之物，與希臘人所稱 Antidotes 意義相同。然世人特用此名以指石塊，吾人由傳寫之訛，遂一變而爲 bezoar。若干阿剌壁著作家或以爲此石出於礦中，或以爲是某種蛇首所產，又有人以其出於鹿之眼角。相傳鹿食蛇後，石漸長大，痂脫石重墜於中國土番野外沙中。其性在能吸取創中之毒，以石就創，石即與創接，吸毒既畢，置石水中浸之，毒復出，以後重用此石治創輒有效。」——D'Herbelot 書一六七頁。

「東方民族信仰護符之風，尙屬普及，或以其能致大福，或以其能去大禍。卽若吾人，此風亦遍，有軍人佩載曾經祝福之物於身，以爲其效可禦敵人砲彈也。」——頗節本五四七頁註三。

第一六〇章　偶像之形式

應知契丹蠻子之偶像與夫日本之偶像，悉皆相同。有牛頭者，別有豬頭狗頭或羊頭及其他數種形貌者。又有若干四頭者，別有三頭者，兩臂各有一頭。更有四手者，十手者，及千手者，千手之像，受人信奉較甚於他像。基督教徒曾詢彼等，何以造作偶像形貌不同而不相類，彼等答曰，祖宗傳之子孫，卽已如此，而彼等留傳於後人亦復如是，由是永遠皆然。應知此種偶像作爲，悉屬魔術，未便述之。所以置此偶像不言，請言他事。

尙應爲君等言者，此島（日本）及印度海其他諸島之居民，俘一敵者，若敵不能用金贖還，俘敵之人，則召集一切親友，殺此人而聚食其肉，謂是爲世上最美之肉。

茲置此事不言，請言他事。

應知此類島嶼所處之海，名稱秦（Cin, Cim）海，（註一）猶言接觸蠻子地方之海也。蓋此類島民語言稱蠻子曰秦，故以名之。此海延至東方，據習於航行此海漁夫水手之說，彼等時常往來水道之中，共有七千四百五十九島，彼等除航海外不作他事，故熟知之。諸島皆出產貴重芬芳之樹木，如沉香木及其他良木之類，亦有調味香料種類甚多。例如製造胡椒，色白如雪，產額甚巨，即在此類島嶼也。（註二）由是其中一切富源，或爲黃金寶石，或爲一切種類香料，多至不可思議，然諸島距陸甚遠，頗難到達，剌桐行在船舶之赴諸島者皆獲大利。

來往行程須時一年，蓋其以冬季往，以夏季歸。緣在此海之中，年有信風二次，一送其往，一送其歸。此二信風，前者亙延全冬，後者亙延全夏。（註三）君等應知其地距印度甚遠，赴其地者須時甚長。此海雖名秦海，廣大不下西方大海。（指大西洋）其在此處具此名，猶之在英吉利名海曰英吉利海，他處名海曰印度海，然此種種海皆不失爲西海之一部也。（註四）

此地爲難至之貴地，馬可波羅閣下從未涉足其間。大汗與之毫無關係，諸島對之不納貢賦，不盡藩職。

所以吾人重返剌桐，是爲小印度發航之所。

（註一）本書名中國曰 Cin, Cim，首見於此，亦獨見於此。當時阿剌壁之地學家謂中國海起滿剌加(Malacca)海峽，與今日同。至若 Cina, China, Chine, 諸稱，非出之中國，而出自波斯阿剌壁，葡萄牙等地之航海家，皆爲支那 (Cina) 之種種寫法。支那者，秦以來亞洲其他民族以名中國之稱也。

此名之起源，昔日學者頗有爭持。十七世紀中葉時，衞匡國神甫業已主張支那之名本於秦，蓋由紀元前二四九至二〇七年間之一朝代名稱所轉出。此說爲人承認久矣，然至近代 Von Richtofen, H. Yule, Terrien de Lacouperie, Chavannes 諸氏皆否認之。最後伯希和仍取衞匡國之舊說，以其「獨與對音相合，而可認爲中國全部之稱。……此支那之稱出於印度，固無可疑，第中國人亦自承此名所指者爲中國。中國人固不以秦而自名，然此稱尚引起其種族地域之觀念。……準是以觀，支那與秦相對，在音韻史地方面，皆能相合，故余採之。」——見遠東法國學校校刊第四册一四三至一四九頁——並參看通報一九一二年刊七一七至七四二頁，又一九一三年刊四二七至四二八頁伯希和說。

（註二）調味香料，大致包括丁香、肉荳蔻、檀香、沉香、降香、安息香、樟腦、胡椒、薑、肉桂、白荳蔻、蘇木，及產於南海諸島之其他不少香料而言。歐洲人未至以前，其交易全由中國船舶爲之。中國人販此種香料於印度，重載印度香料而歸，尤以胡椒之額爲巨。（戈爾迭本斡朵里克書一〇六頁）——斡朵里克有一章專言胡椒之生長，然未將黑白胡椒判別爲二，與馬可波羅同。蓋白胡椒僅爲黑胡椒之漂白者，非另一種也。歐洲人忘馬可波羅書之言，訖於十八世紀末年，尚誤以白胡椒與黑胡椒是兩種樹木之出產。

（註三）今日中國帆船航行南海與爪哇等島貿易者，情形尚復如是。此種船舶之構成，不能抗逆風，所以循信風而去，待信風而歸。凡航行中國海者，皆能證本書之說非誤。冬日信風或東北信風始於陽曆十月杪，止於六月，中國帆船在此時自中國海港開航，赴滿剌加峽，夏日信風或西南信風始於陽曆七月，止於十月，中國帆船歸航在此期內。

（註四）此種與地說蓋爲中世紀時流行之說，多承襲亞歷山大（Alexandrie）學派之古地理學家者也。玉耳（第一册一〇八頁）曾撰一世界地圖指示馬可波羅對於地球之概念。

第一六〇重章　海南灣及諸川流（註一）

從剌桐港發足向西微偏西南行一千五百哩，經一名稱海南（Cheinan）之海灣。（註二）其海岸延長二月程，船沿行其北部全境，其地一方面與蠻子州東南部連界，一方面與阿木（Amu）秃落蠻（Toloman）及其他業經著錄之諸州境界相接。（註三）灣內多有島嶼，泰半繁殖居民，岸邊有金沙甚多，在諸川入海處揀之。亦產銅及他物，各島以其產物貿易，此島有者，他島無之。島民亦與陸地之人交易，出售金銅及他種出產，而購入其所需之物。諸島多半饒有穀食。此灣幅員之廣，人民之衆，似構成一新世界。（註四）

（註一）本章不見諸舊本，僅剌木學本（第三卷第五章）中有之。馬可波羅經行此灣不祇一次，剌木學本（第一卷第一章）謂其最後赴波斯而還歐洲時，曾奉命率船舶數艘循海而向東印度，則其奉使至占巴（Champa 即占城今安南中圻沿岸也）老王所，殆在此役之中。既然數次沿廣東東京海岸行，獲聞隣近台灣海南菲律濱等島之消息，亦意中必有之事也。

（註二）剌木學本後章謂渡灣一千五百哩至占巴國，則其所指者爲東京灣，或以爲是海南島者誤也。案昔之海南所指之地甚廣，不專指今之海南島也。文獻通考云：「海南諸國漢時通焉，大抵在交州南及西南，居大海中洲上，相去或三五百里，三五千里，遠者二三萬里。乘船舉帆，道里不可詳知，外國諸書雖言里數，亦非定實也。……吳孫權遣宣化從事朱應中郎康泰使諸國，其所經及傳聞，則有百數十國，因立記傳。」

（註三）剌木學本此處寫地名作 Ania 然在前此（第二卷第四十七章）又寫同一名稱作 Amu，吾人以爲後一寫法不誤，故從之。

（註四）觀其所誌海灣之廣，島嶼之衆，所言者似不僅近陸諸島，兼包括有菲律賓等島，蓋菲律賓亦產金銅也。

第一六二章　占巴大國

從剌桐出發向西西南航行千五百哩，則抵一地，名稱占巴（Ciampa, Cyamba），（註一）是爲一極富之地，自有國王，並自有其語言。居民是偶像教徒，每年貢象於大汗，除象以外不貢他物，茲請述其貢象之故。

基督誕生後一二七八年時，大汗遣其男爵一人名稱撒合都（Sagatu）（註二）者，率領步騎甚衆，往討此占巴國王。此男爵對於此國及其國王作大軍事行動。國王年老，所部軍不如男爵之衆，見此男爵殘破其國，頗痛心。遂遣使臣往大汗所而致詞曰：「我主占巴國王，以藩臣名義遣使入朝，國王年老，所治之國久已平和安寧，今願稱臣，每年貢象，其數惟君所欲。請賜憐憫，命君之男爵及所部之衆不再殘破我國，率衆他適，以後國王奉君之命代治此國。」

大汗聞言憫之，乃命其男爵率其部衆離去此國，往侵他國。大汗命至，男爵及其部衆遂行。此國王成爲大汗藩臣之故如此，每年貢象二十頭，乃國中最大而最美之象也。

茲置此事不言，請言占巴國王之若干特點。

應知此國之婦女，未經國王目見者，不得婚嫁，國王見而喜，則娶以爲妻，不喜，則賜以嫁貲，俾能婚嫁。並應知基督誕生後一二八〇年時，馬可波羅閣下身在此國，是時國王有子女三百二十六人，其中能執兵者一百五十。（註三）

此國有象甚衆，並見有大森林，林木黑色，名稱烏木，以製箱匣。此外無足言者，此後接言他事。

刺木學本第三卷第六章增訂之文如下：

（甲）「國王稱阿占巴勒（Accambale），年事甚老，無軍可敵大汗軍，逃避於安寧可守之城堡中，然平原中之城市民居，悉遭殘破。國王見敵衆殘破其一切領土，遂遣使臣往謁大汗致詞，謂其年老國家久安，請勿殘破，命該男爵率部衆他適，每年將進象及沉香，以充貢品……。」

（乙）「此國室女美者，非進獻國王後，不得婚嫁，若國王見喜，留之若干時，然後賜以金,俾其婚嫁……國王有子女三百二十五人,諸子多爲勇武戰士。此國產象甚衆,而沉香亦甚多……。」

斡朵里克書亦有異文足資轉錄:

「納覃(一作Panthen)島附近有一國名稱占巴(Campe 即 Champa),是一美麗之國,種種食糧產物悉皆豐饒。我蒞此國時,國王有子女二百人,蓋王有妻數人而妾甚衆也。此王有象萬頭,以供役使,命城人看守飼養之。此國有一異事,海中諸魚輒聚於海岸,岸邊祇見有魚,不見有水。每類輪流聚集岸邊三日,期滿則去,由是別種繼至,停留之期亦同,迄於諸類皆至始止,每年如是。以詢土人,土人答曰,諸魚來朝國王。我在此地曾見一龜,其大無比,較之巴杜(Padoue)城聖馬兒丁(Saint-Martin)之鐘樓更大。此地男子死,則將其妻生殉,(註甲)據云妻宜隨夫於彼世」。——戈爾迭本斡朵里克書一八七至一八八頁。

(註一)別有 Cianba, Ziamba 種種寫法,皆是恆河沿岸國名瞻波之對音。紀元初時,印度人東徙時,以此名名其徙居之地,即後之占城,亦即玄奘之摩訶瞻波也。

辭源子集三九七頁占城條云：「本周越裳地，秦爲林邑，漢爲象林縣。後漢末區連據其地，始稱林邑王，自晉至隋仍之。唐時或稱占不勞，或稱占婆，其王所居曰占城，唐肅宗以後，改國號曰環，五代周時，遂以占城爲號，明時爲安南所滅。」

此國兩見文獻通考，卷三三一及卷三三二著錄，茲僅摘錄其兩段要文於下。林邑傳云：「馬援北還，留下餘戶於銅柱處。至隋有三百餘戶，悉姓馬，土人以爲留寓，號曰馬留人。銅柱尋沒，馬留人常識其處。」又占城傳云：「宋景德四年（一〇〇七），占城國王遣使奉表來朝，表函籍以文錦。其使言本國舊隸交州，後奔於佛逝，北去舊所七百里。」

案占城舊都 Indrapura，迄於十世紀末年，在今廣南之茶蕎，後徙今平定北之佛逝（Vijaya）即越史之闍槃也。

（註二）撒合都即元史之唆都。元史卷二一〇有占城傳，茲錄其文於下，以資參稽：

「占城近瓊州，順風舟行一日可抵其國。世祖至元間，廣南西道宣慰使馬成旺嘗請兵三千人，馬三百匹征之。十五年（一二七八）右丞唆都以宋平，遣人至占城，還言其王失里咱牙信合八剌哈迭瓦（Sri Jaya Sinhavarmadeva）有內附意，詔降虎符，授榮祿大夫，封占城郡王。十六年（一二七九）十二月，遣兵部侍郎教化的總管孟慶元萬戶孫勝夫與唆都等使占城，諭其王入朝。十七年（一二八〇）二月，占城國王保寶旦拏囉耶邛南詼占把地囉耶（Pu Pontanaraja……Campparaja）遣使貢方物奉表降。十九年（一二八二）十月，朝廷以占城國主孛由補剌者吾曩歲遣使來朝，稱臣內屬，遂命左丞唆都等卽其地立省以撫安之。旣而其子補的專國，負固弗服。萬戶何子志千戶皇甫傑使暹國，宣慰使尤永賢亞闌等使馬八兒（Ma'abar）國，舟經占城，皆被執，故遣兵征之。帝曰老王無罪，逆命者乃其子與一蠻人耳。苟獲此二人，當依曹彬故事，百姓不戮一人。十一月，占城行省官率兵自廣州航海至占城港，港口北連海，海旁有小港五，通其國大州，東南止山，西旁木城，官軍依海岸屯駐。占城兵治木城，四面約二十餘里，起樓棚，立回回三梢砲百餘座，又木城西十里建行宮，孛由補剌者吾親率重兵屯守應援。行省遣都鎭撫李天祐總把賈甫招之，七往終不服。十二月，招眞臘國（Cambodge）使速魯蠻請往招諭，復與天祐甫偕行，得其回書云，已修木城，備甲兵，刻期請戰。二十年（一二八三）正月，行省傳令軍中，以十五日夜半發船攻城。至期，分遣瓊州安撫使陳仲達總管劉金總把栗全以兵千六百人由水路攻木城北面，總把張斌百戶趙達以三百人攻東面沙觜，省官三千人分三道攻南面。舟行至天明泊岸，爲風濤所碎者十七八。賊開木城南門，建旗鼓，出萬餘人，乘象者數十，亦分三隊迎敵，矢石交下，自卯至午，賊敗北。官軍入木城，復與東北二軍合擊之，殺溺死者數千人。守城供餉餽者數萬人悉潰散，國主棄行宮，燒倉廪，殺永賢、亞闌等，與其臣逃入山。十七日，整兵攻大州。十九日，國主使報答者來求降。二十日，兵至大州東南，遣報答者回，許其降免罪。二十一日，入大州，又遣博思兀魯班者來言，奉王命來降，國主太子後當自來。行省傳檄召之，官軍復駐城外。二十二日，遣其舅寶脫禿花等三十餘人奉國王信物雜布二百疋、大銀三錠、小銀五十七錠、碎銀一甕為質來歸款……」。

（註三）波羅奉使占城之年，諸本著錄各異，惟頗節校訂本及剌木學本皆作一二八〇年，茲從之。

（註甲）剌木學本著錄真臘（柬埔寨）亦有此風，（戈爾迭本斡朶里克書二〇〇頁）此事在印度化之越南半島中毫無足異。

第一六二章　爪哇大島

自占巴首途向南航行千五百哩，抵一大半島名稱爪哇（Jawa）。據此國水手言。此地為世界最大之島。此島周圍確有五千哩，屬一大王而不納貢他國。居民是偶像教徒。此島甚富，出產黑胡椒、肉荳蔻、高良薑、華澄茄、丁香、及其他種種香料，在此島中見有船舶商賈甚衆，運輸貨物往來，獲取大利。大汗始終未能奪取此島，蓋因其距離甚遠，而海上遠征需費甚巨也。剌桐及蠻子之商人在此大獲其利。（註一）

（註一）此文與其他諸本之文無甚殊異。地學會法文本謂自占巴發航向東南南行，島周圍僅逾三千哩，——剌木學本云：「黃金之多無人能信，亦無人能言其額。此島供給香料甚多運往世界……」

「剌桐及蠻子之商人悉在此獲取大利，而今尚在此處吸收一切黃金。」

鈞案原註以此島面積甚廣，而下文有南有崑崙山（Condur）之語，遂以其為安南之南圻（Cochinchine）大誤。近人對於此島考證綦詳，沙氏徵引偶疏，茲仍著錄爪哇之名。

第一六三章　桑都兒島及崑都兒島

自爪哇首途，(註甲)向南航行七百哩，(註一)見有二島，一大一小，一島名桑都兒(Sandur)，一島名崑都兒(Condur)。(註二)此處無足言者，(註乙)請言更遠之一地，其地名稱蘇哈惕(Soucat)，(註三)在桑都兒島外五百哩。(註丙)是一富庶良好之地，自有其國王。居民是偶像教徒，自有其語言。其地遠僻，無人能來侵，故不納貢賦於何國。設若有人能至其地，則大汗將盡征服之矣。

此地饒有吾人所用之蘇木，黃金之多，出人想像之外，亦有象及不少野味。前述諸國用作貨幣之海貝，皆取之於此國也。(註丁)

此地甚荒野，往者甚稀，此外無足言者。而且國王不欲人知其國之財富，亦不願外人來此。

茲請接述朋丹(Pontain)島。

刺木學本第三卷第八章增訂之文如下：

（註甲）「自此爪哇（Giava）島首途向西南南航行七百哩。」

（註乙）「蓋此二島未有民居……。」

（註丙）「隸屬陸地地大而富名稱 Lochac。」

（註丁）「此地有一種果名稱 berci（註四）大如檸檬，味佳可食。」

（註一）地學會法文本及剌木學本並著錄其方向在西南南。

（註二）桑都兒疑是星槎勝覽之孫陀羅，頗節考訂爲崑崙山（Poulo Condor）西之兩兄弟島，是也。馬來語 Sudara 猶言兄弟，波羅之 Sandur 與費信之孫陀羅，並是馬來語名稱之譯音。——通報一八九八年刊三七一頁註十四 Schlegel 說。

Condur 亦作 Candur 卽今之 Poulo Condor 羣島，亦中國載籍著錄之崑崙山也。

（註三）案地學會法文本亦作 Lochac 與剌木學本合，則此本所著錄之 Soucat 應誤。——鈞案此下沙氏歷引羅越羅斛羅剎諸說，皆未加以論斷，此地或屬暹羅，與崑崙山等島並屬傳聞之地，故語皆不詳也。

（註四）考斡朶里克書一五六頁，戈爾迭以此 berky 爲麪樹（jaquier），然波羅謂其果大不逾檸檬，而麵樹果則大類南瓜也。或有謂是莽吉柿（mangoustan）者，似乎近之。

第一六四章　朋丹島

尙應知者，自羅迦克(Lochac)首途，向南航行五百哩，抵一島，名稱朋丹(Pontain)，(註一)地甚荒野，一切樹林滿佈香味之樹。

此外無足言者，又在上言二島間(註甲)航行六十哩，此六十哩中水深僅有四步，由是大船經過者必須起舵。

行此六十哩畢，又行三十哩，見一島，是爲一國，名麻里予兒(Maliur)。(註二)居民自有國王，並其特別語言。其城大而美，商業繁盛，有種種香料，此外一切食糧皆饒。(註三)

此外無足言者，請作更遠之行。

(註甲)刺木學本第三卷第九章之異文云：「羅迦克州及彭覃(Pentam)島間寬六十哩，水深多不過四步，所以航行之人必須起舵。向東南(應作西南)航行此六十哩後，復接行約三十哩，至一島，島爲一國，都城名稱麻剌予兒(Malaiur)，故名麻剌予兒島。」

波羅在此處敘述較為明瞭，「上言二島」蓋一指羅迦克州，殆視之為半島（則指馬來半島）一距寬六十哩水深四步之海峽，（星加坡老峽）然則非今地圖上之萬丹（Bintang）島，而為星加坡（Singapour）島矣。

（註一）按此島名有 Pontain, Pentam, Pontam, Pentan, 種種寫法，顯是今 Bintang 之對音傳寫之誤，然波羅之 Pentam，不得為今之 Bintang，亦非今之 Patang 也。……按 Patang 周圍有險灘，僅有小船可入，Bintang 亦然，僅其西南角今 Rhio 一處有路可通，十四世紀時島之酋長即駐於此。波羅所乘之舟似無繞道至此小港之理由。况且此處海峽水深過四步，至若星加坡老峽西面水深逾二尋（brasses）也。（今地圖名此峽曰柔佛（Johore）峽，一名（Silit Tekrau）。——戈爾迭本第三冊一〇五頁引紀利尼（Gerini）說。

「老峽」為惟一航行之水道，由來久矣，必亦為波羅航行之所經。峽大致寬一千五百公尺，有若干地點不逾五百公尺。G. Careri 在十七世紀末年尚名之曰星加坡峽，然與今日常行之「新峽」則判別甚明，蓋新峽為西班牙某長官之赴菲律賓者所開闢，曾名長官峽(del Gobernador)也。「蘇門答剌及馬來半島間之諸島構成數箇頗難航行之海峽，尤以星加坡峽為甚，然以其道捷，赴暹羅南圻北圻馬尼剌（Manille）中國日本等地者多遵之。別一峽名長官峽，水深不能泊舟，然較前峽爲寬，荷蘭英吉利法蘭西及其他歐羅巴人多取此途。其他諸峽若 Carvon, Dourion, Xavon, Djohor, 等峽，則皆以構成之島名爲峽名。僅有柔佛（Djohor）峽經行陸地與諸島間，由此峽抵於柔佛城。」——G. Careri 書第三册三六四至三六六頁。

「有一重要村莊名稱萬丹（Bentan）在此柔佛峽上，處東經一〇三度五三分間。與一名稱馬剌瑜（Malayu）之河流，在峽西數哩，然波羅所言之地疑指星加坡島，至若 Malaiur，應是元史之麻里予兒也。」——見前引書五三三頁紀利尼說。

（註二）觀諸本之文，足證紀利尼頗節考訂之非誤，波羅之麻剌予兒應在柔佛峽之西北三十哩。吾人所本之文更爲明瞭，明言自麻剌予兒赴蘇門答剌，則此處之麻剌予兒顯與後章之蘇門答剌顯爲二地，而蘇門答剌島中之 Malayu 別有所指也。

元史卷二一〇暹國傳云：「暹國當成宗元貞元年（一二九五）……以暹人與麻里予兒舊相讎殺，至是皆歸順，有旨諭暹人勿殺麻里予兒，以踐爾言。」既相讎殺，足證暹羅麻里予兒爲鄰國，麻里予兒應在馬來半島上，殆即今之滿剌加（Malacca）也。——通報一八九八年刊二八七至二九〇頁。

中國載籍著錄此麻剌予兒之譯名甚夥，有木剌由、木來由、摩羅游、馬來忽、沒剌由、末羅瑜種種寫法，而末一名乃義淨之譯名也。——參看遠東法國學校校刊一九一八年刊二五至二七頁。

（註三）波羅位置麻剌予兒在半島西岸，並稱星加坡島曰萬丹（Bintan）與諸阿剌壁地誌同。據 Ibn Said（十三世紀時人）云：「麻剌予兒是一世人熟知之城，是一停船之地。經度與哥羅 Kalah 在 Kra 地峽之西）同，緯度與南巫里（Lamuri 在蘇門答剌之西北）同。此島諸城皆在河口。島長約八百哩。左右有兩岬，海水流經其中，寬有二哩。海水不深。人稱此峽曰萬丹（Bintan）。……」參看 G. Ferrand 書三四三頁。

第一六五章　小爪哇島

自麻里予兒(Maliur)島首途，向西南航行九十哩，則抵小爪哇(Jauva la mineur)島，島雖以小名，其周圍實逾二千哩也。(註一)兹請全述關於此島之事。應知此島有八國八王。(註二)居民皆屬偶像教徒，各國自有其語言。此島有香料甚多。(註甲)

兹請爲君等叙述關係此八國中大半數國之事。然有一事先應知者，此島偏在南方，北極星不復可見。(註乙)

今請回言本題，首述八兒剌(Ferlec, Frelach)國。

應知回回教徒時常往來此國，曾將國人勸化歸信摩訶末(Mahomet)之教，然僅限於城居之人，蓋山居之人生活如同禽獸，食人肉及一切肉，並崇拜諸物也。此輩早起，崇拜其首見之物，終日皆然。(註三)

既述此八兒剌國畢，請言巴思馬(Basma, Basman)國。(註四)

離八兒剌國後入巴思馬國，亦一獨立國也。居民自有其語言生活如同禽獸，蓋其不信何教；雖自稱隸屬大汗，緣地過遠而不納貢賦。第若大汗可畏之士卒能抵此地，不難將其征服；然偶亦進奉異物於朝。（註丙）國中多象，亦有犀牛，鮮有小於象者。此種獨角獸，毛類水牛，蹄類象，額中有一角，色白甚巨。不用角傷人，僅用舌，舌有長刺甚堅利。其首類野豬，常俯而向地。喜居湖沼及壄地附近。（註丁）此獸甚醜惡，人謂室女可以擒之，非事實也。亦見有猴甚衆，計有數種。並見有蒼鷹，其黑如烏，軀大可飼養也。（註五）

有携小人至吾國，而謂其產自印度者，蓋僞言也。是卽此島所產之猴，茲請言其僞造之法。有一種猴，身軀甚小，面貌與人無異。人捕之，全拔其毛，僅留頷毛陰毛；已而聽其乾，剝而用泊夫藍（註戊）及他物染製，俾其類人。然是爲一種欺人之術，蓋在全印度境中以及其他更較蠻野之地，從來未見如是之人也。

茲不復言此巴思馬國，後此按次歷言他國。

離此巴思馬國後，卽至一名須文答剌（Samudra）之國，（註六）此國亦在同島之中；馬可波羅閣下曾因風浪不能前行，留居此國五月。在此亦不見有北極星及金牛宮星(bouvier)。居民亦自稱隸屬大汗。馬可波羅閣下既因風浪停留此國五月，船員登陸建築木寨以居。(註己)蓋土人食人，恐其來侵也。(註七)其地魚多，世界最良之魚也。無小麥而恃米爲食；亦無酒。然飲一種酒，請言取酒之法如下：

應知此地有一種樹，土人欲取酒時，斷一樹枝，置一大鉢於斷枝下，一日一夜，枝漿流出，鉢爲之滿。此酒味佳，有白色者，有朱色者。(註八)此樹頗類小海棗樹。土人斷枝，僅限四枝，迨至諸枝不復出酒時，然後以水澆樹根，及甫出嫩枝之處。土產椰子甚多，大如人首，鮮食甚佳，蓋其味甜而肉白如乳也。肉內空處有漿，如同清鮮之水，然其味較美於酒及其他一切飲料。(註庚)

既述此國畢，請言他國。

離此須文答剌後，入一別國，名稱淡洋(Dagroian, Dangroian, Angrinan)。(註九)是一獨立國；居民是偶像教徒，性甚野蠻；自稱隸屬大汗。今請言其一種惡俗。

若有一人有疾，即招巫師來，詢其病能愈與否；巫者若言應愈，則聽其愈。然若巫者預卜其病不愈，則招集多人處此種病人死。諸人以衣服堵病者口而死之。病者死後，熟其肉，死者諸親屬共食之。此輩吸其骨髓及其他脂肪罄盡，據云骨內若有餘留之物，則將生蟲；此蟲則必餓死。由是死者負擔蟲死之責，故盡食之。食後聚其骨，盛於美匣之中；然後携往山中禽獸不能至之大洞中懸之。應知此輩若得俘虜，而此俘虜不能買贖時，立殺而食之。此俗極惡也。（註一〇）

旣述此國畢，請言他國。

離此國後，入一別國，名稱南巫里（Lambry, Lanbri）。（註一一）居民自稱隸屬大汗，而爲偶像教徒。多有樟腦及其他種種香料；亦有蘇木甚多。種植蘇木，待其出小莖時，拔而移種他處，聽其生長三年，然後連根拔之。馬可波羅閣下曾將蘇木子實携歸物搦齊亞，種之不出，殆因天氣過寒所致。

尙應知者，南巫里國有生尾之人，尾長至少有一掌而無毛。此種人居在山中，與野人無異；其尾巨如犬尾。（註一二）此國多有犀牛，亦有不少野味。

旣述此南巫里國畢，入一別國，名稱班卒兒（Fansour）。（註一三）國人是偶像教徒而自稱隸屬大汗。此班卒兒國出產世界最良之樟腦，名稱班卒兒樟腦，質極細，其量值等黃金。無小麥，然有米，共乳肉而食。亦從樹取酒，如前所述。（見須文答剌條）

尙有一異事，須爲君等述者。其國有一種樹，出產麪粉，頗適於食。樹巨而高，樹皮極薄，皮內滿盛麪粉。馬可波羅閣下見此，曾言其數取此麪，製成麪包，其味甚佳。（註辛）

此外無足言者；島中八國已將此方面之六國述訖。別有二國在島之彼方，未能言之，蓋馬可波羅閣下未至其地也。所以吾人叙述小爪哇島事，僅止於此。茲請述二小島，一名加威尼思波剌（Gavénispola）島，一名揑古朗（Nécouran）島。

剌木學本第三卷第十至第十七章增訂之文如下：

（註甲）「其地饒有金銀，一切香料，沉香，蘇木，烏木等物；因道遠而海行險，故未輸入吾國，然運往蠻子契丹諸州。」（十章）

（註乙）「此八國馬可閣下曾歷六國；其所述者僅此六國，餘二國無緣可見，故略。」（十章）

（註丙）「有時船至其國，國人乘便進奉珍異之物入朝，以爲貢品，就中有一種蒼鷹。」（十二章）

（註丁）「此種獨角獸較象甚小；……不用角傷人，僅用舌與蹄，……其攻擊之法，蹂敵於地，以舌裂之；喜

處泥中，蓋爲粗野動物也。」（十二章）

（註戊）「風乾而後用樟腦及其他藥物保存；用此法製造，使之完全具有小人形貌，然後用木匣盛之，售之商人，販往世界各地。」（十二章）

（註己）「既須久留此島，馬可閣下遂偕衆約二千人登陸居住；海岸土居野人常捕人而食，防其來襲，在所居之處掘一大溝，兩端通海。在此溝上用木建築堡塞數所，土產木料甚多，足以供用。如是防守，因得安居五月。島人懾服，乃如約供給糧食及其他必要物品。」（十三章）

（註庚）「此漿功效甚大，可治水腫病及脾肺之疾。若見斷枝不復流漿，則用小溝導溪水澆樹；賴有此法，水漿重流如前，有薔薇色者，有白色者。」（十三章）

（註辛）「外皮甚薄，先剝去之，內有木厚三指，木內有粉如玉米粉。此樹甚大，須兩人始能合抱之。取粉置水器中，用杖攪之，俾糠及其他不潔之物浮出水面，淨粉沉於器底。去水留粉，然後適用。以製種種餅餌，形味如同大麥麵包。馬可閣下常食之，並且携歸物搦齊亞。此樹之木重如鐵，投於水，卽沉底；可直劈如竹，蓋取髓以後，尚有厚三指之木也。土人削此木作短矛，從不作長矛，蓋矛長量重不能執也。將其一端削尖，然後用火烤之，其堅可洞任何甲冑，較優於鐵矛也。」（十六章）

（註一）小爪哇之名不見他種行紀著錄，則未能斷言波羅採自阿刺壁人之書。阿刺壁人行紀固有 Djaouah 及 Moul-Djaouah 兩名，前者指蘇門答剌(Sumatra)，後者指越南半島，然猶之中世紀時人名稱不里阿耳(Bulgarie) 發源地爲大不里阿耳，而本書則爲小大之分也。

蘇門答剌名稱源來未詳，土人不知有此名，且不知其地是一島；十一世紀初年中國載籍首著錄之。十六世紀初年，葡萄牙人至印度，始知「印度海中有兩名島，一爲錫蘭(Sayla)，更東一島名曰蘇門答剌(Samoterra)，距古里(Calechut)八月程。又東則爲契丹人產絲甚饒之島。(中國)」——見馬兒斯登蘇門答剌史第一册十頁。

（註二）此八國，波羅記述六國，首言東岸諸國，自南訖北；次言北岸諸國，自東訖西，終言西岸自北訖南。

（註三）此地即 Parlak，阿刺壁人無 f 字母，故讀若 Ferlec，波羅從之。「此國因在極北，其境應抵於 Cap Diamond 岬，此岬土名 Parlak；岬南五十公哩，Perla 城及 Perla 水在焉，殆爲古都之所在也。」——玉耳本第二册二八七頁。

本書雖明白著錄回教傳佈蘇門答剌之事，馬兒斯登仍不信此教在紀元一千四百年前在此島有何進步，然玉耳(同本二八八頁)據馬來文之亞齊(Achem)紀年，證明十三世紀初年可蘭經業已輸入此島也。

（註四）此巴思馬卽葡萄牙人之 Pacem。此地附近有陂隄里(Pédir)城今廢，一五〇九年 Lobez Sequeira 曾率五舟在此登陸；一五一一年 Albuquerque 進攻滿剌加時亦曾抵此。其後未久，隣城 Pasey（卽 Pacem，今航海地圖作 Passier）代興，此城遂廢。（鈞案南海中昔有波斯國，疑指此地。）

（註五）九世紀時商人蘇來蠻 (Soleyman) 已言蘇門答剌島有象，據云：「南巫里 (Ramny) 島產象甚多，亦有蘇木及竹。在此島中見有一種食人之部落。」（拔沓 Battas）——Reinaud本第一册七及八頁。

十九世紀初年之情形已不復如是：「除亞齊國王豢養少數象外，島中他處無象。……象害墾地，所過之處，蹂躪田麥，尤嗜甘蔗，故園圃受害尤烈……」——馬兒斯登書第一册二五七頁。

獨角犀已見本書一百二十三章著錄。據中國古籍，雙角犀較爲普遍；此二種類安南老撾兩地尙存。——參看 H. Imbert 撰中國之犀牛——李明 (Lecomte) 書第二册四〇六頁（鈞案沙氏引文常不著錄書名，此李明書應是李明信札題曰中國近事記者。）

（註六）波羅書原寫此國名作 Samara，伯希和（遠東法國學校校刊一九〇四年刊三二七頁註四）寫蘇門答剌全島名作 Sumatra，此須文答剌國名作 Samudra，茲從之。據玉耳說，此國在島北岸，近在 Pasey 之西，有一停船處，不畏風浪，足爲西南信風起時大汗船舶維舟之處。港之周圍頗有高大樹木，足供結寨之用。

斡朶里克曾言此處男女有用熱鐵烙面之奇習。伊本拔禿塔於一三四六年曾在此處停留十五日，記有云：「此處人民買賣，用錫片及未鎔化之中國金塊爲之。此島香料產地多在異教徒所佔地域之中。回教徒所居之地產量極少。……吾人入其都城，即 Somotrah 或 Sumutra 城是已。」由是觀之，此島即以此國名爲全島名，十六世紀葡萄牙人蒞此島時，不復著錄此國，殆已與 Pasey 併爲一國矣。（玉耳說）

（註七）參看剌木學本註己。

（註八）「此處所言出產椰糖椰酒之樹，植物學名 Arenga saccharifera，馬來語名 Gomut，葡萄牙語名 Saguer。近類海棗樹，誠如波羅之說，然較皺野。頗有寄生植物寄生其上，爪哇有一樹幹，我曾數其寄生植物總類凡十三類，並屬蕨科。」——玉耳本第二册二九七頁。

(註九)此地名寫法紛歧，尙未考訂爲何地。「但應在陂隄里(Pédir)附近。葡萄牙人莅此島時，陂隄里爲蘇門答剌島中最繁盛之國。考剌失德丁書著錄馬來羣島諸城名中有 Dalmian，得爲此 Dagroian 之轉。十九世紀前半葉中島北岸有一小港名稱 Darian，余所見之名要以此名與 Dagroian 爲最相近。」——玉耳本第二册二九七頁——鈞案元明人行紀中有淡洋，元史卷十八成宗本紀有毯陽，今作 Tamihan 或 Tamian 者，殆指此國。

(註一〇)食人之風已數見於 Hérodote 之書，各種民族皆不免有此也。斡朶里克曾言 Dondin 島有同一惡俗；彼離錫蘭後，向南航行，或已過滿剌加海峽，於行抵蠻子國前曾至此島。吾人以爲此地疑是中國載籍著錄赤土婆利間之丹丹國或單單國也。——戈爾迭本斡朶里克書二三七頁。

(註一一)南巫里國境起亞齊岬，沿西南岸至西岸而止於班卒兒(Fansour)。瀛涯勝覽南浡里(Lambri)國條云：「自蘇門答剌(指昔須文答剌國今亞齊)往正西，好風行三晝夜可到。其國邊海，人民止有千家有餘，皆是回回人，甚是朴實。地方東接黎代(Lidé)王界，西北皆臨大海，南去是山，山之南又是大海。……國之西北海內有一大平頂峻山，半日可到，名帽山。其山之西，亦皆大海，正是西洋也，名那沒嚟(Lambri)洋。西來過洋船隻收帆，俱望此山爲准。」——鈞案原引一九〇一年通報三五三至三五五頁 Schlegel 譯文，玆從拙註校勘本轉錄。

（註一二）此種有尾人故事蓋因蘇門答剌島內森林有兩種土人散居其中，不與世接，因而訛傳。玆二民族一名 Orang Kubu，一名 Orang Gugu。「相傳前者人數甚少，大致居巴林馮（Palembang）及詹卑（Jambi）間。……自有其語言，林中百物皆食，不論其爲象、犀、野猪、蛇、猴、等物也。……後者人數更較前者爲少，身有長毛，與婆羅洲（Bornéo）之猩猩（orang outang）無別，特此族知語言，而猩猩不知語言而已」——馬兒斯登書第一册六九至七〇頁。

（註一三）班卒兒在島之西南岸，赤道下，今巴東（Padang）婆魯師（Baros）兩城間。關於此島所產樟腦事，可參看玉耳本第二册三〇三頁。

第一六六章　加威尼思波剌島及捏古朗島

離前述之爪哇（小爪哇）島及南巫里國後，若向北行一百五十哩，則見二島，一名捏古朗（Nécouran），一名加威尼思波剌（Gavenispola）。居民無王無主，生活如同禽獸。其人裸體，男女皆無寸縷。並是偶像教徒。其林中祇有貴重樹木，出產檀香、椰子、丁香、蘇木及其他數種香料。（註一）

此外無足言者，是以仍前行，請言一名案加馬難（Angamanain）之島。

（註一）此島名諸本亦有寫作 Necuveran 者，與 d'Anville 地圖著錄之 Nicavery，英國地圖之Noncoury, Nancowrie, Noncavery 等寫法頗相近，卽今之 Nicobar 島是已。別有二島處北緯六度及十度間，與亞齊岬至小案都蠻（Andaman）之距離相等，並火山岩質，大致出產椰樹蔞葉(bétel)等物。

至若加威尼思波剌島，疑是阿剌壁人行紀中之 Landjabalous 島。蘇來蠻行紀云：「此類島嶼養活人民甚衆。男女皆裸體，惟女子以樹葉掩其下體。若有船舶經過，男子則駕大小舟以椰子或龍涎香易取鐵物。天氣不寒不熱，彼等無須布帛。」——Reinaud 本八頁及十六至十七頁。

Ibn Khordadzbah 所誌亦同，據云「Langabalus 島民裸體往來，恃香蕉鮮魚或椰子爲食；以鐵爲寶。常與外國商賈交易。」——Ferrand 書二十六頁引文。

案加威尼思波剌島今地圖已無著錄，然見於十六七世紀之地圖，行紀旋改名 Poulo Gommes 島，移稱亞齊岬附近之一小島。

此種島嶼在斡朶里克書中寫作 Vacumeran (Nychoneran)，次在爪哇 Natem 占巴等地之後，位在占巴之南，距離不明。

玉耳（第二册三〇八頁）云：「此島居民形甚蠻野，臂極長，牙眼突出。」

瀛涯勝覽云：「自帽山南放洋，好風向東北行三日，見翠藍山 (Nicobar) 在海中；其山三四座，惟一山最高大，番名桉篤蠻 (Andaman) 山。彼處之人巢居穴處，男女赤體，皆無寸絲，如獸畜之形。土不出米，惟食山芋波羅蜜芭蕉子之類，或海中捕魚蝦而食。」

大唐西域記卷十一名此島爲那羅稽羅洲 (Narakira-dvipa)，「國（僧伽羅國即錫蘭島）南浮海數千里至那羅稽羅洲。洲人卑小，長餘三尺，人身鳥喙，既無穀稼，惟食椰子。」

據伯希和說，翠藍山之稱原指 Nicobar 羣島，有時亦並將 Andaman 島包括在內。——遠東法國學校校刊一九〇四年刊三五四頁註五。

第一六七章　案加馬難島

案加馬難（Angamanain）是一大島，（註一）居民無國王，並是偶像教徒，生活如同禽獸。此案加馬難島民皆有頭類狗，牙眼亦然，（註二）其面純類番犬。彼等頗有香料，然甚殘猛，每捕異族之人，輒殺而食之。彼等食米與肉乳，亦有果實，然與我輩地方所產者不同。

此族堪在本書著錄，故爲君等言之。茲請爲君等敘述名稱錫蘭（Seilan，Seylam）之島。

（註一）此島名諸本有 Angaman，Angamanain，Angamanam，Angoriagam 種種寫法，諸註釋家皆考訂是宴都蠻島（Andaman）。宴都蠻島有二：一是小宴都蠻島，荒無人居；一是大宴都蠻島，乃兩小島所構成，今尙有小黑人（Négritos）居住其中，雖與文明國家之海岸距離不遠，然其人狉狉然無所知也。

此島或即 Ptolémée 書中之「佳運島」。九世紀時，阿剌壁商人誌有云：「Landjabalous 島外有二島名稱宴都蠻。此島居民食生人；色黑卷髮，其面貌眼目可畏。足長，中有一人足長約有一肘。皆裸體而無舟。設其有舟，將盡食經過隣近諸地之行人矣。有時船舶爲風所阻，水手上岸取水而爲土人所得，多被殺。」——Reinaud 書第一册八及九頁。

此島人食人事，諸旅行家常言之，迄於一八五八年英國人佔領此島而後止。自是以後，土人似不敢離其海岸，然裸體如故，僅有居住英國人居宅附近之婦女，用樹葉作裙掩其下體。——玉耳本第二册三一一頁。

（註二）關於狗頭人身之故事不少，有狗爲民族元祖之說，有狗面人身之說。B. Laufer 在一九一六年刊通報三五七頁引辭源巳集二四五頁狗國條云：「五代史四夷附錄，狗國人身狗手，長毛不衣，首搏猛獸，語爲犬嘷，其妻皆人，能漢語，生男爲狗，女爲人，自相婚嫁，穴居食生，而妻女人食云」。（鈞案此條出胡嶠陷虜記）「按淮安子地形訓有狗國，是漢初已有此傳說」。

相類之傳說，中世紀時西方之撰述中亦有之。Adam de Brême 位置狗國在波羅的海東北之女人國（Terra feminarum）中。Ibn Said 云：「普魯士人（Borus）是一不幸民族，較之俄羅斯人尤爲蠻野。……某書謂普魯士人有狗頭；猶言其人甚勇也。」

一二二四至一二六九年君臨阿美尼亞之海屯（Haython）國王，在其蒙古行紀中著錄眼見或耳聞之異事不少。據云：亞洲東北有一國，距契丹不遠，「女子人形而有智，男子身巨有毛而蠢愚。此種狗人不容他人至其國，獵獸爲食，其婦女亦同。所生之子若爲男兒，則具犬面，若爲女兒，則具人面。」——通報一九〇六年刊三五七頁 Laufer 說。——參看戈爾迭本一一〇頁，又斡朶里克書二〇六至二一七頁。

第一六八章　錫蘭島

若從案加馬難島首途，向西航行約千哩，不見一物；然若向西南行，則抵錫蘭(Seilan, Seylam)島。(註一)由其面積言，是誠爲世界最良之島。應知其周圍確有二千四百哩，然古昔面積更大，據富有經驗之水手言，昔日此島周圍有三千哩。然因北風强烈，致使此島一大部份陸沉。其面積不及昔日之大，理由如此。(註二)應知北風所吹之海岸甚低而平，船舶來自大海時，若不航近其處，不見陸地。

茲請言此島足以注意之事。島民有一國王，名稱桑德滿(Sandemain)，(註三)而不隸屬何人。彼等是偶像教徒，裸體往來，僅掩蓋其下體而已。無麥而有米，亦有芝麻作油。食肉乳而飲前述之樹酒。饒有蘇木，世界最良者也。

茲請不言此事，請言世界最貴重之物。應知此島所產之紅寶石，他處無有，僅在此島見之。島內亦有藍寶石，黃寶石，紫晶，及其他種種寶石。島中國王有一紅寶石，爲世界紅寶石中之最大而最美者；茲請言其狀：其長有一大掌，其巨如同人臂。是爲世界最光輝之物，其紅如火，毫無瑕疵，價值之大，頗難以貨幣計之。大汗曾遣使臣禮求，請將此寶石售出，請之甚切，致願以任何城市易之。國王答言此寶祖先傳留，無論世界何物皆不足以易。（註四）

人民不習武備，皆是孱弱怯懦之人；然若需要士卒，則募別一國之回教徒爲之。

尙應知者，錫蘭島中有一高山矗立，除用下一法外，難登其巔。此島之人繫大而巨之鍊數條於此山上，行人攀鍊以登。（註五）回教徒自稱此山乃是元祖阿聃（Adam）之墓。然偶像教徒又斷言是爲世界第一偶像教徒葬身之所，其名曰釋迦牟尼不兒罕（Sagamoni Borcam），據稱是一大聖人。（註六）

據說其人是一富強國王之子，不染世俗浮華風習，不欲襲位爲王。其父聞其不願爲王，不愛榮華，憂甚，曾以重大許諾餌之。然其子一無所欲，其父別無他子承襲王位，尤深憂痛。由是國王建一大宮以居其子，多置美麗侍女侍之，命諸美女日夜與其子遊樂，歌舞以娛，俾之得染世俗浮華之習，然悉皆無效。

〔王子好學，從未出宮，從未見有死人及殘廢之人；蓋其父不許旅人之微有殘疾者入見其子也。一日，王子騎而出遊，見一死人，彼從未見此，頗以爲異，詢之侍從，知是死人。王子問曰：凡人皆死歟，諸人答曰然。王子遂不復言，沈思仍前行。行若干時，見一老人，口中齒盡落，不能舉步。王子又詢此爲何人，何以不行，侍者答言其人老朽齒落而不能行。王子回宮自思，不能再居此惡世，應往求永遠不死之造化者」（註七）。

緣其既見此世之中老少皆死，遂於某夜祕密離宮，往大山中，在其地節欲習苦，儼若基督教徒。蓋若其爲基督教徒，則將共吾主耶穌成爲大聖矣。

迨其死後，有人見之，舁往父所。國王見其愛子之尸，悲慟幾至瘋狂。命人範金作像，飾以寶石，令國人盡崇拜之。衆人皆謂其成神，今日言尙如此，並言其曾死八十四次。第一次作人死；已而復生爲牛，牛死爲馬。如是死八十四次，每次成一不同之獸畜。末次死後，遂成爲神，傳說如此。彼等奉之爲最大之神。據說此王子是偶像教徒亘古所無之第一偶像，其他偶像皆出於此；而此事在印度錫蘭島中也。

尙應爲君等言者，回教徒自遠道來此巡禮，謂其是阿聃，偶像教徒亦自遠道來此巡禮，如同基督教徒之赴加里思（Galice）朝拜聖雅各（St. Jacques）者無異，據云確是王子如前所述，而今尙存山中之牙髮與鉢，確是聖者釋迦牟尼之物。何說爲是。祇有上帝知之考吾教之聖經，阿聃墓不在斯處也。

嗣後大汗聞此山中有元祖阿聃之墓，而其所遺之牙髮，供食之鉢尙存，於是欲得之，乃於一二八四年遣使臣往。使臣循海遵陸，抵錫蘭島，入謁國王，求得齒二粒，甚巨。並得所遺之髮及供食之鉢，鉢爲綠色雲斑石（porphyre）質，甚美。大汗使臣獲有諸物後，欣然回國復命。及至大汗駐蹕之汗八里城附近，命人請命於大汗，如何呈獻諸物。大汗聞訊大喜，命人往迎阿聃遺物。於是往迎並往致敬者人數甚衆。大汗大禮莊嚴接受之。相傳此鉢頗有功效，置一人之食肉於其中，其肉足食五人。大汗曾面試之，果驗。

大汗大耗費用取得此種遺物之事，君等已知之，土人傳說關於王子遺物之沿革，君等亦已知之。（註八）

此外無足言者，所以離此請言馬八兒（Maabar）州。

（註一）波羅之 Seilan, Seylam 等寫法，與今之 Ceylan, Ceylon 同波斯語之 Silan 等寫法頗相近。

據 Strabon 及 Pline 之記載，此島在亞歷山大東征以前，西方人未悉其名，東征後，希臘人始知其名 Taprobane 島。

昔日阿剌壁輿地書所誌名稱 Silan 之地不祇一處，除此島外，別有一錫蘭在 cap Negrais 北，東經一三九度二十分間；又有一錫蘭在馬來半島中可對中國載籍之狼牙修；別有第四錫蘭在高麗半島，第五錫蘭在蘇門答剌島；似以錫蘭之稱為「天堂國」之別號，故遷徙無常。

（註二）有一最古之傳說謂此島原甚大，紀元前二三八七年時海水淹沒大半，嗣後歷經淹沒，今其周圍面積不過七百哩。波羅謂周二千四百哩，與玄奘周七千餘里之說合，至若斡朶里克謂周一萬一千餘哩，未免言過其實也。

（註三）據戈爾迭說，（第三册一一一頁）一二六七至一三〇一年間君臨錫蘭之王名班弟塔不剌葛麻巴忽二世（Pandita Prakama Bahu II）；都 Dambadenia，在高郎步（Colombo）東北北約六十五公里。據頗節說，Sandemain 疑是國王別號剌木學本寫此名作 Sender-naz，馬兒斯登會考訂為 Chandra-nas 傳寫之誤，此言「月晦」是已。

（註四）關於錫蘭國王紅寶石之異聞，歷代似皆有之。六世紀初年，埃及人 Cosmas 記有云：「一寺塔頂有一紅寶石，甚光耀，大如松實；日光照之，燦爛異常。」海屯亦云「一名錫蘭（Celan）之島，最著名之寶石，名稱 rubis（紅寶石）及 saphir（藍寶石），最大最美者此島國王藏之。國王加冕時，執此寶石乘馬外出，遊行城市一遍；自是時起，人民遂奉之爲王而效忠順」（海屯書第六章）——斡朶里克位置此故事於翠藍山（Nicobar），「此國國王項挂珠圈一串，雜以琥珀數珠；每日祈禱三百次，執此珠數之。國王手執大紅寶石長有一掌，燦爛如火。契丹之韃靼大汗曾用力求貨購，終未能得此寶石。」——戈爾迭本斡朶里克書二〇三頁。

（註五）一三五〇年頃，伊本拔禿塔亦言有巡禮人登山之鍊，據云「昔人鑿巖爲級而登，植鐵樁懸鍊，俾登者得以攀附。鍊數有十二，在山下入門處以上七鍊連接；第十鍊則爲表示信心之所，緣人至此，下望山足，瞑眩恐墜，因致詞曰：我證明上帝外無他上帝，摩訶末是其預言人。」

其地有佛足，波羅未曾著錄，蓋爲愼重計，僅言有墓，並引二說：一說謂屬釋迦牟尼，一說謂屬元祖阿聃。案阿聃足跡故事，回教徒頗宣傳之。九世紀時，蘇來蠻行紀云：「錫蘭（Serendyb）周圍是海。島中有山，名稱 Al-Rohoun，乃阿聃流放之所。山巔石上有其足跡，深入石中，僅見一足之跡，相傳別一足跡在海之內。世人且謂山巔足跡長七十肘。此山周圍出紅黃寶石。……島大而寬，出產沉香黃金寶石。」——Reinaud 書第一册五及六頁。

回教徒以爲阿聃犯罪後被謫於錫蘭島中高山之上；因是遂名此山曰阿聃峯。回教徒常至其地巡禮，誠如波羅之說。十四世紀時，伊本拔禿塔曾至此山，據云：巡禮之事始於十世紀上半葉。——伊本拔禿塔書法文譯本第四册一八一頁。

（註六）蒙古語名佛曰不兒罕（bourkan），故波羅名之曰釋迦牟尼不兒罕，所誌佛本行大致不差，惟位其事於錫蘭則誤。

（註七）括弧中文並出地理學會本，因其所誌頗與釋藏佛本行相近，故採錄之。——玉耳本第二册三二三頁譯有佛本行可以參照——波羅謂：「其死後有人見之昇往父所，」誤也。案釋迦牟尼八十歲時死於拘尸那（Kucinagara）城之一樹下。

（註八）觀此足證波羅以此事爲傳說；求取佛齒事，未見中國載籍著錄，波羅殆爲奉使之人歟。

第一六九章　陸地名稱大印度之馬八兒大州

若離錫蘭島，向西航行可六十哩，則至名稱大印度之馬八兒(Maabar)大州；是爲印度之良土而屬大陸。(註一)

應知此州之中有國王五人是親兄弟，行將依次言之。此州爲世界最美而最名貴之州。

州之極端，五兄弟國王之一人君臨其地，而稱宋答兒班弟答瓦兒(Sonder Bandi Davar)。(註二)　其國有珍珠，甚大而美，茲請言其採取之法。

應知錫蘭島與陸地之間有一海灣，沿灣之水，僅深十步至十二步，間有不逾兩步者。採珠之人在四月至五月半間，乘舟至此灣中名稱別帖剌兒(Betelar)之地。復由是在灣內航海六十哩。及至其地，拋錨停船，離大船而駕小舟。

應知彼等有商賈數人偕行，並應在四月至五月半間，雇用數人與俱。彼等納什一之稅於國王；並應視所得物額給二十分之一於呪鎮大魚之人，俾下水採珠之人，不爲大魚所害。此種呪魚之人名稱婆羅門(Brahmans)，其呪鎭僅一日，蓋在夜間則解其呪，使魚得任意爲患。並應知此種婆羅門亦知呪鎭禽獸及一切具有靈魂之物。

諸人下小舟後，投身水中深處，水深四步至十二步不等，留存水中至於力盡之時，採取產珠之貝。此種貝形，如同牡蠣或海蟹一般。貝中有大小珠結於貝中肉內。採珠之法如此，所採甚多，因是其珠散佈世界。應知此國國王所課珠稅甚高，而獲有一種極大收入。惟過五月半後，則不復見有產珠之貝，但距此至少有三百哩之地，亦產貝珠，然僅在九月至十月半間採之。(註三)

應知此馬八兒全州之中，不見有一裁縫師或縫衣工人裁製衣服，緣居民皆裸體往來，僅以片布蓋其下體，男女貧富皆然。(註四)國王亦若是，惟帶有若干物品，請爲君等述之。

彼項上帶環，全飾寶石，如紅寶石、藍寶石、綠寶石及其他寶石之類，由是此環價値甚巨。胸前項下，懸一絲線，串大珠一百〇四顆與紅寶石數粒。據說國王懸此百〇四珠與寶石之綫串者，蓋因每日應對其偶像禱頌一百〇四次也。其教俗如此，國王

祖先皆懸之；所以留傳後人，俾其懸掛。（註五）

國王臂上亦帶三金環，全以重價珍珠寶石爲飾；腿上，甚至脚趾亦然。因是國王所帶之黃金珍珠寶石價值連城。此事不足爲異，蓋其所藏甚多，彙爲國中所出也。並應知者，凡珍珠重半量（demi-poids）者，不許攜出國外，除非密帶出境。國王欲一切珠寶屬己，故有此禁，由是其所藏之多，言之無人能信。每年數次宣告國中，凡有重價珍珠寶石，必須呈獻國王，國王倍給其價；由是人亦願獻，國王盡收之，而償各人之價。

尚應知者，此國王有妻不下五百人，每聞有一美女，卽娶以爲婦。此王曾有惡行，請爲君等述之。其弟有一美婦，國王知之，強奪佔爲己有。其弟賢明，不與之爭。此國王有子女甚衆。（註六）

國王並有侍臣數人，隨侍左右，與之並騎而出；彼等在國中權勢甚重，名稱「君主之忠臣」。國王若死，依俗應焚尸，焚時，諸侍臣皆自投入火而死。據云：彼等既隨侍於生前，應亦隨侍於死後。（註七）國王既死，諸子無敢動其寶藏者。據云：父王既然聚此寶藏，我輩亦應爲相類之聚集。由是此國之中有一極大寶藏。

此國不養馬，因是用其大部份財富以購馬；茲請述其購取之法。應知怯失（Kais）忽魯模思（Ormuz）祖法兒（Dhafar）瑣哈兒（Sohar）阿丹（Aden）諸城之商人屯聚多馬，其他數國數州之人亦然；由是運輸入此國王及其他四兄弟之國。一馬售價至少値金五百量（poids），合銀百馬克（marc）有餘，而每年所售甚衆也。國王每年購入二千餘匹，其四兄弟之爲國王者購馬之數稱是。每年購馬如是之衆者，蓋因所購之馬不到年終卽死；彼等不知養馬，而且國中無蹄鐵工人也。售馬之商人不願失其每年售馬之利，運馬來時，不攜蹄鐵工人俱來，緣是每年獲利甚巨。其馬皆用船舶從海上運載而來。（註八）

此國有一習俗，請爲君等言之。設有一人犯罪，被判死刑，其人若云願爲某神之犧牲而自殺，官輒許之。於是其親友取其人置車上，給刀十二柄，遊行全城，唱言曰：「此勇敢之人將爲某神犧牲而自殺。」及至自殺之所，其人取一刀穿其臂，呼曰：「我爲某神犧牲。」旋取第二刀穿別一臂；又取第三刀洞其腹，如是歷取諸刀自刺而至於死。旣死，諸親屬皆大歡喜；取其尸焚之。（註九）脫其人多妻，死後火葬時，諸妻亦皆

自投於火而死。凡婦女之爲此者，皆受人稱贊。（註一〇）

彼等是偶像教徒，多崇拜牛，據云牛是有益之畜；彼等不食牛肉，亦不傷害之。但有某種階級之人名果維（Govy）者願食牛肉，然不敢殺之。牛之自死者或因他故死者，彼等則食其肉。

應知土人皆用牛脂（註一一）塗其居宅，無問貴賤，甚至國王大臣，僅坐於此。據說地是最尊榮之物，蓋吾人皆是以土做成，而死後應歸於土，由是敬土而不敢慢。應知此果維族有一特性：無論如何，不敢入聖多瑪斯（Saint Thomas）之墓室，蓋此聖者遺體現在此馬八兒州之一城中也。雖用二三十人强執一果維人往，仍不能强其留在此耶穌宗徒葬身之處。蓋因此族之祖先曾殺聖多瑪斯，而此聖者之神力不許果維人蒞此，其事後此言之。（註一二）

應知此州除米之外不產他穀。尚有異事，即此州之人無論用何方法不能養馬，屢試皆然。縱有良種與牝馬配合，祇產小駒，蹄曲而不能騎。

此國之人裸體而戰，僅持一矛一盾，然其爲戰士而尚慈悲。彼等不殺禽獸，並不殺具有靈魂之物至所食之畜，則由回教徒或非本教之人殺之。男女每日浴二次，不守此習者，視同無信心之人。犯罪者罰甚重，而禁飲酒；凡飲酒及航海者，不許爲保證人；據說祇有失望之人才作海行。彼等不以淫佚爲罪惡。（註一三）

應知其地有時奇熱。每年祇有六月七月八月三個月有雨。脫此三月無雨使氣候清涼，則其乾燥將不可耐。（註一四）

此地頗有名稱「相者」（physionomie）之術人，能知人之性情地位。脫有詢之者，此輩立時可以答復；遇一鳥一獸，此輩可以解釋其義，蓋此國重視預兆，甚於他國也。設有一人出行聞一鳥鳴，如認爲吉兆，則仍前行；如認爲不吉，則或暫時停留，或遵來途而返。（註一五）嬰兒誕生，此輩記錄其年月日時。蓋行爲皆遵迷信；而此輩頗諳魔術巫術及他種妖法也。（註一六）

此國及印度全境之鳥獸，種類頗異，與我國所產者完全不同，僅有鶉類（caille）相同，其他迥異。此國有鳥夜飛，名稱蝙蝠，大如蒼鷹（autour）。蒼鷹色黑如烏，較吾國所產者爲大，頗善獵捕。（註一七）尙應知者，彼等用飯和肉並其他熟食以飼馬；此國之馬盡死之故如此。

男女偶像皆有侍女，乃信仰此偶像之父母所獻。某寺廟之僧衆對於偶像舉行慶賀之時，則召集一切獻女。諸女既至，在神前歌舞；已而獻饌神前。久之撤饌，謂偶像食畢，乃自食之。每年如是數次，諸女迄於婚後始止。(註一八)

馬八兒州中此國之事既已備述如前，茲請暫不接述州中他國。蓋其風俗應敍述者尚多也。

(註一)此國名，波羅書原寫作 Maabar，茲代以 Carnatic，俾不致與後之 Malabar (Melibar) 相混。案十三四世紀之馬八兒，即今日吾人所稱之注輦 (Coromandel) 沿岸。此名出阿剌壁語，此言「渡」，大致可當 Tinnevilli 及 Tanjore 之地，殆因大陸與錫蘭島間沙礁及珊瑚礁露出，（故今人名此渡曰阿聃橋）抑因波斯灣之一切船舶必須抵此，故得此名歟。馬八兒與馬剌八兒 (Malabar) 兩地在戈莫陵 (Comorin) 岬分界，馬八兒在岬東北，馬剌八兒在岬西北。馬可波羅將保藏聖多瑪斯遺物之禮拜堂位置於此馬八兒州中。（見本書第一百七十章）瓦兒 (Var) 國王及其他馬八兒之四國國王，每年購馬萬匹，乃自忽魯模思阿丹等港輸入。（見本書第一百七十三章）聖多瑪斯遺物所在之城，今有回教徒甚衆。

馬八兒國，元史卷二一〇有傳，傳云：「海外諸番國惟馬八兒與俱藍（今 Quilon 本書第一七四章寫作 Coilum）足以綱領諸國，而俱藍又爲馬八兒後障。……十八年（一二八一）……算彈（sultan）兄弟五人皆聚加一之地，議與俱藍交兵。……凡回回國金珠寶貝盡出本國，其餘回回盡來商賈……」

此馬八兒在西方載籍中早已著錄，視爲印度最文明富庶之國。Strabon 書名之曰Pandions之國，Auguste 時曾遣使繼中國使臣之後而來。（參看頗節本六〇一及六〇二頁）十四世紀初年曾受底里（Dehli）國王阿老瓦丁（Ala-eddin）軍隊之殘破。波斯某著作家誌其一三一一年一役，底里統將 Melik Kapour 大獲戰利品，歸獻阿老瓦丁，計有象三百一十二頭，馬二萬匹，金二十八萬八千公斤，珍珠寶石多匣。

（註二）注輦（Tehola）諸王中有名孫陀羅（Sundara）者，未詳何年在位，似即本書之 Sonder Bandi Davar。不謹 Sundara 可對 Sonder，而 Bandi 亦可對 Pondions，蓋君主尊號；至若 Davar（dévar），乃爲梵語 déva-raja, dévarao, déwar 等稱之轉，此言「天王」，印度君主盡有之稱

也。——頗節本六〇二頁。

（註三）今以採珠而著名之海岸始於戈莫陵海岬，其岸構成一種海灣，長延一百五十公里有餘，起戈莫陵岬，迄 Manaar 灣內，錫蘭島幾與大陸連接名稱阿聃橋處。呪禁魚類之人，今不復爲婆羅門；至其呪術，據 J. A. Dubois 神甫云：「此輩除不能使月自天降而外，無所不能。」

（註四）此事在十八世紀時業經 Sonnerat（東印度行紀第一册二十九頁）證其有之：「其衣服有時更爲簡單；印度人僅以片布遮其下體者頗不少見。」——同一風俗在他處亦見有之，如日本若干下級社會之人處炎夏時，在道上所衣之服亦甚簡單。

（註五）剌木學之意大利文本增入此異文云：「每日念誦之詞若曰 Pacauca! Pacauca! Pacauca! 如是念一百〇四次。」案 Pacauca 應是 Pacauta 之誤，頗節曾考訂其爲梵文婆伽婆（Bhagavat, Bhagavata）傳寫之訛，猶言「世尊」，蓋爲釋迦牟尼之一稱號。佛教徒數珠之數常爲一百〇八。——頗節本六一一頁。

（註六）剌木學此條下云：「兩兄弟數因失和而戰；其母則出而調解，露其胸而語之曰：兒輩如欲作此敗名之戰，我將割此哺養兒輩之乳，因是衝突輒止。」——剌木學本第三卷第二十章。

（註七）此俗完全不類印度古風，蓋印度昔日只有死者之妻自願與夫尸共焚也。侍臣殉主之風，古代固不少見，Hérodote 書第四卷第七十一節著錄粟特（Scythes）君主昔有用妃嬪侍臣馬匹財物殉葬之俗。——愷撒（J. César）戰紀第三卷第二十二章著錄 Aquitaine 之 Sotiates 人，生與其酋長共歡樂，死則殉之。——玉耳戈爾迭本第二册三四八頁亦歷載白匈奴（Huns）斡羅思日本等地臣殉其主之事。

（註八）此五港並在波斯灣中阿剌壁沿岸。本書第二十四章業已著錄怯失，第三十六章業已著錄忽魯模思，後此第一八八章及一九〇章將言阿丹祖法兒二港。至若瑣哈兒，是甕蠻（Oman）之古都，一富庶城市，世界各地商人常至之海港，阿剌壁著作家 Edrisi 謂赴中國之船舶發航於此。今日已成爲不重要之地，位在忽魯模思峽南約二百公里阿剌壁沿岸。

刺木學本改訂之本云：「用肉和米及若干別物飼之，緣其地除米外不產他穀。用良馬與牝馬配合，所產之駒皆弱蹄短，不能乘騎。我意以爲氣候不適於養馬，故致於此」——刺木學本第三卷第二十章——其事雖異，然確爲事實。注輦沿岸用僅有之植物摻以肉（常用熟羊頭肉）揑爲丸以飼馬。他處飼馬更有異法；Barbosa 記信度（Sind）沿岸事有云：「此地人食乾魚，且用之以飼馬及其他動物。」

（註九）九世紀時，阿剌壁旅行家已言印度有此風習：「如有一人願自焚，則至長官門，請其許可，然後歷行諸市。當是時也，有數人聚乾薪燃火以待，其人用鐃鈸前導，親屬伴隨，歷行市中。別有人用羅勒（basilic）作冠，內置火炭，置其人首上，同時並以性類石油之一種植物（sandaraque）油澆其首；其人行時，頭焦額爛，若毫無感覺者然。至焚所，投身入薪炭之中，不久遂成灰燼。別有一旅行家見有一人於投火時，取刀破復於腹中取肝出，割肝一片，擲付其弟，其人談話如常，不覺痛苦。最後遂投身火內。」——Reinaud 書一二一頁至一二三頁。

（註一〇）寡婦赴火殉夫，名稱 sati，印度古時已見有之，迄於十九世紀中葉，英人始禁遏之。玉耳記錄 Tanjore 一城，一八一五年寡婦殉夫者，其數尚有百餘。

（註一一）牛脂猶言牛糞，觀此足證欲通波羅書之讀，有時甚難。考地學會之法文本初寫作 losci dou buef，額註曰脂，地學會之拉丁文本亦為最古本，寫作 binguedinem，訓義亦同。馬兒斯登首先訂正 l'osci 作 l'ossa，釋為 cow-dumb，玉耳復據今意大利語之 uscito 而訓其義曰糞。Grose 又釋曰：「貴人因遺傳之迷信，用牝牛溺淨身；彼等焚牛糞為灰，用塗額胸及腹；若糞尚新，則用以塗地板及其房屋全部……」——Grose 書二六七頁。斡朵里克所誌更詳：「此國之人奉一牛爲神。飼養此牛六年而使之耕作，至第七年某朝牽牛出欄，敬奉終日。看守者用一銀瓶取牛溺，復用一銀瓶盛牛糞，共獻之於國主。國主取溺洗面與手，取糞塗額與胸，禮極誠敬。國中有能得此糞溺塗洗者，自視幸福無比。」

(註一一二)近代旅人在 Méliapour 城附近，見土人常患象皮疾 (elephantiasis)，相傳土人祖先曾害宗徒聖多瑪斯，後裔因受此罰，故葡萄牙人名此疾曰 Pejo de Santo Toma。

(註一一三)刺木學本增訂之文如下：

「尙應知者，彼等進食僅用右手，從來不用左手取食。凡右手接觸或作成者皆清潔，左手則專爲粗野不潔而必須作爲之事，如洗滌陰部等事之類是已。彼等飲時用杯，各人有杯，從來不飲他人之杯；飲時不以脣沾杯，持杯下倒，以口接飲。彼等無論如何不以口觸杯，亦不以杯供外人飲。外人若無杯，則傾飲料於其掌飲之。」

「此國罰罪之法既嚴且速，而對債務人適用下法。如有債務人數經債權人催索，而常託詞延期不付者，債權人脫遇其人，則在其周圍畫一圓圈，債務人未償付抑未給予擔保前，不敢出圈。設若出圈，則爲犯法，罪至死。馬可波羅閣下還國路經此地時，曾目睹其事。國王本人拖欠某外國商人之金，數經催討而不償還。一日國王乘馬外出，商人見之，遂在國王及其坐騎周圍畫一圓圈。國王見之，卽時停馬不進，迄於償付以後始行。路人見之者盛讚國王奉公守法，以身作則。」——剌木學本第三卷第二十章。

此處所言之酒，乃包括一切用發酵或蒸溜方法釀成之酒而言，不專指葡萄酒，且其地亦不知有葡萄酒也。

（註一四）馬可波羅所言之雨季，非馬八兒之雨季；凡在六七八月間降雨之所，概屬西南信風能及之區，如馬剌八兒緬甸等地是已。至若馬八兒所在之注輦沿岸，僅在東北信風起時有雨，而此東北信風須在十月始經過榜葛剌（Bengale）灣也。馬可波羅殆誤以馬剌八兒之氣候屬馬八兒。

（註一五）剌木學本增訂之文云：「此國注重鳥飛，甚於他國，而觀此種預兆以斷吉凶。有一種凶時名稱 choiach 與每星期各日相應；例如星期一對半三時（mi-tierce），星期日對三時（tierce），星期三對九時（none）是已。處此種凶時之內，不作任何交易，以爲作之必無成就。此外年中各日，亦有朕兆以占吉凶。至若每日各時，則視人立日下影之長短爲斷。」——出處同前。

案 choiach 亦作 koiach，在南印度所用占星名詞中，尚未發現有之，傳寫殆有訛誤。——教會計時之法，自辰九時至午，名稱三時(hora tertia)；下午三時以後名稱九時；半三時未見著錄，殆在三時 (tierce) 與六時 (sexte) 之間，質言之，在早九時至十二時間矣。

（註一六）剌木學本增訂之文云：「幼童年滿十三歲即自立，不復居家。蓋達此年齡，則視其能作某種貿易，自謀生活；所以至是付給足當二十錢至二十四錢(gros)之貨幣而遣之。此種兒童由是終日奔走各處，在此地購物往遠地售之。採珠之時，此輩待於岸旁，於採珠人或他人手，各量其力購珠五六粒，然後轉售之於商人，蓋天時炎熱，商人居肆不外出也。商人購珠，微增此輩購入之價。此輩販賣他物，亦復若是，遂獲有不少經驗。每日工作完畢，此輩攜必要之糧歸家，付母作食；蓋例不許食家中片屑也。」——出處同前。

（註一七）前一種鳥或「無翼無羽之蝙蝠，」（見地學會本二〇五頁）乃大蝙蝠 (vespertilis vampyrus)。後一種鳥是 Pondichéry 產之大禿鷹 (vautour royal)，腹背翼尾皆黑色。—— Sonnerat 書第二册一八二頁。

（註一八）剌木學增訂之文云：「聚集此種幼女祀神之理由如下：教師傳說男神怒女神不與交合，且不與共語，若不用此法調合，則神不降福，廟產將敗。所以召集神之女婢，僅繫一帶，裸體歌舞，由是男神女神歡樂。」——出處同前。

阿剌壁人行紀有云：「印度有娼妓名稱佛娼。如有一婦發願，產一美女，則獻佛作娼。此婦爲其女在市中租一屋，懸幔於門，延土人或外人入室，任何人皆得以一定金額與女交。積金有數，則付廟僧，以供廟中之用。」——Reinaud 書第一册一三四及一三五頁。

剌木學尙有增訂之文云：「土人有一種床，用細蘆編結，人臥其上，則用繩升床於屋頂，緣有毒蜘蛛及蚤蟲等物擾人眠，用此法可以避免，且可致涼爽，蓋其地天時極熱也。但此種便利僅富貴人得享，窮人則寢於道途。」——出處同前。

波羅奈(Benares)城及其他古城街道甚狹，空氣難於流通，天氣炎熱時，居民置床於屋外，全家臥於街中之事頗不少見。

第一七〇章　使徒聖多瑪斯遺體及其靈異

聖多瑪斯(Saint Thomas)教長之遺體，在此馬八兒(Maabar)州中一人煙甚少之小城內其地偏僻商人至此城者甚稀。然基督教徒及回教徒常至此城巡禮；回教徒對之禮奉甚至，謂之爲回教大預言人之一，而名之曰阿瓦連(Avarian)，法蘭西語猶言聖人也。基督教徒至此城巡禮者，在此聖者被害之處取土，使患四日熱或三日熱之病人服之，賴有天主及此聖者之佑，其疾立愈。基督誕生後一二八八年時，此城有一極大靈異，請爲君等述之。

此地有一藩主，屯米甚多，皆屯於禮拜堂周圍之諸房屋中。看守禮拜堂之基督教徒憂甚，蓋諸房屋既盡屯積米糧，巡禮人不復有息宿之所；數請於藩主，請空屯米之屋，而藩主不從。某夜，聖者見形，手持一杖置於藩王之口，而語之曰：「脫汝不空余屋，俾巡禮之人得以息宿，汝將不得善終。」

及曙，藩主畏死，立將所屯之米運出，並將聖者見形之事告人。基督教徒對此靈異大爲慶幸，皆感天主及使徒聖多瑪斯之恩。尙有其他大靈異屢屢發生，如疾病殘廢及種種病苦之獲痊愈之類，尤以對於基督敎徒最爲靈驗。

看守禮拜堂之基督敎士所言聖者死事，茲爲君等述之。據說聖者昔在林中隱廬禱頌，周圍孔雀甚多，蓋他處孔雀之衆無逾此地者也。此地有一偶像敎徒，屬於上述之果維（Govis）族者，持弓矢獵取聖者左右之孔雀，發矢射雀，誤中聖者之身，聖者立死。聖者死前曾傳道奴比亞（Nubie）之地，土人皈依耶穌基督之教者爲數甚衆。（註一）

其地兒童產生，體色盡黑，色愈黑者，愈爲人所重；產生以後，每星期中，人用芝蔴油塗擦其身，因是色黑如同魔鬼。此輩之神亦黑色，魔鬼則爲白色，故所繪聖像皆黑色也。

此輩奉牛如同聖物，其出戰也，取野牛之毛繫於馬頸。若步戰，則繫毛於盾，或繫毛於頭髮上，因是牛毛之價甚貴。出戰之人無此牛毛則不自安，緣其人以爲繫有牛毛，戰後必然安然無恙。（註二）

既述此馬八兒州之要事畢，請離此他適，而言木夫梯里(Muftili)國如下文。

(註一)聖多瑪斯赴印度事，Saint Jérôme 在其書翰第六十篇(Ad Marcellam)中業已隱喻有之，惟其事久已爭持未決，世人視之如同一種故事而已。至二十世紀初年，W. R. Philipps 始裒輯教會諸著作家所供給之材料，衍為下述之結論：

(甲)聖多瑪斯傳教安息(Parthes)帝國之事，久有完全之證明；傳教印度之事亦有佐證，惟其傳教之地僅限於新頭河(Indus)流域，而其足跡未逾此流域之東方或南方也。

(乙)據多瑪行傳(Acta Thomoe)，聖多瑪斯受害之處在一名稱 Mazdai 國王之轄境中，並曾經行一名稱 Gundaphar 國王之轄境，始抵其國。

(丙)聖多瑪斯在南印度受害之事，毫無證據可以徵引，諸證皆指明其地應在他方尋之。

自是以後，此問題遂發生一種歷史興趣，烈維(S. Lévi)馬迦兒特(Marquart)二學者皆有研求。烈維以為 Mazdai 是新頭河東之一印度國王，馬迦兒特又以其是新頭河西之一伊蘭(Iran)國王，L. Finot 在遠東法國學校校刊一九〇四年刊四五七至四六〇頁中對此二說皆有說明。

烈維之印度說，及馬迦兒特之伊蘭說，皆有一共同之點，即將南印度屛除是已。故戈爾迭（第三册一一六頁）云：「如在一定觀點上承認此使徒曾赴印度之西北，（此地佛教興盛傳佈基督教似非易事，）則不能承認聖多瑪斯在南印度受害之一說矣。」

又據 Ph. Clément 神甫在一九二二年十月刊 "The Pilot" 雜誌中所持之說云：「案據教會史中最古之傳說，聖多瑪斯傳教印度之事，的確有之；惟古時印度之稱，曖昧不明，頗有爭議。昔日必有一名稱印度之地，境內某處應有聖多瑪斯之墳墓。蓋在紀元四世紀時，徙此聖者遺體從印度運至 Edesse（Mésopotamie 境內）一事，乃爲一種史實也。遺體既遷，墳墓尙保存其盛名，九世紀時英國尙有人齎送供品赴印度。六世紀時，有一旅行家曾見此墓。十三世紀以後，諸旅行家遂考訂此墓在 Madras 附近之 Méliapour 城。」——參看玉耳本第二册三五八頁。——北京公教報第一三八、第一四四、第一四九等號。

（註二）用野牛毛或用犛牛毛爲戰爭飾品之事，與婆羅門奉牛之教毫無關係，蓋爲亞洲各地通行之俗也。——參看 Della Valle 書第二册六六一至六六二頁。

第一七一章　木夫梯里國

若從馬八兒發足，北行約千里則至木夫梯里(Muftili)國。此國昔屬一王，惟自王死後，四十年間由其王后治理，王后愛王甚切，不願改嫁他人。王后在此四十年間，善治其國，尤甚於國王在世之時，蓋其愛好法律正義平和，人皆愛戴也。(註一)

人民是偶像教徒，不納貢賦於何國，食肉米與乳。此國出產金剛石，採之之法如下。境內多有高山，冬降大雨，水自諸山流下，其聲甚大，構成大溪。雨過山水流下之後，人往溪底尋求金剛石，所獲甚多。及至夏季，日光甚烈，山中奇熱，登山甚難，蓋至是山無點水也。人在此季登山者，可得金剛石無算。山中奇熱，由是大蛇及其他毒蟲頗衆。人在山中見有世界最毒之蛇；往者屢爲所食。

如是諸山尚有山谷，既深且大，無人能下。往取金剛石之人擲最瘦之肉塊於谷中。山中頗有白鷲，以蛇爲食，及見肉擲谷中，用爪攫取，飛上巖石食之。取金剛石之人伏於其處者，立卽捕而取其所攫之肉，可見其上黏結谷中金剛石全滿，蓋深谷之中金剛石多至不可思議。然人不能降至谷底，且有蛇甚衆，降者立被吞食。

尙有別法覓取金剛石，山中多有鷲巢，人往巢中鷲糞內覓之，亦可獲取不少，蓋鷲食人擲谷底之肉，糞石而出也。彼等捕鷲時，亦可破腹求之，可得石無算，其石甚巨。攜來吾國之石乃是選擇之餘，蓋金剛石之佳者以及大石大珠，皆獻大汗及世界各國之君王，而彼等獨據有世界之大寶也。

應知世界諸國除此木夫梯里（註二）國之外，皆不出產金剛石。此國亦製世界質最精良之硬布(bougran)，其價甚巨。亦產世界最大之羊，生活必需之物悉皆豐饒。

此外無足言者，此後請言婆羅門所在之剌兒(Lar)州。

（註一）馬可波羅時代，君臨此國之王朝是 Kakateya 或 Ganapati 朝，以 Waroungoul 爲都城，城在 Haiderabad 之東北。然波羅似以其所歷或所聞此國之一地名爲其國名。案 Muftili 爲阿剌壁語傳寫之名，應指 Madras 城北二百七十二公里 Gungtur 區中之 Motupallé 港。此地雖不復見近代地圖著錄，然尙存在而經若干地理學家記錄。W. Hamilton 云「Mutapali 城近 Circars 北部之南端，因沿岸土人船舶往來，且爲其處最良之港，所以商業頗盛。」又據他說，此地僅存爲一偏僻之漁村云。

Warangol 國境延至內地，然在波羅赴印度前最後君臨之國王名稱 Kakateya Pratapa Ganapati Rudra Deva 者曾侵略沿海之地，自 Nellore 抵於 Orissa 邊境皆隸版圖。此國王死後無子，其王后 Rudrama Devi 乃 Devagiri 王女，遂君臨其國，在位二十八年，一說在位三十八年，迄於外孫滿丁年之時。其外孫名 Pratapa Vira Rudra Deva，乃 Ganapati 朝之末主，登極年一說是一二九二年，一說是一二九五年。後至一三二〇年，被底里 (Dehli) 王阿老瓦丁 (Ala-eddin) 之軍隊所擒，並王族及寶貨羣象悉數送至底里。Warangol 城破後，印度人死者數千。此 Rudrama Devi 顯是本書所誌「人皆愛戴」之女王。——玉耳本第二册三六二頁——頗節本六二八頁。

(註二) Lar 即 Golconde，昔日此 Golconde 之礦在吾輩文學書中頗著名。此國之古都 Telingana 在一六八五年時曾經 Aureng-Zeb 殘破，今日僅餘一堡而已。(北緯十七度十五分，東經七十六度六分間) 昔日殆爲削切金剛石之所，然金剛石礦則遠在 Krichna 同 Pennar 流域一帶；在巴西同南非金剛石礦發現以前，是爲當時所知惟一採取金剛石之所。——參看 Tavernier

印度行紀第二册三四六頁。

第一七二章　婆羅門所在之剌兒州

剌兒(Lar)(註一)是延向西方之一州。若從聖多瑪斯遺體所在之地發足，即可立入此州；世界之一切婆羅門皆從此州而來。

應知此種婆羅門乃是世界最優良誠實之商人，蓋其無論如何不作僞言也。彼等不食肉，不飲酒，而持身正直；除與妻交外，不與其他婦女交；不竊他人物；法律欲其如此也。彼等皆掛一棉線於胸前肩後，俾爲人識。

彼等有一富強國王，樂購巨價之寶石大珠；王遣此種婆羅門商人赴全世界求取所能得之一切珠寶而歸。彼等以珠寶獻王，王倍給其價；王用此法，遂有一極大寶藏。(註二)

此種婆羅門是偶像教徒，重視先兆及命數甚於他地。每星期中逐日有一特徵。婆羅門早穿衣時必視其影；若見日下之影有必須之長度則立訂交易；脫其影不及必須之長度，則在此日不作何等交易。若在一旅舍訂結交易時，見一蜘蛛行於牆上，所行之方向若視爲吉，則立訂交易；方向視爲不吉則否。出門時若聞一人噴嚏，視若吉則行；視若凶兆則坐於地，過其認爲必須之時始起。若在道上見一燕飛，視飛向吉則行；否則歸。由是其迷信較之吾國異教徒爲甚。彼等食少而大有節制，故得長年。彼等從不放血，亦不任人取滴血出。（註三）

有一種人名曰濁鱗（Gioghid），亦屬婆羅門，然構成一種祀神之教派。彼等壽甚長，有至一百五十至二百歲者。彼等食甚少，僅食良食，尤食肉米及乳。此種濁鱗尙服一種奇特飲料，合水銀硫黃而飲之。彼等以爲飲此可以長壽，每月服二次，自童年時即如此也。（註四）

此教持身嚴肅爲世界最。彼等裸體而敬奉牛。其人多繫一牛像於額，其質或用黃金，或用黃銅，或用靑銅。（註五）彼等焚牛糞成灰，用此灰作膏塗擦身體。

其食也不用鉢，亦不用盤，祇用天堂果樹（pommier de paradis）之葉，或其他大葉盛之，但須其葉爲乾葉而非靑葉。據說色尙靑者必有靈魂，用之必有罪過。彼等寧死而不願違戒而用一犯過之物。或有詢之者，緣何裸體而不顧羞恥，答曰：「吾輩裸體出生，而不欲此世何物，是以裸體。加之吾輩正直無過，吾輩不以陰莖犯過，吾輩可以之示人與其他肢體同。然汝輩犯淫罪，汝輩引以爲羞，故掩蔽之。」

彼等不殺生，雖虱蠅及任何生物亦然；據說此種生物皆有靈魂，殺之有罪。彼等不食顏色尚青之物，必俟其乾。裸臥於地上，不用被下不用褥。彼等不盡死亡，其事甚奇。終日持齋，僅日日飲水。其收錄徒弟時，納之彼等廟宇中，使之持同一生活。然後試之，召前述祀神之室女來，命諸女觸之，吻之，撫摩之。設其陰莖不動則留，莖動則逐出。據說彼等不願與一淫人共處也。（註六）

其爲偶像教徒也，殘忍不義，儼若鬼魔。據說彼等焚死者之尸者，蓋若焚尸，則食尸之蟲不生。脫任其生蟲，蟲終將缺食而死；由是死者之靈魂有大罪而受大罰。彼等焚尸之理由如此。

馬八兒州人之事及其風習今已言其多半，茲將敍述此馬八兒州之他事，請言一名加異勒（Cail, Kayalpatnam）之城。

（註一）首先考見剌兒爲 Mysore 者，蓋爲頗節，曾以阿剌璧人之記載與馬可波羅書互相勘證，證明此國昔在馬剌八兒(Malabar)沿岸北起甘拜(Cambay)鈞案此名有考訂作明史之坎巴夷者，然尚有疑義。)灣南迄賽木兒(Seimour今Chaul)城昔日阿剌壁名此甕蠻(Oman)海之一部曰剌兒海。然則本書應作西北向，蓋其地在Madras之西北，不在正西也。

(註二)地學會法文本云：「此州有一豐於寶貨之富強國王此王樂購珍珠及一切寶石，所以預告其國商人，凡自名稱瑣里(Soli)之馬八兒國，擕所有珍珠來者，將倍給其價。此瑣里國乃印度最優良之州，良珠蓋出於此。」

波羅在此處謂馬八兒國名稱瑣里，乃前此(一六九章)所無之文。此瑣里(Soli)一作Sola，亦作Sora，可當今之注輦(Tchola)或Soladesam，其重要城市是Conjevedam。考錫蘭編年史，昔從大陸侵入之人常名瑣里。此處所謂：「最優良之州」，似指Tanjore之饒沃而受灌溉的平原；證以產珠之文，又似其境昔抵Manaar灣。——頗節本五三五頁——玉耳本第二册三六八頁。

(註三)地學會法文本增訂之文云：「彼等有咀嚼一種草葉之習慣，故其齒甚堅，而使之貌美身健。」——此處蓋指土人用蔞葉(bétel)檳榔，合介殼焚化之灰咀嚼一事。

（註四）濁騰（Gioghis）諸本並有 Caiguy, Cuigui 等寫法，蓋泛指印度之苦行人，有時兼混回教之苦行人（fakir）而言。昔日波斯國王阿魯渾（Argoun）好方術，曾向此種印度苦行人求長年藥，遂得硫黃水銀配合之劑服之，服之八月死。昔日東方及西方之方士，皆以爲合硫黃水銀可以產生其他金屬，因是遂稱水銀爲金屬之母，硫黃爲金屬之父。——玉耳本第二册三六九頁。

（註五）濕婆（Siva）教徒奉牛最篤，其額載像並非牛像，蓋爲生殖器像（lingam）。波羅殆因不願以此語汚讀者目，抑不信其事，故不欲述之。此種表示生殖效能之標章，或懸於頸，或繫於臂，有時亦繪於額。

本文及他本之文在此下並作牛骨，其誤蓋與本書第一六九章註十一所言之誤同，皆爲牛糞之訛也。

（註六）玉耳云：「世界人類之異事見於此一地者，別一地得亦重見有之。此處所述之奇異試驗，在古代克耳特（Celte）教會中已見有之，或者更古時在非洲教會中業經存在。」——玉耳本第二册三七〇頁。

第一七三章　加異勒城

加異勒(Cail, Kayal)（註一）是一名貴大城，隸屬阿恰兒(Aciar)(註二)五兄弟國王中之長兄也。凡船舶自西方質言之，自怯失(Kaïs)忽魯模思(Ormuz)阿丹(Aden)及阿剌壁全境，運載馬匹及其他貨物而來者，皆停泊於此。職是之故，附近諸地之人，皆輻輳於此，而使此加異勒城商業繁盛。

國王據有寶石甚衆，身戴寶石不少。彼生活優裕，而善治其國。頗喜商賈及外國人，故人皆樂至此城。

國王有妻三百人；蓋此國人男子妻愈多而聲望愈重。

此馬八兒州有國王五人，是親兄弟，前已言之，而此國王即是五兄弟之一人。彼等之母尚存。設若彼等失和，彼此爭戰時，其母即居中阻之，不聽其鬥。如仍欲鬥，其母則手持一刀而語諸子曰：將割乳哺汝等之乳房，然後破腹而死於汝等之前。因是數使諸子言歸於好。但在母死之後，彼等恐將互相殘害也。（註三）

茲置此國王不言，請言俱藍(Coilum, Quilon)國。

(註一)波羅在本書第一六九章中敘述馬八兒州一大國（指 Carnatie）及其沿岸採珠事甚詳，末云暫不接述州中他國。遂由此北向至 Madras，述聖多瑪斯之靈蹟。（第一七〇章）然後離馬八兒，仍循注輦 (Coromandel) 沿岸北行，導吾人至 Masulipatam，即吾人所稱出產金剛石之 Golconde 國也。復從此西行述剌兒 (Mysore) 國，當時此國境包有 Dekkan 大部份之地，迄於馬剌八兒 (Malabar) 沿岸。逮述此國居民之迷信與婆羅門之苦行畢，復導吾人至 Manaar 灣沿岸之發足點，南行繞 Comorin 岬。由此方向先至 Tamraparni 河口，其地微在 Kayalpatnam 之北，Tuticorin 之南。

加異勒(Cail) 港久已著名於當時，剌失德丁書及阿剌壁人葡萄牙人諸行紀皆有著錄；是爲往來波斯灣或紅海與中國間之船舶必須停泊之所。此種船舶沿注輦沿岸行，歷泊諸要港，如 Meliapour 之聖多瑪斯墓，Masulipatam 之金剛石市場等處。此港又輸入波斯灣及阿剌壁沿岸之馬羣，（第一六九章註八）益以港近採珠之地，商業愈臻茂盛。

(註二)阿恰兒 (Aciar) 殆指 Asadia-deva，亦即碑文中之 Surya-deva。據地方傳說，是爲君臨加異勒之末王，並為君臨 Tinnevelli 五兄弟之一人而歸依回教者也。

（註三）剌木學本增訂之文云：「此城之一切居民，與夫其餘印度諸地之居民，皆有咀嚼一種名稱蒌葉的樹葉之習慣；常嚼之而吐其津液。國王貴人用樟腦及其他香料製此葉，復與生石灰摻合嚼之。人言此事頗宜於衞生。如有某人欲加辱於他人者，則於見面時唾此葉或其汁於其人之面。受此辱者立入謁國王，告以受辱之事，請執兵復仇。國王賜以劍盾，使之門，國人爭往觀之，迄於鬥者一人死而後已。」——第三卷第二十四章。

第一七四章　俱藍國

若從馬八兒發足，西南行五百哩，則抵俱藍（Coilum）國。國居民是偶像教徒，基督教徒甚少。彼等自有其語言，自有其國王，而不納貢賦於何國。（註一）

出產蘇木（brésil）甚多，名稱俱藍蘇木，蓋以產地名也，其質甚細。產薑甚良，名稱俱藍薑，亦以產地名也。全國出產胡椒甚多，土人種植胡椒樹，五六七月中採之。亦饒有藍靛甚細，太陽極烈，草受曝而產藍。蓋此國熱不可耐，若浸雞蛋於溪水中，陽光曝之立熟。

蠻子地中海東（Levant）阿剌壁諸地之商人乘舟載貨來此，獲取大利。（註二）

此國饒有種種牲畜，與他國種類迥異。獅子盡黑色，其一例也。鸚鵡種類甚多，有身白如雪而爪喙紅者；有朱色者；有藍色者最爲美觀；有小者亦美；其他皆綠色。

亦有孔雀甚美，較吾人之孔雀爲大，種類亦殊。其雞最美而最良，種類亦異。其果實亦甚奇；斯皆因酷熱使然。

彼等除米外無他穀。用椰糖造酒，頗易醉人。凡適於人身之物，悉皆豐饒，價值甚賤。其星者甚良，醫師亦然。人皆黑色，婦孺亦然；盡裸體，僅以美麗之布一片遮其醜處。不以淫亂為罪過，可以從姊妹為妻，兄弟死可以妻其嫂娣。此俗遍及印度全境。

此外無足言者。吾人離此，請言一名戈馬利（Comary）之地。

（註一）諸本寫此國名作 Coilum, Coilun, 剌木學本寫此名作 Coulam 即今之 Quilon 也。元史名此國曰俱藍，曾稱藩於忽必烈汗。此城在馬剌八兒沿岸，距戈莫陵（Comorin）岬約百公里。

一三二九年時，教皇 Jean XXII d'Avignon 曾派 Jourdain de Sévérac 為此城首次創設之主教。（拉丁語寫此城名作 Columbum）斡朶里克書有 Polubum, Colonbio 等寫法，謂「其為一極大之城，在胡椒樹林之極端，世界最良之薑出產於此。此城貴重商貨之多，言之恐無人信。」古阿剌壁人早從阿丹、西剌甫（Siraf）兩港輸入胡椒，竟名胡椒曰馬剌八兒，足證馬剌八兒胡椒之著名也。

一三四九年時，Jean Marignolli 曾遊俱藍，謂此城胡椒供全世界之食。同時伊本拔禿塔亦遊俱藍（Caoulem），謂其「為馬剌八兒最美諸城之一。市場甚大，商人甚富：中有一人購取全船之，物貨改裝本人貨物……俱藍是馬剌八兒距中國最近之城，而中國人多赴之。」——伊本拔禿塔書第四册九九頁。

俱藍之盛迄於十六世紀初年，自是以後遂衰。——玉耳本第二册三七七頁。

（註二）忽必烈數與俱藍國通往來，曾三遣使臣楊庭璧往諭其降。一二八二年，俱藍國遣使入貢。頗節悉將元史所載關於往來使臣之文迻譯，可資參考。

伊本拔禿塔書（第四册一〇三頁）云：「我在俱藍時，偕我輩俱來之中國皇帝使臣，曾入此城中，此城中國商人贈以衣服。使臣尋還本國，後此我又重見之。」

第一七五章　戈馬利地方

戈馬利(Comary)（註一）是印度境內之一地，自蘇門答剌至此，今不能見之北極星，可在是處微見之。如欲見之，應在海中前行至少三十哩，約可在一肘高度上見之。此地是一蠻野之地，有種種獸畜，尤有猿甚奇，不知者誤識爲人。尚有名稱加特保羅(Gat Paul)之猿，一種可注意之種類也。

（註一）戈馬利即今之戈莫陵(Comorin)，亦阿剌壁人諸地志中之Komhary也。地學會法文本關於北極星之記載語意較明，其文作：「自蘇門答剌至此，前未能見者。」觀此足證運載波羅三人及阿魯渾妃之中國船舶直抵戈莫陵岬，然後循馬剌八兒沿岸而赴波斯。然則本書所誌馬八兒加異勒等地，殆係前此奉命出使時目擊耳聞之國，所以此處諸章排比散亂無次。——參看玉耳本第二册四〇三頁。

第一七六章　下里國

下里(Ely)(註一)是西向之一國，距戈馬利約三百哩；居民是偶像教徒，自有國王而不納貢賦於何國；彼等自有其語言。吾人至是進入較爲熟識之地，行將確實敍述各國之民風土產，而君等亦將聞之較審，蓋吾人行抵更近之地也。

此州無港，然頗有大河，河口旣寬且深，蓋良河口也。土產胡椒生薑及其他香料甚饒。其國王富於寶貨，然無強兵。顧其國據有天險，無人可能侵入，所以有恃無恐。應知船舶之赴他處而抵此國海港者，國人輒盡奪船中所載之物，而語之曰：「汝曹欲赴他處，然汝輩之神導汝輩至此，由是汝曹之物應屬吾曹」。彼等視此鈔暴不爲過失。第若船舶逕來此國，則以禮待而保護之。此種惡習，遍及印度全境，脫有船舶赴他處而因風暴在途中被難者，輒受鈔掠。

蠻子及他國船舶夏季來此，卸載貨物六日或八日卽行，蓋此地除河口外無海港，質言之，僅有沙灘沙礁可庇也。蠻子船舶有木錨甚大，置之沙灘，頗多危險。(註二)

其地頗有虎及其他猛獸甚惡；亦饒有披毛帶羽之野味。

此外無足言者，請言馬里八兒(Melibar)國。

(註一)案下里在今 Cannanore 但應知者吾人所考見之今地，不必盡爲馬可波羅所誌之城國，蓋城市位置，不免變遷，此之考訂，不過約略誌其方位而已。

古下里城今已無存，僅在Ghates山系之一支脈西端有山，尙名下里。此地角孤立，在 Cannanore 北二十五公里，遠處可以見之。一四九八年八月，Vasco da Gama 最初發現印度之地，即此山也。

(註二)此處記錄之文有誤，蓋筆受者未解馬可波羅之意，亦未識中國木錨維舟之力也。中國錨昔用一種名稱「鐵木」之木爲之，量極重，繫結力甚強。

地學會法文本(二二三頁)云：「應知中國及他國船舶，夏季來此者，卸載貨物四日或八日即行，蓋其一無港，且有淺水沙磧，久泊甚危也。中國船舶畏此固不若他國船舶之甚，蓋其有大木錨可禦一切風暴……」。

當時停船之港應在下里山東，或在 Nileshwaram 河口，或在稍南之 Madai 河口。惟此地陵谷大有變遷，此二河口不復能受船舶，而下里山因沙石沖積已與大陸接合矣。——參看玉耳本第二册三八八頁。

第一七七章　馬里八兒國

馬里八兒（Melibar）（註一）是一大國，國境延向西方居民自有語言，而爲偶像教徒；彼等自有國王而不納貢賦於何國。在此國中，看見北極星更爲清晰，可在水平面二肘上見之。（註二）應知此馬里八兒國及一名稱胡茶辣（Guzarat）之別國，每年有盜船百餘出海，鈔掠船舶；全夏皆處海中，攜帶婦孺與俱。此種盜船每二三十船爲一隊，每距五六哩以一隊守之；在海上致成一線，凡商船經過，無得脫者。（註三）盜船每見一帆，卽舉火或煙爲信號，由是諸船皆集，羣向來船，捕之而盡奪商人之物。然後釋之而語之曰：「復往求利，將重爲吾輩所得也。」然自是以後，諸商知自防，再赴海者必載大船，攜兵器人員與俱，除有時遭難外，不復畏海盜也。

此國出產胡椒，生薑，肉桂，圖兒比特（turbith），（註四）椰子甚多。紡織古里布（calicot）甚精美。船舶自極東來者，載銅以代沙石。運售之貨有金錦，綢緞，金銀，丁香及其他細貨香料；售後就地購買所欲之物而歸。此國輸出之粗貨香料，泰半多運往蠻子大州別一部份則由商船西運至阿丹，復由阿丹轉運至埃及之亞歷山大(Alexandrie)，然其額不及運往極東者十分之一；此事頗可注意也。(註五)

既述馬里八兒國畢，請接述胡茶辣國如下文。但應知者，如是諸國，僅誌都城；其他城堡甚衆，言之冗長，故略。(註六)

(註一)馬里八兒即阿剌壁波斯諸撰述中之 Malibar, Manibar，亦今之馬剌八兒也。伊本拔禿塔書(第四册七一頁)曾誌其境界云：「其地長延海岸有二月程，起 Sendabour (今卧亞 Goa)，止俱藍(Caoulem 今 Quilon)。此長途中皆有樹木可以庇蔭；每半哩有一木房，內有台階供回教及異教之旅人坐息。木房附近有一井供給飲水，置一神像守之。」由是觀之，今稱半島西岸全部爲馬剌八兒，誤也。且據他說，古馬剌八兒國境，北不逾下里(Ely, Cannanore)，南不逾俱藍。

(註二) Nicolo di Conti 在十五世紀中葉旅行印度，曾誌有云：「航行印度海者視南半球可見之南極星爲準；蓋其鮮見北極星，又不用羅盤，祇恃所見南極星之高度以辨方位。」——Pl. Zurla 書第二册一九六頁。

剌木學（行紀第一册一三七頁）曾引一隨同 Vasco de Gama 之弗洛郎司(Florence)人初次航行之說云：「航行印度海中者不用羅盤，僅恃若干木製之四角規以辨方位，若有雲霧而不能見星宿時，航行則甚難也。」

馬可波羅時代航行之情形如此；故除中國船舶外，航行者尚未識磁石針之用途，而對於儀象器及羅盤亦知之未審。頗節（地誌第一册二〇三頁）引一傳教師之說云：「印度舵手測量高度之法，用一繩結數結，口銜其一端，繩中橫貫一木，如是不難測得小熊星尾，小熊星即通稱之北斗星或北極星也。」

（註三）地學會本（二二四頁）云：「蓋其絡繹佈置海中，彼此相距約五哩；由是二十船舶，亙延海上百哩……。」

此種海岸，迄於最近時代，尚見海盜充斥；每年常有船舶因避海風或岸風而作沿岸行者，岸上有高巖，海盜矚見，即出海掠之。馬可波羅經行之後不久，伊本拔禿塔曾在馬剌八兒北爲海盜所擒，並衣褲亦被剝奪。

（註四）圖兒比特乃一種蔓草之根，花葉近類蜀葵；今在藥劑中尚用以作瀉劑或緩和劑。

（註五）此段完全關係中國船舶。剌木學本云：「蠻子船舶用銅作壓艙之物。」此銅爲中國南部及日本之普通產物，航行者載作重貨，餘貨則爲綢緞金銀細香料之類，用此以易粗香料。本書謂從印度出發之船舶，運貨至阿丹、埃及、歐洲不及總數百分之十，餘船皆運貨至東方及中國，足見當時中國市場之重要。

伊本拔禿塔謂中國船舶常赴俱藍、下里、古里（Calicut）三港，此外並赴梵答剌亦納（Fandaraina），亦作 Pandarani，亦作 Pantalani，在古里北二十五公里）港在印度過冬時，則維舟於後一港中。元史卷九四市舶門云「元貞二年（一二九六）禁海商以細貨於馬八兒、唄喃（俱藍）、梵答剌亦納三番國交易」。據伯希和之考訂，此梵答剌亦納即是伊本拔禿塔之梵答剌亦納，亦是十四世紀島夷志略中之班達里。——玉耳戈爾迭本第三册一二〇頁。

中國與馬剌八兒沿岸諸國商業停頓之時，頗難斷爲何年，惟玉耳擬在十五世紀初年。據云：「我所知著錄此事之書，有 Joseph de Cranganore 之 Novus Orbis 内云：此種契丹人是具有一種堅强毅力之人，昔與古里通商居第一位，然古里國王虐遇之，彼等遂離此城，已而復至大殺城中居民；自是以後，遂不復來，尋與東岸納兒星哈（Narsingha）國中之 Mailapetam 城通貿易，迄今尚然。」

「Gaspar Correa 撰 Vasco de Gama 行紀，引有四百年前之一故事，相傳有一大隊商船自滿剌加 (Malacca) 中國琉球等地來至馬剌八兒，此種新來僑民居留其地，留傳後裔。百年後其人無存，然其莊嚴廟宇，尚可見之。——古里國中有一部落，相傳是中國人之後裔。Abdurrazzak 書中有一節，謂古里國航海之人名稱支那漢 (Chini bachagan)。」

「右引二說，殆隱喩有明永樂時下西洋之事。Gonz. de Mendoça 書（五七頁）云：所以今日在此國，在菲律濱羣島，在納兒星哈國東之注輦 (Coromondel) 沿岸，暨在僧加剌 (Cengala) 海沿岸，尚憶及華人。僧加剌海沿岸且有一地今名中國鎮市，相傳爲華人所創也。古里國中亦有相類紀念，此國有不少樹木果實，土人相傳是華人統治此地時所移植。世人亦謂華人同時據有滿剌加，暹 (Siam) 占城 (Cochinchine) 及其他隣近諸國；且謂曾經占據日本諸島。」

「Barros 謂著名之提颶 (Diu) 城，昔爲一胡茶辣王所建，用以追念昔在海上戰勝中國船舶之武功者也。此國王名稱 Dariar Khan，一作 Peruxiah，雖相傳爲 Mahmoud Begara（一四五九至一五一一）之父，然頗難辨識爲何人。此外 Barros 引證中國人侵略佔據印度之事甚多，然皆未能考證其事。姑無論其來源爲何，疑多關涉鄭和下西洋事，其將禪那（Jaina）人與支那人之事混而爲一者，亦間有之。」——玉耳本第二册三九一至三九二頁。

（註六）馬可波羅僅言都城，而不及其他城市，所以歐洲人熟識之古里及柯枝（Cochin）二城未見著錄。古里昔在剌兒國中，（見本書第一七二章）時未以古里名；柯枝亦然。葡萄牙人到達以後，始有 Samorin（古里國王名）國及柯枝國之稱云。

第一七八章　胡茶辣國

胡茶辣(Guzarat)（註一）是一大國，居民是偶像教徒，自有其語言。彼等有一國王而不納貢賦於何國。國境延至西方至是觀北極星更審，蓋其出現於約有六肘的高度之上也。

彼等是世界最大的海盜，有一惡俗，請爲君等述之。彼等奪一商船時，強使商人飲一種名稱羅望子(tamarin)之汁，俾其盡瀉腹中之物；蓋商人被擒時得將重價的珍珠寶石吞於腹中，用此方法，海盜可以盡得其物也。（註二）

此胡茶辣州饒有胡椒，生薑，藍靛。亦多有棉花。產棉之樹高有六步，生長可達二十年。然若年歲如是之老，所產之棉則不適於紡織，祇作他用。

此國製作種種皮革，如山羊、黃牛、水牛、野牛、犀牛及其他諸獸之皮是已。所製甚多，故每年運載皮革赴阿剌壁及他國之船舶，爲數甚衆。其國亦製最美之紅皮，嵌極美之鳥獸於其中，用金銀線巧縫之；其美不可思議；有値銀六馬克(marc)者。（註三）

此外無足言者，故於此後接言一名塔納(Tana)之國。

（註一）胡茶辣(Guzarat)亦作 Gocurat, Gozarat，剌木學本作 Guzzerat，今作 Gujarat；今指坎拜(Cambay)契吒(Katch)兩海灣間之半島；昔日國境甚大，西北抵 Radjpoutana，東抵 Meïwar 及 Kandech 等地，南抵恭建(Koukan)。

玉耳於此糾正馬可波羅之一種地理錯誤云：「本書謂胡茶辣是隣接馬剌八兒之一州，而列在塔納(Tana)坎拜(Cambay)須門那(Somnath 鈞案元史卷二一〇馬八兒傳末所列來降十國中有須門那，次在馬八兒後，僧急里前，應指此地。)三城之前；其實此三城亦在胡茶辣境中，而坎拜爲此國當時之大商場也。瓦撒夫(Wassaf)書所述之胡茶辣通名曰坎巴夷替(Kambayat 即坎拜。)」——玉耳本第二册三九四頁。

（註二）「此種惡海盜擒得商人時，即以羅望子合海水飲之，由是商人盡瀉其腹中之物。海盜在商人所瀉諸物中尋取珍珠寶石。蓋海盜云：商人被擒時吞珠寶於腹中，俾不爲海盜所得，所以此種惡海盜以此水飲之。」——地學會法文本二二五頁。

（註三）「尙有言者，此國製造紅皮美席，嵌以鳥獸，用金銀線巧縫之。此席美至不可思議；回教徒寢臥其上，蓋爲一種良臥具也。並製有椅褥，全以金線縫合，值銀六馬克；上述之席有值銀至十馬克者。此國用皮製作王座（roiaux dereusse），其巧世所不及，價値甚貴」。——地學會法文本二二六頁。

第一七九章 塔納國

塔納（Tana）（註一）是一大國，位置在西，面積與價値並大。居民是偶像教徒，而自有其語言；自有國王，而不納貢賦於何國。國內不產胡椒或其他香料，然饒有乳香，其色褐，交易甚盛。製造皮革甚多，並紡織美麗毛布。

此國頗有海盜，與國王同謀鈔掠商人。此種海盜與其國王約，得馬則屬國王，得他物則屬彼等。國王無馬，而須運多馬至印度，故其行爲如此；凡船舶之赴此國者，莫不運馬及其他不少貨物。此種惡習頗足貽國王羞。

此外無足言者，此後請言一名坎巴夷替（Cambaet）之國。

（註一）此城迄今尙存，仍名塔納，位在 Salsette 島中，居孟買（Bombay）東北三十二公里，諸考訂並以此城卽馬可波羅書著錄之塔納。

馬可波羅所稱之塔納國，大致可當今之恭建（Konkan）州。Al-Birouny 書謂塔納是恭建之都城；剌失德丁書名此國曰恭建塔納（Konkan-Tana）；Aboulféda 謂此國在馬剌八兒之西，胡茶辣之東部。並引 Ibn-Saïd 書云：「此城位在剌兒國（參看本書第一七二章）之北端，因商業而著名。沿岸居民盡屬偶像教徒；其中雜有回教徒……由此國名發生 tanasi 形容詞，以稱土產之布……。據所聞某旅行家之說，此城及其附郭皆有海水環之。」

諸本寫法不一：地學會本作 Thana 及 Tana；頗節本作 Tanaim；其他諸法文本作 Tima, Thaman, Tanami, Canam；諸拉丁文本作 Canna, Tana, Chana；剌木學本作 Canam，此外諸本作 Toma, Caria；其中之 t 與 c 時常混用，似以 Tana 寫法為不誤。d'Anville（印度古地志一百頁）云：此城位置距海不遠，在一隔斷大陸之河渠上，河口則在孟買灣中。據東方地理學者之記載，此城當時商業頗盛。Al-Birouny 位置此城在北緯十九度三十三分，較之他說為可取；納速剌丁 (Nassir-eddin) 及兀魯伯 (Ouloug-beg) 之曆表著錄亦同。曆表中既著此城名而遺附近諸要城，足證此城曾見重於一時。馬可波羅謂其為一國，與坎巴夷替須門那二國等，足證當時尚為一印度君主統治。此印度君主必是一二九四年敗於底里王任阿老瓦丁之同一國王。三十年後 Jourdain de Sévérac 及斡朵里克經行其地時，祇見有一回教長官，而不復有國王矣。

剌木學本云：「吾人謂此國在西者，蓋馬可波羅當時來自東方，依其路途所經，歷述之也。」（第三卷第三十章）然此語不足解說本書先言胡茶辣後言塔納之理。吾人以爲此處記錄之法與前此（第一六九至第一七三章）同。前此首言馬八兒全境，然後再述境內諸國，如木夫梯里（Telingana）聖多瑪斯（Madras）馬八兒本國（Tanjore）加異勒（Tinnevelli）等國。此處則視塔納坎巴夷替須門那三國在胡茶辣境內，故首言偏在北方之胡茶辣，而後言諸國，與剌失德丁書體例同也。

第一八〇章　坎巴夷替國

坎巴夷替（Cambaet）（註一）是一大國，位置更西，居民是偶像教徒，而自有其語言；自有國王而不納貢賦於何國。在此國中所見北極星更明，蓋愈向西行，星位更高也。此國商業繁盛；藍靛甚佳，出產甚饒；紡織細毛布甚多；亦饒有棉花，輸往不少地域。製作皮革甚佳，貿易亦盛。此國無海盜；居民皆良民，恃工商爲活。

此外無足言者，茲請言別一名稱須門那（Semenat）之國。

（註一）案坎巴夷替可當今之坎拜（Cambay）。伊本拔秃塔曾繼波羅之後至此城，而名之曰京巴牙（Kinbâyah）。據云「吾人自 Sâghar 行抵京巴牙，城在一海灣上，此灣頗類河流。船舶入灣而感潮汐。我曾見停船之船，潮退時停在泥中，潮漲後浮於水上。京巴牙由其建築之美而回教禮拜寺之堅，可以位在最美城市之列。職是之故，居民多屬外國商人，陸續在其地建築華屋大寺。」——伊本拔秃塔書第四册五三頁。

第一八一章 須門那國

須門那(Semenat)(註一)是更西之一大國。居民是偶像教徒，自有其國王及語言；不納貢賦於何國，而恃工商爲活。國人中無作海盜者，工業茂盛。彼等洵爲殘忍的偶像教徒。

此外無足言者，茲請言一名稱克思馬可蘭(Kesmacoran)之別國。

（註一）須門那今作 Somnath 可當今胡茶辣半島南岸之 Veraval（北緯二十度五十三分東經六十八度九分）此城名在阿剌壁人撰述中作 Soumanât Semnât, Soumenat，今尙作 Somnath-Pattan，猶言月主之城也。昔以名稱須門那(Soumenat)之神像而著名，像在廟中懸於虛空，受人崇奉。一〇二四年吉慈尼朝(Gaznévide)著名算端馬合木(Mahmoud)奪取此廟時，曾將廟頂之磁石取出，懸像遂墜。

據 Al-Birouny 書，像爲一石，作圓錐形，代表濕婆(Siva)之陰部，由是人稱之曰大自在天(Mahadeva)之靈像(linga)。「須門那石」之實況如此。其上部以黃金寶石爲飾。每日於月升降時兩次，每月於月盈虧時兩次，海水來浸此石，相傳爲海水朝賀濕婆得須門那或月主之稱者以此。

「濕婆教昔在新頭河 (Indus) 之南方及西方頗流行，常見有不少靈像廟宇受民衆崇拜。然須門那靈像受人信仰尤甚；逐日受恒河 (Gange) 水及客失迷兒 (Kachmir) 花之供獻。印度人以爲此像可以治愈痼疾及其他無藥可醫之疾。且因須門那城之位置，外國人赴之者甚衆；凡船舶赴非洲沿岸之 Sofala 及中國者輒維舟於此。吉慈尼 (Ghazni) 算端馬合木奪取須門那時，（一〇二四年）曾破此石，取其上部歸吉慈尼城（阿富汗都城）。破之爲二：一置吉慈尼馬場中，一置大禮拜寺門作爲踏石。」——Reinaud 譯阿剌壁文及波斯文殘卷一一一頁。

馬合木並將須門那廟門攜歸吉慈尼；此廟門頗著名，檀香木質，刻飾極工，飾以金銀；嗣後置於馬合木墓門亙八百年。一八四二年英兵敗於阿富汗，退走可不里 (Kaboul) 時，印度總督 Ellenborough 命將此門還諸須門那古廟。已而變計，置此門於 Agra 堡中，今尚存在。

「波羅經過此城未久（一三〇〇年）須門那之廟像又經阿老瓦丁軍隊之殘破，遂使人遺忘馬合木第一次殘破事蹟。其廟今廢，尚存舊日改作回教禮拜堂之痕跡。Ibn-Asir 述馬合木鈔掠事，謂廟柱五十有六，全用麻栗木（teck）爲之，廟頂則用鉛蓋。然則廟宇原用木建歟。」——玉耳本第二册四〇〇頁。

第一八二章　克思馬可蘭國

克思馬可蘭（Kesmacoran）（註一）乃是一國，自有國王及語言。居民是偶像教徒而恃工商爲活，人多業商，而從海陸運輸其商貨於各地。食肉米及乳。

此外無足言者。但往西行及往西北行，此克思馬可蘭國則是印度最末之一州；自馬八兒（Maabar）迄於此州並屬大印度境，而爲世界之良土。此大印度經吾人敍述者，僅爲沿海之城國；至若內地城國，概未之及，蓋言之殊冗長也。

茲從此地首途，請言尚屬印度之若干島嶼。首言二島，一名男島，一名女島。

（註一）此克思馬可蘭寫法蓋出地學會本，而頗節本則作Quesivacuran，核以玉耳所輯諸證，具見其誤，茲爲改正。案此地卽指今波斯同卑路支斯坦（Baloutchistan）分領之麥克蘭（Mekran），而在東方通稱爲克只麥克蘭（Kedj-Mekran）者也。克只是都城名。都城名與國名合稱之例，本書頗不少見，本書第一七九章註一所引剌失德丁書之恭建塔納，其一例也。此克只麥克蘭名稱並見伊本拔禿塔書及Pietro Della Valle書著錄。

（註二）自古代迄於近代，印度境界逾新頭河西甚廣。Pline l'ancien 書（第六卷二三頁）云「但世人之不以新頭河（Indus）爲印度西界者頗不少見；彼等多以河外之 Gedrosi（Mekran），Arachoti(Kandahar), Arii (Hérat), Parapomisadoe(Kaboul), 四地尙屬印度，而視其他諸地統稱 Ariane」。考 Isodore de Charax 之說，安息人（Parthes）名稱 Arachosie(Kandahar) 曰白印度。又考 Ibn Khordâdbeh 之說，印度與波斯接境之處距忽魯模思（Ormus）峽航行七日程，距新頭河口航行八日程，質言之，大致在兩發航點之中間。……時可不里（Kaboul）尙屬印度。信度（Sind）國之末一印度國王 Chach，昔曾率軍進至麥克蘭與起兒漫（Kirman）分界之河流；史載其在此河畔種植椰樹，並建一碑，上勒文曰：「此處是 Chach 時代信度國界。」

Marino Sanuto 地圖上之印度境界，始於忽魯模思；波羅前離此城，（參看本書第三十六章）核其語意，如循海行，下站似爲印度。——參看玉耳本第二册四〇二頁。

第一八三章　獨居男子之男島及獨居女子之女島

若從此陸地之克思馬克蘭國首途，向南海行約五百哩，則抵二島，一名男島，一名女島。（註一）兩島相距約三十哩。居民皆是曾經受洗之基督教徒，然保存舊約書之風習；妻受孕時，其夫不與接觸；妻若生女，產後四十日亦不與接觸。名稱男島之島，一切男子居處其中。每年第三月，諸男子盡赴女島，居三月，是爲每年之三四五月；在此三箇月中與諸女歡處。逾三月，諸男重回本島；其餘九箇月中，則爲種植工作貿易等事。

此島有龍涎香甚佳。居民食肉乳及米。彼等善漁，獲魚甚多，乾之以供全年之食，餘者售之來島之商人。島民無君主，服從一主教，而此主教隸屬一大主教；此大主教居在別島；其島名稱速可亦剌（Scoira），別詳後章。彼等亦自有其語言。

彼等與諸婦所產之子女，女則屬母，男則由母撫養至十四歲，然後遣歸父所。此二島之風習如此。諸婦除撫養子女，摘取本島之果實外，不作他事；必須之物則由男子供給之。

此外無足言者，茲請言名稱速可亦刺之別島。

（註一）頗節對於此種傳說，裒輯有與趣甚濃之註釋；然不及玉耳徵引之詳贍茲採玉耳之註釋，以證此種異聞乃是純屬荒渺無稽之物語。

據云：「若繼馬兒斯登之後尋求此種島嶼之所在，似無大益。此說自太古以來流傳迄今，迄無一人發現其處。Coronelli 地圖（一六九六年刊）考證其島在 Guardafui 岬附近，名稱 Abdul Kuri 之島，馬兒斯登卽採斯說。若就波羅所誌麥克蘭南五百哩之方向尋之，海中實無一島；第若證以後章章首之語，則此二島應在麥克蘭與速可脫剌（Socotora）兩地之中間，案此兩地之中，阿刺璧沿岸有 Kourgan-Mourian 諸島，似可當之；頗節卽欲在此處發現本書之男島及女島也。波羅又謂島民隸一主教，而此主教又隸屬速可脫剌之大主教，似乎此種傳說繫於一定地域。修士 Jourdain 亦位置此種島嶼在大印度與東非洲海岸間。Nicolo di Conti 又謂其距速可脫剌僅五里，然兩島相距則有百哩。有時男赴女所，有時女來男處，六月期滿，各歸本島，逾期不歸則立死。Fra Mauro 又徙此二島於僧祇拔兒（Zanzibar）之南，而名之曰 Mangla 島同

Nebila 島。所可異者，前一名稱似出於梵語之 Mangala，此言幸運者，後一名稱似本於阿剌壁語之 Nabilah，此言美也。」

「葡萄牙人發現新地時代，此種故事尙存，當時繫其事於速可脫剌島中。」

「我意以爲此故事應爲最古而最流行的女人 (Amazones) 國故事之一枝說。Palladius 引婆羅門說，男女分居恆河兩岸，女子在六七八月間接待男子四十日，是爲太陽偏北天時最寒之日，女生子其夫則不復至。」

「大唐西域記卷十一波剌斯 (Perse) 國條後云：拂懍國西南海島有西女國，皆是女人，略無男子，多諸珍寶貨。附拂懍國，故拂懍王歲遣丈夫配焉。其俗產男皆不舉也。」

「哥倫布 (Christophe Colomb) 第二次航海時，曾聞船中美洲土人言，有一島名 Matityna 或 Matinino 島者（應指 Martinique），僅有女人，每年一定時期接待 Caraïbes 部男子；產子後男屬父，女屬母。島中有地窖，若有男子非時而至，女子則隱避窖中。」

Adam de Brême 又以爲女人國在波羅的 (Baltique) 海中；蓋因 Gwenland（芬蘭）與 Gwend-land（女人地）二字形近致誤。

Gonz. de Mendoça（二九九頁）又謂此種島嶼在東亞海中：「距離日本不遠，近頃發現有女人島，島中僅有女人，持弓矢，善射，爲習射致燒其右乳房。每年一定月分，有若干日本船舶，載貨至其島交易。船至島後，令二人登岸，以船中人數通知女王。女王指定舟人登岸之日，至日，舟人未登岸前，島中女子至港，女數如舟中男數，女各攜繩鞋一雙，鞋上皆有暗記，亂置沙上而退。舟中男子然後登岸，各着繩鞋往就諸女，諸女各認鞋而延之歸；其着女王之鞋者，雖醜陋而亦不拒。迨至限期已滿，各人以其住址告女，居停而與之別。告以住址者，如次年生子，男兒應送交其父也。此事乃諸教士聞諸二年前曾至此島之某人者，但日本之耶穌會士，對於此事毫無記錄，余尙疑而未信云。」

天方夜談載有一事頗相類，據云：有一哈薩克（Casaques）部落，婦女皆居 Dniéper 河之若干島中。頗節引「傳教信札」載一六九七年法國某傳教師在 Manille 之致書中有云：「此種外人（假擬在 Mariannes 羣島南方某島中之外人），謂彼等島中有一島，僅有女子住在其中，自成一國，不許男子羼入。女子多不婚，惟在年中某季許男子來會，聚數日，攜其無須乳哺之男孩而歸；女孩則留母所。」

頗節結論云：「具見馬可波羅之說非想像之言，」——玉耳則答曰：「我意以爲在前提上已認此說之虛。」

有時此種故事又別生異聞，例如 Pomp. Mela 書（三卷九章一節五四頁）云：「女子獨居，全身有毛，浴海而孕，其俗蠻野，爲人所捕者，用繩縛之，尚虞其逃。」

中國載籍及斡朶里克書中亦著錄有女人國，或受風而孕，或食某種果而孕，或望井而孕。馬來人亦有此種傳說，謂此事在蘇門答剌外 Engano 島中。——參看玉耳本第二册四〇六頁。

由是觀之，女人國故事，時無分古今，地無分東西，悉皆有之。其惟一實在的女人國，蓋在非洲 Dahomey 境內，然至法國侵略之後遂絕。

第一八四章 速可亦剌島

從此二島首途，南行約五百哩，則見速可亦剌（Scoira）島。（註一）居民皆是已受洗禮之基督教徒，而有一大主教。彼等多收龍涎香，饒有棉布，並有其他貨物：尤多大而良之鹹魚。彼等食米肉及乳，不種何種穀類。人盡裸體，與其他印度人同。（註二）

島中商業茂盛，蓋各處船舶運載種種貨物來此售於島民，在島購買黃金，而獲大利；凡船舶之赴阿丹（Aden）者皆泊此島。

此大主教不屬羅馬教皇，而隸駐在報達（Bagdad）之聶思脫里派基督教徒之總主教。此總主教統轄此島及其他數地之大主教，與我輩教皇同。

頗有海盜來此島中陳售其所掠之物，而售之極易，蓋此島之基督教徒明知物屬回教徒或偶像教徒，樂爲購取也。（註三）

並應知者，世界最良之巫師即在此島。大主教固盡其所能禁止此輩作術，然此輩輒言祖宗業已如此，我輩特效祖宗所爲耳。此輩巫術，請言一事以例之。如有船舶乘順風張帆而行者，此輩能咒起逆風，使船舶退後。彼等咒起風雲，惟意所欲，可使天氣晴和，亦可使風暴大起；尚有其他巫術，不宜在本書著錄也。

此外無足言者，請前行，述一名稱馬達伽思迦兒(Madeisgascar)之島。

(註一)速可亦剌(Scoira)即今之速可脫剌(Socotora)。六世紀時，Cosmas Indicopleustes 謂當時「印度海 Dioscorides (Socora) 島中主教聖職授自波斯。島中居民自亞歷山大後裔之 Ptolémées 朝時謫居於此，現尚操希臘語。島中教會職員皆自波斯遣來，而島中基督教徒頗衆。我曾航抵此島，然未登岸；與赴 Ethiopie 之島民數人聚談，聞其說如此。」九世紀時阿剌壁旅行家之說云：「同一海中有速可脫剌島，出產速可脫剌沉香。此島位置隣近僧祇(Zendj)人及阿剌壁人之國。居民多屬基督教徒。先是亞歷山大略取波斯時，曾將歷經諸地之情形函告其師阿利斯多德(Aristote)，阿利斯多德答書囑其降服一名速可脫剌之島，島產第一等藥料名 sabi，無此則藥劑不全。阿利斯多德並囑其遷出島中土人，徙希臘人守之，俾其輸送此藥至西利亞希臘埃及。亞歷山大從之，同時並命諸州長吏監護此島。由是居民獲有安寧，迄於救世主(Messie)臨世之日。島中希臘人聞有耶穌，遂效羅馬人歸向基督之教。此種希臘人之遺族，留傳至於今日（九世紀，）惟保守此島者則為別一種族之人也。」——Reinaud 書第一册一三九至一四〇頁。

右引之說，蓋因此島有希臘商人，特想像此說而解說殖民之緣起。雖亦為一種寓言，然並見 Edrisi 書同 Nicéphore Calliste 書著錄；後書有云此種希臘人仍保其本國語言，但因陽光之烈，人體變成極黑顏色云。

玉耳云：「根據若干指示，此種基督教的島民繫屬雅各派（Jacobites）或阿比西尼亞（Abyssinie）教會；葡萄牙最先航海人曾見其舉行割禮，足以證已。Barbosa 謂其人面橄欖色，僅具基督教徒之名，不知有洗禮，亦不明基督教義，一切福音觀念蓋忘之久矣。其教堂頗類回教之禮拜寺，然其祭壇則同基督教之祭壇。方濟各沙勿略（François Xavier）曾至此島，見有基督教之遺跡：土人崇拜十字架，或懸之於壇，或掛之於頸。用一種業經遺忘之語言祈禱，De Barros 謂是迦勒迭語（chaldéen）。彼等頗尊崇聖多瑪斯，而舉行齋節兩次，禁食魚肉乳甚嚴。其教師娶妻，然頗知節慾。」

「此古代教區，今已無跡可尋，島中僅奉回教，居民似已墮落。島中內地所居民族尙屬他種，其人卷髮，面目端正，體質類印度人。沿岸居民則爲混雜有阿剌壁人及他種人血統之人。古時情形必亦如是，希臘人及希臘文化祇應在沿岸一帶見之。」——玉耳本第二册四〇九至四一〇頁。

(註二)剌木學本增訂之文云「取龍涎香於鯨腹中顧此香爲一種重要商品，漁人設法捕鯨，其法用具有捲鉤之鐵叉，刺入鯨腹則不復能出。用長繩一端繫捲鉤，一端繫小桶，桶浮海面，由是鯨死可以尋取；漁人曳之至岸，取龍涎香於腹，取油於頭，可得多桶。」——第三卷第三十五章。

九世紀時之阿剌壁人行紀所誌亦同。據謂鯨類名 tâl 者，（鈞案元史卷三七寧宗紀諸王不賽因偕使貢塔里牙，應指是物）見龍涎香即吞食然香至胃中，鯨即死，浮於水面。有人知鯨吞香之時期，届時伏於舟中以待，見鯨浮出，即用繩繫鐵鉤鉤鯨背；破腹而取龍涎香出。」——Reinaud 書第一册一四五頁。

相類之記載並見 Massoudi 書同 Kazwini 書，後書謂在鯨腦取多油，用以燃燈並黏合船隙。諸書所誌之鯨蓋爲大頭鯨 (cachalot) 赤道北印度洋中所見之惟一鯨類也。腦中有白色脂肪，名鯨腦油。

諸學者前此對於此事頗懷疑，今似已承認龍涎香出於大頭鯨腹。蓋爲大頭鯨腸中之一種病理分泌物，由胃液或膽腋所構成，與膽結石同；水上所浮之香塊，或是大頭鯨所遺，或出於一腐壞屍體。

此龍涎香中國人久已識之，本草綱目謂出於西南海中；明史謂出非洲東岸及阿剌壁南岸。——Bretschneider 中世紀尋究第一册一五二頁註四〇九。

（註三）迄於十世紀時，世人視速可脫剌島爲海盜巢穴。Massoudi 謂馬剌八兒之海盜鈔掠赴印度及中國之船舶者常停留於此。——伊本拔秃塔曾誌其友人 Cheikh Said 遇海盜事，其人在底里（Dehli）宮廷大獲餽贈，「偕一同伴購取商貨而歸，至速可脫剌島，有印度盜賊駕多舟來襲。雙方戰鬥甚烈，死傷甚重。海盜盡掠舟中貨物而釋船員並其船具，由是其船得赴阿丹。此種海盜於戰鬥之後，例不殺害何人；祇取乘客諸物，然後聽其駕舟他駛。」——伊本拔秃塔書第一册三六二至三六三頁。

第一八五章　馬達伽思迦兒島

馬達伽思迦兒(Madeisgascar)是向南之一島，距速可亦剌至少有千哩。居民是回教徒而崇拜摩訶末；人謂有四老人治理此島。應知是島偉美而爲世界最大島嶼之一，蓋其周圍有四千哩也。居民恃工商爲活。

我敢斷言此島象數之衆，世界他州無能及者；後此敍述別一島嶼名僧祇拔兒(Zanquibar)者，情形亦同。緣此二島象業貿易之盛，竟至不可思議。

此島除駱駝肉外不食他肉，逐日宰駝之多，未目擊者必不信有此事。據謂是爲世上最良而最衞生之肉；是以日日食之。(註一)

此島紫檀樹頗繁殖，致使林中無他木材。彼等多有龍涎香，蓋其海中多鯨，而捕取者衆；並多大頭鯨，是爲極大之魚，饒有龍涎，與鯨魚同。島中有豹、熊、虎及其他野獸甚衆。商人載大舟來此貿易而獲大利者，爲數不少。(註二)

應知此島位置甚南，致使船舶不能在同一方向更作遠行，而赴其他諸島，祇能止於此馬達伽思迦兒島及後此著錄之僧祇拔兒島。其故則在海流永向南流，其流之急，船舶更作遠行者，不復能歸。

馬八兒船舶之萡此馬達伽思迦兒島及僧祇拔兒島者，航行奇速；路程雖遠，二十日可至。但在歸途則須時三月；蓋水向南流，歸時須逆流而上。年中無論何季，海水常向南流，其流之急，洵不可思議。

人言位置更南之他島，因海流阻礙船舶之歸，故船舶皆不敢往。其地有巨鳥，每年一定季候中可以見之。然聞人言此種巨鳥與我輩史籍著錄者異，據曾至其島身親目擊者告馬可波羅閣下之言，鳥形與鷲同，然其軀絕大；據說其翼廣三十步，其羽長逾十二步。此鳥力大，能以爪搏象高飛，然後擲象於地，飛下食之。島人名此鳥曰羅克(Rock)；別無他名。未識此鳥誠為鷲首獅身之鳥(griffon)，抑是別種相類大鳥。然我敢斷言其形不類吾人傳說半獅半鳥之形，其軀雖大，完全類鷲。(註三)

大汗曾遣使至此山中採訪異聞，往者以其事歸報。先是大汗遣使臣往，被久留島中，此次遣使，亦為救前使歸也。使臣歸後，將此異島之諸異聞，陳告大汗，並及此鳥。

彼等並獻野豬齒二枚，齒甚大，每枚重逾十四磅；則生長此齒之野猪，形體之大可知。據稱其體之大如大水牛。其地亦有麒麟(girafe)野驢甚衆；奇形異狀的野獸之多，竟至不可思議。（註四）

此外無足言者，請接述僧祇拔兒島。

（註一）首先以馬達伽思迦兒(Madeisgascar, Madagascar)島之存在告之歐洲人者，應是馬可波羅；第其敍述非親覽目擊之說，致有不盡確實之點；如此島既無象駝，亦不產豹熊及虎，即其誤記之一端也。關於此點之記載，祇能移屬之於非洲東岸。半世紀後之伊本拔秃塔所聞較爲確實，其記有云：「離Zeila後航海十五日，抵木骨都束(Magadoxo)，一極大之城也。土人豢養駱駝甚衆，日殺數百頭。」（第二册一八一頁）——案今瑣馬里(Somali)人尙殺駝爲食。——木骨都束，明史卷三二六有傳，一四二七年曾遣使入貢中國。

G. Ferrand 在「馬達伽思迦兒之回教徒」中考究此島名之起源，以爲波羅所誌者非木骨都束，而爲非洲之大島。——Elis Reclus 云：「馬達伽思迦兒最近大陸處相距有三百公里，然海流甚急，赴此島者輒爲南向之海流所阻，航行時日因之倍增。……此島爲古昔Lémurie大陸之一部，此大陸曾延至馬來羣島也。」——Elis Reclus 地志第十册十五頁。

(註二)大頭鯨在諸本中有 capdol, capados, capdoilz, capdoille, capadogloe, 等寫法，並是意大利語 capidoglio 傳寫之誤，此言「脂肪頭」，今尚以此名大頭鯨也。

(註三)案此 Rock 巨鳥，印度人名曰 Garuda，古波斯人名曰 Simurgh，阿剌壁人名曰 Angka，古希臘人名曰 Gryps，中國人名曰大鵬。此物是否與男島女島並爲世界最古之寓言，頗難言之。蓋據近代學者之發現，此物世曾有之，空中之有巨鳥，亦如陸地之有古生大象(mastodonte)，海中之有鯨魚云。

一八四八年，一八五一年、一八五四年，法國商人曾在馬達伽思迦兒島發現大卵，一卵容量逾十公升，世人遂不復疑此種羅克鳥之存在。Geoffroy St.-Hilaire 名之曰 Spyornis，並云駝鳥高二公尺，所產之卵小於此鳥卵六倍，則此鳥之大可知。惟動物學者對於此鳥之分類，意見尚未一致云。——參看北京政聞報一九二二年刊第三十一號七三三至七三四頁 H. Imbert 撰文。

觀馬可波羅之語氣，似得此說於大汗之使臣者。地學會本(二三三頁)之文對於此點尤其著明：「人謂此地有獅首鷲身之鳥……。然據目擊者之言……。然我僅據目擊者之說……。茲據我所聞目擊者之說述之……。據說此鳥甚强大……。見者又云……。茲旣將曾見此鳥者之言敍述於前；至我所親見者則另在他處敍之，蓋本書體裁應如是也。」

（註四）馬達伽思迦兒島無麒麟，然有野驢花福鹿（zébre）。本書所言之非洲野豬，殆是河馬，其齒誠大，有時重逾五六公斤，然爲僧祇拔兒輸出品，而非馬達伽思迦兒之出品。

第一八六章　僧祇拔兒島

僧祇拔兒(Zanquibar)是一大島，周圍約有兩千哩。（註一）居民是偶像教徒，自有國王及語言，而不納貢賦於何國。其人長大肥碩，然長與肥不相稱。其長大類似巨人；其力強可載四人負載之物，可兼五人之食。體皆黑色，裸無衣服，僅遮其醜處而已。卷髮黑如胡椒。口大，鼻端上曲，唇厚，眼大而紅，儼同鬼魔；醜惡之甚，世上可怖之物，似無逾於此者。

此地產象甚多，其多竟成奇觀。有獅黑色，與我輩獅種異；亦有熊豹不少。羊色皆同，頭黑而體全白，別無他種。亦多有麒麟，頗美觀。

茲請言關於象之一事。應知牡象與牝象交時，掘地作大坑；牝象仰臥坑中，牡象臥其上，與男女交合無異；是蓋因牝象醜處生在腹下也。（註二）

此島之女子，是世上最醜陋之女子；其乳房大逾他處女子四倍。居民食米肉乳及海棗。彼等用海棗，米，及若干好香料作酒，兼亦用糖。其地商業頗茂盛，商人及大船來此者頗多。然島中重要商品則爲象牙，島中饒有之。近海多鯨，故龍涎香亦甚饒。

尙應知者，彼等是良戰士，勇於鬥而不畏死。彼等無馬，然乘駝象而鬥。象背置木樓，足容十人至十六人，人處其中持矛劍及石而鬥；由是處象上者頗善鬥，蓋其有木樓也。人無甲胄，僅有盾與矛劍，由是互相屠殺。當其乘象而戰之時，以酒飲象，使之半醉；蓋象飲酒後較傲勇，戰時更爲出力。（註三）

此外無足言者，是以此後將言阿巴西（Abbasie）大州，是爲中印度；言此以前，請先概述關涉印度之事。

應知吾人所述印度諸島，僅就其中最名貴之州國言之；蓋能備述印度一切島嶼者，世無其人也。故我之敍述，僅及精華；至所遺之其他島嶼，盡隸上述諸州國也。據熟悉海行的水手所用之圖籍，此大海中有已識之島一萬二千七百，而人不能至的未識之島尙未計焉；此一萬二千七百島皆有人居。諸島之中，有面積廣大無限者，如君等前此之所聞。此海水手所言如此；彼等知之甚審，蓋彼等日日祇作航行也。

大印度境始馬八兒迄克思馬可蘭，凡有大國十三；吾人僅述十國而遺其三；諸國盡在大陸。

小印度境始爪哇州迄木夫梯里國，凡八國，並在陸地。(註四)

應知此種國家盡在陸地；蓋諸島國爲數甚多，不在此數之內，如前所述也。

(註一)僧祇拔兒 (Zanquibar) 即今之 Zanzibar 蓋爲阿剌壁文 Zangibar 譯寫之音，猶言僧祇之地，僧祇，此言黑人，古寫作 Zingis 或 Zingium。地隣額梯斡皮 (Ethiopie)，直與耶門 (Yémen) 起兒漫 (Kirman) 相對；南疆延及非洲東岸全岸貿易能達之地。「波斯人名此民族曰黑印度(Siah Hindu)與希臘人名此地及額梯斡皮曰印度之舊稱相符」——D'Herbelot 書九二九頁。

馬可波羅敍述此種黑人含有厭惡之詞，必曾親見之；黑頭羊及「頗美觀」之麒麟，殆亦爲親覽之物。但有若干記載，例如關於此島面積之類，應出耳聞之誤。然此亦不足爲波羅病，蓋阿剌壁人撰述並位置僧祇之地於大陸，而其所記此地之事，常屬馬達伽思迦兒或印度也。——參看 Reinaud 書第二册二一五頁。

今日僧祇拔兒之稱，固僅指一小島及此島對岸起麻林 (Melinde 南緯三度) 抵 Delgado 岬

(南緯十一度)之一狹地，但在昔日包括之地甚廣，殆兼阿剌壁人所稱南非洲僧祇人所居之地而言。則本書之僧祇拔兒島或兼今日僧祇拔兒本部以南之地而言，自非洲東岸達於非洲西岸，如是周圍二千哩之說始圓。九世紀時阿剌壁旅行家記載有云：「僧祇之地廣大……。僧祇有數王互相爭戰；諸王所部之衆穿鼻戴環……。阿剌壁人對於此族頗具勢力；此族之人，若見阿剌壁人則跪伏於地而稱之曰出產海棗之國之人。緣此族頗嗜海棗也。」——Reinaud 書一三七至一三八頁。

其後De Barros 所誌之僧祇拔兒亦較廣大；準是以觀，馬可波羅本章之敍述，似應適應於南非洲全部。

(註二)此誤昔日旅行家多有之。象雖知羞，然其交與其他四足動物無異。——參看 Staunton 撰 Lord Macartney 行紀法文譯本第三册一八八頁

Muller 之拉丁文本(第三卷第四十一章)誌有若干細節云：「彼等尚有一種獸名稱麒麟(graffa; girafe)頸甚長，約長三步；前足較後足高。頭小，皮紅白色，雜有薔薇色斑紋。此獸甚馴，而不傷人。」

(註三) Massoudi 記載較爲確實：「境內多野象，然無畜於家者。僧祇不用之作戰，亦不用之作他事，至其獵之者，僅欲殺之而已。」——然則馬可波羅記載錯誤，頗難索解也。僧祇拔兒用以馱載之獸僅有驢，要在 Mozambique 以北情形如是。馬可波羅所載諸細節，蓋混雜非洲各地之事言之。乘駝而戰之事，可以令人思及紅海沿岸之 Béjas 部落，當 Mossoudi 時代，此部有戰士三萬，即乘駝執矛盾而戰。至關於象戰之事，殆因阿巴西國王偶亦用象，故想像及之歟。——參看玉耳本第二册四二五頁。

自有火器以來，軍中不復用象。「當 Aurengzeb 時代，象在軍中地位重要，但在今日用之者鮮。象雖馴，然象羣易爲火器之的；一旦負傷憤怒時，反致有害於本軍。故在火器發明以後，用象作戰之事遂稀。」——Grose 撰東印度行紀法文譯本二四七頁。

(註四)馬可波羅名非洲一地曰印度，事誠可異，然「中」字之義似不應訓作中間，殆猶言阿巴西國之面積次於大印度歟。當時世界各洲之形勢尚未經地理學者明白繪出，此類錯誤，常有之也。

第一八七章　陸地名稱中印度之阿巴西大州

阿巴西（Abbasie）是一大州，君等應知其爲中印度而屬大陸。（註一）境內有六國國王，六國皆甚大此六王中有基督教徒三人，回教徒三人；最大國王是基督教徒，餘五王並隸屬之。

此國之基督教徒面上並有三種記號，一自額達於鼻中，別二記在兩頰；此種記號用鐵烙於面表示其已受洗，蓋彼等受水洗後立烙此記，或表示其忠順，或表示其洗禮之完成也。此國亦有猶太教徒，兩頰各有記；至若回教徒之記號，僅自額達於鼻中。（註二）

國之大王駐於國之中央，諸回教徒居近阿丹（Aden, Adel）。聖多瑪斯曾在此州傳教；俟其皈依後，乃赴馬八兒州而歿於彼。其遺體即在彼處，前已言之也。

應知彼等是最良戰士而乘馬，蓋國內多馬也。彼等日與阿丹之算端（sultan）戰，並與奴比亞（Nubie）人戰，且與其他不少部落戰，此誠有其必要也。茲請述一美事，事出基督降世之一二八八年。

此基督教國王而爲阿巴西州之君主者，曾言欲赴耶路撒冷（Jérusalem）朝拜耶穌基督聖主之墓，諸男爵以道途危險諫止之，勸其遣一主教或別一在教高級職員代往。國王從之，乃遣一持身如同聖者之主教某前往巡禮。此主教經行海陸而抵聖墓，禮之如一基督教徒之所應爲，代其主呈獻一極大供品。諸事既畢，遂就歸途，而抵阿丹。阿丹算端聞其爲基督教徒主教，兼是阿巴西大國王之使臣，拘之，詢其是否爲基督教徒，主教據實以對。於是算端命其改從回教，否則將使其大受恥辱。主教答言寧死而不背其造物主。

算端聞言甚恚，命人割其莖皮。人遂依回教俗割之；割畢算端語云，輕其王故辱其使臣已而釋之歸。

主教受恥辱後，心中大悲痛。然私衷自慰，既爲保持我輩救世主耶穌基督之戒律而受辱；於靈魂之救贖必有大功。

創愈後，自此循海遵陸而還抵阿巴西國王所。國王見之甚歡，大款待之，然後詢以聖墓之事，主教據實以對，國王因是信奉愈切。主教述耶路撒冷之事畢，然後述阿丹算端輕其王而加辱於彼事。國王聞之既恚且痛，痛惱之深，幾瀕於死。終呼曰，若不大復此仇，決不爲王治國；呼聲之大，左右盡聞。

國王立命其全軍步騎備戰，並遣多數負木樓之戰象至軍中。諸事籌備既畢，遂率此重大軍隊出發，進向阿丹國境。算端聞此國王來侵，亦率其極衆之軍隊進至國境最堅固之要道上，以阻敵軍之入。國王率衆至堅固要道時，回教徒已待於此矣。由是殺人流血之鏖戰開始，蓋雙方皆殘忍也。最後因我輩救世主耶穌基督之意，回教徒不能抵抗基督教徒，蓋其作戰不及基督教徒之優也。回教徒敗走，死者無算。阿巴西國王率其全軍攻入阿丹國內，回教徒屢在狹道上拒之，迄未成功，輒遭敗亡。國王留駐月餘，殘破其敵人之國，每見回教徒即殺，毀其田畝，迨殺戮已衆，而其恥已雪，遂欲還國，蓋其至是可載大譽而歸。縱欲久留，亦不能再使敵人受創，蓋因敵拒守險隘之地，道狹頗難攻入。由是國王自阿丹敵國率軍出發，載榮譽歡心而還本國。國王及其主教所受之恥既雪，回教徒死傷之衆，田畝毀壞之多，其事誠可驚也。此事頗爲正

當，蓋基督教徒不應敗於回教徒之手也。(註三)

茲既述此事畢，對於此州尚有言者。此州一切食糧皆甚富饒。居民食肉米乳及芝麻。多象，然不產於本地，而來自別印度之島嶼。(註四) 亦多麒麟，產自此國。又見有熊、豹、獅子及其他種種異獸甚衆。多有野驢，及最美觀之母雞，並有不少其他種類禽鳥。(註五) 有駝鳥，鮮有小於驢者，並有鸚鵡，甚美，並頗有異貓及猴。

此阿巴西州中城村甚衆，亦多有商人，蓋其境內商業繁盛也。其地製造極美之硬布及其他棉布。

此外無足言者，是以後此接述阿丹州。

(註一) 案阿巴西 (Abbasie) 在諸本中亦有 Abase, Abasce, Basce, Albasie, 種種寫法，皆阿剌壁語名稱阿比西尼亞 (Abyssinie) 之 Habsh 或 Habesh 傳寫之音。前章末並稱此國曰中印度，此稱未見東方撰述著錄，但西班牙猶太教長 Benj. de Tudéle 亦誌有之。其文曰：「中印度在陸地，名稱 Aden，即聖經中之 Eden en Telassar。境內有大山，有不少猶太人居於其中，從不受治於外人。彼等在山巔據有城堡，下山則至 Maatoum 之國，此國亦稱 Lybie，爲 Idemêens 所統治，猶太人常與此輩戰，大掠其物，歸山以後，他人不能來攻。」——E. Charton 書第二册二〇八頁。

此西班牙猶太教長撰此文時在十二世紀，復證以波羅之文，則皆謂有一阿丹國在紅海西岸；案 Zeila 一名 Adel，本書之 Aden，應是 Adel 傳寫之誤，因後章有 Aden，故牽連及之。據波羅以前之阿剌壁人地志，Zeila 是赴 Yémen 之通道，其地在 Al-Wardi 書中為 Habesh 之商場，時 Habesh 王駐在 Ankobar 城也。可參看頗節本及玉耳本諸註釋。

(註二)此種用烙鐵舉行洗禮之法，並見中世紀及近代撰述著錄，其法有時為雅各派通行之法。根據本書之記載，不僅基督教徒獨用火烙之法，而其源來實甚古也。——參看 Hérodote 書第四卷一八七頁。

(註三)「葡萄牙人抵其地以前，戰爭延長有數百年之久，其故或在此也。波羅之記載，完全與本地史書所誌相符，史書一二二八年下著錄之阿比西尼亞國王名 Amba-Sion」。——K. Ritter 撰非洲誌法文譯本第一册三〇六頁。——至關於年代之表面的差違，可參考頗節本六九七至六九八頁附註。

（註四）「在 Cosmas 旅行時代（六世紀），阿比西尼亞人無戰象；然其後或者有之，蓋據阿剌壁人史書，六四〇年時，阿比西尼亞人因埃及基督教徒受回教徒之壓制，曾遣戰士五萬人象一千三百頭進至尼羅河（Nil）以援救之也。象數雖多，要足證軍中有象。——Armandi 書五四七至五四八頁。

（註五）阿比西尼亞國中鳥類較其他動物爲衆。

第一八八章 阿丹州

應知在此阿丹(Aden)(註一)州中，有一君主名稱算端(sultan)。居民是回教徒，崇拜摩訶末，極恨基督教徒。國中有環以牆垣之城村甚衆。

阿丹有海港，多有船舶自印度裝載貨物而抵於此。商人由此港用小船運載貨物，航行七日，起貨登岸，用駱駝運載，陸行三十日，抵尼羅(Nil)河，復由河運至亞歷山大(Alexandrie)。由是亞歷山大之回教徒用此阿丹一道輸入胡椒及其他香料；蓋供給亞歷山大物品之道途，別無便利穩妥於此者也。(註二)

阿丹算端對於運輸種種貨物往來印度之船舶，徵收賦稅甚巨。對於輸出貨物亦徵賦稅，蓋從阿丹運往印度之戰馬常馬及配以雙鞍之巨馬，爲數甚衆也。印度馬價甚貴，販馬而往者獲利甚厚，緣印度不養一馬，前已言之也。

每一戰馬在印度售價可値銀百馬克(marc)有餘。由是此阿丹算端對於其海港運輸之一切貨物徵取一種重大收入，人謂其爲世界最富君主之一。(註三)

開羅（Caire）算端前此攻取阿迦（Acre）城時，阿丹算端曾以騎士三萬人，駱駝四萬餘匹往助，回教徒因獲大益，基督教徒因受大害。其爲此者與其謂向埃及算端表示友好，毋寧謂恨基督教徒有以致之，緣彼等亦互相怨恨也。

茲置此阿丹算端不言，請言隸屬算端之一城，城名愛舍兒（Escier），位在西北，自有一王。

（註一）前章曾混 Adel 與 Aden 爲一，前一城指紅海南非洲沿岸之 Zeila，後一城指阿剌壁南岸，今之大港本章所言者，確爲後一阿丹也。

（註二）頗節本此節改正之文實較優於其他諸本之誤以紅海爲一河流者。姑引地學會本以例之：「從此阿丹港用較小之舟運載貨物，溯一河上行亙七日。行七日畢，卸貨物出，改用駱駝運載，行三十日，抵亞歷山大河，復由此河運往亞歷山大城。」

剌木學本增訂之文云：「在此州中有一宏大海港，凡運輸印度香料之船舶悉皆抵此。購取香料轉販亞歷山大之商人，先將貨物卸出，用較小之船載之，渡一海灣，需時二十日，仰視天時，日期多寡不等。抵某港後，復用駱駝載其貨物，從陸地轉運，行三十日，抵尼羅河，用名稱 zerme 之小舟載之，循流而下，止於開羅；復由此循一名稱 Calizene 之運河而抵亞歷山大城。凡商人之從阿丹運輸印度貨物而至亞歷山大者，此爲最便捷之道。」——第三卷第三十九章五八至五九頁。波羅在本書中習稱開羅曰巴比倫 (Babylone)，而在本章中獨名之曰開羅，殊不足證其爲後人增入之文；蓋彼歸物搦齊亞以後，得將從前口述之文改正也。諸本皆謂自紅海西岸陸行至尼羅河須三十日，則應在 Souakim 或 Aidhab 境內尋求此港。（玉耳說）其同時人 Marino Sanudo 之行紀，謂陸行抵尼羅河僅九日，則此人登陸之港，應在更北，殆在今之 Kosseir，抑在 Macouar 也。——參看玉耳本第二册四三九頁註一。

據伯希和說，亞歷山大城在後漢書卷一一八中寫作犂軒。

(註三)明史卷三二六阿丹傳云：「阿丹在古里 (Calicut) 之西，順風二十二晝夜可至。……永樂十九年（一四二一），中官周姓者往市，得貓睛重二錢許，珊瑚樹高二尺者數枝，又大珠，金珀，諸色雅姑，異寶，麒麟，獅子，花福鹿，金錢豹，駝雞，白鳩，以歸，他國所不及也。……其他兩山對峙，自爲雌雄。……」此種記載完全與阿丹及其附近之情形相符。對峙之兩山應指紅海入口處之 Bab el-Mandeb 峽。昔羅馬人名阿丹曰 Athana，昔爲通商要地，蓋其居中國印度及西方之間；迄於十五世紀末年，尙保有此種專利；好望角發現以後，其勢日衰。

第一八九章　愛舍兒城

愛舍兒（Escier）（註一）城甚大，位在阿丹港西北，相距四百哩。其王隸屬阿丹算端；善治其地，轄有城堡數所。居民是回教徒。境內有一良港，由是自印度運載不少商貨之船舶咸蒞於此。饒有白色乳香，國主獲利甚巨。土人祇售之於國主，不敢售之於他人；國主每石（quintal）購價金鎊十枚，而售價則爲六十枚，因是獲利甚巨。

所產海棗亦多。除米外不產他穀，所產之米且甚少，而由各處輸入者多，輸入者因獲大利。饒有魚類，就中有一種大魚；產魚之多，每物搦齊亞銀錢一枚可購大魚兩尾。居民食肉米乳魚；無葡萄酒，然用糖米海棗釀酒，味甚佳。

應知其羊皆缺耳，生耳之處有一小角；是爲美麗之小畜。

尙應言者，土產之一切牲畜，包括馬牛駱駝在內，祇食小魚，不食他物；食物僅限於此，蓋此地境內毫無靑草，乃世界最乾燥之地。牲畜所食之魚甚小，每年三四五月捕取，所獲奇多。然後乾而藏之於家，以供牲畜全年之食。漁人且以活魚飼牲畜，魚出水時，即以飼之。此外尚有他魚，大而良，價甚賤；切之爲塊，曝乾之；然後藏之於家，全年食之，如同餅餌。

此外無足言者，此後請言一名祖法兒(Dufar)之城。

(註一)本書中之 Escier 即今之 Chehr 或 Es-cher，位在阿剌壁沿岸，然在阿丹之東，而不在其西北。諸本著錄之方向並誤，不僅此本爲然，一本謂在阿丹之北，一本謂在阿丹之南，剌木學則謂在其東南。

「今日阿剌壁南部興盛不及昔日之理，殆因北方諸民族航業之發展。……昔日埃及人不敢赴印度，而印度人亦不敢赴埃及人之時，阿剌壁蓋爲此兩地貨物屯聚之地。當時固已在阿剌壁灣中航行；顧昔人視此種航行甚險，商貨多由商隊轉運，而通行阿剌壁全境。……自從歐洲人發現環繞非洲之道途以後，阿剌壁遂大受損失；歐洲人不特能自覓印度及中國之貨物，且以供給於西方之阿剌壁人埃及人及突厥人云」——Niebuhr 撰阿剌壁誌第二册一二八頁。

第一九〇章 祖法兒城

祖法兒（Dufar, Zhafar）是一名貴大城，在愛舍兒之西北，相距有五百哩。（註一）居民是回教徒，有一國主隸屬阿丹算端。（註二）城在海上，有一良港，位置甚佳，頗有船舶往來印度。商人運輸多數戰馬於印度而獲大利。此城轄有不少城堡。

此地有白乳香甚多，茲請言其出產之法。境內有樹木頗類小杉，人用刀刺破數處，乳香從刺處流出。有時不用刀刺而自流出，蓋因其地酷熱所致也。（註三）

此外無足言者，是以離此，請言哈剌圖（Calatu）灣，並及哈剌圖城。

（註一）本章及前後兩章所誌距離及方向各異；要以頗節之校勘本爲最佳。

（註二）祖法兒尙屬阿丹，至若後章之哈剌圖，則屬忽魯謨思。

祖法兒久爲 Himyarites 帝國之都城，殆即創世紀之 Saphar，羅馬時代之 Sapphar。十四世紀時尙爲要港，然城市之因商業而興者，即因商業之衰而廢，故今僅存廢蹟。

明史卷三二六祖法兒傳云：「祖法兒自古里西北放舟，順風十晝夜可至。永樂十九年（一四二一）遣使偕阿丹剌撒諸國入貢。……其國東南大海，西北重山。……王及臣民悉奉回回教。……國人盡出乳香，血竭，蘆薈，沒藥，蘇合油，安息香諸物與華人交易。乳香乃樹脂，其樹似楡而葉尖長，土人砍樹取其脂爲香。有駝雞，頸長類鶴……。」

（註三）「昔日阿剌壁乳香之著名不下於黃金；然北方諸地得自阿剌壁之乳香，並不盡出本地。Arrien 等已稱昔日阿比西尼亞 (Habbesch) 同印度運輸不少香藥至阿剌壁，而由此販往更遠之地。今日僅在阿剌壁東南岸如 Keschin, Dafar (Zhafar), Merbât, Hasek, 等地種植，要在 Schahhr (Chehr) 州中爲盛。……阿剌壁曾由阿比西尼亞，蘇門答剌，暹爪哇等地輸入他種乳香不少，由是可見昔人所稱之阿剌壁乳香，頗多來自遠地。」——Niebuhr 書第一册二〇二頁。——此外可參考頗節本七〇九至七一一頁，玉耳本第二册四四五頁至四四九頁諸註。

第一九一章　哈剌圖灣及哈剌圖城

哈剌圖(Calatu)(註一)是一大城，在一名哈剌圖灣之海灣內。城在海岸，距祖法兒約六百哩，居其西北。居民是回教徒，而隸忽魯模思(Ormuz)。忽魯模思國王每與別一勢力更強之國王爭戰時，輙蒞此哈剌圖城，緣此城地勢良而防守堅也。

不產穀食，而取之於他國，蓋商人用船舶載穀而至也。海港大而良，船舶由印度運不少商貨來此，然後由此城販往環有牆垣的村城數處。亦從此港運輸阿剌壁種良馬至印度，其數甚衆。應知此城及前此著錄之其他諸城，每年運往諸島之馬匹多至不可思議，其故蓋在諸島之中不畜一馬。此外馬至諸島後不久卽死；緣諸島之人不善養育馬匹，以熟糧及其他諸物飼之，誠如前述；而且其地無蹄鐵工人也。

此哈剌圖城位在一灣口(Oman灣)，若無哈剌圖國王之許可，凡船舶皆不能出入。此哈剌圖國王同時爲忽魯模思國王，並爲起兒漫(Kerman)算端之藩臣；若畏其主起兒漫算端時，則赴哈剌圖，而不容灣中停留船舶；因是起兒漫算端受害甚巨，蓋其喪失印度等國商人入境之稅課也。平時載貨之商船莅此者甚衆，所課稅額甚高；最後起兒漫算端勢須順從忽魯模思國王之意。此國王尙有堡寨一所，更較哈剌圖城爲強，控制灣口尤力。（註二）

此地人民以海棗鹹魚爲糧，所藏無算，然君主所食則較優也。

此外無足言者，吾人前行，請言前此業已敍述之忽魯模思城。

（註一）案 Calatu 即 Kalhat 在甕蠻 (Oman) 灣沿岸處，距法兒東北相距約九百公里，近在 Mascate 西南，則諸本此章著錄之方向距離亦誤。是即葡萄牙舊航海家之 Calaiate，而在 d'Anville 地圖上寫作 Kalhat 及 Kalajate 者也。據 Niebuhr 書（二册一四五頁），是爲甕蠻灣中最古城市之一。

此城當 Albuquerque 來據時，尙由其廢址表示其曾爲一大城市。其毀也由於地震。其遺址所佔面積甚廣，毀滅時無一宅一寺得存。廢址附近有一小漁村，村居之人於業餘時常至此城發掘藏金。

本章所誌忽魯模思王危急時避居哈剌圖事，與 Texeira「忽魯模思史略」所誌相符。每有變亂或他故發生，忽魯模思諸王輒避禍於此。——玉耳本第二册四五一頁。

（註二）地學會法文本（二三四頁）之文異，茲轉錄如下文：「若起兒漫算端欲徵忽魯模思王或其他某藩王之課稅，彼等不願繳納，算端遣軍往討時，彼等則自忽魯模思登舟赴此哈剌特（Kalath）城據守，不聽船舶通過。此事大有害於起兒漫算端，而迫之與忽魯模思王和好，讓出一部份課稅。」

第一九二章　前已敍述之忽魯模思城

若自哈刺圖城首途，在北方及東北方中間行三百哩，則至忽魯模思 (Ormuz)（註一）城，城在海邊，一大而名貴之城也。其城有一蔑里 (Melic)，此言國王。居民臣屬起兒漫 (Kerman) 算端，是回教徒，而轄有不少城堡。其地甚熱，所以居宅皆置通風器以迎風。此種通風器置於風來處，使風入室而取涼；否則酷熱，人不能耐。

此外別無所言，蓋關於此忽魯模思城並起兒漫之事，前已次第述之也。茲特因往來殊途，重回斯地，復再言及而已。

自是以後，吾人離此，將言大突厥國 (Grande Turquie)。然尚有漏述之事，應補誌於此。蓋若從哈刺圖城首途，在西方及西北方中間行五百哩，可抵怯失 (Kaïs) 城；然吾人無暇敍述此城，僅能在此作簡單之記錄，而接述大突厥如下文。

（註一）忽魯模思城已見本書第一卷三十六章。華人早識此港，蓋中國海船載使臣及賜妃至此港也；本書雖未記錄其登岸之地，似可肯定即在此港。——鈞案諸史拾遺卷五引黃溍撰海運千戶楊君墓誌稱大德十一年（一三〇七）「至其登陸處云忽魯模思」，可以證明此說。

明史卷三二六忽魯謨斯傳記載甚詳，茲錄其文如下：

「忽魯謨斯西洋大國也，自古里西北行二十五日可至。永樂十年（一四一二），天子以西洋近國已航海貢琛，稽顙闕下，而遠者猶未賓服，乃命鄭和齎璽書往諸國，賜其王錦綺綵帛紗羅，妃及大臣皆有賜。王卽遣臣陪巳卽丁（Izzu-d-Din）奉金葉表貢馬及方物。十二年（一四一四）至京師，命禮官宴賜，酬以馬直，比還，賜王及妃以下有差。自是凡四貢，和亦再使；後朝使不往，其使亦不來。宣德五年（一四三〇）復遣和宣詔其國，其王賽弗丁（Saifu-'d-Din）乃遣使來貢；八年（一四三三）至京師，宴賜有加。正統元年（一四三六）附爪哇舟還國，嗣後遂絕。其國居西海之極，自東南諸蠻邦及大西洋商舶，西域賈人，皆來貿易，故寶物塡溢。氣候有寒暑，春發葩，秋隕葉，有霜無雪，多露少雨。土瘠，穀麥寡，然他方轉輸者多，故價殊賤。民富俗厚，或遭禍致貧，衆皆遺以錢帛，共振助之。人多白皙豐偉，婦女出則以紗蔽面。市列廛肆，百物具備；惟禁酒，犯者罪至死。醫卜技藝，皆類中華。交易用銀錢。書用回回字。王及臣下皆遵回教，婚喪悉用其禮，日齋戒沐浴，虔拜者五。地多鹹，不產草木；牛、羊、馬、駝皆噉魚腊。壘石爲屋，有三四層者，寢處庖廁及待客之所咸在其上。饒蔬果，有核桃、把瑚、松子、石榴、葡萄、花紅、萬年棗之屬。境內有大山，四面異色：一紅鹽石，鑿以爲器盛食物，不加鹽而味自和；一白土，可塗垣壁；一赤土，一黃土，皆適於用。所貢有獅子、麒麟、駝雞、福祿、靈羊；常貢則大珠寶石之類。」

第四卷

（一）君臨亞洲之成吉思汗系諸韃靼宗王之戰

（二）亞洲北地

第一九三章　大突厥

大突厥（Grande Turquie）（註一）境內有一國王名稱海都（Caidou）。其人是大汗姪，蓋其爲察合台（Djagatai）子，而察合台爲大汗之親兄也。（註二）彼是大君主而有城堡甚衆；亦是韃靼，與其部衆同。部衆皆善戰之士，緣其常在戰中也。此國王海都從未與其叔大汗和好，常與之戰，曾與大汗軍屢作大戰。失和之故，蓋因海都父之略地應屬於海都者，海都曾索之於大汗，就中有契丹（Cathay）蠻子（Mangi）諸州之分地。大汗答曰願以分地授之，但須大汗遣使召海都入朝時，海都卽以藩臣之禮朝見。海都疑叔意不誠，拒不入朝，僅言任在何時服從大汗命令而已。

蓋其數爲叛亂，恐大汗殺之，故不敢至。由是叔姪失和，發生大戰，國王海都軍與大汗軍大戰已有數次。大汗在此海都國境沿邊屯駐軍隊以備海都。然此不足防止海都侵入大汗境內，而海都常修武備與其敵人戰鬥也。

海都大王勢力甚強，不難將十萬騎以戰，皆訓練有素，勇於作戰之師也。彼並有帝系藩主數人與俱，茲數人者並系出成吉思汗，首應獲有分地，並是曾經侵略世界一大部份土地之人，前在本書中已言之矣。

君輩應知此大突厥地位在忽魯模思（Ormuz）之西北；北起於只渾（Djihon）即阿母河 Amou-daria）河外，北抵大汗國境。（註三）

茲置此事不言，請言海都國王部衆與大汗軍之若干戰事如下文。

（註一）鈞案本書之大突厥，即元史卷六三地理志西北地附錄之途魯吉（Turki），蓋指察合台汗國。海都分地在海押立（Qayaliq）及葉密立（Ämil）河流域一帶，但在馬可波羅居中國時，察合台汗國實已夷爲海都之附庸也。

（註二）鈞案海都是成吉思汗子窩闊台子合失之子，忽必烈是成吉思汗子拖雷之子。於海都爲從父行；

本書謂爲叔姪不誤。至謂海都是察合台子者，殆因海都當時兼併察合台汗國地，而誤以其系出察合台也。當時察合台汗是察合台子木阿禿干子也速篤哇子八剌子都哇。

（註三）鈞案當時人對於地理方位尙未詳悉，大突厥地實在忽魯模思之東北，東抵大汗國境，東北與海都轄境接。

第一九四章　海都國王攻擊大汗軍之數戰

迨至基督降世後之一二七六年時，此海都國王同別一王卽其從兄弟名也速答兒（Yesudar）（註一）者，大集部衆，編成一軍，進擊大汗之藩主二人；茲二藩主是海都之親姪，蓋彼等是察合台之後裔，而察合台是曾受洗禮之基督教徒，並是大汗忽必烈（Koubilai）之親兄也。二藩主一名只伯（Djibai），一名只班（Djiban）。（註二）

海都全軍共有六萬騎，海都率之進攻此二藩主，而此二藩主所將大軍逾六萬騎。戰爭甚烈，二藩主終敗走，海都及其部衆獲勝。雙方之衆死者無算，然藩主兄弟二人賴騎捷疾馳得脫走。於是海都國王歡然旋師本國，留兩年，相安無事，不與大汗戰。

然渡此兩年畢，海都國王徵集重軍，所部騎士甚衆。彼知大汗子名那木罕（Nomogan）者時鎮哈剌和林（Karakoroum），而長老約翰（Prêtre-Jean）孫闊里吉思（Georges）（註三）與之共同鎮守；此二王亦有戰騎甚衆。海都國王預備既畢，卽率師出國；疾行，沿途無抗者，抵於哈剌和林附近。時大汗子與新長老約翰已率大軍駐此以待，蓋彼等已聞報海都率重軍來侵；故爲種種籌備，俾不受何種侵襲。及聞海都國王及其部衆行抵附近，彼等奮勇迎敵。行至相距海都國王十哩之地卓帳結營。其敵逾六萬騎，所爲亦同。雙方預備既畢，各分其軍爲六隊。雙方之衆各持劍盾骨朵弓矢及種種習用武器。應知韃靼人之赴戰也，每人例攜弓一張，箭六十枝，其中三十枝是輕箭，鏃小而銳，用以遠射追敵，三十枝是重箭，鏃大而寬，用以破膚穿臂，斷敵弓弦，而使敵受大害。各人奉命攜帶如此；此外並持有骨朵劍矛，用以互相殺害。

兩軍備戰既畢，開戰之大角大鳴，每軍有角一具；蓋其俗大角未鳴時不許進戰也。衆軍聞角鳴後，殘忍激烈之血戰開始，雙方奮怒進擊。雙方死亡甚衆，死者傷者遍地，馬匹亦然。戰中呼叱之聲大起，雷霆之聲，不是過也。海都國王以身作則，大逞勇武以勵士氣。對方大汗子與長老約翰孫勇武亦不下於海都，常赴酣戰之處馳突，以顯武功而勵將士。

我尙有何言歟？應知此戰之久，爲韃靼人從來未經之酷戰。各方奮勉，務求敗敵，然皆不副所期；混戰至於日暮，勝負未決。

戰爭至於日落之時，各人退還營帳。其未負傷者疲勞已甚，至於不能站立。傷者雙方並衆，各視傷之輕重而爲呻吟。各人亟須休息，甚願安渡此夜而不欲戰。及至黎明，海都國王聞諜報大汗遣來重軍援助其子，自量久持無益，遂命退軍，比曙，上馬馳還本國。大汗子與約翰長老孫見海都國王率軍而退，不事追逐，蓋彼等亦甚疲勞，亟願休息也。海都國王及其部衆疾馳不停，至於大突厥國撒麻耳干（Samarkand）城；自是以後遂息戰。

（註一）鈞案元史宗室世系表，窩闊台子合丹諸子中有名也迭兒及也孫脫者，疑屬一人。考元史譯例，也速亦作也孫，堵兒荅兒迭兒帶兒亦可互用，有時亦誤爲脫，也迭兒疑脫一字，原文似作也孫迭兒或也速迭兒，而也孫脫是同名異譯，修史者不察，致判爲二人也。就輩分言，其人與海都確爲從兄弟行，此外似別無他人可以當之。元史卷二十二武宗本紀載：「大德十年（一三〇六）七月，自脫忽思圈（Toguz-ɣol）之地踰按台山（Altai），追叛王斡羅思（Oros），獲其妻孥輜重，執叛王也孫禿阿（Yäsudar?）等及駙馬伯顏（Bayan）」。此也孫禿阿殆即本書之也速荅兒，馬可波羅書雖多舛誤，似不能臆造此人名也。

（註二）鈞案元代諸宗王中似無名只伯只班者，考元史卷一二二巴而朮（Barčuq）傳：至元十二年（一二七五），都哇（Duwa）等「率兵十二萬圍火州（Qočo, Qaraqojo），聲言曰：阿只吉（Ačï-ji）奧魯只（Aqruqči）諸王以三十萬之衆猶不能抗我而自潰。」此只伯只班似指阿只吉奧魯只二王。然考元史卷一二七伯顏（Bayan）傳又云：至元二十二年（一二八五）秋，「宗王阿只吉失律，詔伯顏代總其軍。」則此役又似爲一二八五年事。元史巴而朮傳所本者是高昌王世勳碑，此外無他證此至元十二年不誤者。至若至元二十二年伯顏總西北軍一說，元史有旁證可引。卷十三世祖本紀載：至元二十三年（一二八六）五月丁卯朔，「樞密院臣言，臣等與玉速帖木兒（Yäsutämur）議，別十八里（Beš-baliq）軍事，凡軍行並聽伯顏節制，其留務委孛欒帶（Boroldai）及諸王阿只吉屬統之爲宜，從之。」馬可波羅若非誤記本章第一段所言之戰役，似非都哇等聲言之役，更以音近之名考之，時諸王列戍西北者有出伯（Jubai）合班（Qaban）二人，只伯只班殆係出伯合班之誤歟？元史所載海都與大汗軍之直接戰事，僅最末大德五年（一三〇一）一役較詳，餘皆隱約言之。瓦撒夫（Wassaf）書稱海都身經四十一戰，每戰輒勝；敗二王事究在何年，二王究爲何人，頗難言也。一二七六年適當至元十三年，元史是年僅有脫帖木兒

(Tuq-Tämur)劫質皇子那木罕闊闊出(Kököču)二人事,無海都勝大汗軍之文;馬可波羅殆有誤記,抑元史有闕文也。

(註三)鈞案闊里吉思事蹟附見元史卷一一八阿剌兀思剔吉忽里傳,傳文多本駙馬高唐忠獻王碑(元文類卷二三)。

第一九五章　大汗言其姪海都爲患事

應知大汗對於海都擾害其人民土地事頗憤恚。曾云，海都脫非宗室，脫非其姪，而爲親屬關係所妨阻，彼將併其身與土地滅之，雖親征亦非所惜。蓋應知者，大汗脫欲之，海都勢不能脫其叔之掌握，第大汗因其爲宗屬，釋之不問。由是海都國王得脫其叔大汗之手。

茲置此事不言，後此請言國王海都一女之神力。

第一九六章 國王海都女之勇力

國王海都有一女名稱阿吉牙尼惕(Agianit),(註一)韃靼語猶言「光燿之月」。此女甚美，甚強勇，其父國中無人能以力勝之。

其父數欲爲之擇配，女輒不允，嘗言有人在角力中能勝我者則嫁之，否則永不適人。其父許之，聽其擇嫁其所欲所喜之人(其俗如此。)女身高大，近類巨人。女嘗致書諸國，與人約，來較力者，勝我者則嫁之，否則輸我百馬。由是來較力之貴人子甚衆，皆不敵；女遂獲馬萬有餘匹。

基督降生後一二九〇年時，有一貴胄，乃一富强國王之子，勇俠而力甚健，聞此女角觝事，欲與之角，俾能勝之，如約娶以爲妻。然欲之甚切，蓋女姿容秀麗，儀態莊嚴，而彼亦是美男子，甚健强，在其父國中無人能敵也。

由是此王子攜千馬毅然莅此國，自度力強，勝女以後，並得千馬，爲注固甚大也。國王海都及王后卽女生母見而悅之，陰誡女無論如何必讓王子勝，蓋王子爲貴冑，且爲一大國王子，極願以女妻之也。然女答曰，脫彼力能敵之，決不任其勝我；脫力不能敵，則願如約爲彼妻；不甘僞敗以讓之也。

及期，人皆集於國王海都宮內，國王及王后亦親臨。人衆既集，（蓋來觀角觝者人數甚衆）女先出場，衣小絨襖，王子繼出，衣錦襖；是誠美觀也。二人既至角場，相抱互撲，各欲仆角力者於地，然久持而勝負不決。最後女仆王子於地。王子既仆，引爲大恥大辱，起後卽率其從者竄走，還其父國；彼自以從來無敵於國中，而竟爲一女所敗，恥莫大焉。所攜千馬亦委之而去。

國王海都及王后甚怒，蓋彼等皆以王子是富人，兼是勇健美男子，意欲以女妻之，孰知不如所期。

今述王女之事如此。自是以後，其父遠征輒攜女與俱；蓋扈從騎尉中使用武器者無及其女者也。有時女自父軍中出突敵陣，手擒一敵人歸獻其父，其易如鷹之捕鳥；每戰所爲輒如是也。

茲置此事不言，請言國王海都與東韃靼君主阿八哈（Abaga）子阿魯渾（Argoun）之一大戰如下文。

（註一）海都女傳記見 Aboul-Kasem el-Kashani 撰剌失德丁（Rachid-eddin）史集續編；女名忽都魯察罕（Koutlough Tchagan），常全身武裝在馬上統率軍隊；據云其強毅過人。——參看 Blochet 本一五四及一六五頁。

第一九七章　阿八哈遣其子往敵國王海都

東方君主阿八哈（Abaga）（註一）所轄州郡，隣接國王海都之轄地者甚衆；是卽位置在「太陽樹」（Arbre Sol）附近之地，此太陽樹卽亞歷山大（Alexandre）書所稱之「枯樹」（Arbre sec），前已言之矣。（註二）阿八哈防備海都部衆之侵擾，命其子阿魯渾（Argoun）率領騎兵甚衆，進駐枯樹，達於只渾（Djihon）河之地。（註三）

阿魯渾率軍駐守於此。會國王海都大集部衆，命其弟名八剌（Barac）者統率；八剌爲人頗愼重，故以軍屬之。已而遣此軍與其弟往攻阿魯渾。（註四）八剌率衆出發，久行抵於只渾河，距阿魯渾約十哩。阿魯渾聞八剌來攻，立爲種種預備，率軍迎敵；已而卓帳於一營內。雙方備戰既畢，大角齊鳴，戰爭立啟；彼此發矢蔽空，猶如雨下，人馬死者甚衆，遍地皆滿。戰爭迄於八剌部衆被阿魯渾部衆擊敗之時；彼等重渡河去，然阿魯渾及其部衆任意虐待潰兵。由是戰爭結果阿魯渾勝而八剌敗：八剌賴騎捷得脫走。

我既爲君等言及阿魯渾，玆置海都及其弟八剌不言，此後請言阿魯渾，及其父死後如何得國之法。

（註一）鈞案阿八哈是拖雷子旭烈兀之長子，至元二年（一二六五）襲位爲波斯汗，後歿於至元十七年（一二八二）。

（註二）鈞案枯樹語見本書第三十九章註二，蓋指裏海東阿母河（Amou daria）西南之地。

（註三）鈞案只渾河卽阿母河。當時阿母河西南地隸呼羅珊（Khorassan），屬波斯，而呼羅珊境較今地爲廣。

（註四）鈞案八剌是察合台子木阿禿干子也速篤哇子，於海都爲從姪，非弟也。是戰在至元七年（一二七〇）。時海都分得察合台汗國地，欲以呼羅珊償八剌之失，使八剌將三路兵渡阿母河以取呼羅珊。時鎮呼羅珊者是阿八哈弟鐵失（Täqši），非阿魯渾。鐵失初敗退，阿八哈誘敵於也里（Heri）河畔，突擊敗之，八剌卽於是年得疾死。馬可波羅謂將兵者是阿魯渾，殆以阿魯渾後鎮呼羅珊，誤以此役屬之也。

第一九八章　阿魯渾戰後聞父死而往承襲義應屬己之大位

阿魯渾戰勝海都弟八剌及其部衆以後，越時未久，聞父死，甚悲痛。(註一)命其軍就歸途，往取義應屬己之大位；但須行四十日始達。

會其叔名算端阿合馬（Sultan Ahmed）（蓋其皈依回教，故有是稱）(註二)者，聞兄阿八哈死，而其姪阿魯渾在遠不能卽歸，意謀得國。遂率領所部甚衆，赴其兄阿八哈宮廷，攫取大位；自立以後，見寶藏充滿。其爲人也頗狡智，遂盡以寶藏散給諸藩主戰士等，用以收攬人心。諸藩主及戰士等既受重賞，皆頌其爲良君，願愛戴之而不願事別主。惟嗣後彼有一惡行而不免衆人之譴責者，卽盡納其兄阿八哈之諸妻一事是已。

彼奪據大權以後，越時未久，聞其侄阿魯渾率大軍歸；彼遂乘時召集諸藩主部衆，在一星期中派遣戰騎甚衆往拒阿魯渾。彼自信不難取勝，故親將以行，不虞有失也。

（註一）鈞案也里河之戰在一二七〇年，阿八哈之死在一二八二年，事隔已久，此謂越時未久誤。

（註二）鈞案阿合馬名塔忽荅兒（Taqudar），是阿八哈異母弟，於一二八二年夏即位，一二八四年秋被殺。阿八哈死，諸宗王大臣議立嗣君，塔忽荅兒年長，衆意屬之；則其得國非僭立也。馬可波羅抵波斯時，適阿魯渾弟乞合都（Qiqatu）在位，所聞之說自異。俵散阿八哈遺財事誠有之，阿魯渾亦得黃金二十錠。

第一九九章　算端阿合馬率軍往敵義應承襲君位之姪

算端阿合馬聚衆六萬騎，率以進討，行十日，聞敵軍已迫，而其衆與本軍相等。阿合馬結帳於一美麗大平原中，待阿魯渾至，與之決戰。籌備既畢，聚諸藩主騎尉戰士，與議進取。蓋其爲人狡智，欲知人心之從違，因致如下之詞曰：

「諸君應知我與兄阿八哈爲同父子，我曾助之侵略現有之一切土地州郡，則我兄舊有之物，義應兄終弟及。阿魯渾固爲我兄之子，容有人主張其應襲父地；然我以爲此意不公；緣我父終身治理此國，君等之所知也，父死義應由我終身治理；況父在生時，我應有國之半，而曾因柔弱讓與歟。今我言如此，請君等共同防衞吾人之權利，以拒阿魯渾，俾國土仍屬吾輩衆人所有；蓋我所欲者僅爲榮譽，而一切土地州郡並權柄利益，概歸君等得之也。此外別無他言，蓋我知君等俠義賢明，愛好公道，必將爲有利於衆人之福利與光榮也。」

語畢，遂默不復言。諸藩主騎尉聞言，皆衆口一詞答曰：「有生之年，決不奉戴他

主；將助其抵抗世界一切人類，尤願抵抗阿魯渾；請勿疑；阿魯渾生或死必執以獻。」阿合馬鼓勵其衆而藉識人心之法如此。（註一）

茲置阿合馬及其部衆不言，請言阿魯渾及其軍隊。

（註一）鈞案阿魯渾之叛在一二八三年，時其以呼羅珊封地爲未足，請以法兒思（Fars）伊剌黑（Iraq）兩地益其封；阿合馬召之入朝，不至。是冬阿合馬以弟弘吉剌台（Qongiratai）與阿魯渾同謀，殺之；並拘阿魯渾之黨。一二八四年一月，命阿里納黑（Alinaq）率軍萬五千人先行，四月，自率軍八萬騎往討，別遣使者往召阿魯渾來見；阿魯渾亦發呼羅珊禡桚荅而（Mazadaran）兩地軍進至擔寒（Damǧan）以拒。——參看多桑蒙古史第五卷第五章。

第二〇〇章　阿魯渾與諸將議往攻僭位之叔算端阿合馬事

阿魯渾既確知阿合馬率衆待於營中，因甚憤恚。然故作鎭定之狀，蓋其不欲部衆信其畏懾致亂軍心。所以僞若無事者然，反示其無所畏以勵士氣。

由是召集諸藩主及最賢明之人甚衆議於帳中，（蓋其結帳於一最美之地）致如下之詞曰：

「兄弟友朋齊聽我言。汝曹應知我父愛汝曹之切，待汝曹如同親子弟。汝曹昔曾偕之數作大戰，助之侵略所轄之全土；汝曹應知我爲切愛汝曹之人之子，而我亦愛汝曹甚切；我既以實言告汝曹，汝曹論理汝曹應助我以討僭奪吾曹之國之人。汝曹並知其不守吾曹教理，皈依回教而崇拜摩訶末。一回教徒君臨韃靼之國，其事非宜。據此種種理由，汝曹應增加勇氣決心，俾免此辱；所以我祈汝曹各盡其力勇戰務求必勝，俾國屬吾曹，不致淪於回教之徒。權利既屬吾曹，罪惡既屬敵人，各人應抱必勝之信心。此外我別無所言，汝曹各熟思之。」

阿魯渾語畢遂默不復言。

第二〇一章　諸藩主答阿魯渾之詞

諸藩主騎尉聆悉阿魯渾之詞以後，各人自勵，寗死不讓敵勝。衆人如是沈思之時，其中一大藩主起而答曰：

「阿魯渾殿下，吾曹皆知諭衆之言皆是實言。是以我代表衆人致此答詞；吾曹有生之年決不奉戴他主，寗死而不願敗。抑况權利屬吾曹，而罪惡屬敵人，尤應自信此戰必勝。用是請殿下從速率領我曹赴敵，而我祈同輩力戰自效，俾揚名於世。」

藩主語畢，遂不復言。衆人意皆與之同，祇欲與敵戰，故無繼之發言者。翌日，阿魯渾率其衆早起出發，決與敵戰。騎行至於敵人阜帳之平原中，距阿合馬帳十哩結營。阿魯渾結營畢，遣其親信二人赴其叔所，致下述之詞。

第二〇二章　阿魯渾遣使者至阿合馬所

此二賢明之人並是高年之人，奉命以後，立與主別，登騎而行。彼等逕赴阿合馬營，在其帳前下馬，會見藩主甚衆。諸人皆識之，彼等亦識諸人。彼等見阿合馬致敬畢，阿合馬好顏厚待之，命其坐於前；未幾，兩使者中之一人起而致詞曰：

「阿合馬殿下，君之姪阿魯渾對於君之所爲，驚異甚至：君既奪其封地，而又率軍進討，與之作殊死戰；叔對其姪行爲不宜如是也。所以彼命吾輩善言以請：彼既視君如叔如父，君應放棄此種企圖，彼此罷戰；彼言始終奉君如長如父，而願君爲彼之全土之主。君姪命我等口傳之言如是。」（註一）

此藩主語至此，遂默不復言。

（註一）鈞案阿魯渾在阿黑火者（Aq-Qoja）戰後，阿合馬使者至，召之往見。阿魯渾命那顏忽都魯沙（Qutluqšah）等二人代往致詞曰：「我何敢以兵抗我長王，祇因阿里納黑奪我營帳部衆，特來救之。」則使者之見阿合馬在戰後，而馬可波羅謂在戰前，疑誤。——參看多桑蒙古史第五卷第五章。

第二〇三章　阿合馬答阿魯渾使者之詞

算端阿合馬聆使者代達其姪阿魯渾之詞畢，乃作下述之答詞曰：

「使者閣下，吾姪所言毫無根據，蓋土地屬我而不屬彼，我與其父並得之也。可往告吾姪，我將使之爲大諸侯，授以多地，待之如子，而使之爲一人之下之最大藩主。如若不從，我必將其處死。我欲告吾姪之言如此，汝等別無其他條件或退讓可圖也。」

阿合馬語至此，遂默不復言。使者聆算端之詞畢，復問曰：「此外無他言歟。」答曰：「我在生時別無他言。」使者聞言立行，赴其主營帳；在帳前下馬，入謁阿魯渾轉達其叔之言。阿魯渾甚恚，大聲發言，左右皆聞，其詞曰：

「我叔有大過，而加我以大辱，我不報此仇，誓不復生此世，亦不復管理土地。」

語畢告諸藩主騎尉曰：

「今已無復躊躇者，祇須從速討誅此種不義叛人，自明朝始，可進擊而殲滅之。」

於是終夜籌備戰事。算端阿合馬聞諜報阿魯渾將於明朝進攻，亦備戰，命其衆奮勇進擊。

第二〇四章　阿魯渾與阿合馬之戰

比及翌日，阿魯渾部勒全軍甚善；號令旣畢，率之迎敵。算端阿合馬所爲亦同，亦部勒行列，不待阿魯渾行抵其營，卽率其衆前進。行未久，卽遇阿魯渾及其所部軍。兩軍旣接，雙方皆急欲戰，衝突遂起。至是見飛矢蔽天如同雨下。戰爭酷烈，見騎士墜馬仆地，聞仆地者及受致命傷者號痛悲泣之聲。矢盡執劍與骨朵以戰；斷手斷臂者有之，喪軀喪首者有之；喧譟之聲大如雷霆。

此一戰也，雙方死者甚衆；而婦女之服喪號泣終身者頗多。是日阿魯渾頗盡其職，大示勇武，以勵士氣；然其結果終不免於失利，其衆不能禦敵，皆潰走恐後。阿合馬及其衆追擊，斬殺甚衆；而阿魯渾卽在追逐中被擒。彼等擒獲阿魯渾後，不復再追潰衆，歡欣還其營幕。阿合馬縶絏其姪，命人嚴加看守，已而歸其後宮與諸美婦娛樂，蓋其爲人好聲色也。命一大藩主代總全軍，並囑之看守其絏縲縲歸師，以免將卒疲勞。阿合馬離軍而命此藩主代總其軍之經過如此；阿魯渾旣被擒絏，悲傷欲死。（註一）

（註一）鈞案阿魯渾之東進，自率五千人先行，遇敵於可疾云(Kazvin)城附近之阿黑火者(Aq-Qoja)平原。時敵軍統將是阿里納黑，所將部衆有萬五千人；阿魯渾以衆寡不敵，敗退至徒思(Tus)城附近被俘。阿合馬本軍共八萬騎，未與阿魯渾軍戰。時阿合馬新納阿八哈妃禿黑帖尼(Tuqtäni)，頗寵之，既得阿魯渾，卽命阿里納黑監守，以軍付諸宗王，而自還禿黑帖尼所。——參看多桑蒙古史第五卷第五章——禿黑帖尼多桑書誤作禿里台，茲從一九三二年刊通報伯希和撰莎兒合黑塔泥考改正。

第二〇五章　阿魯渾之被擒及遇救

會有一韃靼大藩主，年事甚高，頗憐阿魯渾，以爲囚禁主人，既犯大惡，而又不義，遂謀救之。因即與其他諸藩主謀，而語之曰，囚其委質之主，是爲大惡，應救出而奉之爲主，且彼於義應承大位也。其他諸藩主視此藩主爲最賢明之人，覺其所言蓋屬實情，遂共願與之同謀。諸同謀者爲不花（Buga）（是爲謀主）宴只歹（Elcidai）脫歡（Togan）忒罕納（Tegana）塔哈（Taga）梯牙兒烏剌台（Tiar Oulatai）撒馬合兒（Samagar）（註一）等，同謀後共赴阿魯渾囚居之帳。入帳後，不花年最長，且爲主謀，遂致詞曰：「阿魯渾殿下，我曹拘禁殿下，誠爲有過；今特來改過，救殿下出此。請殿下爲吾曹之主，且亦殿下義所當爲也。」

不花語至此，遂默不復言。

（註一）鈞案當時首謀洵爲不花，其餘諸名微有訛誤；塔哈梯牙兒烏剌台，點斷似誤，烏剌台疑是禿剌台（Tulatai）之誤，塔哈梯牙兒疑是禿哈帖木兒（Tuqa-Tämur）之誤；兹二人一爲統將，一爲宗王，先曾奉阿合馬命偕不花等往召阿魯渾者也。忒罕納一名應亦有誤，然未詳爲何人。——參看多桑蒙古史第五卷第五章。

第二〇六章　阿魯渾之得國

阿魯渾聞不花言，以其嘲己，憤而答曰：

「汝之揶揄誠犯大過；汝曹應奉我爲主，而反加以鋃鐺，已爲大惡，然尚以爲未足歟？犯大惡而爲大不義，汝曹應自知之；請他適，勿再嘲弄也。」

不花又致詞曰：「阿魯渾殿下，我輩誠心爲此，並非揶揄，願誓以明此心。」諸藩主等遂共發誓，承認阿魯渾爲主。阿魯渾亦對諸人誓，不復咎彼等擒己之舊惡，將厚待之如其父阿八哈之恩遇。誓畢，彼等解阿魯渾之鐐而奉之爲主。阿魯渾立命向代總軍隊之藩主帳發矢，迄於其人死而後已。已而阿魯渾卽位，統率奉彼爲主之人，時國人皆已服從矣。應知吾人所稱藩主者，名稱瑣勒聃（Soldam），其人爲次於阿合馬之最大藩主。阿魯渾得國之經過如上所述。（註一）

（註一）鈞案不花等釋阿魯渾後，赴阿里納黑營，臨阿里納黑；本章之瑣勒聃殆係阿里納黑之誤。其後諸宗王統將等共議推戴新君，有主立阿魯渾之二叔者，久議未決；阿合馬死，議始定。——參看多桑蒙古史第五卷第五章同第六卷第一章。

第二〇七章　阿魯渾殺其叔阿合馬

阿魯渾受衆人推戴以後，卽命進向宮廷。會阿合馬在其最大宮內大宴，有使臣來報曰：「今有惡耗報聞，誠非所願；諸藩主已殺君之愛友瑣勒聃，已將阿魯渾救出，奉之爲主；彼等已向此處急進，而謀殺君，請速爲計。」使者言至此遂默不復言。阿合馬知使臣忠誠可恃，聞言之下，驚懼異常，不知所措；但其爲人豪邁勇武，亟爲鎭定，而告使臣不得以此惡耗吐露於人。使臣許之。阿合馬立與親信可恃者上馬，欲奔投埃及算端而逃死，除偕行者外，無人能知其赴何地也。

行六日，至一狹道，乃其所必經之道途；守關者識其爲阿合馬，見其逃，決捕之，緣阿合馬之隨從甚少也。守關者遂捕阿合馬；阿合馬乞憐請釋，並許以重寶賂之。守關者愛阿魯渾甚切，拒不允，且謂雖盡以世界寶藏賂之，亦不能阻其獻俘於其主阿魯渾。守關者因多發護卒，挈阿合馬赴宮廷，並嚴加監守，俾其不能遁逃。沿途不停，直抵宮廷；時阿魯渾至已三日，正怒阿合馬之得脫走也。

第二〇八章　諸藩主之委質於阿魯渾（註一）

守關者挈阿合馬至，以獻，阿魯渾大喜，而語其叔將依法懲之。卽時遂命引之去，殺而滅其尸。奉命執行者引阿合馬至行刑之所，殺阿合馬而投其尸於一無人能識之處。阿魯渾與其叔阿合馬爭位之經過如此。（註二）

（註一）鈞案前章及本章標題與內容不盡相合，疑有脫文。

（註二）鈞案阿合馬聞變後，往投其母忽禿（Qutu）之斡耳朵，欲出亡打耳班（Darband）；其母阻之，已而諸宗王大將叛離，爲人擒獻阿魯渾。阿魯渾欲宥之，弘吉剌台之母與其諸子欲爲弘吉剌台復仇，遂於是年八月十日，斷其脊骨殺之，先是君位未定，至是諸宗王大將等遂一致推戴阿魯渾爲汗。——參看多桑蒙古史第五卷第五章及第六卷第一章。

第二〇九章　阿魯渾之死

阿魯渾既爲前述諸事以後，遂赴主要宮殿，君臨全國。各方藩主前隸阿八哈者皆來朝賀而盡臣職。至是阿魯渾軍權已固，遂命其子合贊（Gazan）率三萬騎往枯樹之地，防衞土地人民，以禦敵侵。阿魯渾得國之經過如此，此時在耶穌基督降世後之一二八六年也。（註一）阿合馬在位僅二年；阿魯渾君臨六年，得疾死，一說中毒死。（註二）

（註一）鈞案阿魯渾卽位事在一二八四年。

（註二）鈞案阿魯渾在位始一二八四年八月十一日，終一二九一年三月七日，共六年又七閱月。生前好方士，命印度方士用硫黃水銀合藥服之，服八月得疾，疾甫愈又服之，遂致不起。——參看多桑蒙古史第六卷第二章。

第二一〇章　阿魯渾死後乞合都之得國

阿魯渾死後，其一叔卽其父阿八哈之親弟名乞合都（Kaikhatou）者，立時奪據大位，蓋合贊遠在枯樹之地，不能與之爭也。（註一）合贊聞其父死耗，甚痛，同時又聞其父之叔奪據大位之訊，甚怒。然恐敵侵，不敢遽離此地，曾云將俟機往復此仇，如其父之擒阿合馬也。乞合都旣得國，國人皆服從，惟合贊之黨不奉命。乞合都頗好色，遂沉溺於女色之中，在位二年死，蓋爲人所毒殺也。（註二）

（註一）鈞案乞合都一名亦憐眞朶兒只（Ričin Dorje）名見元史宗室世系表，乃阿八哈子而阿魯渾弟；此處阿八哈應是阿魯渾之誤。

（註二）鈞案乞合都於一二九一年七月二十二日卽位，一二九五年三月同祖弟伯都（Baidu）舉兵，大將禿哈察兒（Tuqačar）應之，乞合都逃，四月二十三日爲人殺於道。此言中毒而死者，殆誤以阿魯渾死事屬之也。——參看多桑蒙古史第六卷第三章。

第二二一章　乞合都死後伯都之得國

乞合都死後，其諸父伯都(Baidou)是基督教徒，據有大位，事在基督降世後之一二九四年也。(註一)伯都既居君位，國人皆服從，惟合贊及其軍不奉命。合贊聞乞合都死而伯都得國，甚憤恚；蓋其未能及乞合都之生而報仇也。然有言曰，將對伯都報此仇，必使衆人皆傳其事。由是決定不再俟機，卽興兵往討伯都；決定以後，與所部回師，謀復故國。伯都知合贊進兵，亦大集其衆往敵；行十日結營，而待合贊軍至。結營不及二日，合贊軍至。是日殘忍戰爭卽見開始；然伯都不能久敵合贊，蓋戰爭甫開之時，伯都部衆多投合贊，倒戈而向伯都；所以伯都敗，且被殺；(註二)合贊既勝，遂爲全國之主。合贊既勝而殺伯都後，卽赴宮廷卽位；諸藩主皆對之委質稱臣。基督降世後之一二九四年，合贊開始君臨其國之經過如此。

此國自阿八哈迄合贊之史事如前所述。並應知者，侵略報達(Bagdad)之旭烈兀(Houlagou)，乃是大汗忽必烈之弟，而前述諸人之共祖；緣其爲阿八哈之父，阿八哈爲阿魯渾之父，而阿魯渾爲今日君臨其國的合贊之父也。

東方韃靼既已備述於前，茲請復還大突厥國。顧大突厥國及其國王海都前已言及，則可不復再述，請離此而述較北之州郡人民。

（註一）鈞案乞合都是旭烈兀子阿八哈之子，伯都是旭烈兀子塔剌海（Taraqai）之子，則乞合都與伯都爲從兄弟；此言諸父，殆因原文謂爲合贊諸父，而傳寫脫誤歟。

（註二）鈞案乞合都死事在一二九五年四月二十三日，同月伯都即汗位；合贊舉兵與之爭位，伯都部衆離貳，伯都被擒；十月五日合贊遣使殺之於道，在位不及六月。同年十一月三日，合贊即汗位，因已歸向回教，故號算端而名馬合某（Mahmud）——參看多桑蒙古史第六卷第五六兩章。新元史及蒙兀兒史記宗室世系表皆誤塔剌海爲客兒來哥；蒙兀兒史記謂伯都即是元史宗室世系表之亦憐眞八的，亦爲牽合附會之說。

第二二二章 北方之國王寬徹

應知北方有一國王名稱寬徹（Kauntchi）；（註一）彼是韃靼，而其臣民皆是韃靼；彼等遵守極强暴之韃靼法規，然守之如成吉思汗及其他眞正韃靼無異；兹請略述其事。

應知彼等有一氈製之神，名曰納赤該（Nacigai），（註二）神有一妻；土人相傳兹二神，質言之，納赤該與其婦，是保佑其牲畜收穫並一切土產之地神。彼等崇奉之，每有盛饌，必以油塗神口。彼等生活絶對如同禽獸。

其國王不隸何人；確爲成吉思汗裔，質言之，屬帝室而爲大汗之近親也。此國王無城無堡，與其人民居於廣大平原之中，或處大谷高山之內。彼等食牲畜之乳與肉，而無穀類。國王統治人民甚衆，然不與他族爭戰，而維持平和。饒有牲畜，如駝馬牛羊及其他動物。

其地多有白熊，熊長逾二十掌；亦多有大狐，全身黑色，並有野驢及貂甚衆。用貂皮作裘，男袍一襲值千別桑（basant）。饒有灰鼠，並多夏生甚肥之土鼠（rats de Pharaon）。且饒有種種野獸，蓋其生活於極荒野而無人居之區也。

更應知者，此國王轄有某地，馬不能至，蓋其地多湖澤水泉，多冰與泥，馬不能行。此惡地廣十三日程，每一日程設一驛站，以供往來使臣頓止之所。每站有犬四十頭，犬大如驢，載使臣自此站達彼站，質言之，行一日程，茲請言其狀。

應知在此旅行全程之中，冰泥阻止馬行，蓋在此三日中行於兩山間之大深谷內，冰泥沉陷馬蹄也。職是之故，馬不能前；有輪之車亦不能進。所以土人製無輪之橇，行於冰泥之上，俾其不致深陷於其中。每橇置一熊皮，使臣坐其上，用上述之大犬六頭駕之；不用人馭，逕至下站，安行冰泥之上，每站皆然。驛站之人，別乘一橇，用犬駕之，取捷道逕赴下站。兩橇既至，使臣又見有業已預備之犬橇，送之前行，至若原乘之橇則回後站。十三日行程之中，皆如是也。

更有言者，此十三日行程中沿途山谷中居民皆爲獵人，獵取價值貴重之罕見動物而獲大利：是爲貂，銀鼠，灰鼠，黑狐及不少皮價甚貴之罕見動物。其人有獵具，獵物無得脫者。其地酷寒，土人居於土窟，而常處土窟之中。

此外無足言者，是以離此，請言一常年黑暗之地。

（註一）鈞案成吉思汗長子朮赤子女四十餘人，分地最大者三人：曰拔都（Batu），是爲金帳汗國，一稱西欽察（Qipčaq）；曰昔班（Šiban），是爲青帳汗國；曰斡魯朵（Ordo），是爲白帳汗國，一稱東欽察。斡魯朵元史宗室世系表闕，太宗本紀八年分賜諸王貴戚民戶，分有平陽府民戶者，是斡魯朵拔都，此斡魯朵應是朮赤子東欽察汗。本書寫白帳汗名作 Kauntchi，多桑書第三卷第三章著錄有朮赤孫火赤斡兀立（Cotchi Ogoul），應指此人，則其爲斡魯朵之子矣，顧多桑書譯寫頗多訛誤，茲從蒙兀兒史記世系表作寬徹。

（註二）鈞案 Nacigai 一作 Natigai，已見本書第一卷第六十九章註一引 Plan Carpin 行紀，又作 Itoga，核以蒙古語名，本書之納赤該或納迪該，傳寫應有訛誤。考元祕史卷三（葉本二十二頁），地神曰額客額禿格揑（akä ätugän-i），額客此言母，足證其爲女神，除去接尾詞之-i，此名單寫應作額禿堅 ätugän，與今蒙古語名合，又與 Plan Carpin 之寫法相近，波羅原寫似作 atigan 也。周書突厥傳有于都斤山，似爲此名之所本。——參看一九二八及一九二九年合刊通報伯希和撰中亞問題考證九篇第二篇于都斤山考，漢譯文改題曰中亞史地譯叢，見民國二十一年刊輔仁學誌。

第二一三章　黑暗之州

此國境外偏北有一州名稱黑暗，蓋其地終年陰黑，無日月星光，常年如是，與吾輩之黃昏同。居民無君主；生活如同禽獸而不隸屬何人。

韃靼人偶亦侵入其國如下所述。彼等欲確識歸途，選牝馬之有駒者乘之，入其地前，放駒境外，蓋牝馬較人易識路途，將重循來途回覓其駒也。由是韃靼人留駒於境外，乘牝馬入其地，盡盜其所見之物，飽載以後，任牝馬重循來路往覓其駒，蓋其常識歸途也。

其地之人饒有貴重毛皮，蓋其境內多有貴重之貂，如前所述，又有銀鼠，北極獸(glouton)，灰鼠，黑狐，及其他不少貴重毛皮。人皆善獵，聚積此種毛皮，多至不可思議。居處邊境之人，而認識光亮者，向此輩購買一切毛皮；蓋此黑暗州人攜之以售於光亮地界之人，而光亮地界之人首先購取而獲大利。

其人身體魁偉，四肢相稱，然顏色黯淡而無色。大斡羅思(Russie)境界一端與此州相接。此外無足言者，茲離此，請首言斡羅思州。

第二一四章 斡羅思州及其居民

斡羅思(Russie)(註一)是北方一廣大之州。居民是基督教徒而從希臘教。有國王數人而自有其語言。其人風儀純樸，男女皆甚美，皮白而髮呈金褐色。不納貢賦於何國，僅納貢於西韃靼國王脫脫(Toktai)，(註二)然其數甚微。此非業商之國，但有不少希有之貴重毛皮，如貂狐銀鼠灰鼠北極獸等毛皮之類，世界毛皮中之最美而最大者也。又有銀礦不少，採銀甚多。

此外無足言者，茲離斡羅思，請言大海，列述其沿岸諸州及其居民，首述孔士坦丁堡。

然我將先言北方及西北方間之一州。應知此地有一州，名稱瓦剌乞(Valachie)(註三)與斡羅思接境，自有其國王，居民是基督教徒及回教徒。彼等頗有貴重毛皮，由商人運售諸國；彼等恃工商爲活。

此外無足言者，所以離去此國，而言他國；然尚有關係斡羅思之事前忘言之，應補述於此。須知斡羅思國酷寒爲世界最，居民頗難禦之。此州甚大，延至海洋。此海之中有若干島嶼，出產鷹鶻甚多，輸往世界數地。尙有言者，自斡羅思至挪威(Norvège)，里程不遠，如非酷寒，旅行甚易；但因嚴寒之故，往來甚難。

今置此不言，請言前此欲言之大海。雖有不少商賈旅客曾至其地，然尙有世人未識之處甚多，茲略爲敍述，首言孔士坦丁堡之海口與海峽。

（註一）鈞案今之俄羅斯，原稱 Ros 或 Rus，故元史譯名曰斡羅思，曰兀魯思，曰阿羅思，元祕史加蒙古語多數作斡魯速惕。

（註二）鈞案寧肅王脫脫（Toqta'a）見元史宗室世系表，諸王表，武宗本紀，是忙哥帖木兒（Monka-Tämur）子，以一二九一年君臨金帳汗國，其事詳後。

（註三）鈞案瓦剌乞地今屬羅馬尼亞。

第二二五章　黑海口

從西方入大海之海峽中，有一山名稱發羅(Faro)。但言及大海以後，吾人頗悔將其筆之於書，蓋世人熟識此海者爲數甚衆也。是故記述僅止於此，別言他事，請述西方韃靼及其君主。

第二一六章　西韃靼君主

西韃靼第一君主卽是賽因（Sain），強大國王也。此賽因國王曾略取斡羅思（Russie）欽察（Kiptchak）阿蘭（Alains）瓦剌乞（Valachie）匈牙利（Hongrie）撒耳柯思（Circassie）克里米亞（Crimée）陶利德（Tauride）等州。如是諸州，侵略以前皆屬欽察，然未統一，構成一國，所以其居民失其土地而散處各方；其尚留居者皆淪爲國王賽因之奴。

國王賽因之後在位者是國王拔都（Batou）（註一）；拔都之後是國王別兒哥（Barka）；別兒哥之後是國王忙哥帖木兒（Mongou-Timour）；忙哥帖木兒之後是國王脫脫蒙哥（Toudai-Mongou）最後是脫脫（Toktai），今日君臨其國。（註二）

茲旣列舉西韃靼之君主畢，後此請述東韃靼君主旭烈兀（Houlagou）與西韃靼君主別兒哥之一大戰；並言戰爭之原因與夫戰爭之狀況及結果。

（註一）賽因爲賽因汗（Sain Khan）之簡稱，此言好王，蓋卽侵略西歐（一二四〇至一二四二）的拔都之別號，非另一人也。

（註二）鈞案金帳汗國諸汗襲位之世次，首爲朮赤，次爲朮赤子拔都，三爲拔都子撒里答，四爲拔都子兀剌赤，五爲朮赤子別兒哥，六爲拔都子忽禿罕子忙哥帖木兒，七爲拔都子忽禿罕子脫脫蒙哥，八爲忙哥帖木兒子脫脫，以一二九一年卽位。撒里答兀剌赤在位年甚促，故不見於馬可波羅書。脫脫蒙哥後，脫脫未卽位前，中有四年是宗王禿剌不花等四人執政時代，事具多桑書第六卷第七章。

第二一七章　旭烈兀別兒哥之戰

基督降世後一二六〇年時，（註一）東韃靼國王旭烈兀與西韃靼國王別兒哥發生一種大戰；其故蓋在彼此境界間有一州地，各欲攘爲己有；自度勢力强盛，皆相持不讓。（註二）彼等皆作挑戰之詞，謂將往取此州，看何人敢抗。挑釁以後，各集戰士，大籌從來未見之軍備；各爲其過度之努力，務期必勝。挑釁以後，未逾六月，各集兵三十萬騎，一切習用戰具皆備。備戰既畢，東韃靼君主旭烈兀率衆出發。騎行多日，無事可述；久之抵於鐵門及裏海間之一大平原。（註三）在此平原中結營，觀其帳幕之富麗奢華，儼同一富豪營幕。旭烈兀謂待別兒哥及其衆於此。應知其結營之地在兩國邊境之上。

茲置旭烈兀與其軍不言，請言別兒哥與其部衆。

（註一）鈞案一二六〇年旭烈兀有事於西利亞，應是一二六二年之誤。一二六二年夏，別兒哥命其從姪那海率軍三萬逾打耳班（Darband），屯設里汪（Širvan）境內，八月，旭烈兀率軍往禦。

（註二）鈞案是戰之原因有二。旭烈兀之西征，朮赤系三宗王以兵從，一宗王有罪伏誅，別二宗王相繼死，別兒哥疑此二人皆被毒殺，其原因一。旭烈兀屬境中之阿朗（Arran）阿匝兒拜章（Azerbaijan）兩地，朮赤系諸王以應屬己，旭烈兀拒而不與，其原因二。

（註三）鈞案鐵門，打耳班之意譯也。裏海，元史作寬田吉思海。兩軍會戰地在鐵門南設里汪境內。——參看多桑蒙古史第四卷第七章。

第二一八章　別兒哥率軍進攻旭烈兀

國王別兒哥籌備戰事，調集全軍既畢，聞旭烈兀率軍進迫，遂不再待，亦率其軍出發。騎行久之，進至敵人所駐之大平原，距旭烈兀營十里結營；其營帳之富麗，亦不下於旭烈兀營。我敢斷言曾見此種金錦帳者，將必謂從來未見營帳之富麗有逾此者。別兒哥部衆較多於旭烈兀軍，蓋其確有三十五萬騎也。卓帳以後，休息二整日。別兒哥至是集衆與議，而語之云：

「汝曹知我得國以後，愛汝曹如同親子弟，汝輩多曾偕我屢經大戰，吾人現有之土地，多由汝曹助我得之；汝曹又知我之所有亦屬汝曹；既然如此，各人必須奮勉保存今茲以前未墜之名譽。汝曹知此强大國王旭烈兀非理進兵；彼既無理，而吾人有理，則各人應自信將來必操勝券；況且吾人兵多於敵，其事尤無可疑。蓋彼等僅有三十萬騎，而吾人則有三十五萬騎，將士優良，此亦不下於彼也。職是之故，具見吾人確操勝券。吾人遠來目地，惟在作戰，茲限戰期於三日後；望汝曹努力爲之；戰爭之日，務必奮勇進擊，俾人皆畏我。現在除求汝曹各人預備及期奮勇作戰外，別無他言。」

別兒哥言至此遂默不復言。茲暫置別兒哥軍不言，請言旭烈兀軍在別兒哥軍進迫後，如何應戰之事。

第二一九章　旭烈兀諭衆之詞

史載旭烈兀確聞別兒哥率領衆軍行抵其地之時，復又大集其優良將士而語之云：

「兄弟友朋，汝曹皆知我一生時皆賴汝曹之助；迄於今玆，汝曹在不少戰中助我，每戰必勝。吾人今抵此地與別兒哥大王戰，固知其衆與我軍等，或且過之；但其數雖衆，其戰士不及我軍之良，吾人將不難使之敗亡。今聞諜報，三日後敵軍將來進攻，吾聞此訊甚歡，所以請汝曹屆期勇戰猶昔。僅有一事汝曹不應忘者，則寧死於疆場保其令名，不可敗於敵，應使敵人敗亡也。」

旭烈兀語至此遂默不復言。此兩大君主砥勵其衆之詞如此；其藩主等則作種種預備而待戰期之至。

第二二〇章　旭烈兀別兒哥之大戰

預定之戰期既屆，旭烈兀黎明卽起，命全軍盡執武器；然後發令愼重進戰。分其軍爲三十隊，每隊萬騎；蓋其軍有三十萬騎，前已言之矣。每隊良將一人統之；佈置既畢，命諸隊進擊敵軍。其衆立卽奉命前行，進至兩軍營帳中間之地，靜止以待敵至。

對方國王別兒哥亦偕其部衆早起，命各執兵備戰，分其軍爲三十五隊，每隊萬騎，各以良將一人統之，與旭烈兀軍部勒相同。預備既畢，別兒哥命諸隊前行，行列甚整，進至距敵人半哩之地，稍停，復前進。

兩軍進至相距兩箭之地，皆停止預備作戰。戰場在一平原中，最廣大美麗，足容無數戰騎馳突。此廣大美麗平原恰爲兩軍之所必須，蓋從來未有一大戰場能容戰士如是之衆者也。應知兩軍共有六十五萬騎；旭烈兀別兒哥並是世界最強大國王；尙應附帶言及者，彼等誼屬近親，二人皆系出成吉思汗也。

第二二一章　重言旭烈兀别兒哥之戰

兩大國王及其部衆對峙片時，皆待戰號，惟盼大角之鳴。未久戰號起，戰角鳴，兩軍卽開始作戰，皆引弓發矢射敵。雙方發矢蔽空，不見天日。至是見死者仆地甚衆，馬匹亦然；蓋發矢旣多，死者無算也。

應知彼等箙中矢不盡，射擊不止，由是死傷遍地。及發矢已盡，遂執劍與骨朶，彼此交斫。此戰殺人流血之甚，觀之可憫；有斷手者，有斷臂者，有斷頭者；人馬仆地，其數之衆至堪慘惻；從來戰事，死亡無逾此役之多。呼譟之聲大起，如聞雷震。滿地伏尸流血，人不能進，勢須踏尸前行。

戰中死亡之衆，如是役者，久未見之。死者之多，受致命傷而仆地者號泣之慘，誠不忍聞。婦女因之而寡者，子女因之而孤者，其數未可勝計。彼等戰鬥之烈，表示其仇怨之深。

國王旭烈兀勇武善戰，於是日以身作則，以證其無愧於冠王冠而治國土。彼大逞武功，以勵其衆；凡友與敵見之者莫不驚異，蓋其有類雷霆暴雨，非同凡人也。

旭烈兀在此戰中之行爲如此。

第二二二章　別兒哥之勇武

國王別兒哥亦甚勇武，善於作戰；然在是日部衆幾盡死，勇亦徒然；傷者仆地之多，餘衆不復能抗。所以戰至晚禱之時，國王別兒哥及其部衆不能支持，勢須奔逃。彼等疾馳，旭烈兀及其衆追躡其後，凡被追及者皆被殺。追殺之慘，觀之誠可憫也。追殺久之，始收兵還其營帳，釋其兵械；其受傷者，洗裹其傷。彼等疲勞之極，已不復能戰，安寢終夜。次日黎明，旭烈兀命盡焚戰亡者之尸，不分友與敵也。

諸事既畢，國王旭烈兀率其餘衆還國；蓋雖戰勝，亡損已多。然其敵亡損尤衆，在此戰中死亡之多，雖言其數，恐亦無人信也。旭烈兀在此役獲勝之經過如此。（註一）

茲置旭烈兀及此戰不言，請言西韃靼之一戰事，詳情別見後章。

（註一）鈞案那海屯軍設里汪時，旭烈兀率軍往禦，以綽兒馬罕（Čormaǧan）子失烈門（Širämön）爲前鋒，一二六二年十一月十五日遇敵於沙馬吉（Šamaqi），戰不勝，敗走。同月二十一日阿八台（Abatai）以援軍至，敗敵於設里汪附近之地。旭烈兀乘勝進兵，驅敵於打耳班城北，破之，那海敗走。十二月八日旭烈兀追逐逾帖萊（Terek）水，據敵營，宴勞士卒，不意那海還襲，十二月十六日旭烈兀軍大敗，溺死者無算。則此一役初各有勝負，最後波斯軍敗績；波羅記中之言，殆爲波斯人諱飾之詞也。——參看多桑蒙古史第四卷第七章。

第二二三章　脫脫蒙哥取得西韃靼君位事

應知西韃靼君主忙哥帖木兒（Mangou Timour）死後，君權屬一幼王秃剌不花（Tolobouga）；然有脫脫蒙哥（Toudai Mongou）者，一強有力之人也，與別一韃靼國王名那海（Nogai）（註一）者結合共殺秃剌不花。脫脫蒙哥既得那海助，奪據君位；在位不久死。至是君權遂屬脫脫（Toktai）；其人甚賢勇，既得脫脫蒙哥之國，遂執有大權。（註二）會是時秃剌不花之二子，漸長成爲可以執兵之人。

茲二弟兄質言之秃剌不花之二子，頗賢慎，攜帶護衛甚盛，往役脫脫衙。既至，二人跪謁脫脫；脫脫厚遇之，命之起。二人起立後，年較長者致如下之詞曰：

「大王脫脫，茲請一述我輩來謁之故。我輩爲秃剌不花子，而父爲脫脫蒙哥、那海二人所害，王之所知也。脫脫蒙哥已死，我輩無所言；然那海尚在，特來求我輩正主爲我輩正殺父者罪。我輩來謁原因在此。」

此王子語畢，遂默不復言。

（註一）鈞案那海是朮赤曾孫，父名塔塔兒（Tatar），祖名多桑書一作不合勒（Boucal），一作莫豁勒（Mogol）。案蒙古語名中b與m常互用，此人名似應作孛豁勒（Bogol）；畏吾兒字常脫g聲，則應省寫作Bo'ol，元祕史對音作孛斡勒，此言奴也。蒙古人以此爲名者頗不少，見木華黎子名孛魯，即其同名異譯。據此考訂，蒙兀兒史記與新元史著錄之土斡耳並誤。

（註二）波羅所記與波斯埃及史書迥異。一二八〇年忙哥帖木兒死，遺子九人（一作十人），不以位傳之子，而以位傳之弟脫脫蒙哥。一二八七年，忙哥帖木兒子阿魯忽（Alqu）脫忽憐察（Togril-čaq）荅烈圖（Daräitu）子寬徹不花（Qončuq-Buqa）禿剌不花（Tula-Buqa）以脫脫蒙哥癡，廢之，四人共攝國政。那海與禿剌不花有隙，一二九一年誘執禿剌不花以付脫脫，殺之。脫脫廢諸攝政而自立，則殺禿剌不花者乃脫脫而非脫脫蒙哥，波羅殆有誤記。——參看多桑蒙古史第六卷第七章又第七卷後附錄。

第二二四章　脫脫遣使至那海所質問禿剌不花死狀

脫脫聞此童兒言，知爲實情，乃答之云：「好友，汝求我治那海罪，我甚願爲之；我將召之至衙，按理治之。」脫脫於是遣使者二人至那海所，召之來衙，對禿剌不花之子服罪。使者語那海畢，那海揶揄之，答言不願赴衙。使者得復，立行，還主所復命，告以那海決不來衙。脫脫聞言大恚怒，呼曰：「天若助我，必使那海來此對禿剌不花諸子服罪，抑使我率軍往討滅之。」呼聲甚大，左右皆聞。由是立時別遣二使者以下述之詞往告那海。

第二二五章　脫脫遣使至那海所

脫脫二使者奉命立行，騎行久之，至那海衙。入見，以禮謁之，那海厚遇使者。使者中之一人致詞曰：「大王，脫脫有諭，如王不赴衙向禿剌不花之子服罪，彼將盡率其衆進討，而使王之財產及王之身大受損害；請決從違，俾吾曹歸報。」

那海聞使者轉達脫脫之詞畢，大恚怒，答使者曰：「使者請立時還告汝主，謂我不畏戰爭，如彼以兵來，我將不待其入境，而迎之於半道。」語畢，遂默不復言。

使者聞那海言，遂不復留，立行，還其主所。既至，轉達那海言，謂其不畏戰爭，將迎之於半道。

脫脫聞言，見戰爭不可復免，立遣使者四出赴諸轄地，徵集部衆，進討國王那海。彼大籌軍備；那海一方既知脫脫將以重軍來討，亦籌戰備，然不及脫脫之大，緣其部衆及兵力不及脫脫之強，但所部亦甚衆也。

第二二六章　脫脫往討那海

國王脫脫一切戰備既畢，率衆出發；應知其衆逾二十萬騎也。沿途無事可述，已而抵於廣大美麗之賴兒吉（Nerghi）平原；脫脫結營於此以待那海，緣其知那海率其衆來敵也。禿剌不花之二子亦率騎士一隊至此，冀報父仇。

茲置脫脫及其衆不言，請言那海及其部衆。應知那海聞脫脫進兵之訊，立即率衆出發；所部有十五萬騎，皆勇健之士，較優於脫脫所部之戰士也。脫脫抵此平原未及二日，那海率全軍至，距敵十哩結營。結營以後，則見金錦美麗帳幕無數，儼若富強國王之營壘。脫脫營帳富麗亦同，然且過之，蓋其帳幕奇富麗也。

兩王既抵此賴兒吉平原，皆休息以待戰日之至。

第二二七章 脫脫諭衆之詞

國王脫脫大會部衆而致如下之詞曰：「我輩至此與國王那海及其軍隊戰，而理在我方，蓋應知者，怨恨之結，乃因那海不欲向禿剌不花諸子服罪也。彼既無理，則在此戰之中吾人必勝而那海敗亡。是以吾輩應勇戰勝敵，我知汝曹皆勇士，務必滅敵而置之死地。」語畢遂默不復言。

國王那海亦會部衆致如下之詞曰：「兄弟友朋齊聽我言，汝曹皆知吾輩在諸大戰中戰勝敵人，諸敵且強於此敵也。況且理在我方，曲在彼方，汝曹尤應自信此戰必勝，蓋脫脫非我主，不能召我赴衙向他人服罪也。我今求汝曹各盡其職，俾世人皆知吾曹善戰，而使吾曹與吾曹之後裔永爲人所畏慴，此外別無他言也。」國王那海語至此遂不復言。

茲二國王勵衆既畢，翌日卽預備作戰。國王脫脫分其衆爲二十隊，每隊以良將一人統之。國王那海僅分其衆爲十五隊，每隊萬騎，各以良將一人統之。茲二國王部勒既畢，雙方進兵，彼此進至一箭之地，止而不進。越時未久，戰角始鳴。戰角鳴後，雙方發矢，發矢之多，人馬死傷墜地者甚衆；到處皆聞呼叱呻吟之聲。矢盡，兩軍之衆各持劍與骨朵斫敵。由是殺人流血之混戰遂啟，互斷身首手臂。至是則見騎士死傷仆地；呼譟之聲，兵刃交接之聲，其響有如雷霆。死亡之衆，前此諸戰久未見之。然脫脫軍死者較多於那海軍，蓋那海之衆作戰較優也。禿刺不花二子奮勇殺敵，冀復父仇，然皆徒勞，蓋欲致國王那海於死地，其事甚難也。

此戰殘酷，有無數戰士是最健全者，在此戰中多遭殺害；此戰以後，婦女因而寡居者爲數不少。國王脫脫竭力鼓勵其衆保其令名；且以身作則，大逞勇武，馳突於敵中，視死若無事；所過之處，見人則殺。其作戰之勇，友敵並受其害；蓋敵人被其手殺者甚衆，而友人受其鼓勵亦作殊死戰，因而陣亡也。

第二二八章　國王那海之勇武

國王那海作戰之勇，兩軍中人無人能與比者；此戰之譽，盡屬於彼，良非僞言。彼馳突敵陣之中，勇如獅子之搏野獸。往來格殺，使敵人大受損害；每見敵衆羣集之處，輒赴之，擊散敵人，如驅小畜。部衆見其主之勇武，亦效之奮勇殺敵，使敵大受損害。脫脫之衆雖努力保其戰譽，然徒勞而無功，蓋勢不敵也。損傷既重，不能久持，遂敗逃。國王那海及其部衆追逐，殺人無算。

那海獲勝，誠如上述。此一役也，死者至少六萬人，然國王脫脫暨禿剌不花之二子皆得脫走。（註一）

（註一）鈞案波斯埃及史書記錄脫脫那海之戰有二：第一戰在一二九八年，戰於牙黑夕（Yacssi）之地，那海軍有二十萬騎，脫脫戰不勝，敗走董（Don）江；第二戰在兩年後，戰於忽罕里（Cougan lik）之地，那海敗歿於陣中。馬可波羅所言者應指第一戰，然此第一戰在波羅還國之後，殆爲出獄後續有所聞補述之語也。——參看多桑蒙古史第六卷第七章又第七卷附錄。

第二二九章　結言

關於韃靼人回教徒暨其風習，與夫世界其他諸國之事，兹已據所聞見述之如前。惟獨遺黑海沿岸諸州，緣其地時有人往遊；物搦齊亞人吉那哇人皮撒人之航行此海者甚衆，述之似乎累贅，人盡識之，故遺而不述，

至若吾人得以離開大汗宮廷之情形，業已在本書卷首言之，瑪竇尼古剌馬可閣下等因求大汗許可，所經之憂慮困難與夫得還本國之良好機緣，並具此章。吾人若無此良好機緣，殆恐永遠難回本國。我以爲吾人之得還，蓋出天主之意，俾使吾人得以聞見之事傳播於世人也。蓋據本書卷首引言所云，世人不論爲基督教徒或回教徒，韃靼人或偶像教徒，經歷世界之廣，無有逾此物搦齊亞城之名貴市民尼古剌閣下之子馬可閣下者也。恩寵的上帝。阿門。(Deo Gratias. Amen)

跋

凡書未脫稿不應作序本書考訂之困難，刊行之倉卒，致有不少舛誤，茲祇能在跋語中糾正之。

茲請先言「蒙古軍大元帥」之官號，是蓋樞密副使之訛譯，吾人執筆之始，以爲中國某註釋家之考證可恃，因從而著錄此官號於本書標題之中。然考元代載籍諸文，皆無證據可以徵引。則若無確證證明馬可波羅即是元史之樞密副使孛羅，不能主張是說。伯希和曾在一九二七年通報一五六至一六四頁中嚴駁此說之誤，今吾人尚有補充伯希和之說者，一三一一年及一三一二年受封之孛羅，不得爲歿於一三二四年之馬可波羅也。考元史卷二十四仁宗本紀，至大四年（一三一一）：「封樞密使孛羅爲澤國公；」同卷又云，皇慶元年（一三一二）「封孛羅爲永豐郡王；」卷二十九泰定本紀（一三二三）云「同知樞密院事孛羅爲宣徽院使。」（註一）若謂波羅在中國遺有後人皆至大官，而波羅默無一言，未免厚誣波羅矣。

由是觀之，吾人今從伯希和之說，將本書標題中之「大元帥」官號删去。對於此點，吾人自承錯誤，但願以後糾誤之事不常見之。

吾人之研究爲忠實的而非確定的；中有若干問題，如波羅之奉使甘州留居一年，尙未得其解；其他如一二七二至一二七三年間波羅等身親襄陽圍城一役，雖能及時供給一種解說，然爲時已晚，未能使其與引言中著錄之期限適應於波羅兄弟二人歷次旅行之時間；茲請試爲說明於後。

波羅兄弟行抵別兒哥衙之時，（第二章）應位置在一二六一年秋，蓋別兒哥旭烈兀之戰發生於彼等居留汗衙後之一年；又據多桑書此戰發生在一二六二年十一月，（註二）則波羅等決定東行應在是時矣。二人沿孚勒伽河下行，在兀迦克地方渡河，已而經行沙漠十有七日，終抵不花剌。據此種種記載，可以推定其抵不花剌城事在一二六三年初。彼等留居此城三年，然後隨旭烈兀之使臣入朝大汗；（第三章）準是觀之，其從不花剌出發時，疑在一二六六年初。自不花剌赴大汗廷，在途約有一年，入謁忽必烈時或在一二六七年初也。

應注意者，彼等縱然立時西還，在途不及三年，（第八章）與第九章所言一二六九年四月抵阿迦城之說不合。由是觀之，此「三年」應別有所指；吾人以爲其計算蓋始於一二六六年之發自不花剌，止於一二六九年春之抵阿迦城也。

又如第十三章著錄之「三年有半」，非單指歸程，亦合計往來之行程言之。此「三年有半」終於一二七二年夏，波羅等於是時到上都，則尚有謀攻襄陽之時也。由是觀之，波羅兄弟第一次從上都或大都出發時，應在一二六八年秋間，在道六月至八月，遂於一二六九年四月抵阿迦城。

若此解釋不誤，則第十三章之「三年有半」不應與第八章之「三年」合併計算，而應重疊記算：蓋第八章所著錄者，乃一二六六年自不花剌東行至一二六九年抵阿迦之行期；第十三章所著錄者，乃一二六八年自忽必烈汗所西行至一二七二年夏重還汗所之行期。謎之解答殆在斯歟？

由此枝節的考證，勢須承認關於馬可波羅之研究，表示兩種不同之面目：其一關係外表，別言之，本文是也；其一關係內容，別言之，本文之解釋是也。別奈代脫（Benedetto）教授對於前者曾爲一種威權的研究，其“Il Milione”書將必闢一新紀元。吾人頗惜手邊無此本，蓋其不僅鳩集各章中諸本之異文，而且從迄今未見的古鈔本中發現完全簇新的章節也。比較吾人博達者對此極堪注意之鴻編將必有所分析，然吾人必須聲明者，此本與剌木學本多合，此吾人引爲愉快者也。此本雖刊行於十六世紀時，然其所採之鈔本較古於一八二四年巴黎地學會刊布之鈔本。其文較地學會本及其他諸後刊本爲完全，蓋諸後鈔本並非馬可波羅本人校訂之本，僅爲一不幸佚而不傳的原本之節鈔本，經人意爲刪削者也。

問題之別一方面若本文之解釋者，吾人較易措手，至少對於遠東爲然，尤其是行紀中不少漢名之考訂，特別引起吾人之注意，蓋祇有昔日耶穌會士之考訂爲較優也。後人不採其說，輒致舛誤，如第一四四章之南京經劉應（C. Visdelou）（註三）神甫考訂是開封，本來不誤，後人妄改致誤之例是也。不幸行紀中之一切漢名未經耶穌會士完全認識，不免疏誤，故吾人常不取其說。吾人所提出之新考訂，甚願其成爲定說，就中有堅固者，如哈寒府之爲正定，（第一三〇章）中定府之爲大名（第一三三章）等例是已；然有其他考訂如大爪哇爲安南南圻之類，（第一六二章）將來尚須大費筆墨也。

吾人前擬撰之附錄兩篇，一爲成吉思汗系之世系表，顧元史與新元史著錄各異，故删；一爲馬可波羅在中國之政治任務，然元代載籍無證可引，已成定讞，亦删。

吾人讀馬可波羅書所感之愉快，甚願與讀者共之，並隨馬可波羅之後而申言曰：恩寵的上帝阿門。

（註一）鈎案元史孛羅不祇一人，參加阿合馬案件之樞密副使孛羅，即是後使波斯共剌失德丁修史之丞相孛羅，其人留波斯未歸，語見拂菻忠獻王碑，則此一三一一及一三一二年受封之孛羅不得爲同一人也。沙氏又以爲此二年下著錄之澤國公及永豐郡王爲死後贈官，故有「不得爲歿於一三二四年之馬可孛羅」之語，亦誤。案續通鑑（卷一八四）至元十六年（一二七九）文天祥至大都，丞相孛羅等召見於樞密院，此孛羅應是至元十四年（一二七七）拜樞密副使之孛羅，惟在何年授丞相史有闕文；至元二十年（一二八三）奉使至波斯不歸者，應亦指其人。

（註二）鈎案事具多桑書第四卷第七章。

（註三）鈞案劉應法國人，以一六五六年生，一六八七年至中國，一七三七年歿於印度；此處所引者乃其所撰之大韃靼史，一七八〇年出版，刊於東方叢刊附編。

附錄　馬可波羅行紀沙海昂譯註正誤

鈞案本書頭二册出版後，伯希和教授曾在一九二七同一九二八年合刊的通報，一五六至一六九頁中撰有評論。漢譯文見西域南海史地考證譯叢八三至九九頁。茲將此文附錄於全書之後，以供參稽。前譯文中舛誤之處悉爲改正，其譯名與本書不同者亦爲畫一。

二十四年十二月二十日校記

此書（註一）在些困難境況裏面，表示一種很大的努力。我未始不想作些好評，可是首先免不了說：他的成績好像不能適應他所費的辛苦。一個住在北京有志研究的人，而以頗節（Pauthier）刋本爲研究之起點者，雖然加增了剌木學（Ramusio）本的若干專章，我們當然不能期待他在法文方面成爲一種有鑑識的刋本，也不能期待他在西方材料裏面採取一種新異的註釋。可是中國史料在不少章節裏面，可以供給一種豐富而簇新的註解。看沙海昂（Charignon）君此本的標題，好像他想在此方面着手，不過細審此書，頗令人失望。現在姑不問將來出版而研究中國東南部同印度洋的第三册內容如何暫就已出版的頭兩册說，（註二）他對於馬可波羅（Marco Polo）在忽必烈（Khubilai）宮廷所執之任務，我以爲其見解錯誤。一八六五年時，頗節以爲馬可波羅就是一二七七年四月二日見諸任命的樞密副使孛羅，（元史卷九）也就是一二八二年阿合馬（Ahmad）被殺後奉命討亂的樞密副使孛羅。（元史卷二〇五）他以此爲起點，遂將此人的漢文名字官位題在他的刊本封面。（註三）玉耳（玉耳戈爾迭本第一册二一頁及四二二頁）曾經採用頗節的考訂，可是巴克爾（Parker）在一九〇四年曾說一二七七年的孛羅不得爲馬可波羅。我曾引剌失德丁（Rasidu-d-Din）蒙古史的一段，證明中國史書所誌參加阿合馬案件的孛羅，也不是馬可波羅。巴克爾同我的考證業由戈爾迭轉載於他在一九二〇年刊布的馬可波羅行紀補考（Ser Marco Polo, Notes and Addenda）五頁至八頁之中。

雖然如此，沙海昂君仍舊援用頗節所採用的對稱，並且根據張星烺君的一篇研究，加了不少。張君的研究在一雜誌裏面，而此雜誌在巴黎未能覓得一本；可是案照沙海昂君所引的那些條看起來，好像此君沒有使人信任的價值。現在置此不言，姑就沙海昂君本人的立論來說取其緒說（三至四頁）的一段審之可以見其一斑。

據說：「比方世人讀剌失德丁的序文一段，說他修史之時，很得一箇名 Polo 的輔助，此人來自中國（Cathay），曾作大元帥(généralissime)同丞相。世人對於這段記載很迷離不明。……案馬可波羅居留西方之時，曾留住波斯宮廷，必曾見過剌失德丁。祇取其所記東方韃靼歷史諸篇看起來，其細節同剌失德丁所記很符，他二人必曾相見無疑；由年代的比較，似又可參證 Polo 曾爲剌失德丁合撰人之說。……總之，剌失德丁所誌此 Polo 丞相之大元帥的官號，尤足使人想到他是元史樞密副使的對稱；元朝祇有皇太子能作樞密使。若是再考此人參與阿合馬案件的情形，同馬可波羅自承參與此事的記載，頗節所考馬可波羅即是元史樞密副使孛羅之說，尤可證明其爲事實。」

「又若馬可波羅所記忽必烈討伐蒙古諸叛王的事蹟，同諸叛王之互相爭戰，表示他完全知悉他們的爭端，他們的兵額。要是說他在軍職中未佔一種重要位置，而能得到這些消息，未免甚奇。若是說他在預備遠征日本一役裏面未曾畫策，日本人決不能將他視作忽必烈征伐日本計畫的主謀。現在祇說事實，當馬可波羅被任爲揚州總管（gouverneur général）繼續在職三年之時，就在忽必烈遠征日本失敗預備報復之際。……馬可波羅在建設近代地理一方面已經是他的母國（Venise）自豪的人，並是西方的光榮，將來恐漸爲中國所爭奪。……等待數百年後，他的名字殆將與 Homére, Hérodote, 孔子諸大有恩於人類之人並垂不朽。」

沙海昂君後在第二册（六七至七〇頁）裏面重提一二七七年同一二八二年的孛羅就是馬可波羅之考訂，可是他忘記了從前在緒說裏面所持相反之說，而主張剌失德丁的 Polo 丞相，不是馬可波羅。

上面這一段話裏面的一些理論無一可取。關於告訴剌失德丁蒙古史事的人者，其事完全明瞭。沙海昂必是從洪鈞（一八三九至一八九三）節譯文中，才知道剌失德丁的蒙古史；甚至多桑（d'Ohsson）的譯文也是從中國譯文中認識的。所以他以爲剌失德丁所記幫他撰蒙古史的人名叫 Polo 丞相，其實剌失德丁的原文是 Chingsang Pulad。前一字固是丞相二字的對音，後一字是波斯文的寫法，他的意義就是「鋼」，蒙古文的寫法作 Bolod。愛薛（'Isa, Jesus）本傳（註四）所言一二八五年出使波斯不回中國的丞相孛羅，必是剌失德丁的 Pulad (Bolod) 無疑。這箇 Bolod 是一箇純粹蒙古人，是一箇朵魯班 (Dörbän)，就是現在的杜爾伯特 (Dörbet 或 Dorbot) 部落的人。（註五）如此看來，此人與馬可波羅毫無關係；由是沙海昂君以爲所謂 Polo 的大元帥官號，而經他列入標題之內者，不成問題。（註六）

關於一二七七年四月二日任爲樞密副使的孛羅，證以巴克爾所引諸文，可見他就是一二七〇年同一二七五年春天見諸任命的同一人。這箇一二七〇年，就可以證明其非馬可波羅。

賸下來的，就是參加阿合馬案件的樞密副使孛羅。諸鈔本中說阿合馬被殺時，馬可波羅適在大都者，祇有剌木學死後在一五五九年刋布的那部鈔本，可是此語不能證明他參加此案。巴克爾在一九〇四年曾說，雖然沒有絕對反證一二八二年的樞密副使孛羅同馬可波羅同爲一人的證據，惟看官號之相同，可以假定這箇孛羅，就是一二七七年的孛羅，而這箇一二七七年的孛羅，決不是馬可波羅。我交給戈爾迭那段考證而經他在一九二〇年載入他的「補考」之內者，我曾爲更進一部的說明。因爲根據剌失德丁的記載，（布洛賽 Blochet 刋本第二册五一八頁）忽必烈派往大都平亂的二人中之一人名稱 Pulad aqa，別言之，此人所執之任務，同元史中樞密副使孛羅所執的任務一樣。我從前曾說這箇 Pulad aqa 就是 Pulad (Bolod) 丞相；如此看來，這箇以蒙古事告訴剌失德丁的 Bolod，就是頗節誤考訂爲馬可波羅之一二八二年的孛羅。

沙海昂君看見過戈爾迭補考中我的考證，以爲就算剌失德丁說 Polo 丞相參加過阿合馬案件，也要將一二八五年到波斯的 Pulad (Bolod) 同中國史文中一二八二年的孛羅判爲兩人。這種判別我實在難解，若是他以爲剌失德丁所著錄參加阿合馬案件的 Pulad aqa，不是元史中執有同一任務的樞密副使孛羅，而此孛羅即是馬可波羅，我以爲這種判別太不近眞。其惟一可能提出的問題，就是要知道這箇一二八二年的 Pulad aqa，是否就是我在一九二〇年承認之一二八五年來到波斯的 Pulad 丞相。我們要曉得這箇一二八二年的 Pulad aqa，同元史中一二八二年的孛羅顯是一人；縱將 Pulad aqa 同 Pulad 丞相分爲兩人，也不能說他是馬可波羅。因爲一二八二年的孛羅，應是一二七〇年一二七五年一二七七年等年的孛羅，（註七）而此人不得是馬可波羅。

現在我們應該將一二八二年的 Pulad aqa，同一二八五年的 Pulad 丞相分爲兩人，或是將他們視爲一人呢？在此處我承認可以提出問題；因爲我在一九二〇年考證中，並未說明考訂此二人即爲一人的理由。沙海昂君曾注意到此一二八二年的孛羅（就是我確認爲剌失德丁的 Pulad aqa）是一樞密院官，但據布洛賽君之說，（緒說二三〇頁）一二八五年到波斯的 Pulad，是一中書省官。案元朝的官制，中央兩箇最高機關，一箇是掌政事的中書省，一箇是掌兵事的樞密院，在各地則有行中書省同行樞密院。可是在中國歷史中，不僅在有元一代爲然，官吏時常兼任幾種職務，其言一二八五年來到波斯的 Pulad 是中書省官者，祇有布洛賽君一人，剌失德丁祇説他是丞相。這箇丞相官號，就嚴格説，固然可以説是中書省同行省的左右丞相，可是在波斯撰述裏面用的中國官號恐怕無此嚴格。這箇一二八二年的Pulad aga同一二八五年的Pulad丞相兩種寫法，在剌失德丁書中兩號並用，固有其可能。可是還有點難題，aga與其説是一種官號，不如説是一種榮銜；然而最重要的，程鉅夫（一二四九至一三一八）所撰愛薛（歿於一三〇八年）神道碑（註八）所著錄一二八五年孛羅的官號，就是丞相。還有一證，固然不是一種絕對同時的文件，可是元史卷十二曾説當時有一孛羅丞相之存在。據説一二八二年四月六日，「安州張拗驢以詐敕及僞爲丞相孛羅署印伏誅。」案阿合馬之被殺事在一二八二年四月十日，奉命平亂的孛羅是樞密副使，好像這箇四月六日的孛羅丞相，同四月十日的孛羅樞密副使不能同爲一人。在此處解説這件問題，也不能説不可能；在現在河北保定詐爲敕印的人，可以僞造一箇行省丞相孛羅的署印，這箇行省丞相孛羅，同中央樞密副使孛羅，可以説毫無關係。（註九）又一方面，一二八二年的樞密副使孛羅，可以在一二八二年至一二八五年奉使之時被命爲丞相。（疑是中

央中書省的丞相。）（註一〇）

但是無論如何，一二八二年的 Pulad aqa，同一二八五年的 Pulad 丞相，確爲一人。可以刺失德丁所撰的朵魯班部落傳之文證之。（見 Trudy Vost. Otd. R. I. Arkh. Obšč., V, 194; VII, 194; Berezin 的譯文朵魯班部落的 Pulad aqa，並見 XV, 133 著錄。）其文云：朵魯班「那些有令名而受人尊敬的別乞 (beg) 之中，有 Pulad aqa，他是忽必烈的丞相同獻酒的人 (baurči)，奉使來到此國。」依此看來，這箇參加阿合馬案件的 Pulad aqa，就是一二八五年奉使到波斯的 Pulad 丞相；無論如何，不能說是馬可波羅。

沙海昂君所言馬可波羅在揚州所執之任務，也不確實。首先應該屏除的就是日本尚記得有馬可波羅一說；因爲日本人在十九世紀末年翻譯歐洲書以前，從未知有此人。此外好像馬可波羅從未做過揚州總管，沙海昂君還未註到馬可波羅居留揚州的那一章，我現在不知道他將來是否仍舊維持他在緒說中所持之說，暫時我先談談這個揚州問題。

地理學會所刊布的法文本（一六〇頁）說到這個「高貴的揚州城」曾云：「揚州壯大所屬商業大城有二十七所，大汗十二諸侯之一人駐在此城中因爲他是十二治所之一治所。……撰此書的馬可波羅君本人領有此城三年。」上引之文第二句，祇有頗節三鈔本中之丙本獨有相對的全文，其文云：「大汗十二諸侯之一人駐在此城，因爲他已升爲十二治所之一。」甲本同乙本皆無「在此城中因爲他已升爲十二治所之一」（註一一）等語。至若最後一句，頗節甲乙兩本作「馬可波羅在此城中有領土三年。」然而丙本則作「本書所言的馬可波羅君，奉大汗之命，居留此揚州城三整年。」這本丙本，玉耳（第二册一五七頁）曾注意到其文鈔寫較善，可是「居留」一字祇見此本，（Berne 鈔本也有，其實是鈔自丙本的。）至若其他法文鈔本，拉丁文鈔本同剌木學的鈔本，皆作「領土」或「有領土。」如此看來，我並不說馬可波羅居留揚州三年無其可能，可是在未詳細調查以前，對於「有領土」三年的話，似乎要推究一下。

這個領土究竟何所指呢？頗節曾將元史地理志（卷五九）揚州路條翻譯，以爲可以證明揚州在一二七六年同一二七七年初，曾爲一個行中書省的所在；（註一二）而馬可波羅做總管的時代應位之於此時。但是馬可波羅說他的「領土」延續三年，頗節乃又說揚州新設的官府，在後幾年中仍舊保持他的重要。沙海昂君一遵頗節之文，無所鑑別；可是玉耳（第二册一五七頁）早經注意到頗節的推想並不堅固。而且頗節在後面又將揚州行省移置杭州之年，位置在一二八四年；玉耳以爲在一二七五年中到中國的馬可波羅，在一二七六至一二七七年時，最多不過有二十三歲，不信他在此時能爲一省的長官；就是做一路一府的長官，恐怕亦無其事。又一方面，馬可波羅之文說揚州爲諸省治所之一，玉耳乃假定馬可波羅曾在揚州城爲官，可不是總管，而其時代則在他尚在大都的一二八二年，同好像初次派往印度的一二八七至一二八八年之間。

這個一二八二年的年代，是根據參加阿合馬案件的樞密副使孛羅即是馬可波羅，一種錯誤考訂而來的，可以不必注意。至若揚州行省建置的沿革，因有頗節的矛盾說明，遂使此問題不複雜而複雜。案揚州初建行省之年，是在一二七六年併宋以前；其後數年，又設置了若干其他官府，然與行省並置。到了一二八四年，行省移杭州，可是在一二八五年，揚州仍爲行省。元史地理志有一段，好像說在一二八五年後，又以揚州改隸河南江北等處行中書省；此省治所就是從前的汴梁，現在的開封。但考元史地理志（卷五九）汴梁路條，好像河南江北行省建置之時似在一二九一年。如此看來，揚州之爲行省治所似在一二七六至一二九一年之間，則位置馬可波羅居留揚州的時間更長。同時剌失德丁能將揚州列在蒙古帝國十二省中之理，也可解了。

至若馬可波羅在一二七六至一二九一年間在揚州任職三年的話，祇有馬可波羅本人之語可憑。可是說他做過總管，我同玉耳一樣懷疑。案照馬可波羅之文推想固然如此，而剌木學的本子尤爲確定；可是中國史書同揚州方志皆無著錄，未免甚奇。或者他曾做過省路達魯花赤（darughačï）的副貳，容或有之，但是現在不能作何推定。就將史書方志碑文所著錄的官吏詳細審查，恐怕也不能有所取捨。沙海昂君所採材料雖多，可少鑑別；無論關於在中國的馬可波羅，或在別處的馬可波羅，情形皆是一樣，茲僅舉數例，以見一般。

第一册三十頁，沙海昂君說馬可波羅曾於一二九六年在 Layas 灣（質言之 Alexandrette 灣，昔屬小亞美尼亞 Arménie），海戰中爲 Génes 國人所擒，是一種勿庸討論的事實。可是此戰在一二九四年五月，質言之，在馬可波羅回到 Venise 的前一年，其爲 Génes 人所擒，或者是一二九八年 Curzola 海戰的結果。

第二册十三頁，我從來未說我在教廷見過 Nicolas & Matteo 攜回忽必烈致教皇的國書。

第二册三一頁，沙海昂君根據新元史翻譯愛薛傳，此人是一二二七至一三〇八年間人；這個敍利亞基督教徒父祖名稱 (Paoli & Polonias) 之還原，純粹出於臆想。沙海昂君說愛薛與阿答同列，譯文大誤，原文實在說列邊阿答（Rabban-ata 關於此人者，參考一九二四年基督東方雜誌中我的「蒙古人同教皇」一文，尤應注意的此文單行本五三頁。）薦愛薛於定宗，（貴由 Güyük）後三行的在潛邸，又後三行的教坊，譯文皆誤。

我的評論止於此處，不幸可以指摘的地方還有很多。可是我不願讀者有所誤會，沙海昂君在中國載籍中所採材料極爲豐富，足供不能直接檢閱東方文字的讀者之參考者很多。沙海昂君之錯誤，則在信任近代的中國編輯家太過，這些人不盡是飽學之人，而其所認識的蒙古波斯阿剌壁阿美尼亞歐洲的材料，是些節譯本，而其譯文常不忠實。我時常說我們對於中國的考證家應該表示欽佩，可是僅限其所考證者是中國一方面的材料；蒙古時代的歷史，必須加以許多訓練，這是中國考據家極感不便的一種考證，乃又加以沙海昂君本人的不少錯誤，甚盼利用此書的人必須愼重將事。

現閱一九二六年刊 Archivio Veneto-Tridentino 第十七同第十八號合刊，（一至六八頁）G. Orlandini 君所撰馬可波羅及其家族（Marco Polo e la sua famiglia）一文所引迄今爲人所未見的文證甚富。此外聽說 F. Benedetto 教授行將刊布一種馬可波羅行紀新本，聞其所根據的鈔本，不特有些寶貴的寫法，而且添了若干完全簇新的章節，這件消息頗爲重要，應該等待將來之證實。

(註一)鈞案此本馬可波羅書 (Le livre de Marco Polo) 標題很長,在北平那世寶 (Nachbaur) 書店出版,伯希和當時僅見頭二册,評文僅以第一二九章爲限。

(註二)第二册止於玉耳戈爾迭 (Yule-Cordier) 刊本第二册一三一頁,至若爭持未決的襄陽圍城問題,同記述杭州的註釋,沙海昂君皆在第三册裏面研究。

(註三)頗節寫作博羅,可是元史皆作孛羅。乾隆改作博囉。

(註四)鈞案程鉅夫雪樓集卷五拂林忠獻王神道碑,所言比較元史卷一三四愛薛傳爲詳。

(註五)我在一九一四年通報六四〇頁業已略言此事。

(註六)且此大元帥官號並未爲此波斯史家所著錄,沙海昂君必係取材於現代中國譯文。此外還有若干誤會,比方他在第二册六九頁說,Haitum 曾云:「孛羅丞相未詳爲何許人,」其實此人記載中無此語,此類誤會不是出於中國譯者,必是出於沙海昂君本人。

(註七)尚應附帶言及者,孛羅鞫審阿合馬的案件不止一次,一二七九年時,有人言阿合馬不法,忽必烈曾命相威及知樞密院孛羅共鞫之,既引伏,有旨釋免。(元史卷一二八)又考輟耕錄卷二,一二七四年後(或者就是一二七九年)有人條奏阿合馬罪二十有四。

(註八)鈞案即是拂林忠獻王神道碑，其文見雪樓集卷五。

(註九)此外還有幾箇孛羅丞相，比方元史卷一二五中一二六〇年下的孛羅丞相，必是元史卷一五三中一二六三年下的孛羅丞相。還有一箇 Pulad 丞相，在一三一四年奉使到波斯，後在歸途與他同行的人皆被殺害。（見布洛賽本緒說二三四至二三五頁，可是在索引裏面誤以奉使事在忽必烈時，其實在鐵木耳完澤篤 Tämür-Öljäitü 時。）這個一二六〇至一二六三年間的孛羅丞相，同一二八二至一二八五年間的一箇或兩箇孛羅丞相，以及一三一四年的孛羅丞相，皆不見於元史宰相表。（祇見有一箇一三三〇至一三四〇年間的孛羅丞相。）如此看來，或者是元史宰相表所著錄者不全，或者我們認識的孛羅丞相是行中書省的丞相。復次這箇一二八五年的孛羅丞相，同元史卷一二三所言的不羅那顏（Bolod Noyan），恐有同爲一人之可能。（並參考 Bretschneider, Mediaeval Researches, II, 89）

(註一〇)這件任命可以位置在一二八二年春至一二八三年夏之間，因爲孛羅同愛薛行抵波斯之時，雖在一二八五年或一二八四年終，他們奉使之時則在一二八三年陰歷四月，（陽歷四月二十九至五月二十八日，）奉命後應該不久出發，過此時間的任命，恐無其事。沙海昂君（第二册三十頁）根據新元史卷一九九位置奉使之年在一二七一年，（至元八年，）可是新元史愛薛傳所本的是愛薛神道碑，碑文明言癸未夏四月，質言之一二八三年夏四月，最近撰新元史的人，誤以癸未作辛未，所以有至元八年之誤。元史卷一三四明說其事在至元十三年（一二七六）以後。新元史這部書所載之事，比舊元史多，可是他所採的西方材料，已變原文之意，就是所採的中國材料，也時常不免疏誤。

（註一一）此本中之升（Eslevée），顯是地理學會本選字（esleue）之誤。

（註一二）剌失德丁祇說十二省（šing），世人假定馬可波羅所言的治所，指的是省，也不能說無理由。有一省名經人還原作 Sukchu（Yule-Cordier, Cathay, III, 126）或 Sukcu（布洛賽蒙古史二冊四八八至四八九頁）者，以應改作揚州（Yangju）。案照剌失德丁列舉的次序，同此省在契丹（中國北部）南境的事實，（因為杭州是中國南部的第一省）可以作此假定。

譯名對照表

A

阿比西尼亞：Abyssinie，今譯“埃塞俄比亞”。（P742，第3卷第184章）

阿卜思哈：Apousca，在《永樂大典》中爲“阿必失哈”。（P37，第1卷第17章）

阿丹：Aden，今譯“亞丁”，在阿拉伯半島南部。（P682，第3卷第169章）

阿聃：Adam，今譯“亞當”。（P30，第1卷第12章）

阿迦：Saint Jean d'Acre，今譯“阿克”，即以色列海法市北阿克城。（P22，第1卷第8章）

阿拉壁：Arabe，即阿拉伯。（P4，第1卷第1章）

阿剌剌惕：Ararat，今譯“阿拉拉特山”，屬土耳其。（P53，第1卷第21章）

阿勒波：Alep，今譯“阿勒頗”，屬叙利亞。（P30，第1卷第12章）

阿勒台：Altai，今譯“阿爾泰山”。（P237，第1卷第68章）

阿歷山岱特：Alexandrette，即“亞歷山大勒塔”，是地中海東部的一個海灣。（P49，第1卷第19章）

阿利安族：Aryen，今譯“雅利安族”。（P156，第1卷第53章）

阿利斯多德：Aristote，今譯“亞里士多德”，古希臘哲學家。（P741，

第3卷第184章)
阿那脱里亞:Anatolie,今譯"安納托利亞"。(P50,第1卷第20章)
阿普里:Apuliens,今譯"阿普利亞",屬意大利。(P612,第2卷第156章)
阿三:Assam,今譯"阿薩姆",屬印度。(P137,第1卷第48章)
阿思特剌巴的:Astrabad,今譯"阿斯特拉巴德",在伊朗北部。(P112,第1卷第39章)
阿匝兒拜章:Azerbaidjan,今譯"阿塞拜疆"。(P824,第4卷第217章)
阿哲爾拜章:Azerbeidjan,今譯"阿塞拜疆"。(P76,第1卷第29章)
阿卓夫海:Azof,今譯"亞速海"。(P5,第1卷第1章)
安都:Antioche,今譯"安提俄克",屬土耳其。(P30,第1卷第12章)
案篤蠻:Andaman,今譯"安達曼"。(P667,第3卷第166章)
按台山:Altai,今譯"阿爾泰山"。(P780,第4卷第194章)

B

巴兒忽真:Bargouzine,今譯"巴爾古津"。(P219,第1卷第63章)
巴夫惕:Baft,今譯"巴夫特",屬伊朗。(P87,第1卷第33章)
巴勒司丁:Palestine,今譯"巴勒斯坦"。(P49,第1卷第19章)
巴里黑:Balk,今譯"巴爾赫",在阿富汗北境馬扎里沙里夫以西。(P13,第1卷第3章)
巴顏哈剌山:Bayan-khara,今譯"巴顏喀拉山"。(P206,第1卷第60章)
拔汗那:Ferghana,今譯"費爾干納",屬吉爾吉斯斯坦。(P90,第1卷第34章)
把兒騷馬:Bar Cauma,今譯"列班·掃馬"。(P308,第2卷第79重章)

白冷海:Behring,今譯“白令海”。(P375,第2卷第92章)

班加剌:Bangala,古代“登籠國”,即白古,在伊洛瓦底江下游。(P495,第2卷第124章)

般札河:Panja,今譯“噴赤”河,爲阿姆河上游。(P142,第1卷第49章)

榜葛剌灣:Bengale,即今“孟加拉灣”。(P691,第3卷第169章)

報達:Bagdad,今譯“巴格達”,伊拉克首都。(P8,第1卷第2章)

卑路支斯單:Beloutchistan,今譯“俾路支斯坦”,屬伊朗。(P91,第1卷第34章)

彼得格剌德:Petrograde,今譯“彼得堡”。(P56,第1卷第22章)

弼斯羅:Bassora,今譯“巴士拉”。(P64,第1卷第24章)

別奈代脱:Benedetto,張星烺譯爲“拜内戴脱”,也有譯爲“貝内戴脱”,意大利佛羅倫薩大學中世紀法蘭西文學教授(1886—1966)。(P2,序)

博克達山:Bogda-ola,今譯“博格達山”,爲天山雪峰。(P200,第1卷第59章)

卜蘭迦兒賓:Jean du plan Carpin,今譯“柏朗嘉賓”,意大利天文教方濟各會教士,著有《柏朗嘉賓蒙古行紀》(P20,第1卷第7章)

不花剌:Boukhara,今譯“布哈拉”,屬烏兹別克斯坦。(P12,第1卷第3章)

不里阿耳:Bulgarie,今譯“保加利亞”。(P168,第1卷第54章)

不里牙惕人:Bouriates,今譯“布里亞特人”。(P245,第1卷第68章)

C

翠藍山:Nicobar,今譯“尼科巴”,尼科巴群島在印度洋。(P667,第3卷第166章)

D

達曷水:Tigrc,即“底格里斯河”。(P10,第1卷第2章)
達勒馬惕:Dalmatie,今譯“達爾馬提亞”,屬南斯拉夫。(P43,第1卷第18章)
達里泊:Talnor,今譯“塔爾湖”。(P242,第1卷第68章)
達失干:Tachkent,今譯“塔什干”,屬哈薩克斯坦。(P112,第1卷第39章)
答兒哇思:Darvaz,今譯“達爾瓦茲”,屬塔吉克斯坦。(P142,第1卷第49章)
打耳班:Darband,今譯“達爾班德”,屬伊朗。(P807,第4卷第208章)
打耳班:Derbent,今譯“杰爾賓特”,也譯作“達爾班特”,在裏海西、高加索山南。(P53,第1卷第21章)
大阿美尼亞:Grande Arménine,今譯“大亞美尼亞”。(P1,第1卷引言)
大金沙江:Irraouaddi,今譯“伊洛瓦底江”。(P450,第2卷第115章)
大馬司城:Damas,今譯“大馬士革”。(P38,第1卷第17章)
歹夷語:Thai,即泰語。(P495,第2卷第124章)
擔寒:Damgham,今譯“達姆甘”,在伊朗北部。(P112,第1卷第39章)
迪博:Thibaud de Cepoy,今譯“蒂博”,全名“蒂博·德·瑟波瓦”。(P13,序)
底里:Delhi,今譯“德里”。(P98,第1卷第35章)
東突厥斯單:Turkestan,今譯“東突厥斯坦”。(P7,叙言)
董:Don,今譯“頓河”。(P240,第1卷第68章)

E

額兒比勒:Irbil,今譯“埃爾比勒”,屬伊拉克。(P63,第1卷第23章)
額兒哲魯木:Erzeroum,今譯“埃爾祖魯姆”。(P53,第1卷第21章)
額弗剌特河:Euphrate,今譯“幼發拉底河”。(P30,第1卷第12章)
額勒不兒思山:Elbourz,今譯“厄爾布爾士山脈”。(P119,第1卷第42章)
額梯斡皮:Ethiopie,今譯“埃塞俄比亞”。(P752,第3卷第186章)

F

法兒思:Fars,今譯“法爾斯”。(P792,第4卷第199章)
法兒思斯單:Farsistan,今譯“法爾斯省”、“法爾斯斯坦”。(P85,第1卷第32章)
菲力帛:Philippe le Bel,即著名的美男子、法蘭西國王腓力四世(1285—1314)。(P19,第1卷第7章)
費咱巴的:Faizabad,今譯“法扎巴德”。(P129,第1卷第46章)
弗朗:Franc,今譯“法郎”。(P355,第2卷第86章)
弗羅郎司:Florentins,今譯“佛羅倫薩”。(P612,第2卷第156章)
孚勒伽:Volga,今譯“伏爾加河”。(P3,第1卷第1章)
福魯模思平原:Formose,今譯“霍爾木茲平原”。(P100,第1卷第36章)
富浪:Franc,指東羅馬帝國所轄的西歐地區,并非特指法蘭西。(P3,第1卷第1章)

G

噶順淖爾:Gochiounnor,今譯“嘎順諾爾”。(P213,第1卷第62章)

甘拜(坎拜):Cambay,又譯作“坎貝夷”,今印度坎貝。(P705,第3卷第172章)

戈爾迭:Henri Cordier,即法國漢學家考狄(1849—1925),著有《西洋人論中國書目》及其補編(1878—1924)、《鄂多克游記》(1891)等。(P1,序)

戈莫陵岬:Comorin,今譯“科摩林角”。(P685,第3卷第169章)

格肋孟多四世:Clément Ⅳ,今譯“克萊芒四世”,法蘭西籍教皇,1265—1268年在位。(P16,第1卷第5章)

格烈果兒十世:Grégoire X,今譯“格里高利十世”,意大利籍教皇,1271—1276年在位。(P24,第1卷第9章)

古里:Calechut,今譯“卡利卡特”。(P661,第3卷第165章)

谷兒只:Géorgie,今譯“格魯吉亞”。(P52,第1卷第21章)

H

哈不勒河:Kaboul,今譯“喀布爾河”。(P98,第1卷第35章)

哈寒府:Cacanfu,即古代河間府,今河北河間縣。(P509,第2卷第129章)

哈剌和屯:Khara-khoto,今譯“哈拉浩特”,意爲“黑城”,在内蒙古額濟納旗。(P214,第1卷第62章)

哈里補兒:Haripur,今譯“哈里普爾”,即巴基斯坦的哈里普爾城。(P98,第1卷第35章)

哈散撒巴:Hassan Sabbah,今譯“哈桑撒巴赫”。(P115,第1卷第40章)

荷馬兒:Homcre,即古希臘著名詩人荷馬。(P11,敘言)

赫羅多忒:Herodote,即古希臘著名歷史學家希羅多德。(P11,敘言)

弘吉剌:Ungrat,也譯“瓮吉剌”、“弘吉烈”,蒙古部落名。(P315,第

2卷第81章）

呼羅珊：Khorassan，又作“忽兒珊”，今譯“霍臘散”，屬伊朗。（P42，第1卷第18章）

忽炭：khotan，又作“斡端”，即古之“于闐”，今新疆和田。（P139，第1卷第48章）

忽希斯單：Kouhistan，今譯“忽錫斯坦”。（P111，第1卷第39章）

胡茶辣：Guzerate，今譯“古吉拉特”，屬印度。（P79，第1卷第30章）

華氏城：Patna，今譯“巴特那”，在印度北部。（P138，第1卷第48章）

昏都思：Koundouz，今譯“昆都士”，屬土耳其。（P126，第1卷第45章）

火里牙惕：Horiad，蒙古部落名，多譯作“斡亦剌惕”，明代作“瓦剌”，清代作“衛拉特”。（P278，第1卷第74章）

J

吉那哇：Génes（Genois），即熱那亞。（P612，第2卷第156章）

吉慈尼朝：Ghazni，又譯作“伽色尼王朝”、“哥疾寧王朝”、“加茲尼王朝”，10世紀後期統治阿富汗東南部的封建王朝。（P731，第3卷第181章）

加補爾（迦補爾）：Kaboul，今譯“喀布爾”。（P136，第1卷第48章）

加里思：Galice，今譯“加利斯”。（P674，第3卷第168章）

迦非兒斯單：Kafiristan，今譯“卡菲里斯坦”，屬阿富汗。（P133，第1卷第47章）

迦勒都：Chaldee，今譯“迦勒底”，歷史地名，在今土耳其境內。（P241，第1卷第68章）

迦馬河：Kama，今俄羅斯卡馬河。（P9，第1卷第2章）

迦思梯勒：Castillans，今譯“卡斯蒂利亞”。（P614，第2卷第156章）

“迦塔朗”地圖：Gatalane，今譯“卡塔蘭”地圖。（P60，第1卷第22章）

迦贊:Kazan,今譯“喀山”。(P8,第1卷第2章)
建達哈兒:Kandahar,今譯“坎大哈”,阿富汗南部城市。(P136,第1卷第48章)
江洪:Xien-hong,即今老撾“香洪”。(P501,第2卷第126章)
錦蘭島:Ceylan,多譯作“錫蘭”,今斯里蘭卡。(P493,第2卷第123章)
景邁:Xieng-mai,即今老撾“香邁”。(P500,第2卷第126章)
景線:Xien-sien,即今老撾“香紹”。(P501,第2卷第126章)
拘尸那:Kucinagara,又譯作“拘尸那揭羅國”、“拘尸那伽羅”、“俱尸那”、“拘夷那竭”等。(P678,第3卷第168章)

K

喀爾木人:Kalmaks,今譯作“卡爾梅克人”,爲西蒙古人的一支。(P155,第1卷第53章)
凱撒里亞:Césarée,今譯“開塞利”,屬土耳其。(P50,第1卷第20章)
柯傷:Kachan,今譯“卡善”,在伊朗伊斯法罕北。(P91,第1卷第34章)
柯枝:Cochin,今譯“科欽”或“柯欽”,在印度南部西海岸。(P722,第3卷第177章)
可疾雲:Casvin,今譯“加兹温”,在伊朗德黑蘭西加兹温城。(P83,第1卷第32章)
可失何兒(可失合兒):Kachgarie(Kachgar),今譯“喀什”。(P138,第1卷第48章)
客失迷兒:Kachmir,今譯“克什米爾”。(P98,第1卷第35章)
客失木兒:Quesimour,今譯“克什米爾”。(P279,第1卷第74章)
孔士坦丁堡:Constantinople,今譯“君士坦丁堡”。(P13,序)

庫庫和屯:Koukou-hoton,今譯“呼和浩特”。(P267,第1卷第73章)
庫魯克塔克山:Kurugh-tagh,今譯“庫魯克塔格山”。(P180,第1卷第56章)
寬車河:Kontchedaria,即今新疆“孔雀河”。(P180,第1卷第56章)

L

剌火兒:Lahore,今譯“拉合爾”,屬巴基斯坦。(P98,第1卷第35章)
剌麻教:Lama,今譯“喇嘛教”。(P133,第1卷第47章)
剌木學:Giovanni Battista Ramusio,今譯“外尼·巴蒂斯塔·拉木學”,1485—1557,意大利地理學家。(P1,序)
剌撒:Lhassa,今譯“拉薩”。(P138,第1卷第48章)
烈繆薩:Abel Rémusat,即法國著名漢學家雷慕沙(1788—1832),著有《中華帝國通用的共同語法基礎知識》、《法顯傳(佛國記)》。(P3,序)
龍川江(麓川江):Shweli,即今“瑞麗江”,屬緬甸。(P484,第2卷第122章)
魯惕:Lout,今譯“盧特”,位于伊朗東部。(P107,第1卷第37章)

M

馬兒古思牙巴剌哈:Marcos Jabalaha,今譯“馬忽思”,爲元代基督教聶思脱里派教士。(P308,第2卷第79重章)
馬合某:Mahmoud,今譯“穆罕默德”。(P288,第2卷第75章)
馬拉瑜:Malayu,又譯作“摩羅游”,印度尼西亞古地名。(P653,第3卷第164章)
馬剌八兒:Malabar,又作“没來”、“麻離拔”,今譯“馬拉巴爾”,位于印度半島西南。(P308,第2卷第79重章)

馬林馮:Palembang,今譯“巴鄰旁”,又名“巨港”,屬印度尼西亞。(P665,第3卷第165章)

馬尼剌:Manille,今譯“馬尼拉”。(P653,第3卷第164章)

瑪竇:Matteo,也譯作“馬菲奧”。(P3,第1卷第1章)

瑪木魯克:Mameluks,今譯“馬木魯克”。(P30,第1卷第12章)

麥失赫的:Mechhed,今譯“馬什哈德”,屬伊朗。(P167,第1卷第54章)

麥失黑的:Mechhed,今譯“梅切德”,屬伊朗,疑即“馬什哈德”。(P121,第1卷第43章)

蠻允:Manwaing,今譯“曼温”,屬緬甸。(P485,第2卷第122章)

滿剌加:Malacca,今譯“馬六甲”。(P637,第3卷第160章)

毛夕里:Mossoul,今譯“摩蘇爾”,在伊拉克北部地區。(P52,第1卷第21章)

美索波塔米亞:Mésopotamie,今譯“美索不達米亞”。(P10,第1卷第1章)

孟帖戈爾文:Jean de Montcorvin,今譯“蒙特·科維諾”(1247—1328),意大利人,基督教聖方濟各會會士,曾被羅馬教廷派駐元大都從事傳教活動。(P270,第1卷第73章)

密遠:Miran,今譯“米蘭”,在新疆若羌縣東北。(P183,第1卷第56章)

摩呵末:Mahomet,今譯“穆罕默德”。(P4,第1卷第1章)

墨克蘭:Mekran,今譯“馬克蘭”,屬巴基斯坦。(P96,第1卷第35章)

默伽:今譯“麥加”,伊斯蘭教聖城。(P74,第1卷第28章)

木豁勒:Mugul,即“蒙古”。(P266,第1卷第73章)

N

乃滿:Naiman,元代譯“乃蠻”,又作“乃馬”。(P257,第1卷第70章)
你沙不兒:Nichapour,又作“乃沙不耳”或“内沙布爾”,今多譯作“尼沙普爾”,在伊朗東北。(P90,第1卷第34章)
涅隆:Néron,今譯“尼禄”。(P30,第1卷第12章)
奴比亞:Nubie,今譯“努比亞”。(P755,第3卷第187章)

P

皮撒:Pise,今譯“比薩”。(P2,第1卷引言)
婆魯師:Baros,即今印度尼西亞巴羅斯。(P665,第3卷第165章)
普羅宛撒爾:Provencal,今譯“普羅文卡爾”。(P111,第1卷第39章)

Q

乞兒吉思人:Kirghiz,今譯“吉爾吉斯人”。(P7,第1卷第1章)
契吒:Katch,今譯“卡奇”,指今印度卡奇灣北岸的卡奇地區。(P97,第1卷第35章)
謙河:yenissei,即“葉尼塞河”。(P257,第1卷第70章)
乾陀羅:Gandhara,多譯作“犍陀羅”,古代亞洲地名。(P362,第2卷第88章)
强格路:Cianglu,即“長蘆”,在河北滄州。(P511,第2卷第130章)
怯緑連:Onon Kéroulen,今譯“克魯倫河”。(P220,第1卷第63章)
怯失:Kisc,今譯“卡爾希”、“基什”,該島位于波斯灣。(P64,第1卷第24章)
曲兒忒人:Kurdes,今西亞庫爾德人。(P62,第1卷第23章)
曲兒忒斯單:Curdistan,今譯“庫爾德斯坦”,在土耳其西北。(P83,

第1卷第32章)

S

撒卜咱瓦兒:Sebzevar,今譯"薩布澤瓦爾",位于伊朗霍臘散地區。(P121,第1卷第43章)

撒麻耳干:Samarkand,今譯"撒馬爾罕",屬烏茲別克斯坦。(P147,第1卷第50章)

撒難薛禪:Sanang Setsen,即"薩囊徹辰",清代鄂爾多斯烏審旗貴族。(P235,第1卷第67章)

撒普兒干:Sapourgan,今譯"席巴爾甘",屬阿富汗。(P120,第1卷第43章)

薩哈連島:Saghalin,又譯作"薩哈林島",今庫頁島。(P258,第1卷第70章)

塞勒柱克:Seldjoucides,今譯"塞爾柱"。(P287,第2卷第75章)

三遜港:Samsoun,今譯"薩姆松港",屬土耳其。(P51,第1卷第20章)

僧只拔兒:Zanzibar,今譯"桑給巴爾"。(P736,第3卷第183章)

莎兒合黑塔泥:Sorhahtani,元代譯名爲"唆魯禾帖尼"。(P211,第1卷第61章)

莎勒檀:soldan,今譯"蘇丹",皇帝之意。(P94,第1卷第35章)

珊蠻教:Chamanisme,今譯"薩滿教"。(P250,第1卷第69章)

聖多瑪斯:Saint Thomas,今譯"聖托瑪斯"。(P694,第3卷第170章)

聖馬兒丁:Saint-Martin,今譯"聖馬丁"。(P643,第3卷第161章)

失剌思:Chiraz,今譯"設拉子"。(P85,第1卷第32章)

十葉教:Chiisme,今譯"什葉派",是伊斯蘭教的一支。(P82,第1卷第31章)

思迷兒納：Smyrne，今譯“伊兹密爾”，舊稱“士麥拿”，屬土耳其。（P51，第 1 卷第 20 章）

蘇刺佗：Surat，今譯“蘇拉特”，即印度西海岸蘇拉特城。（P96，第 1 卷第 35 章）

蘇魯支：Zoroastre，今譯“瑣羅亞斯德教”。（P80，第 1 卷第 30 章）

速可脱剌：Socotora，今譯“索克特拉”，屬也門。（P736，第 3 卷第 183 章）

算端：soudan，sultan，也譯作“算彈”，波斯文“君主”之意。（P29，第 1 卷第 12 章）

孫那派：Sunnisme，今譯“遜尼派”。（P142，第 1 卷第 49 章）

索噶克淖爾：Sogok nor，今譯“索果諾爾”。（P213，第 1 卷第 62 章）

瑣哈兒：Sohar，今譯“蘇哈爾”，在阿曼灣西部。（P682，第 2 卷第 169 章）

瑣馬里：Somali，今譯“索馬里”。（P747，第 3 卷第 185 章）

T

塔拔思：Tabbas，今譯“塔巴斯”，屬伊朗。（P111，第 1 卷第 39 章）

塔里寒：Talikhan，亦“塔利甘”。（P126，第 1 卷第 45 章）

塔什霍爾罕：Tachkourgan，今譯“塔什庫爾干”。（P141，第 1 卷第 49 章）

塔西特：Tacite，今譯“塔西陀”，古羅馬著名歷史學家。（P57，第 1 卷第 22 章）

塔亦寒：Taican，今譯“塔利甘”，屬阿富汗。（P125，第 1 卷第 45 章）

陶魯思：Taurus，今譯“陶魯斯”。（P49，第 1 卷第 19 章）

特烈比宗德：Trébizonde，今譯“特拉布松”，屬土耳其。（P41，第 1 卷第 18 章）

梯弗利思:Tiflis,又譯作"梯弗里斯"、"第比利斯",屬格魯吉亞。(P57,第1卷第22章)

提颶:Diu,今譯"第烏",屬印度。(P721,第3卷第177章)

帖必力思:Tabriz(Tauris),今伊朗西北部大不里士。(P76,第1卷第29章)

帖黑蘭:Teheran,今譯"德黑蘭"。(P79,第1卷第30章)

帖萊水:Terek,今譯"捷列克河",在俄羅斯境内。(P832,第4卷第222章)

秃剌:Tola,今譯"土拉河"。(P219,第1卷第63章)

秃納河:Danube,今譯"多瑙河"。(P168,第1卷第54章)

突厥蠻:Turcomans,今譯"土庫曼"。(P12,第1卷第3章)

吐火羅斯單:Tokharisstan,今譯"吐火羅斯坦",指興都庫什山與阿姆河上游之間,今阿富汗北部地區。(P127,第1卷第45章)

脱勃惕:Tebet,今譯"土番"、"吐蕃"。(P279,第1卷第74章)

脱烈美:Ptolémée,今譯"托勒密",公元2世紀歐洲著名天文學家、地理學家和數學家。(P49,第1卷第19章)

W

哇罕:Wakhan,今譯"瓦漢",在阿富汗東北部。(P140,第1卷第49章)

瓦剌乞:Valachie,今譯"瓦拉幾亞"或"瓦拉其亞"。(P818,第4卷第214章)

完湖:Van,今譯"凡湖"。(P53,第1卷第21章)

萬丹島:Bintang,今譯"賓坦島",在印度尼西亞。(P652,第3卷第164章)

汪格:Ung,元代多作"汪古"。(P266,第1卷第73章)

維西葉爾：A. Vissiere(1858—1930)，又譯“微席葉”，東方語言學院教授、翻譯，著有《中國伊斯蘭教研究》、《敦煌曲，8—10世紀的曲子集》。(P11，敘言)
瓮蠻：Oman，今譯“阿曼”。(P65，第1卷第24章)
斡朵里克：Odoric，今譯“鄂多里克”，或譯“鄂多立克”，意大利方濟各會教士。(P61，第1卷第22章)
斡爾寒河：Orkhon，今譯“鄂爾渾河”。(P216，第1卷第63章)
斡羅思：Russie，今譯“俄羅斯”。(P4，第1卷第1章)
斡難：Onan Kerulé，今譯“鄂嫩河”。(P220，第1卷第63章)
兀剌勒：Oural，今譯“烏拉爾河”。(P240，第1卷第68章)
兀剌台：Oulatai，《永樂大典》爲“兀魯斛”。(P37，第1卷第17章)
兀宗塔迪：Uzun tati，今譯“烏曾塔地”，在新疆策勒縣北沙漠中。(P160，第1卷第54章)
物搦齊亞：Vénitie，今譯“威尼斯”。(P6，敘言)

X

西利亞 Syrie，今譯“叙利亞”。(P22，第1卷第8章)
西瓦思：Sivas，今譯“錫瓦斯”，屬土耳其。(P50，第1卷第20章)
昔里怯答剌：Prome，今譯“卑謬”，屬緬甸。(P493，第2卷第123章)
昔思：Sis，又譯作“錫斯”，今土耳其科贊。(P27，第1卷第11章)
謝留西亞：Séleucie，今譯“塞琉西亞”，屬伊拉克。(P63，第1卷第23章)
辛頭河：Sind，今譯“印度河”。(P79，第1卷第30章)
新街：Bhamo，今譯“八莫”，屬緬甸。(P484，第2卷第122章)
新頭河：Indus，今譯“印度河”。(P696，第3卷第170章)
信度：Sind，又譯作“信德”。(P688，第3卷第169章)

星加坡：Singapour，今譯“新加坡”。（P652，第3卷第164章）
許許塔剌：Chiuchiutala，據學者考證，元代稱作“曲先塔林”，在今新疆庫車和塔里木附近地區。（P193，第1卷第58章）
薛兒客速人：Circassiens，即西亞的謝爾卡斯人。（P7，第1卷第2章）
薛涼格：Selenga，今蒙古色楞格河。（P226，第1卷第64章）

Y

鴨兒看：Yarkend，又譯作“葉爾羌”、“也里虔”，即今新疆莎車。（P139，第1卷第48章）
牙古柏：Yakoub，今譯“阿古柏”。（P148，第1卷第50章）
宴都蠻島：Andaman，今譯“安達曼島”，屬印度。（P98，第1卷第35章）
耶門：Yémen，今譯“也門”。（P287，第2卷第75章）
耶思德：Yezd，今譯“耶茲德”，屬伊朗。（P79，第1卷第30章）
也里：Hérat，今譯“赫拉特”，屬阿富汗。（P121，第1卷第43章）
伊本拔禿塔：Ibn-Batouta，另有譯爲“伊本·白圖泰”。（P4，第1卷第1章）
伊剌黑：Iraq，今譯“伊拉克”。（P792，第4卷第199章）
伊剌克：Irak，今譯“伊拉克”。（P76，第1卷第29章）
伊勒汗：Ilkhan，今譯“伊利汗”。（P38，第1卷第17章）
伊塞迦審：Ishkashm，今譯“伊什卡希姆”，在阿富汗西北部。（P142，第1卷第49章）
亦不剌金：Sheik Ibrahim de Derbent，今譯“亦卜拉辛”。（P358，第2卷第87章）
意諾增爵四世（因諾曾四世）：Innocent Ⅳ，英諾森四世，意大利籍教皇，1243—1254年在位。（P20，第1卷第7章）

玉耳:H. Yule,今譯“裕爾”或“玉爾”。(P1,序)

玉隴哈什:Yuroun-kach,今譯“玉龍喀什”,屬新疆洛浦縣。(P157,第1卷第53章)

遠東法國學校:今譯“法國遠東學院”,1900成立,爲法國重要東方學研究機構。(P8,叙言)

岳惕汗:Yotkhan,今譯“約特干”,于闐古都所在,在今新疆和田市西。(P155,第1卷第53章)

Z

詹卑:Jambi,今譯“占碑”,屬印度尼西亞。(P665,第3卷第165章)

質渾:Jihon,今譯“杰漢”,質渾河即今土耳其杰漢河。(P49,第1卷第19章)

(馬燕、張進編)